KB058398

▲ 비잔티움 제국 1000년 역사를 지켜낸 테오도시우스의 삼중 성벽. 내성벽과 외성벽, 해자가 있던 자리가 또렷이 구별된다.(관련 내용 부록 Ⅰ-3)^{QR코드 17, 30}

▼ 난공불락 철옹성도 세월의 무게는 견디지 못하는가. 대포알의 공격과 지진, 풍화 작용으로 허물어진 성벽이 역사를 증언하고 있다.

▲ 꽃향기를 맡고 있는 정복자 술탄 메흐메드 2세의 초상화. 역사·철학·시·문학 등 다방면에 관심이 많아 토론을 즐겼으며 필요한 외국어도 배워 구사했다. 그림처럼 이슬람 학자풍의 의상·터번을 애용했다. 39×27센티미터. 톱카프 박물관 소장(관련 내용 429~430쪽).

▲ 패자는 역사에서 얼굴마저도 지워지는 걸까. (아마도) 유일하게 남겨진 콘스탄티누스 11세의 초
상. 정복 전쟁 이후 15세기 작품으로 양피지에 그린 팔라이올로구스 왕조의 황제들 수채화에
서 따왔다. 이탈리아 모데나의 에스텐스 장서고 소장. QR코드 28

⑦ 자아노스 파

⑨ 세르비아 기병대
(1500명)

카라자 파샤
② (유럽 정규군)

블라케나 문

요한 그란트(카리스토)

⑥ 아잡과 바쉬 보주크 부대

⑥ 레오나르드 대주교(제)
(란가스코 형제)

① 술탄

⑦ 미노토(베)

디시파토(그)

예니체리 부대

돌판(베)

안토니오 벰보(베)

금각만

⑥ 아잡과 바쉬 보주크 부대

⑤

카리시오스 문

③ 보키아르도
삼 형제(제)

크레타 선원 ㉙

노타라스 대공

④ 마흐무드 파샤

② 주스티니아니(제)

지오반니 블라초

⑪

⑫ 메토키토스(:

④ 이스하크 파샤
(아나톨리아 정규군)

④

① 황제(본진)

㉘ 니케포로스

노타라스 대공
⑩

⑬

㉗ 카타네오(제)

플란드로페노(그)

수도교

㉖ 바티스타 그리티(베)

㉕ 니콜라 모체니고(베)

⑱ 오르한 왕자

테오필로스(그)

㉔

⑲ 수도사들(그)

테오도시우스 항구

㉓ 필리포 콘타리니(베)

㉒

⑳

마르마라 해

마누엘(제)

야코보 콘타리니(베)

㉑

데메트리오스 칸타쿠제노스(그)

1 최초의 비잔티움 성벽   (그) 비잔티움(그리스군)
2 세르비우스 성벽   (베) 베네치아군
3 콘스탄티누스 성벽   (제) 제노바군
🔫 오스만군 대포   🏯 성문

① 술탄: 메소테이키온(중앙 성벽) 맞은편에 본진 배치
② 카라자 파샤: 외겹인 블라케나 성벽 공격을 위해 중포 배치
③④ 이스하크 파샤·마흐무드 파샤:리쿠스 계곡에서 마르마라 해안까지 배치
⑤ 예니체리 부대: 우르반의 대포와 함께 정예 부대 배치
⑥ 아잡과 바쉬 보주크 부대: 본진 바로 뒤에 다양한 형태로 배치, 필요시 어디라도
⑦ 자아노스 파샤: 갈라타 지역을 고립시키며 본진 지원
⑧ 발토올루 함대: 해상 차단 및 방재 구역 격파 임무
⑨ 세르비아 기병대: 바쉬 보주크 부대 뒤에서 출동 대기

보스포러스

치프테 수툰(이중열주)

⑧ 발토올루 함대

갈라타 탑

갈라타 지역

디에도

트레비사노

⑭

⑮

⑯

이시도로스 추기경
(200명의 궁수)

②

①

히포드롬

⑰

돈 페드로 훌리아노
(카탈루냐 병사들)

N

W   E

S

양군 병력 배치도가 담긴 콘스탄티노플 평면도

① 황제(본진): 비잔티움 최정예군을 거느리고 메소테이키온(중앙 성벽) 방어

② 주스티니아나: 카리시오스 문과 미리안드리온 성벽 방어

③ 보키아르도 삼 형제(제): 카리시오스 문~황궁 방어

④ 돌판(베): 케르코 포르타 근처 또는 제4군문 방어

⑤ 요한 그란트와 노장 카리스토(베): 칼리가리아 문~황궁 방어

⑥ 레오나르드 대주교(란가스코 형제): 케르코 포르타 지역 경계 및 방어

⑦ 미노토(베): 블라케나 지역 방어 책임

⑧ 디시파토(그): 금각만 해안 성벽 방어

⑨ 안토니오 벰보(베): 금각만 해안 성벽 방어

⑩ 노타라스 대공: 해안 성벽 방어 및 예비 부대(페트리온)

⑪ 지오반니 블라초: 금각만 해안 성벽 방어

⑫ 메토키토스(그): 금각만 해안 성벽 방어

⑬ 플란드로페노(그): 금각만 해안 성벽 방어

⑭ 디에도(트레비사노 후임 해군 사령관): 항구의 선박 지휘

⑮ 트레비사노: 금각만 연안 방어(공성 지역으로 방어 위치 변경)

⑯ 이시도로스 추기경: 200명의 궁수와 아크로폴리스 곳에서 수비

⑰ 돈 페드로 훌리아노: 히포드롬과 옛 황궁 아래쪽 방어

⑱ 오르한 왕자: 테오도시우스 항구 주변 방어

⑲ 수도사들(그): 공격 위험 덜한 성벽을 방어하며 지원

⑳ 야코보 콘타리니(베): 해안 성벽을 방어하며 스투디온 지원 대기

㉑ 데메트리오스 칸타쿠제노스(그): 황금문 부근 해안 성벽 방어

㉒ 마누엘(제): 황금문 방어

㉓ 필리포 콘타리니(베): 페게 문에서 황금문 사이 성벽 방어

㉔ 테오필로스(그): 페게 문에서 황금문 사이 성벽 방어

㉕ 니콜라 모체니고(베): 레기움 문과 페게 문 방어

㉖ 바티스타 그리티(베): 레기움 문과 페게 문 방어

㉗ 카타네오(제): 황제 왼편의 성벽 방어

㉘ 니케포로스: 성 사도 대성당 부근의 예비 부대

㉙ 크레타 선원들

* 이 전략 배치도는 당대 전기 작가들의 회상과 후대의 C.미자토비치
(1892년), E.피어스(1903년), 런치만(1965년), F 에메젠(2012년)의 견해를
종합하여 정리했다.

▲ 정복 전쟁 관련 1455년 작품. '1페이지짜리 그림책'처럼 한 폭의 그림 안에 시간과 공간을 초월해 전쟁 당시의 중요한 사건들을 복합적이면서도 섬세하게 묘사하고 있다.(베르트랑동 드 라 브로키에르의 해외 여행기에 수록)
그림 위로부터 아시아 지역, 보스포러스 해협과 마르마라 해를 포위한 오스만 함대. 왼쪽 갈라타 언덕을 넘는 술탄의 배들, 금각만에 걸친 쇠사슬과 부교. 가운데 고립 상태의 콘스탄티노플. 맨 아래 술탄의 화려한 막사와 오스만군.

▲ 군사박물관에 전시된 우르반의 대포와 대포알. 가장 큰 거포는 모두 소실되고 그보다 작은 대포들만 남았다. 남아 있는 대포 중 제일 크다는 이 대포는 무게가 15톤(포신 길이 424센티미터, 구멍 지름 63센티미터), 대포알은 285킬로그램이다.(관련 내용 128쪽 각주 47)^{QR코드 15}

▲ 화공을 펼치는 그리스 화탄. 우르반의 대포에 맞서는 비잔티움 비장의 무기이다. 표적물에 닿는 순간 발화하며, 물로도 불길을 잡을 수 없을 만큼 화력이 강했다. '네이팜탄'의 원리와 흡사하다.(관련 내용 43쪽 각주 8)

▲ 1453년 5월 29일, 백마를 타고 성벽이 무너진 콘스탄티노플로 입성하고 있는 술탄 메흐메드 2세. 세계사를 바꾼 기념비적인 장면이다. 오스만 궁정 화가 파우스토 조나로(1854~1929년)의 그림.(관련 내용 65~66쪽)^{QR코드 39}

다시 쓰는
술탄과 황제

1453년 콘스탄티노플 함락 전쟁 완결판,
두 제국 군주의 리더십 대격돌!

다시 쓰는

김형오 지음

술탄과 황제

21세기북스

"1453년 5월 29일, 콘스탄티노플이 함락됨으로써
비잔티움 제국이 무너지고 그 자리에 오스만 제국이 세워졌다.
세계사의 한 장이 접히고 새로운 장이 펼쳐진다.
이 글은 동서 문명의 교차로인 이스탄불에서
종군기자가 된 심경으로 써 내려간
54일간의 격전에 대한 기록인 동시에
전쟁의 주역이었던 오스만의 술탄과 비잔티움의 황제,
두 제국의 리더십에 대한 치열한 탐구이다."

"역사를 지키고, 만들어나간
사람들에게 바친다."

김형오

차례

개정판에 부친다: "왜 다시 썼는가."

이 책을 처음 세상에 내놓은 지 4년 만에 전면 개정판을 내게 되었다. 말이 개정판이지 새로 쓴 책이나 다름없다. 골격만 놔두고 나머지는 죄다 뜯고 고치고 새로 입혔다. 그러고 보니 이 책의 초판이 나오는 데도 4년이 걸렸다. 그 첫 2년은 이 역사적 사실에 매료되어 책 읽기에 바빴고, 나머지 기간은 구상과 집필에 매달렸다. 2009년 1월부터 시작된 『술탄과 황제』와 나의 동행은 이렇게 8년 세월이 흘렀다.

첫 출간과 함께 찾아온 관심과 성원은 고맙고 놀라웠다. 국내 거의 모든 언론 매체와 평단 그리고 학계에서까지 몸 둘 바 모를 찬사를 보내주었다. 덕분에 책도 잘 팔리고 이곳저곳에서 강연 요청이 쇄도했다. 쌓였던 피로가 눈 녹듯 사라지고 어깨가 으쓱했지만, 한편으론 걱정을 동반한 책임감이랄까 사명감 같은 것이 생겨났다.

고백하자면 초판부터가 굉장한 난산이었다. 초고를 넘기고 난 뒤에도 일고여덟 번을 뜯어고친 뒤에야 인쇄에 들어갔다. 그러고도 22쇄가 나올 때까지 교정·보완 작업을 한 번도 거르지 않았다. 이처럼 까다로운 저자와의 작업에 출판사도 기꺼이 고생을 함께해주었다. 고맙고 미안했다. 그러나 한계가 있었다. 국지적·미시적인 수정으로는 성이 차지 않았다. 인체로 치면 피부 이식뿐만 아니라 성형과 정형도 동시에 하고 싶었다. 결국 다음과 같은 사유로 이 책은 신작에 버금가는 전면 개정판으로 거듭나게 되었다.

『술탄과 황제』 초판이 나오고 난 뒤 터키를 세 번 더 방문했다. 책을 쓴다는 중압감에서 벗어나니 몸도 마음도 가볍고 이스탄불이란 도시가 더 아름답고 사랑스럽게 다가왔다. 내심으론 외국인이 쓴 터키 역사 관련 서적으로 이만한 작품이 또 있겠느냐는 자만심도 없지 않았다. 그러나 이스탄불은 말하지 않고도 가르쳐주었다. 내 책의 많은 부분을 다시 살펴보게 했다. 외국인으로서의 한계를 이방인의 균형 잡힌 시각인 양 착각한 부분도 있었고, 좀 더 객관적으로 봐야 할 사안을 주관적으로 처리한 곳도 눈에 띄었다. 돌아와 다시금 자료들과 씨름하면서 대조에 대조를 거듭했다.

2015년 초 38쇄가 나오자 드디어 결심했다. 전면 개정판을 내겠으니 더는 찍지 말아달라고 부탁했다. 책은 이미 스테디셀러로 자리 잡아 호평 속에 꾸준히 나가고 있었지만, 구상을 마쳤으니 몇 달만 참아달라며 아쉬워하는 출판사를 달랬다. 전면 재개정을 한다면서 계속 판매한다는 것은 헌책을 새 책인 양 파는 행위와 다르지 않다고 생각했기 때문이다. 양심에 관한 일이었다. 그 몇 달이 1년 8개월로 길어졌다. 초판 때 못지않은 난산이었다. 출판사의 잇따른 독촉에도 여섯 번의 전면 교정을 본 끝에 이제야 원고를 손에서 놓아 보낸다. 그만큼 자료와 사료가 풍부해 취사선택에 고민도 깊었지만 그보다 더 큰 원인은 저자의 능력이 부족한 탓이다.

그사이에 20여 권의 책을 새로 샀다. 참고 문헌에 추가했다. 이미 입수했지만 제대로 살피지 못한 책들도 열심히 읽었다. 예컨대 페리둔 에메젠 교수의 근작(近作)을 터키어 전공자 세 분에게 의뢰해 완역하다시피 한 다음 꼼꼼히 살폈고, 네덜란드에서 편집해 발간한 콘스탄티노플 함락 당시 생존자 7명의 증언록을 해부하듯이 읽어나갔다. 이 글을 읽는 동안 성벽을 때리는 대포 소리가 들리는 듯했고 아비규환의 참혹상이 눈앞에 어른거렸다.

초판 내용 중 힘들게 쓴 부분이라도 아니다 싶으면 주저 없이 잘라버렸다. 정치 현장에 있을 때도 모질지 못하다는 소리를 들었는데 잘려나간 내용을 곱씹는 마음이 새끼를 버리는 어미 같은 심정이어서 정치할 때보다 더 냉정한 자세가 요구되었다. 동시에 새로운 사실들은 정밀하고 조심스러운 검증을 통해 도입·인용하여 보완했다. 그러나 많은 부분은 여전히 책 바깥에 남겨둘 수밖에 없었다.

그리고 체제를 전폭적으로 변화시켰다. 초판은 1, 2, 3장으로 구성했으나 개정판은 1, 2장으로 얼개를 짰다. 3장은 현장 취재한 저자의 정복 전쟁 해설서였다. 한국과 아무 관계없는 먼 이방의 560여 년 전 사건을 국내 독자들에게 좀 더 친밀감 있게 접근시키기 위한 방편이었다. 또 일기체 소설의 단점인 다가올 미래(후일담) 부분을 다소 보완하기 위해서였다. 그러나 술탄과 황제의 숨 막히는 혈투와 고뇌에 찬 리더십을 대비하는 데는 핀트가 안 맞는 것 같아 이번에는 생략해버렸다. 대신 이 3장에 있던 내용은 Ⅰ, Ⅱ부 안에 용해시켰다. 박진감과 정확성은 이 작업을 하면서 가장 애쓴 부분이다. 초판보다도 오히려 페이지 수는 늘어났다. 그만큼 내용이 충실해졌다는 독후감을 들을 수 있기를 기대해본다.

　최근 학계는 서구 주류 역사의 변방 취급을 받던 1453년 비잔티움 제국의 멸망을 세계사적 관점에서 재해석하려는 움직임을 보이고 있다. 이 방면 학도의 한 사람으로서 반가운 일이다. 비잔티움 제국을 멸망시킨 오스만 튀르크는 유럽 최강자의 위치를 200년 이상 지속하며 잠든 유럽에 새로운 문화적 충격파를 던졌다. 비잔티움 학자와 그리스어로 된 성경의 서방 유입은 이탈리아 반도에 머물던 르네상스를 유럽 전역으로 확산시켰다. 구텐베르크의 금속 활자가 대중화되면서 종교 개혁 운동으로까지 번지고 대항해 시대가 열리는 등 새로운 유럽이 등장하는 촉매제 역할을 했다.

　강력한 오스만 제국의 부상은 유럽에 두려움 그 자체였다. 터키의 공포로부터 벗어나려는 몸부림의 결과가 근세 유럽을 깨어나게 했다 해도 과언은 아닐 것이다. 학자에 따라서는 콘스탄티노플 멸망, 곧 오스만의 정복 사건으로 중세가 끝나고 근세가 시작되었다고 한다. 나도 이 견해에 동의한다.

　역사는 강물처럼 흐르고 흐른다. 짧은 역사는 아픔으로 기억되지만 긴 역사에는 기쁨이 서려 있다. 그러나 모든 끝은 아픔 속에 잠기고 그 안에서 기쁨이 다시 잉태된다. 역사 속에서 명멸을 거듭한 국가 사회에서 우리는 크고 작은 교훈을 수없이 얻었다. 그러고는 또 쉽게 잊어버린다. 나는 세계사의 한 획을 그은 이 사건에서 무언가 답을 찾으려고 전면 개정판을 냈다. 언젠가는 또 다른 새로운 답을 찾기 위해 무리한 시도를 할지도 모른다. 내 건강이 받쳐준다면 말이다.

초판보다는 나아졌겠지만 여전히 미흡한 부분이 있다.

"좀 더 좋은 것은 앞날에 남았으리."

영국 시인 로버트 브라우닝의 시구 한 줄로 변명 겸 위안을 삼는다.

2016년, 무더웠던 여름을 보내며

지은이

"사공이 많으면 배가 산으로 간다?"

의견이 중구난방 통일되지 않으면 일을 망치거나 엉뚱한 방향으로 치달을 수도 있음을 의미하는 우리 속담이다.

그러나 실제로 수많은 배를 이끌고 산(언덕)을 넘어간 사나이가 있다. 1453년 5월 29일 콘스탄티노플(Constantinople)을 정복함으로써 세계사의 물결을 바꾼 스물한 살 청년, 오스만 제국(Osman Türk Empire)의 술탄 메흐메드(Mehmed) 2세가 그 주인공이다.

2009년 1월 터키를 방문했을 때, 이스탄불 군사 박물관에서 함대를 이끌고 가파른 갈라타 언덕을 넘어간 이 사나이 이야기를 처음 접하고 충격과 전율을 느꼈다. 그때부터였다, 내가 이 사건에 매료되기 시작한 것은.

그리고 또 한 사람, 승산이 전혀 없는 싸움에서 끝까지 항복을 거부한 채 무너지는 제국과 함께 장렬히 산화한 비잔티움 최후의 황제 콘스탄티누스(Constantinus, Κωνσταντίνος) 11세가 나를 사로잡았다. 그는 정말로 어리석고 무책임하고 무능력한 군주였을까.

4년간 여러 차례의 방문과 한 번의 체류(47일), 수백 권의 책과 자료,

16

수십 명의 전문가와 관련 학자들을 통해 이 전쟁의 실체를 파고들었다. 20년 정치 인생과는 전혀 다른 인문학적 몰입의 경험이었다.

그랬다. 2009년 이후 지금까지 나의 시계는 1453년 4월과 5월에 머물러 있었다. 몸이 서울에 있는 순간에도 내 머리는, 내 정신은 560년 전 콘스탄티노플로 달려가 있었다. 복잡한 세상사에 시달릴 때도 그것만 생각하면 머리가 맑아지고 집중이 잘되었다. 결코 소홀히 다뤄서는 안 될 이 대사건을 쉽고 재미있게 전달하려고 고심했으며, 사실(史實)과 사실(事實)만을 추구하겠다는 각오로 임했다. 힘든 순간과 어려운 곡절들은 탐닉과 몰두로 극복해나갔다. 이 책은 그 결과물이다.

2012년, 햇살 맑은 어느 가을 아침
지은이

아마 저자의 이름을 가리고 읽는다면 어느 젊은 작가가 쓴 실험소설
이라고 생각할지 모른다. 그만큼 역사적인 주제의식을 참신한 문체와
다양한 형식 속에 용해하고 있다. 역사·문화·종교·지리 등 인문학적
향취가 가득한 소재를 스마트폰과 태블릿 PC, QR코드까지 동원해 파
헤치는 솜씨는 내가 일찍이 주창한 '디지로그(디지털+아날로그)'적 글쓰기
의 멋진 구현이다. 오로지 팩트를 추구하고 기술하기 위해 작가가 읽었
을 수백 권의 책들과 고심의 흔적이 페이지마다 서려 있다.

복잡한 사건들을 쉽고 재미있고 발 빠르게 전개함으로써 한번 잡으면
놓지 못하게 한다. 영화감독이라면 그 놀라운 드라마투르기(시네마투르
기)에 끌려 한 편의 영화로 옮기려고 하지 않을까.

이어령_전 문화부 장관, 한중일비교문화연구소 이사장

"정치는 짧고 저작은 영원하다." 정치 일선에서 물러나 저술로 지성의
세계에 기여한 인물로 이만한 이가 또 있을까. 김형오 전 국회의장의 역
저 『술탄과 황제』는 평생 대학에 기대어 산 필자를 부끄럽게 만든 수작
이다. 스토리의 전개 방식, 생생한 묘사, 다양한 관점, 균형 잡힌 서술,
저자가 전하려고 하는 역사적 교훈, 이 모든 면에서 동일 주제를 다룬
선행 저술을 압도한다.

개정판은 더욱 놀랍다. 깊이와 무게감은 물론 읽는 재미로도 초판을

훌쩍 뛰어넘는다. 우리 문단과 학계는 세계 시장에 내놓아도 손색이 없을 걸출한 정치인 출신 작가와 작품을 얻게 되었다.

안경환_전 국가인권위원장, 서울대학교 법학대학원 명예교수

이 책은 황제와 술탄의 각기 다른 목소리를 현대적 시각으로 풀어나감으로써 역사적 도시 '이스탄티노플'을 보는 새로운 길을 열었다. 저자는 기독교 유럽과 이슬람 동양이 만나고 부딪치는 이 숙명적 도시에서 동서양 공존과 화해의 가능성을 읽어내며, 아직 아무도 시도하지 못한 새로운 해석을 제시하고 있다. 세계적 수준의 독창적인 글로벌 문화 교양서가 탄생했다.

김성곤_한국문학번역원장, 서울대학교 영어영문학과 명예교수

문학적 표현, 정확한 고증, 가능한 모든 역사적 사실의 나열, 신선한 역사 인식 등에서 콘스탄티노플 함락 전후사를 다룬 지금까지의 저서 중 단연 최고의 작품이다. 다양한 이론과 주장, 논점을 집약하여 서로 비교 분석한 후 자신만의 독특한 견해를 설득력 있게 제시했다. 전문적 역사를 이토록 친절하게, 정확하게, 재미있게 묘사한 책은 쉽게 찾을 수 없을 것이다.

무엇보다 5월 29일 새벽부터 시작된 콘스탄티노플 함락 전쟁 묘사는 참으로 압권이다. 눈앞에서 전쟁이 막 펼쳐지고 있는 듯한 박진감 넘치고 절절한 장면들은 영화보다도 더욱 실감나고 역사보다도 더욱 생생하게 다가온다. 이 역작이 국내 독자는 물론 번역되어 동서양 독자들에게 널리 읽힐 수 있기를 바란다.

이희수_한양대학교 문화인류학과 교수

*고유명사는 원음 표기 원칙 및 외래어 표기법에 따랐다.(이 책에서는 터키 인명·지명은 터키식, 비잔티움은 그리스식, 기타는 그 나라 또는 영어식을 따랐다. 다만 발음상의 편의나 관행에 따라 몇몇 예외 단어를 두었다.)

예) 콘스탄티노플: 그리스·라틴식 명칭은 '콘스탄티노폴리스(Κωνσταντινούπολις, Konstantinoŭpolis; Constantinopolis)'이고, 이탈리아인들은 '콘스탄티노폴리'라 불렀으며, 술탄을 비롯한 튀르크인들과 오스만 공문서에선 보통 '코스탄티니예(Kostantiniyye)'라고 지칭했다. 그러나 이 책에선 일반적으로 통용되는 표기법을 적용해 영어식 발음 '콘스탄티노플'로 통일했다.

*원어 표기는 관례와 상황에 따르되 원칙적으로 최초 등장하는 단어에 적용했다.

*인치·피트·마일·아르 등 길이나 넓이 단위는 미터법으로 환산해 표기했다.

*지명(옛 지명과 현재 지명)은 시간이나 공간적 배경에 따라 현장감을 살리기 위해 같은 지명을 다르게 표기한 곳도 있다.

예) 술탄의 해군 지휘 본부가 있던 지역(이중열주: Double Columns)의 경우 황제 진영에서 부를 때는 그리스어 '디플로키온(Diplokion)', 술탄 진영(오스만)에서 지칭할 때는 터키어 '치프테 수툰(Çifte Sütun)'으로 표기했다.

하기아 소피아(Hagia Sophia) 역시 마찬가지. 이 건물이 교회로 사용될 때는 그리스식 '하기아 소피아', 콘스탄티노플 함락 이후 모스크로 개조되고부터는 터키식 '아야 소피아(Ayasofya)'란 명칭을 썼다. '아드리아노플(오스만 점령 전 혹은 황제 진영)'과 '에디르네(오스만 점령 후 혹은 술탄 진영)'도 같은 이유로 지명 표기를 달리했다.

*꾸란 구절은 『성 꾸란』(출판권; 파하드 국왕 꾸란 출판청)을 인용했고, 성경 말씀은 초판에선 한국정교회 사용본인 『공동번역 성서』를 따랐으나 개정판에선 고어체가 남아 있는 『개역개정판』으로 통일했다. 따라서 '하나님'(개정개정판)은 정교회 관련 사항에선 '하느님'으로 호칭했고, 꾸란에서 말하는 '하나님'은 '알라'로 표기했다.

＊초판본과 표기를 달리 한 고유명사들이 있다. '비잔틴', '블라헤니아', '골든 혼' 등이다. 개
   정판에선 이 단어들을 '비잔티움(Byzantium)', '블라케나(Blachernae)', '금각만(金角灣)'으
   로 적었다.

예) 비잔틴→비잔티움: 영어식 표현을 그리스식 또는 유럽식으로 바꾸었다(프롤로그 말미
      35쪽 참고).

      블라헤니아→블라케나: 원 발음은 '블라헤르나이'에 가깝지만 표준어 표기법(케←헤)
      에 따랐으며, 독자의 가독성을 감안해 발음이 약한 끝소리(이)는 생략했다.

      골든 혼→금각만: 의미 파악의 용이성을 고려한 결정이다.

＊책에서 미처 못 다룬 사항들, 관련 정보들을 다양하게 제공할 목적으로 QR코드를 도입
   했다. 예컨대 사진·그림·지도·자료들을 풍부하게 곁들인 설명을 해놓아 잠시 머리를 식
   히면서 주변 지식까지 넓힐 수 있는 코너로 설정했다. 항목에 따라서는 수 페이지 내지 수
   십 페이지 분량도 있다. 부록이 '책 속의 책'이라면, QR코드는 '책 바깥(인터넷·스마트폰)
   에 있는 또 다른 책'이라 하겠다(484~487쪽에 종합 정리). QR코드는 인터넷(hyongo.com)
   을 통해 공개하여 누구든지 접근할 수 있다.

＊기둥은 물론 가지와 이파리까지 시종일관 팩트로만 한다는 것이 집필의 원칙이었다. 다만
   황제의 일기와 술탄의 비망록, 프란체스의 행적은 가상의 소설적 장치임을 밝혀둔다.

프롤로그

비잔티움과 오스만, 두 제국의 약사

AD 330년부터 1453년까지, 콘스탄티노플을 수도로 한 비잔티움* 제국의 역사는 길고 또 파란만장했다. 무려 1123년. 단일 제국으로서는 지구상 가장 오래 존재했던 나라였다.

324년 로마 제국 단독 황제가 된 콘스탄티누스 대제[1]는 330년 5월 11일, 아시아와 유럽을 갈라놓는 보스포러스(Bosphorus) 해협 서쪽에 있는

---

1 Flavius Valerius Aurelius Constantinus(274~337년, 재위 306~337년). 콘스탄티우스 1세와 헬레나 사이에서 태어난 고대 로마 황제. 정적 막센티우스와 리키니우스를 꺾고 제국을 재통일, 단독 황제가 되었다. 313년 밀라노(Milano) 칙령을 통해 기독교를 공인하고, 325년 니케아(Nicaea) 공의회에서 신성론자들의 손을 들어주었으며, 330년 수도를 로마에서 콘스탄티노플로 옮겼다. 독실한 크리스천 어머니를 존경했던 그는 자신의 끊임없는 행운을 신의 가호 때문이라고 믿었다. 그리하여 국가가 몰수했던 교회 재산을 돌려주고 사재를 털어 교회를 신축했다. 그 이면에는 교황을 비롯한 사제들로부터 '신께서 보낸 사람'이란 칭송을 들음으로써 황권을 강화하려는 의도도 있었다. 그는 죽기 하루 전에야 황제복을 벗고 성직자의 흰옷으로 갈아입은 뒤 세례를 받았다. 시신은 황금 관에 넣어져 자신이 건립한 성사도 대성당에 안치되었다. 그가 세운 비잔티움 제국은 로마가 사라진 뒤에도 서구 문명에 막대한 영향을 미쳤다. 공교롭게도 이 제국 최초의 황제와 최후의 황제는 어머니(헬레나)와 본인(콘스탄티누스) 이름이 똑같다.

고대 그리스 요새였던 비잔티움(Byzantium, Βυζάντιον: 현재의 이스탄불)을 제국의 새로운 수도로 삼았다. 황제는 자신의 이름을 따 이 도시를 '콘스탄티노폴리스'(이하 '콘스탄티노플'로 표기)라 명명했으며, 그리스도교를 제국의 공식 종교로 받아들였다. 비잔티움 제국은 그렇게 탄생했다.

'새로운 로마' 혹은 '동로마'로 알려진 이 도시는 법률이나 제도는 로마 제국에 가까웠지만, 유스티니아누스(Iustinianus I) 황제가 사망한 565년 이후 라틴어와 그리스어가 이중으로 사용되다가 점차 그리스어로 공용어가 바뀌었다. 인구 구성 또한 그리스계가 주축을 이루었다. 신앙 측면에서도 라틴어로 행하는 로마 가톨릭 의식보다는 비잔티움에서 발달한 그리스 정교회 의식을 추종하게 되었다.

제국은 번영과 발전을 거듭해나갔다. 굳건한 성벽과 황궁들과 교회들이 세워지기 시작했다. 테오도시우스 2세(재위 408~450년) 때 건립된 육지 부분의 삼중 성벽을 비롯해 골든 혼[Golden Horn: 할리치. 옛 이름은 크리소케라스. 크리소는 '금(金)', 케라스는 '뿔(角)', 즉 '금각만(金角灣)'. 이하 '금각만'으로 표기]과 마르마라 해[Sea of Marmara, Θάλασσα του Μαρμαρά: 보스포러스와 다르다넬스 해협을 연결하는 장방형의 바다로, 옛 이름 '프로폰티스(Προποντίς)'는 '앞에 있는 바다'란 뜻] 등 삼면을 성곽으로 둘러싼 중세 최강의 방어 라인을 구축했다.

537년 유스티니아누스 황제는 옛 신전 터에 세워졌던 교회가 허물어진 자리에 다시 제국을 상징하는 건축물인 하기아 소피아(Hagia Sophia: '거룩한 지혜'란 뜻을 지닌 교회. 1626년 로마에 성 베드로 대성당이 지어지기 전까지 세계 최대 최고의 교회 지위를 유지했다)를 건립했다.

전성기 콘스탄티노플은 80만 인구가 상주하는 거대 도시였고, 전 세계 50여 개 언어가 통용되던 무역의 중심지였다. 영토 역시 광대했다.

동쪽으로는 페르시아와의 경계, 서쪽으로는 지브롤터 해협, 서남쪽으로는 모로코까지 가 닿는 북아프리카 전체, 북쪽으로는 이탈리아에 접한 알프스 산맥에까지 미쳤다. 로마 최전성기를 방불케 했다[황금기인 유스티니아누스 대제 통치 말년(565년) 2600만 인구에 면적 350만㎢].

그러나 전쟁은 지정학적으로 제국 사람들에게 운명처럼 일상화된 현실이었다. 그에 따라 국경선도 자주 달라졌다. 영욕과 부침이 되풀이되는 유구한 세월 속에서 제국은 7세기 초 쇠퇴기를 맞게 된다. 유럽의 '야만족'들이 스페인과 이탈리아 지역을 점령했다. 슬라브족(Slaves)은 본토인 그리스까지 침공했다. 시리아와 팔레스타인, 이집트를 정복한 사산조 페르시아군은 614년 성지 예루살렘마저 장악해버렸다. 그로부터 200년 이상 비잔티움 제국은 동쪽과 남쪽에서 페르시아와의 전쟁과 아랍의 다섯 차례 공격(655년, 668년, 674~678년, 715년, 782년), 북쪽은 슬라브족의 침략을 막기 위해 끊임없이 전투에 시달려야 했다.

8세기 말엽이 되자 제국의 상황은 더욱 열악해졌다. 811년 불가리아와의 전쟁에서 살해된 니케포루스(Nicephorus) 1세의 두개골은 은박이 입혀져 불가리아 왕 크룸(Krum)의 술잔으로 쓰이는 수모를 당했다.

그러나 9세기 중엽으로 접어들면서 비잔티움 제국의 황금기가 다시 열리기 시작했다. 이 시기에 제국은 군사력은 물론 정치력과 상업적인 측면에서도 주변국들을 압도하며 찬란한 문화를 꽃피웠다.

725년 레오(Leo) 3세에 의해 촉발되었던 성상파괴운동[Iconoclasm: 교회 안에 있던 성스러운 이콘(아이콘)과 이미지들을 파괴하고 우상 숭배를 금지하던 행위. 1차 725~787년, 2차 815~843년]을 극복하고, 새로 그려진 하기아 소피아의 모자이크 그림들이 황금빛으로 빛나게 되었다. 그리스 정교 또한 유럽 여러 나라로까지 그 영향력을 넓혀나갔다. 바실리우스 2세[2]가 통치하던 시대에는 제국의 초창기 이후 잃어버렸던 영토를 거의 다 되찾았을 정도였다(293~295쪽 참고). 하지만 1025년 바실리우스 2세가 사망하자 나라는 또다시 흔들리기 시작했다.

제국의 역사에서 11세기는 학문과 문명이 찬연하게 만개한 시대인 동시에 무능한 황제들이 국경 문제를 등한시하여 군대가 축소되고 재화가 고갈된 시대이기도 했다.

때를 놓치지 않고 다국적 침략자들이 동시다발적으로 비잔티움 제국을 공격해 왔다. 서쪽에서는 노르만족(Normans)이, 북쪽에서는 슬라브족과 또 중앙아시아에서 유목 생활을 하던 튀르크족(Türks)이 호시탐탐 제국의 영토를 치고 들어왔다.

교황 수위권(敎皇 首位權, Papal Primacy: 로마 교황이 베드로의 후계자로서 다른 모든 지역 주교와 사도들에 대해 갖는 최고의 절대적 권위)을 둘러싼 논쟁 및 교리 문제로 1054년 서유럽의 로마 가톨릭(Roman Catholics)과 분리된 동방 교회(Orthodox, 정교회)는 서유럽의 기독교 세력과 중근동의 무슬림(Muslim: 이슬람교도) 세력이라는 두 신구 세력의 틈바구니에 끼인 형국이 되었다.

비잔티움 제국은 외부 원조의 필요성을 절감하고 유럽 여러 나라에 원군을 요청했다. 십자군(十字軍, Crusades) 원정도 그 결과물이었다. 그러나 아이러니하게도 십자군은 또 다른 재앙의 씨앗이 되었다. 심지어 1204년에는 제4차 십자군에 의해 제국 역사상 처음으로 콘스탄티노플

---

2 Basilius II. 비잔티움 제국 황제(재위 976~1025년). 통치 목표를 오로지 제국의 세력을 넓히는 데 두어 치세 동안 영토를 대폭 확장시켰다. 발칸에서 숙적 불가리아 왕국을 멸망시켜 '불가리아인 킬러'라고 불렸다. 키예프 대공 블라디미르(Vladimir) 1세에게 누이동생 안나를 시집보냄으로써 양국 관계를 새롭게 맺었고, 이는 동방 정교의 러시아 파급을 촉진하는 계기로 작용했다.

이 점령당하는 최대의 위기를 겪었다. 그 뒤로 50여 년 동안 콘스탄티노플 시민은 라틴 왕국(Imperium Romaniae)의 지배를 받았다.

1261년 8월 15일, 소아시아에 있던 니케아(이즈니크) 망명 정부[황제: 미카엘 8세 팔라이올로구스(Michael Palaeologus)]는 라틴인들을 몰아내고 콘스탄티노플을 탈환했다. 라스카리스 왕조(1204~1261년)가 막을 내리고 팔라이올로구스 왕조(1261~1453년) 시대가 열렸다. 제국은 다시금 옛 영광을 회복할 기회를 맞게 되었다. 그러나 그러한 기대와 희망은 14세기 중엽부터 군사 행동을 보이기 시작한 튀르크인들의 야심 찬 계획에 의해 무참히 짓밟혔다. 이슬람교 창시자인 무함마드(Muhammad)의 계시[3] 이래 무슬림들에게 이 보배로운 땅의 정복은 현실적 욕망을 넘어 종교적 목표이기도 했다.

여기서 말머리를 돌려 비잔티움 제국과 함께 이 책의 양대 축인 오스만 제국의 역사를 훑어보자.

터키의 역사 교과서는 흉노를 중앙아시아에 국가를 세운 첫 튀르크**족이라 말한다. 흉노족은 기원전 2000년 무렵 중국 서부와 북서부를 근거지로 삼아 세력을 키웠다. 학계에선 기원전 4세기 후반 흉노가 훈족(Huns: 중앙아시아에 거주했던 튀르크계 유목 기마 민족)과 통합한 뒤부터 흉노와 훈 제국을 동일시하고 있다. 기원전 2세기 후반 흉노는 중

---

3 "한 면은 육지이고 다른 두 면은 바다로 된 도시에 대해 들어본 적이 있는가? 베니-이스학[Beni-Ishac: 튀르크족의 조상으로 추정. 어떤 책에서는 성경에 나오는 믿음의 조상 아브라함의 아들인 이삭(Isaac)으로도 기술]의 7만 자손이 그 도시를 점령하기 전까지는 심판의 시간을 알리는 소리는 들리지 않을 것이다. …… 먼저 첫 번째 해안 성벽이 무너진 다음 두 번째 해안 성벽이 무너지고 마지막으로 육지 성벽이 무너지면 그들은 기뻐하며 도성 안으로 들어갈 것이다." [무함마드의 언행록인 하디스(Hadith)에서]

국과 몽골을 비롯해 퉁구스족 등 26개 민족을 지배하며 전성기를 맞았다. 그 뒤로도 튀르크족은 끊임없이 이주를 거듭하며 아시아와 유럽, 아프리카 일대에 100개가 넘는 크고 작은 나라를 건국했다. 그중 오우즈(Oğhuz, Oguzes: 원래는 종족·부족을 뜻함) 부족이 건설한 셀주크 국[4]과 오스만 국[Osman, 영어 Ottoman. 국명: Osmanlı İmparatorluğu(오스마르 임파라토를르: 오스만 제국), Osmanlı Devleti(오스마르 데블레티: 오스만 국가)]이 대표적인 제국들이다.

튀르크족은 비잔티움 건국 초창기부터 이 제국과 대립 관계였다. 예컨대 아틸라(Attila: 훈족의 왕. 재위 434~453년)가 이끄는 훈족의 경우 서로마뿐만 아니라 동로마, 즉 콘스탄티노플까지 공포에 떨게 만들었다(367~368쪽 참고).

서기 552년 부민(Bumin, 土門)이 이끄는 튀르크(돌궐)가 중앙아시아 일대에 통일 제국[칭호: Il-Qaghan, 伊利可汗(일카간, 이리가한)]을 수립한다. 30년 후 동서로 분리되었으나 100년 후인 682년 쿠틀룩(Qutluk)이 흥기하여 아들 빌게 카간(Bilge Qagan) 시대인 720년 무렵에는 극동 연해주에서 카스피 해에까지 이르는 1040만㎢의 광대한 유라시아 제국을 건설한다.[터키인들은 552년을 터키 건국년으로 본다. 빌게 카간 시절 세워진 오르혼 비문(碑文)엔 돌궐-고구려 관련 기록도 있다.]

오우즈족의 셀주크 베이가 세운 셀주크 제국은 10세기 말 이슬람을 국교로 받아들이면서 점차 세력을 넓혀나갔다. 이때부터 무슬림으로 개

---

4 셀주크 튀르크(Selçuklular, Seljuk Türk): 순나 무슬림인 오우즈족이 세운 나라. 대륙 서부 및 중앙아시아 지역으로 진출하면서 점차 페르시아의 영향을 많이 받았으며 셀주크 제국과 룸 술탄 셀주크 등을 건설했다. 이란에서 아나톨리아 반도까지 영역을 넓혀나가 제1차 십자군 전쟁 때 맞닥뜨렸다.

종한 오우즈족을 '투르크멘'이라 부르기 시작했는데 나중에 이 명칭은 이슬람 국가로 이주하는 오우즈족을 통칭하는 의미로 쓰였다. 투그룰 베이는 스스로를 술탄(Sultan: 이슬람국의 최고 통치권자)이라 칭하며 니샤푸르를 수도로 하는 셀주크 제국을 공식 출범시켰다. 투그룰 베이가 지휘하는 투르크멘들은 비잔티움과 아르메니아, 그루지야 등을 무찌르며 세력을 과시했다.

투그룰 베이 사후에 조카인 알프 아르슬란(Alp-Arslan: 터키어로 '위대한 사자'란 뜻)이 정권을 잡았다. 아르슬란은 밖으로는 영토를 확장하여 중앙아시아의 아무다리아 강에서 터키·이라크의 티그리스 강에 이르는 대셀주크 국을 만들었다. 안으로는 페르시아인 재상 니잠 알 물크(Nizam al-Mulk)를 기용하여 내정을 체계화하고 안정시켰다. 니잠 알 물크는 무슬림 역사에서 가장 유능한 정치 행정가로 꼽힌다. 알프 아르슬란은 비잔티움군과 역사적 조우를 한다. 1071년 8월 26일 만지케르트(Manzikert) 전투[5]이다.

만지케르트 전투의 압승은 그 성과가 컸다. 셀주크 제국은 소아시아에 확실한 근거지를 구축하면서 유럽 진출의 발판을 마련하게 되었다. 이 승전 소식은 이슬람 세계에서 뜨거운 찬사를 받은 반면, 유럽의 기독

---

5 이 전투에서 아르슬란의 평화 제안을 거부한 비잔티움의 로마누스 4세 황제는 비참한 패배를 맞고 생포된다. 다음은 두 사람이 나눈 유명한 대화다.
　　아르슬란: 만약 우리의 처지가 뒤바뀌어 내가 그대의 포로가 되었다면 그대는 나를 어찌하겠는가.
　　로마누스: 아마 죽이거나 아니면 콘스탄티노플 거리로 끌고 다녔을 거요.
　　아르슬란: 나의 처벌은 그보다 더 잔인하다오. 그대를 용서할 터이니 그대 나라로 돌아가시오. 황제는 대폭 할인된 배상금을 물고 콘스탄티노플로 귀환한다. 술탄은 2명의 장군과 100명의 호위대를 딸려 보내며 황제와 근위대에게 두둑한 선물까지 안겨준다. 평화 협정은 당초 아르슬란이 제안했던 대로 체결되었다.

교 국가들은 수치심과 분노로 몸을 떨었다(이 패전을 비잔티움 종말의 서곡으로 보는 역사가도 있다). 그리하여 25년 후(1096년) 1차 십자군 결성을 촉발시키는 도화선으로 작용했다. 350년 동안 이어진 십자군 전쟁은 결국 유럽의 기독교 세력과 튀르크 이슬람 세력 사이의 격돌이었다.

1072년 사망한 아르슬란의 권력을 승계한 아들 말리크샤는 여세를 몰아 이란의 역사 도시 이스파한을 수도로 삼고, 1090년에는 중앙아시아 동부 지역 정복을 감행하여 만리장성을 경계로 중국과 대립각을 세우게 되었다. 그런 그에게 칼리프는 '동방과 서방의 지배자'란 칭호를 내렸다. 그러나 1092년 말리크샤가 독살되면서 제국은 일대 혼란에 빠졌다. 결국 1141년 사마르칸트 일대에서 치러진 카트반 전투에서 카라히타이에게 참패를 당한 후유증을 못 이겨내고 셀주크 제국은 몰락의 길을 걷게 된다.

아나톨 셀주크 왕조(룸 셀주크)는 대셀주크 왕조의 한 분파로 니케아를 중심으로 쉴레이만(재위 1077~1086년)이 세웠다. 가장 강력한 튀르크족 전위대로서 비잔티움의 쇠락을 이용하여 영토를 확장하고 십자군의 내습을 적극 방어했다. 알라 알 딘 카이쿠바드 1세(Ala al-Din Kay-Qubādh: 재위 1219~1237년) 때 수도 콘야를 중심으로 문화예술과 학문을 꽃피웠다. 그의 사망 후 국내 반란과 몽골군의 침략으로 왕조는 급격히 쇠퇴하고 1243년 쾨세다흐(KöseDagh) 전투에서 대패하여 칭기즈칸의 후예가 세운 일한국의 속주가 된다(1308년, 카라만에게 멸망 1328년).

셀주크 튀르크의 변방에서 비잔티움과 국경을 맞대고 있던 오스만은 양 제국이 쇠약해진 틈을 놓치지 않았다. 오우즈족 계통의 카이족 출신인 오스만 1세는 1299년 셀주크 술탄으로부터 독립하여 새로운 공국을 선언했다. 오스만 제국의 시작이었다. 개국시조는 창건 첫해부터 정복 사업을 펼쳐나갔다. 소아시아 셀주크족들 간의 권력 다툼에서 비켜서 있던 오스만은 비잔티움 제국의 변방과 셀주크 계열 영주들을 겨냥했다. 그전까지 비잔티움의 지배 아래 있던 기독교인들이었지만 오스만은 이민족·타 종교에 대한 관용적 통치로 피정복민들의 반발과 저항을 최소화하며 영토를 확장해나갔다.

1326년 오스만 1세가 숨지자 아들 오르한 가지(Gazi, Ghazi: 이슬람 전사)는 수도를 부르사로 정하고 더욱 집요하게 비잔티움 공략에 나섰다. 그는 1096년 셀주크 튀르크가 십자군에게 빼앗겼던 이즈니크(니케아)를 1331년 다시 손에 넣었다. 계속되는 외침과 내분으로 쇠약해진 비잔티움 제국의 황제 요안네스 6세는 딸을 오르한에게 시집보내면서까지 위기를 모면해 보려고 애를 썼다. 일종의 정략결혼이었다(307쪽 참고). 자력으로 할 수 있는 일이 거의 없었던 비잔티움은 오스만에 내란이나 대권 다툼이 일어나기만을 기다리는 처지가 되고 말았다.

오르한의 아들인 쉴레이만 파샤는 1354년 겔리볼리 반도를 장악했다. 3년 뒤 그가 죽자 제위를 이어받은 오르한의 또 다른 아들 무라드는 1361년 에디르네(아드리아노플)을 정복함으로써 동부 트라케(Trakya, Thracia: 현재 터키의 유럽 쪽 영토 및 그 일대) 지역을 자신의 말발굽 아래 두었다.

오스만 제국은 무라드 1세 통치기에 발칸 반도까지 세를 확장하면서 체계적인 정치 체제를 갖추기 시작했다. 그는 야심만만하게 꿈을 펼쳐나갔다. 티마르(토지 소유권) 제도를 실시해 기병대를 육성하는 한편 슬라브족 소년들로 구성된 예니체리 부대를 창설했다(42쪽 각주 7 참고). 1389년 무라드 1세가 사망했을 때 오스만의 영토는 50만㎢를 넘나들었다.

무라드의 뒤를 이은 술탄 바예지드 1세는 '열드름(Yıldırım: 번개)'이란 별명에 걸맞게 동에 번쩍 서에 번쩍하면서 비잔티움의 운명을 바람 앞의 촛불로 만들었다. 백척간두의 위기에 선 이 제국에 복병처럼 나타난 튀르크·몽골계 맹장 티무르(Timūr: 중앙아시아 티무르 제국의 창립자)는 구세주나 다름없는 존재였다.

1402년 7월, 튀르크계의 종주권과 중앙아시아 일대의 패권을 놓고 벌어진 백척간두의 대결은 티무르의 압승으로 끝난다. 티무르는 오스만 제국을 붕괴 일보 직전까지 몰아붙였다. 포로로 잡힌 바예지드는 모멸감 속에 자살하고, 네 아들은 제위를 두고 형제의 난을 벌였다. 오스만 궁정은 10년 넘게 골육상쟁에 휩싸였다(117쪽 참고). 덕분에 비잔티움은 반세기 가까이 목숨을 부지할 수 있었다.

내전을 종식한 메흐메드 1세와 뒤를 이은 무라드 2세 통치기에 오스만의 국력은 신장하고 영토는 확장되었다. 반면에 비잔티움 제국의 영토는 점점 축소되어 1400년대 초반에 와서는 고대 그리스의 작은 도시국가 정도 크기로 전락하고 말았다. 콘스탄티노플과 주변 지역을 제외하면 펠로폰네소스(Peloponnesos) 반도 일부만 제국의 영토로 남았다. 남쪽으로 펼쳐진 에게(Ege) 해와 연안 및 섬들은 해상권을 장악한 제노바와 베네치아의 세력권 안에 놓였다. 한때 세계 최고의 도시로 명성이 높았던 제국의 수도 콘스탄티노플은 어느새 전성기의 10분의 1도 채 안되는 규모(인구 5만~10만)로 위축되어 있었다.

교황의 비호와 지원 아래 치러진 최후의 십자군 전쟁(1444년 바르나 전투)에서 기독교 연합군은 오스만 튀르크에게 참패를 당한다. 비잔티움 제국의 마지막 실낱같던 희망마저 사라지고 말았다(103쪽 각주 34 참고).

대세는 완연히 기울었다. 건국 이래 500번 넘게 전쟁을 치르고, 20여 차례의 도성 직접 공격에도 꿋꿋이 버텨냈던 삼중 성벽과 이 도시의 운명은…… 오스만은 건국 이래 모두 일곱 번 콘스탄티노플을 포위 공격했다. 바예지드가 네 번(1391, 1395, 1397, 1400년), 무사(1411년)와 무라드 2세(1422년)가 각각 한 번이었고, 이제 막 또 한 차례의 결정타가 임박해 있었다.

그렇다, 종말의 시간이 다가오고 있었다. 1453년 4월, 오스만 제국의 술탄 메흐메드 2세는 거대한 군사를 이끌고 제국으로 쳐들어와 콘스탄티노플을 완전히 포위해버렸다. 급기야 그해 5월 29일 화요일, 54일 동안의 치열한 전투 끝에 난공불락의 철옹성은 무너지고 오스만 깃발이 하늘 높이 나부꼈다.

이로써 21세의 젊은 술탄 메흐메드 2세는 오스만 제국의 역대 술탄 가운데서 유일하게 '파티(Fatih: 정복자, The Conqueror)'라는 존칭으로 불리게 되었다. 바야흐로 '파티의 시대'가 시작되었다.

비잔티움 제국의 수도였던 콘스탄티노플은 '세계 모든 도시의 어머니', '성모 마리아가 지켜주는 도시'라는 찬사를 접고 오스만 제국의 수도로 새롭게 탄생하면서 이스탄불로 바뀌었다. 기독교 신앙의 전당이었던 하기아 소피아 역시 아야 소피아(Ayasofya)란 이름의 이슬람 모스크로 거듭났다. 콘스탄티누스 대제로 시작한 이 제국은 개국시조와 이름이 똑같은 콘스탄티누스 11세에 이르러 대단원의 막을 내렸다. 그리스도가 재림할 때까지 영속하리라 믿었던 제국의 역사는 그렇게 마침표를 찍고 말았다. 동시에 그 자리엔 인종도, 언어도, 종교도, 문화도, 생활 방식도 전혀 다른 오스만 세력이 지배하는 새로운 제국이 등장했다.

자, 그렇다면 비잔티움 제국 최후의 날인 1453년 5월 29일, 그 도시에선 도대체 어떤 일들이 벌어졌던 걸까. 백마를 탄 청년 술탄은 수만 대군 앞에서 장엄한 연설을 마친 다음 지휘봉을 높이 들고 외친다.

"가자, 도시로!"(To the City!: 이스틴 폴린─이스탄불!, İstanbul!***)

우리도 타임머신을 타고 560여 년 전 그날, 그 전쟁의 한복판으로 시간 여행을 떠나보자.

비잔티움*, 튀르크**(터키, 오스만), 이스탄불***이란 명칭은?

*비잔티움(Byzantium): 비잔티움 또는 비잔티움 제국이란 그때 당시에는 쓰이지 않았던 용어이다. 당대 사람들은 로마 제국(Imperium Romanum: Basileía Rhōmaíōn) 또는 로마니아(Romania, Ρωμανία)라 불렀다. 간혹 동쪽에 있다 하여 동로마 제국으로도 지칭했다.

비잔티움 또는 비잔틴은 독일 사학자 히에로니무스 볼프가 1557년 처음 쓴 이래 17세기 중반 프랑스에서 '비잔티움'이란 이름의 여러 역사서가 출판되고 몽테스키외를 비롯한 프랑스 작가들이 두루 사용했다. 19세기 이후 서방 세계에서는 일반 용어로 굳어져 보편화되기 시작했다.

어원은 기원전 660년 그리스 메가라의 비자스(βυζας, Byzas. 또는 비잔타스: Byzanthas)가 세운 나라라 하여 비잔티움(비잔티온: Byzantion)이라 불렀다. 터키에서는 '비잔스(Bizans, Bizantiniyye)'라 호칭된다.

초판본에선 익숙한 영어식 표현 비잔틴(Byzantine)으로 표기했으나 개정판에선 한글 표준어로 등재된 라틴어식 표기인 비잔티움(Byzantium)으로 고쳐 쓴다. 이 제국의 기원에 대해서는 몇 가지 설이 있지만, 이 책에선 편의상 콘스탄티노플로 수도를 옮긴 330년을 창건 연도로 보고 기술했다.

**튀르크(Türk): 이 용어는 6세기 중국을 비롯한 비잔티움과 아랍 문헌에 각기 등장한다. 최초의 국가 공식 명칭은 몽골 북부 오르혼 비문에서 괵-튀르크(Gök-Türk: 높다, 하늘+힘센, 용감한)라 칭한 돌궐 제국(突厥 帝國)이다.

기원전 1700년 무렵부터 중앙아시아 초원을 누비던 튀르크계 유목민들은 점차 서진하며 주변 여러 종족과 전쟁·교류·협력을 거듭했다. 10세기 이후 셀주크계가 이슬람화하면서 더욱 세력을 키워 대제국을 건설한다. 이들은 1453년 정복 전쟁 당시 스스로를 '오스만·오스만 제국'이라 호칭했지만, 서방과 비잔티움 제국에서는 공포감과 비난·멸시를 담아 '터키·튀르크'라 통칭했다. 1923년 무스타파 케말 아타튀르크(Atatürk: 터키의 아버지: 國父)에 의해 터키 공화국(Türkiye Cumhuriyeti, Republic of Turkey)이 선포됨으로써 터키가 공식 국가 명칭이 되었다.

*****이스탄불**(İstanbul): 인구 1500만. 터키 최대의 도시이며 역사·문화·경제의 중심지. 도시 가운데를 흐르는 보스포러스 해협이 아시아와 유럽을 가르고 그 위로 2개의 다리가 있다.

330년 이전에는 비잔티움, 그 이후로는 콘스탄티노플로 불렸다. 정복 후에도 유럽인들은 콘스탄티노플이라 불렀으나 터키인들은 코스탄티니예(Kostantiniyye), 또는 '도시'라는 의미의 스탐불(Stamboul, Stambul)로 호칭했다.

10세기부터 점차 호명되기 시작한 '이스탄불'은 중세 그리스어인 '이스틴 볼리(폴린)(εις την Πόλιν)', 즉 '도시로(to the city, in the city)'에서 나왔다고 한다. 콘스탄티노플이 그 지역 일대에서 사실상 유일한 큰 도시였기 때문이다. 다른 의견은 콘스탄티노플의 터키식 발음에서 유래된 명칭이라는 것이다. 즉 'conSTANtinouPoli'에서 1음절과 3음절이 생략되어 '스탄폴→이스탄불'이 되었다는 주장이다. 15세기부터 이 도시는 Stanboul 또는 Islambol(가득한 이슬람), Islambul(이슬람의 발견) 등으로 불렸으며 메흐메드 2세가 직접 사용했다고 한다. 현재의 İstanbul은 1928년 로마자로 철자 개혁을 하면서 보편화된 이름이다.

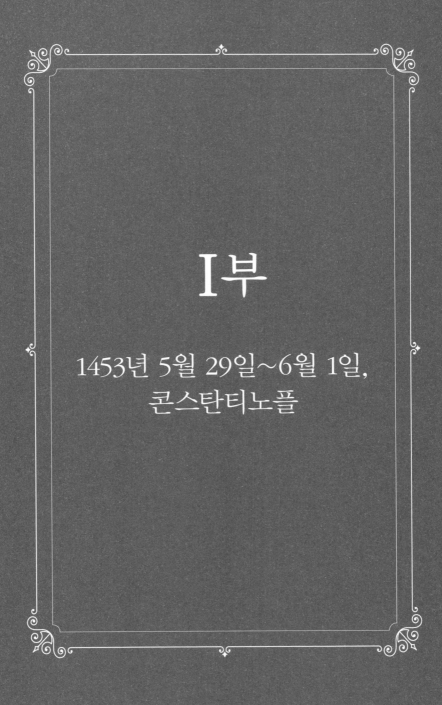

I부

1453년 5월 29일~6월 1일,
콘스탄티노플

1453년 5월 29일(화)

천년보다도 더 긴 하루였다.

새벽 2시.* 날씨는 맑고 바람은 선선했다. 서편 하늘로 달이 흘러가고, 유성이 빗금을 그으며 화살처럼 떨어져 내렸다. 동이 트려면 4시간 남짓 더 기다려야 했지만, 그 시각 도성 안에서든 밖에서든 잠들어 있는 사람은 아무도 없었다. 모두가 이날 자신들의 운명을 결정지을 마지막 한판 승부가 펼쳐질 거란 사실을 예감하고 있었다.

오스만 군대의 사기는 하늘을 찌를 듯했다. 이날을 얼마나 벼르고 기다려왔던가. 총사령관은 스물한 살의 술탄 메흐메드 2세이다. 오스만 병사들은 최후의 공격을 앞두고 지휘관들을 통해 전해진 술탄의 약속과 엄명을 떠올렸다.

"그대들 앞에는 현생의 전리품과 내세의 낙원이 기다리고 있다. 그러

---

* 공격 개시 시간: 새벽 1시 반, 4시 등 여러 주장이 있다.

나 만약 물러서거나 도망치려는 자가 있다면 비록 그가 새의 날개를 가졌다 할지라도 내 응징의 칼날보다는 빠르지 못할 것이다."(술탄의 연설문, 부록 Ⅰ-4, 386쪽 참고)

술탄은 병사들의 사기를 진작하고 전투력을 결집하기 위해 도성이 함락되면 사흘 동안 전리품을 약탈할 특혜를 주겠노라고 확약했다. 데르비쉬(Dervish: 이슬람 수도승, 금욕주의자)들이 기도하며 주문처럼 외운, 천국과 영생을 약속하던 예언도 또다시 병사들의 귓전을 파고들었다.

그들 앞에는 결사코 정복해야 할 도시가 우뚝 서 있었다. 달콤한 약속이 젖과 꿀처럼 넘쳐흐르는 비잔티움 제국의 수도 콘스탄티노플이었다. 목표를 이루지 못하는 한 미룰 수도, 멈출 수도, 끝낼 수도 없는 마지막 전투였다.

술탄은 적들(비잔티움 방어군)의 눈에 띄기 쉬운 백마를 타고 화살이 닿을 수 있는 지근거리인 성벽 앞까지 내닫기를 서슴지 않았다. 공격군을 진두지휘하며 사기를 북돋우던 술탄은 다시 한 번 신의 이름으로 비장하고 결연하게 각오를 다졌다.

"우리는 알라의 뜻하심과 보살피심으로 세상 모든 바다와 땅의 주인이 될 것이다. 저 도시는 그 시작이다. 나의 목숨은 신에게 저당 잡히겠다."

대포 소리와 군악대의 악기 소리, 8만 대군이 한꺼번에 내지르는 우렁찬 함성이 새벽 공기를 갈랐다. 총공격이다! 굉음과 파열음, 괴성과 고성이 뒤섞여 도성 시민의 귀청을 후벼 팠다. 그에 맞서 하기아 소피아를 비롯한 콘스탄티노플 크고 작은 교회 종탑들의 종이란 종이 일제히 울리기 시작했다. 쟁그랑 댕그랑 쟁그랑 댕그랑……. 간절한 염원이 담긴 울음소리였다. 그러나 종소리는 곧 천지를 진동하는 오스만군의 대포 소리와 군악대의 요란한 악기 소리에 묻혀버렸다. 성을 지키던 병사들과 도성 안의 시민은 위압감에 사로잡혀 전율했다.

8만이 넘는 오스만 군대에 비해 비잔티움군은 정규군·비정규군·시민군·외인부대까지 모두 합해도 채 7000명이 될까 말까 했다(앞 화보 4~5쪽 참고). 1000년 넘게 버텨온 6.5킬로미터에 이르는 육지 성벽을 사이에 두고 공격군과 수비군은 빼앗느냐 지키느냐, 둘 중 하나로 결판을 내야 하는 일대 격전을 벌이고 있었다.

방어에는 선택과 집중이 필요했다. 특히 성벽 중앙부에 있어 표적 공격을 받고 있는 성 로마누스(St. Romanus) 문(톱 카프)과 메소테이키온 [Mesoteichion, μεσοτειχιον: '성벽의 중앙(Middle of the Walls)'이란 뜻이 있음] 성벽을 사수하기 위해 방어군은 교대 한 번 못하고 연신 밀려오는 적(오스만군)과 맞서 총력전을 펼쳤다. 숨 돌릴 틈조차 없었다.

오스만 제국 술탄 메흐메드 2세는 광야의 오케스트라 지휘자였다. 그는 흰색 수(綬)가 갈기처럼 흩날리는 황금 지휘봉으로 허공을 가르고 휘저었다. 서서히 그러나 빈틈없고 치밀하게 성벽 수비군을 옥죄었다. 1악장으로 연주가 끝나지 않는다는 것을 그는 너무나 잘 알고 있었다. 최정예 부대를 내보내기 전에 일단 비정규군인 아잡과 바쉬 보주크[6]를 선봉으로 내세웠다. 그들은 우리를 탈출한 사자처럼, 먹이를 발견한 하이에나처럼 눈알을 번득이며 앞을 향해 내달았다.

바쉬 보주크 중에는 튀르크인보다도 슬라브인·헝가리인·게르만인·이탈리아인, 심지어는 그리스인까지 기독교 국가 출신 용병들이 더 많

6 Azap. '총각'이란 뜻의 아랍어에서 유래한 오스만의 비정규 경보병대. 전시에는 급료를 받았으며 전투가 종결되면 언제든 군을 떠날 수 있었다. 이 전쟁에 대거 참여해 큰 활약을 펼쳤다. 주로 아나톨리아 지방의 20~30가구 중에서 1인씩 차출한 무슬림들로 구성, 보병과 궁수 등으로 활용했으며 화승총 등 각종 무기를 다루었다. 세월이 지나면서 예니체리 세력에게 밀려 변방 근무, 탄약 보급, 적진 침투 등의 임무를 맡았다.

앉다. 무기와 복장도 각양각색이다. 이들이 술탄의 군사가 되어 같은 종교를 믿는 이들에게 칼과 창을 겨누는 이유는 약탈을 통한 전리품이 탐나서이다. 창검 이외에도 이들은 각자 언월도[偃月刀: 초승달(偃月) 모양의 아라비아 칼]·투석기·화승총[火繩銃: 노끈(火繩)에 불을 붙여 탄환을 발사하던 초기 소총]·밧줄·사다리·곤봉·도끼 등 기기묘묘한 무기들로 무장하고 있었다. 이들이 내지르는 엄청난 함성, 기괴한 복장, 다양한 무기, 쏜살같은 움직임은 집단적 공포감을 조성하기에 충분했다.

대포들이 막강한 화력을 과시하며 거대한 포환을 토해냈다. 투석기도 성벽 파괴에 동원되고 화살과 총알 또한 빗발치듯 선발대의 머리 위를 지나 성벽을 향해 날아갔다.

바쉬 보주크는 필사적으로 방책에 매달리고 또 성벽을 기어올랐다. 성벽과 방책에 걸칠 사다리가 2000개가 넘는다. 방어군이 사다리를 밀치거나 절단 내면 또다른 사다리가 나타난다. 다른 병사의 어깨에 발을 딛고 넘어오는 자도 있다. 머리 모양은 제각각이었다. 봉두난발을 한 자가 있는가 하면, 뒷머리 일부만 꽁지처럼 남긴 채 앞머리는 삭발한 병사도 많았다. 칼날에 목이 잘렸을 때 적군이 자기 얼굴을 만지는 걸 수치로 생각해 머리카락을 잡고 들어 올리게끔 그렇게 했다는 섬뜩한 소문이 비잔티움 병사들 사이에서 나돌았다.

바쉬 보주크 뒤로는 가죽띠와 철퇴를 든 헌병 부대, 또 그 뒤로는 술

Bashi-bazouk, Başıbozuk. '머리가 상한 자'란 의미에 걸맞게 잔혹하고 훈련받지 않은 비정규 유격대. 보병이 주류를 이룸. 무슬림·비무슬림 등 종교·민족을 따지지 않고 자원 또는 차출했다. 급료도 제복도 지급받지 못했으며 계급장도 부대 표식도 없었다. 전리품을 노리고 적진에 먼저 투입되거나 약탈로 생계를 유지했다. 정규 훈련이 안 돼 있어 주요 군사 작전에선 배제된 채 수색·정찰 활동이나 최전선에 투입되었다. 무절제한 행동으로 정규군의 통제를 받았으며 강제로 해산당하기도 했다. 19세기 말까지 존속되었다.

탄의 근위대인 최정예 예니체리[7]가 포진해 있었다.^{QR코드1} 오스만군에게는 전진만 있을 뿐 후퇴란 없다. 퇴각 명령이 내리기 전까지는 무조건 전진해야 한다는 술탄의 철칙에 따라 이들은 비정규군을 몰아치면서 그들이 후퇴하거나 도망갈 기미를 보이면 철퇴를 휘둘렀다. 선택은 오직 하나, 죽기로 싸우느냐, 살려다가 죽느냐였다.

바쉬 보주크는 지휘관도 지휘 체계도 갖추고 있지 않았다. 그 엄청난 수 때문에 때로는 자기들끼리 부딪쳐 넘어지고 짓밟혔다. 수비병들이 성벽 아래로 바위를 던지거나 그리스 화탄(火彈)[8]을 날리면 여럿이 한꺼번에 죽거나 다치기도 했다.

공격군의 머리 위로 수많은 포탄이 날아갔다. 포탄을 맞은 성벽에서 파편이 튀었다. 눈과 코를 찌르는 회색 포연 속에서 기를 쓰고 성벽에 오르려는 공격군과 필사적으로 방어하는 수비군의 아비규환이 1시간여 동안 계속되었다.

휴식은 없었다. 아잡과 바쉬 보주크의 공격이 한풀 꺾이는가 싶은 순간, 술탄의 오른손에 들린 지휘봉이 하늘을 향하면서 2악장이 시작된

---

7 Yeniçeri. '새로운 군대'란 뜻을 지닌 술탄의 최정예 근위보병 부대. '오스만군의 척추'라 불릴 만큼 엄격한 규율 속에서 일사불란하게 훈련되었으며, 등 뒤로 내려와 펄럭이는 흰색 펠트 모자를 상징처럼 썼다. 초기엔 포로로 잡힌 기독교 노예 소년들로 구성돼 있었지만, 무라드 2세가 정규 제도로 개편, 크리스천 가정의 사내아이(장남)는 반강제적으로 차출되었다. 발칸 지역에서 시작, 아나톨리아 지방까지 확대 시행되었다. 차출된 소년들은 이스탄불로 보내져 독실한 무슬림으로 개종·훈육되어 제국을 조국, 군대를 가족, 술탄을 주군 겸 아버지로 여겼다. 용모가 준수하거나 특별한 재능이 있으면 '데브쉬르메(Devshirme, Devşirme)'란 제도에 의해 술탄의 시동 혹은 정부 관료나 기술자·법관으로도 기용되고 최고위직 승진까지 가능했다. 하지만 대부분은 술탄의 친위대로 편성, 이슬람 전사로 육성되었다. 이들에게는 영내에 개별 막사가 지급되었지만, 결혼과 음주는 금지돼 있었으며, 금욕적인 생활을 하면서 술탄에게 복종과 충성을 바쳐야 했다. 예니체리는 17세기 무렵부터 정통 오스만 관료들을 제압하고 술탄을 폐위하거나 시해하는 데 앞장서는 등 반란을 자주 일으켰다. 총리를 배출하는 등 정치권력을 좌우하는 세력으로 대두했다. 1326년 오르한 술탄에 의해 창설되고, 1826년 마흐무드 2세 시대에 폐지되었다.

다. 군악대 소리가 다급해진다. 이스하크(Ishak) 파샤(Pasha, Paşa: 오스만 제국에서 문무 고관에게 붙인 칭호)가 이끄는 아나톨리아[Anatolia: (小)아시아]군과 카라자 파샤(Karadja Pasha)가 지휘하는 루멜리(Rumeli: 유럽)군이 순차적으로 물밀 듯이 몰아쳐 온다. 이번에는 비정규군이 아니라 훈련이 잘된 정규군, 그것도 라이벌 의식이 유별나게 강한 두 집단이다. 전쟁터에서 연주되는 술탄의 2악장은 1악장과는 차원이 다르다. 광활한 무대는 일사불란하게 움직이는 병사들의 화려한 군무로 채워지고, 쉴 새 없이 쏘아대는 포탄 소리가 지축을 울리며 객석을 뒤흔든다.

공격은 체계적이고 또 입체적이었다. 아나톨리아군은 마르마라 해 쪽에서, 루멜리군은 가까운 금각만으로부터 술탄이 위치한 중앙 성벽 쪽으로 공격의 축을 이동하며 화력을 집중시켰다. 술탄은 메인 타깃인 톱카프(로마누스 문) 앞과 메소테이키온 성벽(중앙 성벽) 사이를 누비며 공격군을 독려했다. 그의 우렁찬 목소리가 포성을 뚫고 날아가 병사들 귀에 박혔다.

---

8 Greek Fire. 일명 '그리스의 불꽃 화약'이라고도 불리던 화염 방사기 방식의 반(半) 액체 폭탄. '네이팜탄'의 원리와 흡사하다. 7세기 중반, 시리아 출신 그리스 건축가 칼리니코스(Kallinikos)가 발명한 것으로 알려졌다. 끝부분이 동물 머리 모양인 튜브를 통해 발사하거나, 때로는 흙과 반죽해 원형의 고체 폭탄으로 만들어 수류탄처럼 투척하기도 했다. 표적물에 닿는 순간 즉시 발화하고, 물로도 불길을 잡을 수 없을 만큼 화력이 강력했다. 회전식 분사구로 돼 있어 어떤 방향이든 발사할 수 있었다. 발화재로는 유황·수지(樹脂)·나프타·질산칼륨 등을 혼합해 쓴 것으로 추정할 뿐, 기록상으로도 남기지 않은 초특급 국가 기밀이라서 정확한 제원(諸元)과 성분의 혼합 비율 등이 아직도 베일에 싸인 채 미스터리로 남아 있다. 육상·해상·지하 땅굴전 등에서 위력을 나타내며 콘스탄티노플 방어에 탁월한 진가를 발휘했다. 처음으로 사용된 것은 674년부터 678년까지만 4년간 계속된 아랍과 콘스탄티노플의 해상 공방전. 아랍 원정군은 해군력을 앞세워 보스포러스 해협을 봉쇄함으로써 비잔티움 제국의 혈관을 막으려 했지만, 제국의 해군이 발사한 이 그리스 화탄으로 누적된 피해를 감당할 수 없게 되자 함대를 돌려 철군했다. 941년 러시아 해군이 콘스탄티노플을 공격했을 때도 그리스 화탄으로 섬멸시켰다. 천둥소리 같은 발화음과 분사된 불꽃에 놀란 러시아인들은 이 처음 보는 병기를 '하늘의 번개'라 부르며 두려워했다고 한다.

"적에게 숨 돌릴 틈, 물 한 모금 마실 틈도 주지 마라. 전진 또 전진, 공격 또 공격이다."

해자(垓子, Moat: 성 주위를 둘러 판 도랑)는 이미 메워졌다. 외성벽은 무너지고 있다. 수비군은 점점 기진맥진해져갔고, 성벽에 사다리를 걸고 매달린 오스만 병사들 수는 늘어만 갔다.

콘스탄티노플 수비병들은 그전에 마지막 전투를 앞두고 제노바의 명문가 출신 용병대장 지오반니 주스티니아니 롱고(Giovanni Giustiniani Longo)의 제안에 따라 배수진을 쳤다. 내성벽에서 시내로 통하는 모든 문을 도성 안쪽에서 닫아걸고 출입을 봉쇄했다. 옥쇄(玉碎)를 각오한 비장한 결의였다. 단 긴급 연락 및 기습 공격을 위해 2개의 비상 쪽문만은 유사시에 열 수 있도록 열쇠를 황제인 콘스탄티누스 11세 팔라이올로구스에게 맡겼다. 내성벽을 최종 저지선으로 삼았다. 출구는 사라졌다. 목숨을 담보로 내건 그날, 이곳에는 그렇게 서로 으르렁대던 그리스인도 베네치아인도 제노바인도 없었다. 무너지면 끝장이란 걸 잘 알기에 모두 혼연일체가 되어 필사적으로 콘스탄티노플 사수에 매달렸다. 엄청난 굉음에 섞여 간간이 들려오는 희미한 종소리와 기도 소리가 이들의 기진맥진한 심신을 어루만져줄 뿐이었다.

화염과 포연이 콘스탄티노플의 밤하늘을 수놓았다. 대포알과 불화살, 그리스 화탄이 공중에서 서로 맞부딪칠 정도로 작렬하였다. 사위가 대낮같이 밝아졌다. 불화살과 화탄을 맞은 말들이 거대한 불길에 휩싸인 채 화형식을 당했다. 인육이 타는 냄새, 말고기 익는 냄새가 피비린내와 함께 코를 찌르며 도성 안팎에 진동했다.

방어군의 화살과 돌을 뚫고 해자 입구까지 진출한 오스만군은 해자 둑을 방패 삼아 사수와 석궁병들을 배치하고 그 바로 뒤에 투석기를 설치했다. 돌과 화살이 머리 위로 빗발치는데도 해자를 건너간 유럽 정규 보병들은 성벽에 사다리를 걸쳤다. 대포와 쇠뇌[노포(弩砲): 여러 개의 화살을 연달아 쏘게 되어 있는, 쇠로 된 발사 장치가 달린 활]가 내외성벽을 가리지 않고 때렸다. 포환과 성벽이 부딪치면서 생긴 파편도 아군·적군 쪽을 가리지 않고 강하게 멀리 튀어 나가 살상 무기로 돌변했다. 방패와 갑옷까지 뚫을 정도였다.

개전 초부터 거의 하루도 거르지 않고 쏘아댄 대포로 인해 성벽 곳곳이 파괴되고 성탑 일부도 무너졌다. 6.5킬로미터에 이르는 육지 성벽 중 아예 무너져 내린 곳만 아홉 군데나 되고 손상된 흉벽은 헤아릴 수조차 없다. 이 중 가장 파손이 심한 곳은 로마누스 문(톱 카프) 주변과 지대가 낮은 리쿠스 강(바이람 파샤) 계곡, 그리고 카리시오스 문(에디르네 카프) 일대이다. 긴 곳은 100걸음, 짧은 곳이라 하더라도 30걸음 보폭의 성벽들이 허물어졌다. 이곳에 방어군은 이미 방책을 쌓아 임시 성벽을 만들었다. 기저부만 남은 성벽 터 위에 석재·나무·가구나 잡동사니를 켜켜이 쌓았는가 하면 흙과 잔돌 따위를 빈 와인 통이나 자루에 가득 넣고 겹겹이 쌓아 올렸다. 급한 대로 흙벽돌을 쌓거나 방책 앞에 끝을 뾰족하게 깎은 나무 말뚝들을 박아 적의 진입을 최대한 막아보려 한 곳도 많았다. 그러나 오스만 공격군들은 나무 말뚝을 뽑거나 부수면서 진입을 시도했다. 일부는 창끝에 길게 매단 갈고리를 던져 방책에 쌓아둔 자루며 나무통들을 끌어 내리려 했다. 방어군은 갈고리를 걷어내기 위해 오스만군의 머리 위로 살상 무기가 될 만한 것들을 총동원해 쏘고 찌르고 던지고 퍼부었다. 총알·화살·창·돌·나무토막·몽둥이·뜨거운 기름 등이 쉴 새 없이 쏟아졌다.

그렇게 또 1시간이 지나갔다. 대포와 쇠뇌·투석기는 사정없이 성벽과 방책을 때리고, 화살은 비 오듯이 내외 성벽 사이의 수비군 머리 위로 쏟아진다. 우렁찬 군악대 소리는 잠시도 그칠 줄을 모른다.

2악장의 빠른 템포가 잠시 주춤했다. 유럽 보병대가 피곤한 기색을 보였다. 때를 놓치지 않고 술탄은 말과 사람 모두 완전무장한 소아시아 기갑병들을 출동시켰다. 아나톨리아 반도를 종횡무진하며 활약해온 이 정예병들은 성벽으로 돌진하려고 콧김을 내뿜는 말들을 달래며 2시간 남짓 이 순간을 기다려왔다. 기병대 진격의 최대 장애물이었던 해자는 메울 대로 메워져 이제 평지나 다름없었다. 성벽을 향해 앞다투어 달려가며 내지르는 말 울음소리와 기병들의 함성이 수비병들의 귓전을 때렸다. 아나톨리아 기병대는 무너진 성벽과 제거된 방책의 틈새로 진입하기 위해 수비군과 치열한 접전을 벌였다. 다시 힘을 얻은 보병대는 해자를 단숨에 가로질러 사다리를 설치한 다음 방패로 머리를 방호하면서 성벽을 기어올랐다.

외성벽 위로 올라온 술탄의 병사들은 내성벽 위와 그 아래 성벽 사이 통로에 있는 비잔티움군을 향해 화살을 날렸다. 에디르네 카프(카리시오스 문) 앞에서 일단의 오스만군은 도끼를 휘두르며 성문을 부수려 돌진했고 비잔티움군은 성문 앞 참호에서 안간힘을 쓰며 저지했다. 그 바로 옆에서는 오스만군 300명이 무너진 외성벽을 대신해 쳐놓은 방책을 용케 돌파해 쳐들어갔다. 그러나 아직 어둡고 혼전 중이라서 동료들이 알아채지 못해 내성벽은 미처 뚫지 못하고 방어군의 집중 반격으로 격퇴당했다. 그러나 효과는 컸다. 가뜩이나 병력이 부족한 수비군은 모든 전선을 분산 방어해야만 했다. 수비군의 피로는 점차 가속화되었다.

피아조차 구별하기 어려운 상황, 적과 아군이 뒤엉킨 무시무시한 백병전이 펼쳐졌다. 수많은 목숨이 꽃잎처럼 바람에 흩날렸다. 직격 포탄에 맞아 무너지는 성벽 더미와 더불어 두 제국의 병사들이 서로 뒤섞인 채 단말마의 비명을 지르며 성 아래로 아득하게 추락했다. 자욱한 흙먼지와 매캐한 화약 연기 탓에 눈을 뜰 수 없을 정도였다. 외성벽과 방책 주변은 시체들이 쌓여 높이를 더해갔다. 시신을 밟고 해자를 건넜듯이 오스만 병사들은 전우의 시체를 도움닫기 발판 삼아 성벽을 넘으려 하고 있다.

다시 또 1시간쯤 지났을까. 메흐메드의 지휘봉이 하늘을 찔렀다. 술탄의 제3악장이다. 오케스트라의 모든 연주자와 악기들이 기량을 총동원해 가장 강렬하게 피날레를 향해 치달을 순간이 온 것이다. 이제야말로 끝장을 내겠노라. 술탄의 눈이 어둠 속에서 빛났다. 열망은 불타올랐고 의지는 얼음처럼 차가웠다. 깃발이 힘차게 펄럭였다. 군악대는 가장 높고 세차고 빠른 템포로 병사들의 사기를 고양했다. 때를 기다리던 공성탑이 서서히 진격했다. 드디어 예니체리의 순서가 왔다. 방어군이 물 한 모금 마실 틈도 없이 3시간을 시달렸을 때 마침내 술탄의 최정예 부대에 공격 명령이 떨어졌다. 메흐메드 2세는 약속한 최고의 보상과 영예를 내심 그가 가장 신뢰하는 예니체리가 차지하기를 바랐다.

"사랑하는 나의 아들들아. 성안에 있는 모든 것은 너희가 차지한다. 건물과 흙을 빼고는 말이다. 사흘간의 약탈 기간을 주겠노라. 이는 신의 약속이고 명령이다. 나는 가장 먼저 성루에 깃발을 꽂는 자에게 최고의 영예를 안기겠다. 그는 오스만의 용사로서 큰 주(州)를 하사받게 될 것이다."

돌진, 총공격이다! 예니체리가 앞장서고 정규군, 비정규군, 아시아군, 유럽군이 뒤따랐다. 물러나면 안 된다. 잠시라도 멈칫했다가는 뒤에서 밀려드는 병사들과 말발굽에 밟혀 죽을 판이다. 포탄이 성벽과 성문을 겨누어 오스만군의 머리 위로 날아갔다. 산지사방으로 파편이 튀었다.

리쿠스 강이 도시로 흘러들어 가는 지점에 있는 박타티니안(Bachtati-nian) 성탑(143쪽 각주 51 참고)은 중앙 성벽(메소테이키온) 가운데서도 가장 취약해 포격으로 이미 무너져버렸다. 이 성탑 부근에 사령부를 두고 군대를 통솔해온 황제도 이날만큼은 정해진 위치가 따로 없었다. 전황에 따라 유동적으로 병력을 이동해야 했다. 적의 화력이 황제의 방어 구역으로 집중되자 주스티니아니의 지휘하에 400명의 제노바 군사가 리쿠스 강을 건너 황제가 맡은 지역을 보강하러 왔다. 주스티니아니 담당 구역은 그 오른쪽 카리시오스 문을 방어하던 보키아르도(Bocchiardo) 삼형제가 영역을 확장해 맡았다. 그러나 이들은 오스만군의 성문 침투 소식을 듣고 원위치로 돌아가 결사적으로 방어전을 펼쳐야 했다. 그야말로 숨 한 번 제대로 쉴 수 없는 상황이었다.

황제는 내성벽과 외성벽 사이의 통로(페리볼로스: Peribolos)를 종횡무진하며 전투를 지휘하고 병사들을 독려했다. 황제가 뽑아든 칼에서도 핏빛이 섬광처럼 번뜩였다.

테오도시우스의 삼중 성벽이 끝나며 이어지는 마누엘 콤네누스(Manuel Comnenus) 성벽 모퉁이 성탑 바로 아래에는 사람들 눈에 잘 띄지 않는 '케르코 포르타(Kerko Porta)'란 이름의 작은 비상문이 있었다.[9] 몇 해 전이미 폐쇄했던 그 문을 기억해낸 비잔티움 노병들은 돌격대가 오스만군을 기습할 때 이용하도록 포위전이 시작되기 바로 직전 이 비상문의 빗

---

9 이 비상문 관련 일화는 두카스(Dukas: 당시 작가. 참고 문헌에서 설명)가 거의 유일하게 다루고 있어 진위가 불분명하다. 아랍의 콘스탄티노플 포위 공격(674~678년) 당시 에윱(Ebu Eyyûb)을 비롯한 무슬림 전사들이 비잔티움 황제의 간계로 하기아 소피아를 보기 위해 도성 안으로 들어갔다가 함정에 빠졌음을 알고는 기적처럼 열린 문을 통해 탈출했다는 전설과 맥을 같이한다. 현대 터키 사학자인 페리둔 에메첸 교수는 이 사건을 실제가 아닌 전설로 취급한다.

장을 열었다. 제노바에서 온 보카이르도 삼 형제와 그의 부하들도 그 문을 요긴하게 사용했다. 진격하는 적의 뒤나 옆구리에 화살을 퍼붓고 쏜살같이 돌아오기에 그만인 문이었다. 그런데 이날은 막 기습 공격을 마친 돌격대원이 성안으로 황급히 돌아오느라 그만 비상문을 걸어 잠글 틈을 놓치고 말았다.

성벽 공격군 중 선봉에서 수색대 역할을 하던 오스만 병사 50여 명이 우연찮게 반지하 상태의 이 문을 발견했고, 완전히 걸어 잠기지 않은 것을 알아냈다. 절호의 기회였다. 가장 먼저 적진에 깃발을 꽂는 용사에게 술탄은 부귀와 영예를 약속하지 않았던가. 이들은 누가 먼저랄 것도 없이 거세게 비상문을 열고 안으로 쳐들어가서는 그 바로 앞에서 성벽 꼭대기로 이어진 계단을 올라가기 시작했다. 주 전쟁터인 테오도시우스 삼중 성벽과 달리 이곳은 홑겹 성벽이라서 성문이 뚫리면 곧바로 성탑 쪽으로 진입할 수 있다. 뒤늦게 상황을 파악한 비잔티움 병사들은 적군이 더는 진입을 못하게끔 급히 문을 닫아걸었다. 오스만 본대나 증원군이 아직 도착하지 않은 게 그들로선 천만다행이었다. 계단을 오르던 오스만 병사들은 성탑을 코앞에 둔 채 방어군과 격전을 치러야 했다. 그러나 중과부적, 섬멸당하고 만다. 일출 직전의 여명이 동쪽 하늘로부터 번져오고 있었다.

한숨 돌리려는 찰나, 비잔티움군으로서는 최악의 사태가 벌어졌다. 전선의 최선봉에 서서 맹활약하던 주스티니아니가 근거리에서 날아온 화살에 맞아 치명상을 입고 쓰러진 것이다. 구멍 뚫린 은빛 흉갑으로 피가 번져 나왔다. 이틀 전에도 주스티니아니는 성벽을 강타한 포탄 파편에 맞아 부상을 당했지만 응급 처치가 끝나자마자 성벽으로 달려와 모두를 감동시켰었다. 황제와 주스티니아니, 둘 중 한 사람은 늘 붙박이로 중앙 성벽을 지켰다. 그토록 강건하고 늠름했던 그가 그러나 한순간에 무너져 내렸다. 격통을 참지 못해 비명을 질렀다. 황급히 달려온 부하에게 입 밖으로 피를 내뿜으며 손짓과 눈짓을 곁들여 자신을 배로 데려가 달라고 부탁했다.[10] 하지만 내성벽에서 시내로 통하는 모든 문이 잠겨 있음을 아는 병사는 케르코 포르타 비상문 쪽에서 전투 중이던 황제에게로 뛰어가 급박한 사정을 말하며 쪽문 열쇠를 달라고 간청했다. 황제는 허겁지겁 주스티니아니에게로 달려와 쓰러진 용병대장의 손을 잡고 한쪽 무릎을 꿇은 채 자리를 계속 지켜달라고 호소했다.

"오, 나의 기구한 운명이여! 그대가 가버리면 희망이 사라진다. 콘스탄티노플을 잃게 된다. 용맹무쌍한 지휘관이여, 충성심과 애국심 충만한 명장이여! 애타게 청하노니 여기 남으라. 부디 다시 맞서 싸우라. 자리만이라도 지키라. 그대의 이탈은 다른 병사들의 탈영을 부추길 것이다. 그대의 상처는 목숨을 잃을 정도는 아니지 않은가. 상처를 참고 일어나 지금까지 그대가 그러했듯이 사나이답게 제국을 위하여 투쟁하라."

하지만 주스티니아니는 이미 담력을 소진한 상태였다. 죽음의 그림자가 그에게서 패기를 거두어갔다. 이글거리던 눈빛은 차갑게 식고, 표정은 애처로울 정도였다. 입안 가득 고인 피를 뱉으며 이런 나약한 말로 황제를 낙담하게 만들었다.

"이제 전세는 돌이킬 수 없을 것 같사옵니다. 폐하께서도 저와 함께 배를 타고 안전한 곳으로 피하셨다가 후일을 도모하심이……."(그러나 제

10 주스티니아니의 부상에 대해서는 여러 설이 있다. 당대 인사인 오스만 측의 투르순 베이(Tursun Bey)와 케말파샤자데(Kemalpaşazade)는 공격군이 칼로 배를 찔렀다 하고 크리토불로스는 가슴에 화살을 맞았다고 기록. 그리스 또는 서방측 증언자들은 오른쪽 다리(프란체스), '다리 윗부분을 화살로'(바르바로), '화살에 팔을'(레오나르드), 대포 파편(찰코 콘딜레스), '총알에 팔을'(두카스) 등 의견이 다양하나 필자는 저격병의 화살설을 채택했다.

노바인들을 집중 인터뷰한 두카스의 기록은 뉘앙스가 다르다. 주스티니아니는 황제에게 "당신 위치를 용감히 지키고 있으면 배로 가서 상처를 치료한 다음 곧바로 복귀하겠다"고 말했다고 한다.)

황제는 순간 정신이 아득해졌다. 아, 그대가 정녕 내가 그렇게나 믿고 총애하던 주스티니아니가 맞는가. 그러자 마지막 결전을 앞둔 며칠 전, 황제에게 항복을 수락하라고 권유하던 주스티니아니의 모습이 떠올랐다. 그랬구나, 애초부터 그대는 이 제국의 상비군이 아니었구나, 머나먼 서유럽에서 대가를 바라고 온 용병대장이었구나. 황제는 그가 죽음을 함께할 동반자가 아니라는 사실을 확인했다. 동시에 부상을 입고 한없이 위축되어 처량할 만큼 겁에 질린 지휘관은 병사들의 사기를 위해서라도 전투 현장에 없는 편이 차라리 낫겠다는 판단이 섰다. 결국 황제는 책망할 말도 잊은 채 손에 쥔 열쇠를 그에게 내밀었다.

내성문이 열렸다. 이 결기 있고 위풍당당했던 근육질의 제노바 용병대장은 부하들의 부축을 받으며 패주하는 패장의 뒷모습만을 잔상처럼 남긴 채 쪽문을 빠져나갔다. 그는 도성 안 금각만 항구에 정박해 있던 제노바 배를 타자마자 응급치료에 들어갔다.

일부는 주스티니아니의 도주를 내성벽 방어를 위한 작전상 후퇴라고 생각했다. 내성벽 위의 성탑과 흉벽에서 수비를 강화하려면 성안으로 들어가 안쪽 계단을 이용해 성벽을 오를 수밖에 없는 구조이기 때문이다. 그러나 대다수 병사는 그 실상을 알아차리고 이 사건을 패전의 전조로 받아들였다. 심리적 동요가 빠르게 비잔티움 진영을 잠식해나갔다. 탈출을 생각하거나 감행하는 용병들이 나타나기 시작했다. 내성벽 비상 출입문을 둘러싸고 도주하려는 용병들과 저지하려는 비잔티움 병사들 사이에 싸움이 벌어질 판국이었다. 외성벽과 내성벽 틈바구니에서 벌어진 이 소동을 해자 근처에 있던 술탄도 보고를 통해 파악했다는 듯이 회심의 미소를 지었다.

전투는 막바지로 접어들었다. 죽느냐, 죽이느냐. 무너뜨리느냐, 지켜내느냐. 성벽 곳곳은 다시 파괴되었고 허물어진 성탑도 여럿이었다. 오스만군이 땅굴 작업을 하면서 지하에 매설해놓았던 폭약들이 포격의 여파로 연쇄 폭발을 일으키며 일부 성곽의 붕괴를 촉진했다. 공성탑을 타고 오스만군이 성벽을 넘어오기 시작했다. 두 제국의 병사들이 외성벽과 내성벽 사이에서 사생결단의 혈전을 벌였다. 대포알이 혹처럼 박혀 있는 성벽도 눈에 띄었다. 주탑마저도 휑하게 구멍이 나버렸다. 그리스 화탄을 맞은 오스만군의 공성탑이 불길에 휩싸이고 하늘은 자욱한 포연으로 뒤덮였다.

궁성 지역인 블라케나(아이반 사라이) 일대 역시 교전이 치열했다. 유럽군 사령관 카라자 파샤가 높은 언덕 위에서 포격하는 틈을 타 부교(浮橋: Pontoon Bridge)를 건너온 자아노스 파샤(Zaganos Pasha: 기독교에서 이슬람으로 개종한 그리스인)의 부대는 금각만 항구 옆 지대가 낮은 곳에서 어려운 여건을 무릅쓰고 줄기차게 공격을 퍼부었다. 하지만 카라자 부대는 보키아르도 삼 형제가, 자아노스 부대는 지롤라모 미노토(Girolamo Minotto)와 그의 베네치아 병사들이 수적 열세를 딛고 목숨을 던지며 막아내고 있었다.

콘스탄티노플로 망명한 오스만의 왕자 오르한[11]과 그가 이끄는 튀르크 병사들도 수도사들과 함께 해안 성벽 중간 지점에 있는 테오도시우스 항구(엘레우테리우스 항구: 예니 카프) 근처에서 비잔티움 제국을 위해 맹렬하게 싸웠다. 술탄에게 잡히면 목이 달아날 게 분명해 죽기 살기로 싸울 수밖에 없었다. 오르한과 그의 병사들은 가까스로 상륙한 오스만 병사들이 전열을 채 정비하기도 전에 선제공격으로 기선을 제압했다.

술탄은 전열의 선봉에 서서 병사들을 큰소리로 격려하거나 질타하며 직접 전투를 총지휘했다. 방책이나 성벽을 가장 먼저 돌파하는 병사에게는 큰 상금을 내리겠노라고 거듭 약속했다.[12]

"이제 도시는 우리의 것이다. 끝까지 용기를 내자! 적들은 이미 전의를 상실하였다. 벌써 도망치고 있는 자들이 보이지 않는가. 주저하거나 망설일 틈이 없다. 최후의 승리를 위하여 모든 것을 던지자! 위대한 오스만의 용사임을 내 앞에서 증명하라! 나도 그대들과 더불어 죽을 각오가 되어 있다!"

가슴 깊은 곳에서 터져나오는 술탄의 포효가 쩌렁쩌렁 울렸다. 오스만군은 더욱 고무되고 분발심이 치솟았다.

울루바틀르 하산(Ulubatlı Hasan)이라는 거구의 예니체리가 진두지휘하는 30명의 결사대가 맨 앞에 섰다. 하산은 무너진 방책을 헤집고 들어가며 술탄과 신 앞에 결코 부끄럽지 않은 용맹한 전사가 되겠노라고 자

11 Şehzade Orhan. 무라드 2세와 메흐메드 2세의 왕권 승계 과정에서 자신에게 가해질 위해를 두려워해 비잔티움 제국으로 망명한 오스만 제국의 왕자. 부친이 누구인지, 혈연적으로 메흐메드와 어떤 관계인지는 명확히 밝혀지지 않았다. 에미르 쉴레이만(Emir Süleyman: 옐드름 바예지드의 아들. 재위 1402~1411년)의 손자이자 무라드 2세(메흐메드 2세의 부친)의 먼 사촌이란 설도 있고, 메흐메드 2세의 조카, 곧 형의 아들이란 주장도 있다. 콘스탄티노플 함락 당시 오르한의 죽음에 대해서도 자결(크리토불로스) 혹은 살해(두카스), 두 가지 설이 엇갈린다. 그 후의 많은 문헌은 그가 함락 이후 정교회 수도복을 빌려 입고 변장한 채 탈출을 시도하다가 붙잡혔으며, 신분이 탄로가 나 그 자리에서 참수되었다고 증언한다.

12 최초 성벽 돌파자가 누구인가에 대해서는 일치된 의견이 없다. 한 오스만 측 자료에서 비히스티(Bihisti)는 그의 부친 쉴레이만(Süleyman)이 맨 처음 성벽을 돌파한 공로로 정복 이후 술탄으로부터 이스탄불 부사령관 직책을 받았다며 이런 기록을 남겼다.
"성에 가장 먼저 들어간 이는 고인이 된 나의 부친 쉴레이만 베이였다. 아버지는 깃발을 손에 든 채 가장 높은 곳으로 올라갔고 그를 본 다른 병사들도 죽을힘을 다해 성으로 올라갔다."
(Tevarih-I Osman, vr.158a.)

신에게 맹세했다. "기독교인들의 수도에 맨 먼저 돌파해 들어가는 병사에게는 예언자께서 친히 천국에 특석을 마련해주신다"는 오래된 전언도 떠올렸다.

하산은 단숨에 성탑까지 내달았다. 13명이 낙오했지만 그래도 17명이 거친 숨을 함께 몰아쉬었다. 오스만 깃발을 성탑 정상에 꽂으려는 찰나 바로 옆 성탑에서 소나기처럼 퍼부어진 화살이 그를 쓰러뜨렸다. 초록 바탕에 은빛 달이 선명하게 그려진 깃발이 허공에서 슬픈 춤을 춘다. 하산은 깃대를 움켜잡은 채 성벽 아래로 추락했다. 깃발이 바닥에 떨어진 거인의 등을 덮었고, 그 위로 돌과 화살이 쏟아져 내렸다. 17명의 병사가 그와 함께 생을 마감했다.

파장은 컸다. 이 오스만 영웅과 전사들의 장렬한 죽음은 성벽 함락의 결정적 분수령이 되었다. 분기탱천! 파괴된 성문과 성벽 사이로 예니체리들이 오스만 깃발과 술탄 깃발을 앞세운 채 진격했다. 그에 뒤질세라 아나톨리아와 유럽 정규군이 폭풍처럼 내달았다. 아잡과 바쉬 보주크들도 괴성을 내지르면서 달려들었다. 비잔티움 병사들은 순식간에 내성벽과 외성벽 사이 통로에 갇힌 형국이 되고 말았다. 공성탑과 사다리와 갈고리를 이용해 외성벽과 외성탑 위로 올라온 오스만군의 창과 화살, 총알이 아래로 빗발쳐 내렸다. 공격군과 수비군의 위치가 뒤바뀐 모양새였다. 중과부적이었다. 오스만의 창검이 성벽을 휩쓸었다. 남아 있던 수비병들은 무기와 갑옷도 버린 채 죽음의 그림자보다 더 빨리 도성 안으로 내달았다. 유성우(流星雨)가 또 한 차례 꼬리를 길게 그리며 밤하늘 저편으로 사라져갔다. 막아두었던 둑의 봇물이 터지듯이 마침내 성벽이 허물어졌다. 그 시초[13]는 톱 카프(Topkapı, 대포 문: 로마누스 문) 쪽과 리쿠스 강 가까이에 있는 휘줌 문(Hûcum Kapı, 공격·함락의 문: 제5군문) 그리고 파괴된 성벽이었다. 무너진 외성벽과 내성벽을 타 넘고 노도와 같이 도성 안으로 진군한 오스만 병사들은 동시다발적으로 성문들을 열었다. 성탑 곳곳에 오스만 깃발이 꽂혔다. 붉은색 술탄의 깃발도 펄럭였다. 아시아 쪽 능선과 항구(칼케돈 항) 위의 구름이 햇살을 받아 금빛으로 반사되고 마르마라 바다 물결이 은빛으로 반짝거렸다. 막 해가 뜨려는 찰나였다.

황궁 쪽 수비 역시 마찬가지였다. 붕괴된 성문으로 오스만의 깃발이 맨 먼저 입장했다.

황제는 좌충우돌, 동분서주했지만 속수무책이었다. 사태는 이미 걷잡을 수 없을 만큼 기울어져 있었다. 제노바와 베네치아의 용병 및 지원군들은 공포에 질린 얼굴로 허둥지둥, 갈팡질팡 살길을 찾아 도망치느라 바빴다.

"성이 무너졌다! 성문이 열렸다! 우리가 이겼다! 적을 물리쳤다! 알라는 위대하다!"

여기저기서 합창처럼 오스만군의 환호성이 울려 퍼졌다. 방어군은 비명처럼 "도시를 빼앗겼다!(Ἑάλω ἡ Πόλις: Ealo e Polis!)"라고 울부짖었다. 방어 기능을 잃은 성문은 이제 마지막 남은 탈출구일 뿐이었다. 너도나

---

13 오스만군이 맨 먼저 진입한 성문(혹은 성벽)에 대해서는 몇 가지 서로 다른 견해가 존재한다. 순식간에 일어난 일이라서 목격자들의 위치와 관점에 따라 불가피한 측면도 없지 않았을 것이다. 다수 학자는 톱 카프(로마누스 문)가 가장 먼저 함락된 것으로 본다. 동시에 중앙 성벽(메소테이키온) 중 포격이 집중되어 취약해진 톱 카프와 가까운 곳(현재 도로가 나 있는 '바탄 대로')이 맨 먼저 뚫렸을 것으로 보는 견해도 있다. 또 성문 열쇠가 반납된 상태라서 육중한 성문을 바로 열거나 뚫지 못하고 그 대신 무너진 성벽을 넘어간 병사들이 도성 안쪽에서 바깥쪽으로 내성문을 열었다는 논리적인 설명도 있다.
참고로, 정복 전쟁 당시 12세 소년이었던 네스토르 이스칸데르의 목격담에 따르면 마지막 전투일 이전에도 포격으로 구멍이 난 성벽을 통해 오스만 기병들이 도성 안으로 진입해 몇 차례 전투를 벌인 적이 있다고 한다. 그러나 후발대의 지원을 받지 못해 퇴각했다는 것이 그의 주장이다.

도 앞을 다투어 빠져나가느라 아수라장을 이룬 성문은 얼마 못 가 짓밟혀 죽은 이들의 시체가 겹겹이 쌓여 바리케이드처럼 돼버렸다.

군악대 소리, 말발굽 소리, 대포 소리가 뒤섞여 지축을 뒤흔들고 하늘을 찢어발겼다. 주군이 보장한 사흘간의 도성 약탈권을 누구보다도 먼저 행사하기 위해 오스만 군사들은 앞다투어 성안으로 달려 들어갔다.

술탄은 성탑 높이 게양되어 바람에 나부끼는 오스만 깃발을 감격에 겨운 눈으로 쳐다보았다. 그 위로 구름 무리가 흘러가고 푸른 하늘이 나타났다. 무엇을 본 것일까. 술탄이 문득 고개를 들어 하늘을 응시한다. 옆에 서 있던 술탄의 스승들과 근위대도 하늘을 우러러본다. 그들 모두는 오래도록 허공의 어느 한곳에 시선이 붙잡혀 있었다. 어떤 이는 메흐메드의 얼굴을 보았다 하고, 또 어떤 이는 예언자의 모습을 한 구름이 나타났다고 한다.

이른 아침, 콘스탄티노플 하늘에는 여러 개의 초승달이 떠올랐다. 보름달이 뜬 뒤로 닷새가 지나 반달보다 좀 더 둥근달이 떠 있어야 할 하늘가에는 하얀 초승달이 그려진 오스만 군기들이 여명 속에서 휘날렸다. 오스만의 영광을 예시하듯 바람에 힘차게 펄럭였다. 그 숫자는 시간이 갈수록 점점 늘어났다.

반면에 붉은 바탕에 황금빛 쌍두 독수리가 아로새겨진 비잔티움 국기는 날개가 찢긴 채 성벽 아래로 내동댕이쳐졌다. 동맹국 베네치아의 상징인 산마르코[성(聖) 마르코. 성 마가]의 날개 달린 황금 사자기 또한 그 순간 같은 운명을 맞고 있었다. 육지 성벽 방어를 자원했던 해군 총사령관 가브리엘레 트레비사노(Gabriele Trevisano)는 모든 것이 끝났음을 직감하고는 베네치아 병사들에게 금각만 쪽으로 철수하라고 고함을 질렀다. 그러나 어느 순간 트레비사노는 오스만군에게 포위된 자신을 발견했다.(포로가 된 그는 29명의 동료와 함께 많은 보석금을 내고 1년 후 풀려나 베네치아로 돌아간다.)

케르코 포르타 비상문 근처에서 적과 맞서 싸우던 보키아르도 삼 형제도 더 이상은 버틸 힘이 없었다. 형제 중 파올로(Paolo)는 생포되자마자 살해되고, 안토니오(Antonio)와 트로일로(Troilo)는 간신히 빠져나와 제노바 배를 타고 금각만 항구로 피신했다.

궁성(블라케나 궁) 일대[14]를 방어하던 미노토 대사를 비롯한 베네치아인들은 포위된 채 사로잡혔다. 미노토와 고관들은 포로로 넘겨지고 나머지는 대부분 살해되었다.

마르마라 해와 가까운 육지 성벽을 지키던 병사들은 성벽 중앙부 성문을 열고 들어온 오스만 병사들에 의해 뒤쪽에서 공격을 받았다. 많은 병사가 포위망을 뚫고 도망치려다가 붙잡혀 죽고, 필리포 콘타리니(Filippo Contarini)와 데메트리오스 칸타쿠제노스(Demetrios Kantakuzenos)를 포함한 지휘관들 대부분은 생포되었다.

그 어느 순간 황제 역시 성벽 높은 탑 위에서 휘날리는 오스만 깃발을 보았다. 비상문 쪽으로 달려가 보았지만, 사태는 이미 걷잡을 수 없는 지경에 이르러 있었다. 황제는 말머리를 돌려 리쿠스(Lycus) 계곡 쪽으로 맹렬하게 질주해 갔다. 그곳마저 무너졌을 것 같아 마음이 급했다. 황제

---

14 블라케나 궁(Blachernae Palace, Aivan Sarayi) 일대는 다음 지역을 통칭한다. 테오도시우스 성벽이 끝나는 지점에 마지막 황제의 거소였던 포르피로게니투스(Porphyrogenitus: 텍푸르 사라이) 궁이 있고 오른쪽으로 마누엘 콤네누스 성벽(정문: 칼리가리아 문), 아네마스 감옥(성탑)을 거쳐 레오 성벽과 헤라클리우스 성벽이 이중으로 이어지며 그 말미에 블라케나 문, 금각만 쪽으로는 나무 서커스 문으로 끝난다. 텍푸르 사라이는 블라케나의 별궁으로 지어졌다. 편의상 블라케나 궁은 궁성, 포르피로게니투스 궁(텍푸르 사라이)은 황궁이라 일컫는다. 현재 이 일대에 남아 있는 흔적은 텍푸르 사라이와 성벽 및 성탑 일부뿐이다(부록 I-3, 375~380쪽 참고).

곁에는 친사촌 테오필로스 팔라이올로구스(Theophilos Palaeologus)와 충직한 신하 요안네스 달마타(Ioannes Dalmata), 황제의 사촌임을 자처한 용맹스런 스페인인 돈 프란시스코(Don Francesco) 단 세 사람뿐이었다.

말에서 내린 네 사람은 잠시 문 입구를 지켰다. 부상당한 주스티니아니가 빠져나갔던 바로 그 문이었다. 방어선은 완전히 무너져 탈출하려는 병사들이 문쪽으로 한꺼번에 몰려들었다. 황제는 그들을 규합하려 했지만 뜻대로 되지 않았다. 주군도, 신도, 제국도 안중에 없었다. 그 순간 오직 공포만이 그들을 지배했다.

황제의 사촌 테오필로스는 구차하게 목숨을 부지해 적들의 포로가 되느니 그리스 기사답게 싸우다가 죽는 길을 택하겠다며 진군해 오는 예니체리 무리 속으로 뛰어들어갔다. 제국의 멸망을 절감한 황제도 더는 살고 싶은 마음이 사라졌다. 적들로 하여금 사후의 시신 모독까지 고려해 자신의 신분을 못 알아보게끔 하기 위한 것이었을까? 혹은 황제가 아닌 한 사람의 비잔티움 병사로서 장엄하게 최후를 맞겠다는 결의였을까? 황제는 자줏빛 망토를 벗어던졌다. 제위(帝位)를 상징하는 문장(紋章)도 버렸다. 왕권을 표상하는 모든 것을 내려놓았다.

"내 심장에 창을 꽂아줄 기독교도가 단 한 사람도 없단 말인가."

탄식하듯 혼잣말을 내뱉고 난 황제는 검을 뽑아들고 눈사태처럼 밀려오는 오스만군의 무리 한가운데로 말에 박차를 가하며 달려나갔다. 블레셋(Philistia, Philistine) 군사들을 향해 돌진하는 삼손처럼. 그때까지 그의 곁을 지키고 있던 돈 프란시스코와 요안네스 달마타가 황제의 뒤를 따랐다. 적진으로 뛰어든 그들은 잠시 후 자취도 없이 시야에서 사라졌다. 그것이 비잔티움 제국 최후의 황제 콘스탄티누스 11세의 마지막 모습이었다.[15](황제의 죽음에 대한 기록은 78~82쪽 및 부록 I-6, 394~395쪽 참고)

한편 베네치아 함대 사령관 알비소 디에도(Albiso Diedo)는 도성이 함락될 기미를 보이자 돛단배를 몰고 갈라타[16]로 건너가 제노바 행정관 안젤로 로멜리노(Angelo Lomellino)에게 다그치듯이 물었다.

"시간이 없습니다. 제노바 거류민들은 어쩔 셈입니까? 여기 남아 끝까지 싸울 겁니까, 아니면 다 팽개치고 공해상으로 탈출할 겁니까? 만약 당신들이 일치단결해 이교도들과 싸운다면 우리도 행동을 같이하겠습니다."

"술탄에게 사절을 보내 물어보는 것이 어떻겠습니까? 배들을 얌전히 보내줄 것인지, 그렇지 않으면 제노바 및 베네치아와 한판 전쟁을 치를 것인지 말입니다."

연로한 행정관 로멜리노는 이 급박한 미증유의 사태에 대한 답을 갖고 있지 않았다. 술탄의 선의를 믿어야 할지 말아야 할지도 판단이 서지 않았다. 그러나 디에도는 한시가 급했다. 로멜리노의 제안이 어처구니없

15 최측근 (스)프란체스는 황제의 마지막 순간을 이렇게 묘사했다.
"불쌍한 황제, 나의 주인! 영혼의 위대함을 보여주기를 신에게 눈물로 간구하며 병사들에게 권면하였다. 구조와 구원의 희망은 없었다. …… 사자처럼 포효하며 오른손에 든 칼로 적들을 닥치는 대로 살상하였다. 그의 팔과 다리로 피가 강물처럼 흘러내렸다."
두카스는 황제가 칼리가리아 문(에으리 카프) 근처에서 죽었다고 기록했으며, 크리토불로스는 성 로마누스 문 가까운 곳이라 했고, 터키 학자들은 바다와 가까운 황금문 근처라고 한다.

16 Galata 또는 Pera. 금각만을 사이에 두고 콘스탄티노플 건너편에 있는 제노바인들의 독립 지역. BC 390년 북유럽 종족인 켈트족들이 지중해를 거쳐와 처음 개척했다. 그래서 지명도 그들의 우유같이 흰 피부를 뜻하는 그리스어 '갈락토스', 또는 이탈리아어로 '계단'이란 뜻인 '칼라타'에서 유래했다고 한다. 제4차 십자군에 의해 유린당한 콘스탄티노플을 라틴 왕국으로부터 탈환하는 데 도움을 준 제노바를 위해 인정한 특별 구역이다. 미카엘 8세의 서명으로 1267년부터 제노바인들이 자치권을 갖고 거주하기 시작했다. 베네치아인들은 갈라타에서 멀지 않은 도성 안 항구 쪽에 행정과 무역을 관장하는 특별 구역을 두었다. 갈라타는 '꼬리가 몸통을 흔든다(Wag the Dog)'는 속담처럼 비잔티움 경제를 능가하며 번창하는 제노바 무역의 전초기지 역할을 했다. 지금도 이 지역을 '페라' 또는 '갈라타'라고 혼용해서 부른다. 페라는 그리스어로 '(콘스탄티노플) 저쪽 너머, 건너편'이란 뜻이다.

을 만큼 한가하고 비현실적으로 들렸다. 제노바와 베네치아의 간극을 새삼 절감했다. 그사이 로멜리노가 대규모 탈출을 방지하기 위해 갈라타의 성문을 모두 닫아거는 바람에 디에도는 자신의 함대로 돌아갈 길조차 막혀버렸다. 속이 탔다. 분초를 다투는 상황이었다. 금각만 선착장에서 자신을 기다리고 있을 수많은 피난민이 떠올랐다. 디에도는 때마침 갈라타 성안에 들어와 있던 제노바 선원들에게 애타게 호소해 그들과 함께 성문 밖으로 빠져나올 수 있었다.

주변이 모두 오스만령(領)이어서 육지 속의 섬처럼 고립되어버린 콘스탄티노플에서 탈출이 가능한 유일한 비상구는 바다밖에 없었다. 곧 수많은 피난민이 바다로 몰려올 참이었다.

디에도는 다시 돛단배를 타고 금각만 입구로 가 그가 오기만을 기다리고 있던 함선에 올랐다. 탈출구는 바다다! 쇠사슬로 가로막힌 방재(防材) 구역(417~419쪽 참고) 앞에 이르자 덩치 큰 두 장정이 도끼를 들고 배에서 내렸다. 둘은 망설임 없이 쇠사슬과 연결된 가죽끈을 도끼로 힘껏 내려쳤다. 더는 지키는 자도 만류하는 자도 없었다. 오히려 탈출을 가로막는 방해물이 단번에 제거되기를 발원했다. 54일 동안 오스만 함대의 진입을 저지했던 쇠사슬은 철퍼덕 소리와 함께 물속으로 가라앉았다. 항구가 열렸다. 디에도의 배는 그 벌어진 틈새를 뚫고 마르마라 해로 나아가며 다른 선박들에도 따라오라는 신호를 보냈다. 제노바와 베네치아의 전함 및 갤리선들이 뒤를 따랐다. 디에도와 행동을 함께한 니콜로 바르바로[17]가 이 모든 상황을 낱낱이 기억했다가 나중에 일지로 남겼다.

이 선박들은 위험을 무릅쓰고 헤엄쳐 온 시민들을 승선시켰다. 안타깝게도 수영이 서툴러 허우적거리다가 물속으로 가라앉는 사람도 적지 않았다. 한 사람이라도 더 배에 태우기 위해 사람들은 저마다 챙겨온 값진 물건들을 눈물을 머금고 바다에 던졌다. 승선 인원을 훨씬 초과했는데도 기를 쓰고 기어오르려다 배가 뒤집힌 경우도 있었다. 궁성 지역 수비에 차출됐던 베네치아 선원들 대다수는 배로 돌아오지 못했다. 배 1척은 피난민들로 가득 찼지만, 선장과 선원이 없어 하릴없이 항구를 맴돌아야 했다.

피난민을 태운 탈출선들은 일단 1.5킬로미터 정도 동북방인 보스포러스 해협 쪽에 은신해서 대기하며 동정을 살폈다. 1시간여를 기다려도 다른 피난선은 보이지 않았다. 더 기다릴 수가 없었다. 함자 베이(Hamza Bey) 함대의 해군이 선착장으로 몰려와 피난민들을 생포하거나 살해했기 때문이다.

발을 동동 구르면서 살려달라고 애타게 외치는 피난민들을 뒤로하고 디에도는 출항 명령을 내렸다. 때마침 불어온 강한 북풍을 타고 전속력으로 해협을 벗어나 마르마라 해로 향했다. 이 배들은 디에도의 지휘 아래 다르다넬스(Dardanelles: 옛 이름 헬레스폰트) 해협을 무사히 빠져나가 안전 해역에 다다르게 된다.

함대의 주를 이룬 제노바 선박 7척 중 1척에는 부상당한 주스티니아니[18]가 타고 있었다. 도성이 함락됐다는 사실을 알게 된 그는 나팔수에

---

17 Nicolo Barbaro(1420~1494년). 의학을 전공한 베네치아의 명문가 자손으로 트레비사노가 함장인 베네치아 대형 갤리선에 군의관으로 승선, 1452년 10월 콘스탄티노플로 왔다. 관찰력이 풍부한 지식인이었던 그는 훗날 공방전의 진행 상황을 날짜별로 정리한 일지를 남겼다. 서방 쪽 사료 중 매우 유용한 기록으로 평가받고 있다.

18 갤리선을 타고 탈출한 주스티니아니는 키오스 섬에 도착한 지 이틀 만에 화살 맞은 부위의 상처가 도져 숨을 거두었다. 그에 대한 평가는 극명하게 엇갈린다. 일부 제노바인들에겐 비운의 영웅이었지만, 그리스인들과 베네치아인들에겐 무너지는 방어선을 뒤로한 채 꽁무니를 뺀 비겁한 도망자, 패전의 가장 큰 원인 제공자일 뿐이었다. 같은 제노바 출신인 레오나르드 대주교도 그가 결정적인 순간 수비군의 기대에 어긋난 행동으로 제노바 귀족의 명성을 훼손하였다고 지적했다.

게 자기 휘하 부대의 병사들을 불러들이는 신호를 보내라고 지시했다. 그렇게 상당수의 제노바인과 베네치아인들, 그리고 비잔티움 시민과 귀족들이 콘스탄티노플 탈출에 성공했다. 더러는 함락 이전에 미리 배에 올라 도망갈 구멍을 마련해둔 이들도 있었다. 그들 모두 운이 좋았다.

이날은 기필코 성을 무너뜨리겠다고 작심한 술탄이 육·해상 동시 총공격 명령을 내려 오스만 해군들도 바다(마르마라) 및 만(금각만)에서 성벽 공격에 가담했다. 또한 해군들은 혹시라도 육군들이 선수를 쳐 도성 안의 전리품들을 독식할까 봐서 조바심을 쳤다. 실제로 약탈에 동참하기 위해 이탈한 수병도 있었다. 사정이 이렇다 보니 정작 해상 통제는 구멍이 났다.

더에도 함대의 도주를 막지 못한 함자 베이는 화도 나고 술탄의 질책이 두려워졌다. 그는 급박하게 수병들을 불러 모아 쇠사슬 고리가 풀린 금각만 방재 구역을 철저하게 경계하며 미처 빠져나가지 못한 선박들의 출항을 차단했다. 그 배들은 정원의 몇 배나 되는 피난민들을 가득 태운 채 꼼짝없이 바다 위의 감옥 같은 신세가 되고 말았다.

그사이 도성은 정복자들의 환호와 감격의 물결로 출렁거렸다. 격전 지역의 성문은 물론 일찍이 제국이 융성했을 때 황제들이 전승을 거두고 늠름하게 개선하던 황금문(알튼 카프: 정복 전쟁 이전에 성문은 폐쇄 상태였음)^{QR코드2}(371쪽 참고)을 비껴보며 오스만 병사들이 의기양양하게 도성 안으로 쏟아져 들어갔다. 함락과 정복을 알리는 희열에 찬 목소리가 거리 곳곳에 메아리쳤다. 폭죽 또한 하늘 높이 솟구쳤다. 같은 시간 부콜레온 궁 뒤편 으슥한 관목 숲에서 불길과 연기가 피어올랐지만, 오스만 병사들은 아랑곳하지 않고 가던 길을 재촉했다(관련 내용 312~313쪽).

하기아 소피아에 모여 기도로 밤을 새운 수많은 시민도 자신들을 에워싸고 있는 살얼음 같은 운명의 순간을 직감하고 있었다. 오스만군의 함성과 귀청을 찢을 듯한 군악대 소리가 밤새 건물 천장과 내벽을 뒤흔들던 대포 소리보다 더 크고 가깝게 다가올수록 신의 자비를 청원하는 간절한 기도 소리는 높아져만 갔다. 시민들은 마지막 실낱같은 소망을 담아 옛 예언을 떠올렸다.

"성모 마리아께 봉헌된 이 도시는 성모님이 지켜주신다. 설사 이교도들이 성벽을 뚫고 이 거룩한 성당 안까지 쳐들어온다 해도 주님의 대천사 미카엘(Michael)이 하늘로부터 강림하사 빛나는 검을 휘둘러 그들을 도성 밖 보스포러스 해협 동쪽으로 몰아낼 것이로다."

시민들은 천사를 기다리며 무릎을 꿇은 채 밤샘 기도를 드렸다. 그러나……, 아침이 오도록 끝내 기적은 일어나지 않았다. 수호천사도 나타나지 않았다. 성벽은 허물어지고, 오스만군은 날이 밝기가 무섭게 하기아 소피아의 굳게 닫힌 청동 문을 도끼로 부수고 들어왔다.

하늘 높이 매달린 돔 꼭대기에서 예수 그리스도가 내려다보고 있었다. 예수는 축복하기 위해 오른손 두 손가락을 올리고, 왼손에는 복음서를 들고 있었다. 세상의 빛이 되신 주 예수 그리스도는 돔 바로 아래 40개의 창문을 통해 햇빛을 내리비치지만 그 순간 축복도 소망도 평화도 성당 안에서 사라졌다. 새하얀 어둠이 성당 안을 뒤덮었다. ^{QR코드 3}

본당 안으로 들이닥친 점령군들은 무슬림의 성전(聖戰: 지하드, jihād) 관습에 따라 술탄이 허락한 사흘간의 약탈 기간을 의식한 듯 전리품을 챙기느라 바빴다. 반반하게 생긴 처녀와 건장한 청년들, 값비싼 옷을 입은 귀족들이 일차 표적이었다. 서로 먼저 차지하겠다고 다투느라 사지가 떨어져나갈 지경이었다. 미모가 뛰어난 소녀를 두고는 칼부림이 벌어지기도 했다.

몇몇 젊은 수녀들은 유린을 당하느니 차라리 순교를 택하겠다며 본당 밖의 우물 속으로 몸을 던졌다. 찬송가를 부르던 젊은 사제[19]는 마지막 구절을 마치기도 전에 목을 잘린 채 제단 앞에 쓰러졌다. 상품 가치가 떨어지는 노인·병자·장애인들은 그 자리에서 살해당하기도 했다.

점령군들은 여신도들이 쓰고 있던 성찬 예배용 베일을 찢어 만든 노끈과 밧줄로 포로들을 결박했다. 그러고는 따로 마련된 장소로 끌고 가 안전하게 '보관'해놓고 다음 '전리품'들을 데려오기 위해 다시 성당으로 갔다. 수많은 신도들이 신분과 남녀 구분 없이 포박을 당한 채 온순한 양 떼처럼 주님의 품 안인 교회 울타리에서 줄줄이 끌려 나와 노예의 길을 걸어갔다. 그들의 퀭한 눈동자는 초점을 잃고 허공을 헤매었다.

점령군들은 그렇게 성당 안을 삽시간에 무력으로 장악하고 점유해버렸다. 그들은 성물들과 온갖 귀중품들을 닥치는 대로 쓸어 담았다. 촛대와 갓등, 성화벽, 제단과 그 장식품, 황제의 옥좌, 보석으로 장식된 사제들의 예복, 자잘한 가재도구 등등…….

엔리코 단돌로[20]의 석관묘 또한 무사할 리 만무했다. 병사들은 도제의 모자와 산마르코의 사자 문장이 새겨진 단돌로의 대리석 무덤을 파헤쳤지만, 일찍이 십자군으로부터 도성을 탈환한 성난 비잔티움 군중의 손에 의해 이미 단죄되어 취할 만한 보물은커녕 길거리의 개들에게 던

---

19 사제들의 순교는 훗날 또 다른 전설을 잉태하고 탄생시켰다. 전설에 따르면, 병사들이 제단으로 난입하자 사제들은 성스러운 그릇을 들고 지성소(至聖所: Most Holy Place)로 다가섰으며, 그 순간 그들이 들어갈 수 있도록 벽이 잠시 열렸다가 그들의 등 뒤에서 다시 굳게 닫혔다. 그리스 정교회의 황제가 하기아 소피아를 모스크에서 다시 성당으로 되돌릴 때까지 사제들은 그곳에서 안전하게 지내도록 미리 약속되어 있었다. 이 전설은 어쩌면 본당과 총대주교 관저 뒤를 연결하는 오래된 통로를 통해 탈출한 사제들이 일부 있었을 가능성에 기반을 두고 만들어졌는지도 모른다.

져줄 유골 하나 남아 있지 않았다.

점령군들은 망설임도 죄책감도 없었다. 이 모든 것이 무슬림의 시각으로는 우상을 숭배하고 신성을 모독하는 이교도(기독교도)들에게 죄를 묻고 처단하는 정당한 행위였기 때문이다.

249년 전 이미 제4차 십자군에 의해 처참하게 유린됐던 하기아 소피아는 그렇게 또 한 번의 수난을 맞았다 그럼에도 불구하고 여전히 위엄을 잃지 않고 있는 이 대성당에 가장 관용을 보인 사람은 다름 아닌 술탄 메흐메드 2세였다.

신에 대한 찬양으로 정복 전쟁이 끝났음을 선언한 술탄은 어느 정도 혼란이 잦아들고 질서가 회복된 늦은 오후, 예니체리 근위대 소속인 경호 부대 솔락(Solak)의 호위를 받으며 승리를 상징하는 흰색 말을 타고 무함마드의 칼을 찬 채 성벽이 허물어진 도시에 입성했다. 대신들과 이슬람 성직자들이 걸어서 그 뒤를 따랐다. 그들의 머리 위로는 이슬람의 녹색 깃발과 술탄의 붉은 깃발이 의기양양하게 펄럭였다.

"알라후 아크바르(알라는 위대하도다)!"

---

20 Enrico Dandolo. 베네치아 공화국의 야욕과 번영을 상징하는 대표적인 인물. 1107년에 태어나 1192년, 85세의 나이에 도제(Doge: 종신직 총독) 자리에 오른 단돌로는 이미 시력을 잃은 노인이었는데도 제4차 십자군 원정을 이끌며 초인적인 정신력으로 직접 군대를 진두지휘, 콘스탄티노플 함락 및 라틴 왕국 수립에 결정적 역할을 했다. 1172년 콘스탄티노플을 상대로 한 강화 협상에서 지나치게 베네치아의 이권만 챙기는 바람에 분노한 마누엘 1세 콤네누스(Manuel Comnenus) 황제에 의해 장님이 되었다는 설과 머리에 입은 상처의 후유증에 의한 극도의 시력 약화라는 설이 있다. 여하튼 이로 말미암아 교황의 노여움을 사 한때 파문까지 당했지만 자국의 이익을 무엇보다도 우선시한 단돌로는 아랑곳하지 않았다. 교황은 곧 그를 사면해야 했다. 학살과 파괴, 약탈을 일삼으며 비잔티움 제국 영토의 8분의 3을 베네치아령으로 귀속시킨 단돌로는 1205년, 콘스탄티노플에서 사망했다. 1261년 비잔티움 황제가 복귀해 하기아 소피아 성당에 있던 단돌로의 무덤을 파헤쳐 이미 뼛조각만 남은 유해를 개들에게 던졌지만, 개들도 먹지 않았다고 한다. 아야 소피아 2층 동남쪽 모자이크(디시스) 맞은편에는 단돌로가 묻힌 자리임을 알리기 위해 라틴어 대문자로 그의 이름을 새긴 판이 아직도 붙어 있다.

이때부터 메흐메드는 '파티(Fatih: 정복왕)'라는 경칭을 얻게 되었다. 오스만 623년(1299~1922년) 역사상 유일무이한 '정복자' 칭호다.

에디르네 문(카리시오스 문)을 통해 들어가는 술탄을 환영한 것은 비잔티움군과 시민의 즐비한 주검들이었다. 아치형 성문 주변 여기저기에 시신들이 널브러져 있었다. 칼자루를 손에 쥐고 전사한 병사, 햇살 아래 하얀 다리를 드러낸 채 숨진 처녀, 화살을 맞고 쓰러진 군마(軍馬) 등이 술탄을 태운 말의 발굽에 스쳤다.

성문을 통과하자 옛 영화를 상징하는 교회와 큰 건물들이 감탄을 자아내게 했다. 그러나 대로 주변 말고는 방치된 많은 공간들, 초라한 주택과 건물들, 돌보는 이가 없어 잡초와 잡목들로 숲을 이룬 포도원 등을 지나치며 술탄은 기대와 실망이 엇갈렸다. 게다가 약탈에만 그치지 않고 병사들의 방화와 파괴로 초토화된 도시를 보자 심기가 불편해졌다. 이제는 자기 소유물이 된 이 도시가 이렇게나 망가지지 않게끔 미리 엄격한 제한 조치를 하지 않은 자신이 후회스러웠고 조금은 애통했다.

술탄의 첫 행선지는 하기아 소피아였다. 에디르네 성문에서 주도로를 따라가면 5킬로미터 남짓 거리다.

대성당 앞에서 멈춘 술탄은 말에서 내렸다. 그토록 갈망했던 도성의 흙을 밟는 순간이었다. 술탄은 아무 말 없이 무릎을 꿇고 흙을 한 줌 집어 자신의 터번(Turban) 위로 흩뿌렸다. 수행한 성직자·스승·장군 등 누구 하나 입을 열지 않았다 이 순간만큼은 신에 대한 감사와 인간의 겸손한 마음이 그들 모두를 지배했다. 새 역사의 장이 소박하면서도 경건하게 시작된 것이다. 그런 다음 그는 대성당으로 들어가 제단을 향해 뚜벅뚜벅 걸어갔다. 마침 지성소 바닥의 대리석 조각을 망치로 내리치고 있는 소리가 귀에 거슬렸다. 술탄의 호통이 병사에게 떨어졌다.

"어찌하여 대리석을 파괴하는 것이냐?"

"신앙을 위해서입니다. 여기는 이교도들의 소굴 아닙니까."

"너희는 노예로 삼을 포로와 돈이 될 만한 물건이면 그것으로 충분하다. 교회는 약탈이나 파괴의 범위에 포함되지 않는다는 포고를 벌써 잊었느냐. 이 도시의 모든 건축물은 나의 것이다. 너 따위가 감히 이런 걸출한 성전에 벽돌 한 장이나 얹을 실력이라도 되겠느냐. 나의 허락 없이는 문고리 하나 손대지 못한다."

술탄은 "병사를 향해 칼을 겨누었고, 그 병사는 질질 끌려나가 성당 밖으로 내동댕이쳐졌다."(당대 역사가 두카스의 기록에 근거.)

아직 노예로 잡혀가지 않은 신도들이 겁에 질린 얼굴로 성당 한구석에 웅크리고 앉은 채 바들바들 몸을 떨고 있었다. 술탄은 그들을 순순히 집으로 돌려보냈다. 그러자 사제 몇 명이 제단 뒤 비밀 통로에서 나와 술탄에게 자비를 베풀어달라고 애원했다. 술탄은 그들도 돌려보냈다.

벽면을 가득 채운 모자이크가 내뿜는 장엄한 색채의 향연에 잠시 찬탄의 눈길을 보내던 술탄은 이 대성당을 즉시 모스크로 개조하라고 지시를 내렸다. 기다렸다는 듯이 울라마(Ulama: 이슬람 율법학자)가 설교단 위로 올라가 선포를 했다.

"알라후 아크바르 라 일라하 일랄라 무함마둔 라술룰라!(알라는 위대하도다. 알라는 한 분이고, 무함마드는 그분의 사도이다!)"

술탄은 옷깃을 여미고 제단의 석판 위에 올라가 승리를 안겨준 신에게 경의를 표한 다음 감사 기도를 드렸다.

"성(聖) 금요일(6월 1일), 이곳에서 공식 예배를 드릴 수 있도록 준비하라."

유스티니아누스 황제가 재건한 이래 916년(537~1453년) 동안 기독교 예배당으로 사용되어온 그리스 정교회의 총본산이 이슬람의 모스크로 바뀌는 순간이다.

하기아 소피아를 나온 술탄의 발걸음은 자연히 히포드롬 광장
[Hippos(말)+Dromos(경주장)=Hippodrome: 경마와 전차 경주, 서커스 공연 등
이 펼쳐지던 원형 경기장]ᵒʳ코드⁴으로 향하였다. 오벨리스크(Obelisk)와 몇 개
의 기둥만 황량하게 서 있는 광장을 지나치던 술탄은 청동으로 만든 3
마리 뱀이 몸통을 꼬고 있는 델피(Delphi: 고대 그리스 유적지 델포이)의 기
둥 앞에서 말을 세웠다. 술탄은 "이런, 우상 숭배나 일삼는 얼간이들!"
하면서 시퍼렇게 날이 선 자신의 장검으로 그중 1마리의 목을 힘껏 내리
쳤다.[21]

술탄은 히포드롬 광장을 가로질러 옛 황궁으로 갔다. 비잔티움 황제
들의 방치로 오스만 병사들이 진입하기 전부터 이미 폐허가 되다시피
한 넓은 홀과 회랑을 둘러보며 그는 감정을 억누르지 못하겠다는 듯 잠
시 멈추어 서서는 13세기 페르시아의 시인 사디(Sadi)가 제국의 소멸을
한탄하며 읊었다는 쓸쓸한 어조의 2행시를 혼잣말하듯이 암송했다.

황제들의 궁에서는 거미들만 부지런히 커튼을 치고 있고
아프라시아브[Afrasiab: 이란 신화에 등장하는 투란(Turan) 유목민의 왕 또는

---

21 델피의 뱀 기둥은 원래 기원전 479년 플라타이아(Plataea) 전투에서 페르시아 군대를 무찌른
그리스 도시 국가들이 델피의 아폴론 신전에 세운 승전 기념비의 일부였다고 한다. 그것을 델피
에서 콘스탄티노플로 가져온 이는 바로 콘스탄티누스 대제였다. 처음엔 하기아 소피아 안뜰에
세웠다가 나중에 히포드롬으로 옮겼다. 서로 뒤엉킨 3마리의 청동 뱀들은 몸체만 남아 있을 뿐
머리 부분은 사라졌다. 이 뱀 머리들은 1800년대에 술 취한 폴란드 외교관이 날려버렸다고 한
다. 오스만 시대 그림에 이 뱀 머리들이 온전하게 등장하는 걸 보면 메흐메드의 뱀 머리 절단 일화
는 사실이 아닌 것이 분명하다. 다만 술탄이 칼로 내려쳤는지 여부는 알 수 없다. 아무튼 1847년
사라진 뱀 머리 중 하나가 아야 소피아 보수 공사를 하던 도중 발견되어 현재는 이스탄불 고고학
박물관에 전시되어 있다. 한편 톱 카프 박물관에 가면 실제로 메흐메드 2세의 장검을 유리 상자
속에 보관해놓았는데 칼날에 금이 가 있어 이 전설의 탄생 배경을 짐작하게 해준다. ᵒʳ코드 5,6

그의 궁전]의 성탑에서는 부엉이 홀로 슬피 울며 보초를 서고 있구나.

지근거리에서 수행한 이들은 술탄의 눈시울이 젖어 있는 것을 보았다고 후술했다(정복자 편에 선 기록자인 크리토불로스는 술탄이 감상에 젖어 눈물까지 흘렸다고 회상).

세계사를 통틀어 가장 오랜 기간 제국의 수도로 군림했던 이 도시의 운명은 이처럼 비감하게 막을 내렸다. 그날 이후 이 도시는 이제 더는 비잔티움 제국의 수도 콘스탄티노플이 아니었다. 머지않아 오스만 제국의 새로운 수도가 될 이스탄불이었다.

1453년 5월 30일(수)

성벽은 함락되고 제국은 정복되었지만 후폭풍은 거세었다. 항복을 거부한 대가는 참담하고 혹독했다. 첫날보다는 많이 약해졌지만, 이튿날도 살육과 약탈이 도성 곳곳에서 간헐적으로 자행되었다.

비극은 또 다른 비극을 낳았다. 전날 가족을 구하려고 성벽을 벗어나 집으로 달려가던 비잔티움 병사들은 대부분 도중에서 오스만군을 만나는 불운을 겪었다. 패자이자 도망자의 말로는 비참했다. 거리 곳곳에서 부모를 잃은 아이들이 울며 헤매었다. 오스만 병사들은 그런 아이들까지 노예로 팔아넘기기 위해 잡아들였다.

간혹 어떤 병사가 온정과 자비를 베풀어 사로잡은 아이나 여자를 풀어준다 한들 별 의미가 없었다. 또 다른 거친 손아귀가 그들을 기다리고 있었기 때문이다.

살아남은 사람들은 모두가 공황 상태였다. 이것이 꿈인지 현실인지조차 분별하지 못하는 사람들도 있었다. 그들은 하루아침에 미치광이처럼 되어 눈동자가 풀린 채 이 골목 저 거리를 떠돌아다녔다.

당시 직접 현장에 있었거나 훗날 목격자들의 증언을 듣고 그 참상을 기록으로 남긴 이들이 있다. 그들의 이야기 중 후대 학자들에 의해 객관성이 인정된 내용을 종합해보면 다음과 같다. 이는 정복 첫째 날과 둘째 날 있었던 사건들을 각종 자료를 수렴해 요약 정리한 보고서다(5월 29일 상황도 일부 포함).

성벽 함락 이후 도성에 발을 들인 순간부터 오스만 병사들은 너나없이 살육자 겸 약탈자가 되었다. 술탄이 약속한 황금과 여자와 보석이 넘치는 이 도시에서 전리품을 누구보다도 먼저 챙기려 들었다. 힘들고 오랜 전투로 극에 달했던 고통을 그들은 다른 측면에서 보상받으려고 했다. 이성은 실종되고 증오와 적개심이 그들을 지배했다. 무너진 도시가 승리의 대가로 풍성한 전리품을 제공하리라는 기대감에 부풀었다.

처음 그들은 전쟁이 끝났음을 실감하지 못했다. 도성 안에 상당수의 무장 병력이 남아 있을 거라 생각했다. 어느 외딴 건물, 혹은 후미진 골목 미로에 몸을 숨기고 있던 비잔티움 특공대나 패잔병들이 갑자기 자신들을 습격할는지도 모른다는 경계심과 불안감에 사로잡혀 있었다. 그래서 길에서 마주친 도성 시민을 남녀노소 가리지 않고 닥치는 대로 살해했다. 가파른 페트라(Petra) 언덕에서 금각만까지 피가 마르지 않을 정도였다.

그러나 광란의 살인극은 점차 수그러들었다. 도시가 완전히 정복되고 평정되었음을 알게 되었기 때문이다. 생존 병력도 극소수여서 저항은 아주 산발적이고 미미한 수준이었다. 도시는 무장 해제되어 있었다. 도시 진입 초반에 지붕 위에 올라가 벽돌이나 장작 등을 집어던지던 일부 시민도 금세 사라졌다.

그때부터 이들 점령군의 관심사는 약탈 쪽으로 옮겨 갔다. 노예로 활용할 포로와 재물을 서로 먼저 더 많이 차지하려고 혈안이 되었다. 도피한 시민들과 은닉된 재산을 찾아 점령군들은 도성 구석구석을 이 잡듯이 뒤지고 다녔다. 폐허가 된 도시에서 도망자와 추격자들의 숨바꼭질이 시작되었다. 더러는 전리품을 서로 먼저 차지하려고 다투는 일도 일어났다. 이미 약탈이 끝난 건물은 뒤늦게 오는 병사들이 헛걸음하지 않도록 현관 옆에 조그만 깃발을 표식으로 꽂아두는 전우애(?)를 발휘하기도 했다. 그런 깃발들이 점차 늘어만 갔다.

방책을 넘거나 케르코 포르타 비상문을 통해 입성한 오스만군은 궁성(아이반 사라이: 블라케나 궁) 일대와 황제의 거소(텍푸르 사라이: 포르피로게니투스 궁)를 지키던 베네치아 수비대를 격파하고 약탈에 들어갔다. 금은보석들, 서책과 유물들, 실내 장식품과 대리석 등등 어느 것 하나 온전히 남아나는 게 없었다.

바자르(Bazaar: 시장)는 물론 큰 건물과 집들 상당수도 폐허가 되다시피 했다. 조금 산다 싶은 외관이 그럴듯한 집들은 그야말로 쑥대밭이 되었다.

서고의 책들도 비켜가지 않았다. 내용보다는 외피에 의해 책들의 운명이 결정지어졌다. 팔아먹을 만한 책들은 모두 한쪽으로 분류해 묶어놓았다. 신격화된 형상이 보이거나 반듯하지 못한 대부분의 책은 표지가 뜯기거나 아니면 통째로 검은 연기를 향연(香煙)처럼 피워올리며 화형식을 당했다. 살아남은 서적들은 저울로 달아 헐값에 매매되었다.

지하에 묻힌 이들조차 안녕하지 못했다. 황제들의 무덤도 예외가 아니었다. 석관 지붕을 박살낸 다음 숨어 있는 보물을 찾느라 눈에 핏줄이 섰다. 천년 유물과 유적이 불과 하루 만에 사라질 판이었다.

값진 성물이 많은 교회 역시 점령군들이 우선적으로 노리는 먹잇감이었다. 아이반 사라이 성벽 주변의 아담한 교회들, 에디르네 문 옆의 성 게오르기오스 교회, 페트라의 성 요안네스 교회 등이 보유하고 있던 금과 은으로 만든 성찬 용품 또한 훌륭한 사냥감이었다. 십자가마저 뾰족 지붕 위에서 거칠게 끌어 내려져 보석이 도려내진 채 길바닥에 나뒹굴었다.

육지 성벽과 근접해 있는 코라 성당(지금의 카리예 박물관)^{QR코드7}에선 이례적으로 모자이크와 프레스코 벽화를 건드리지 않았다(나중에 하기아 소피아와 마찬가지로 회칠로 덮었다가 복원됨). 그 대신 금은으로 만든 성찬 용품은 모두 수거되고 도성 시민들에게 기적을 부르는 성스러운 그림으로 추앙받던 성모상 호데게트리아(237쪽 각주 81 참고)^{QR코드8}가 난리 통에 사라졌다. 원래는 옛 황궁 옆 교회(호데게트리아 교회)에 있었지만 전쟁을 치르는 병사들의 사기를 높이려고 성벽 근처로 옮겨놓았던 그림이다.

점령군들은 수도원과 수녀원에까지 난입했다. 순결을 잃기보다는 순교를 택하겠다며 자결한 젊은 수녀도 몇 있었지만, 대부분의 수도사와 나이 든 수녀들은 정교회 전통인 순종의 미덕에 따라 큰 저항을 하지 않고 포로가 되었다.

도성에서 하기아 소피아 다음으로 큰 성사도 대성당^{22QR코드9}은 약탈을 면했다. 성물들도 고스란히 남았다. 대로변에 있어 약탈의 표적이 되기 십상이었지만, 술탄이 사전에 이 역사적 건축물의 대규모 파손을 막기 위해 성당 앞에 경비병들을 세워두었기 때문이다. 술탄은 아마도 콘스탄티노플에서 가장 크고 제국을 대표하는 교회인 하기아 소피아를 모스크로 바꾸는 대신, 도성에서 두 번째로 큰 이 성당만큼은 신앙의 자유를 보장하는 상징적 존재로 남겨둘 생각이었던 것 같다. 실제로 성사도 대성당은 얼마 뒤 그리스 정교회의 총본산으로 지목되었다.

금각만에 주둔해 있던 해군들은 플라테이아(Plateia) 문(운카파느 문)으로 진입, 성벽 인근의 창고들을 싹쓸이했다. 이미 물자가 바닥나 있던 제국의 창고인지라 기대를 채우기에는 태부족이었다.

그들 중 일부는 길목에서 그 전날 밤을 성인의 묘지에서 기도로 밤을 지새우고 종종걸음으로 테오도시아(Theodosia) 성당[23][QR코드 10]을 향해 가던 여인들의 행렬과 마주쳤다. 화요일인 이날은 마침 성녀 테오도시아의 축일이었다. 아침이 밝은 지 오래지만 불을 켠 촛불들이 환했다. 성당 안팎은 축일을 기념하기 위해 신도들이 저마다 정원과 울타리에서 따온

22 Agioi Apostoloi(그리스어), Havariyyun Kilisesi(터키어). 카리시오스 문(현 에디르네 카프)에서 하기아 소피아와 옛 황궁으로 가는 대로변에 있는 교회. 콘스탄티누스 대제가 자신의 무덤으로 삼기 위해 건립했다. 이후 역대 황제와 황후들이 이곳에 묻혔다. 콘스탄티노플 함락 이후에도 다른 성당들과 달리 거의 파괴되지 않은 채 그리스 정교회 대주교 본관으로 사용되었다. 술탄 메흐메드 2세에 의해 정교회의 총대주교로 임명된 겐나디오스는 성당 앞마당에서 오스만 군인의 시신이 발견되자 여기에 머무는 것이 부담스러워 곧 거처를 규모가 작은 팜마카리스토스 교회(현 페티에 자미: 정복의 모스크)[QR코드 31]로 옮겨 그곳이 한 세기 넘게 그리스 정교회 총대주교 본산이 된다. 정복 이전에도 이미 지진 등으로 일부 훼손되고 파괴되어 있던 이 성사도 대성당은 1461년 큰 지진으로 허물어지고, 1463년부터 1471년까지 메흐메드 2세의 지시에 따라 파티 자미(정복자 메흐메드 2세 모스크)로 개조되었다. 자미 안에는 메흐메드 2세와 그 부인의 투르베(Türbe: 무덤)가 있다. 녹색 천으로 덮인 지붕과 그 한쪽 끝에 올려놓은 터번 장식이 인상적이다. 2012년 5월, 6년 반에 걸친 복원 공사가 완료되었다. 최초의 모스크 건설 공사만큼이나 긴 시간을 들여 원형에 가깝게 복원했다.

23 726년 성상 파괴 운동 시대에 성화를 지키려다가 순교한 테오도시아를 기리기 위해 금각만 연안, 지금의 아야 성문(비잔티움 시대엔 테오도시아 성문) 근처에 세워진 성당. 비잔티움 건축 양식이 고스란히 남아 있으며, 터키인들은 이 성당을 '귈 자미'라고 부른다. '귈'은 '장미'란 뜻. 성녀 테오도시아의 축일인 5월 29일을 맞아 신자들이 장미를 들고 모여든 날, 제국이 무너졌다. 정복 이후 오스만 군대가 이 성당에 와보니 성당 안팎으로 장미꽃이 가득해 '장미 사원'이란 이름을 얻었다. 한동안은 비잔티움 최후 황제의 시신이 장미꽃으로 장식한 관에 넣어져 이 성당 나이브(Nave) 오른쪽 기둥 밑에 묻혔다는 풍문이 떠돌기도 했다.

싱싱한 장미꽃들로 가득 차 있었다. 이곳만은 화약 냄새보다 장미 향기가 더 짙었다.

그러나 장미향은 오래가지 않았다. 점령군의 거친 숨결이 성당을 휩쓸었다. 그들은 채 성당에 발을 들이지도 못한 여인들을 한군데로 몰아넣고 머릿수대로 그녀들을 나눠 가진 다음, 성당 문을 박차고 들어가 예배를 보던 신도들을 사로잡고 값진 물품들을 빼앗았다.

다른 병사들은 언덕으로 올라가 육지 성벽에서 올라온 병사들과 합류해 판토크라토르 삼중 성당(Pantokrator: 전능자, 만물의 지배자. 남쪽·중앙·북쪽 세 방면으로 지어진 교회: 제이랙 모스크) 및 부속 수도원, 그리고 이웃한 판테폽테스(Pantaipoptes: 전지자: 에스키 이마레트 모스크) 교회를 노략질했다. 나머지 해군 병사들은 궁성 옆에 있는 퀼리오메느(Kωliomene) 문(아이반 사라이 문, 나무 문)을 통해 들어가 시장을 초토화했다. 그런 다음 히포드롬과 금각만, 보스포러스 해협까지 조망할 수 있는 첫 번째 언덕인 아크로폴리스(Acropolis) 쪽으로 방향을 틀었다.

한편 마르마라 해를 지키고 있던 자아노스 파샤 함대의 해군들은 성탑 위로 나부끼는 오스만 깃발을 보고 뒤늦게 도성이 함락된 것을 알고는 약탈 기회를 놓칠까 봐 황급히 성벽으로 달려가 사다리를 던졌다. 오래전부터 사용되지 않은 텅 빈 옛 황궁으로 쳐들어가 안팎을 온통 뒤집어엎었다. 9세기에 농부 출신의 위대한 황제 바실리우스 1세가 황궁 아래에 세운 네아 에클레시아(Nea Ekkiessia: 신교회, 1490년 화재로 소실) 같은 눈부신 교회도 파괴를 면할 수 없었다.

정복 당일 해질 무렵이 되자 약탈할 물건들은 거의 동나 있었다. 오랜 전화로 쇠약해진 나라여서 애초 기대와는 달리 약탈 대상 품목들이 풍성하지 않았던 탓이다. 술탄이 애초에 했던 약속을 깨고 도성 점령 하루 만에 약탈 종료를 선언했을 때도 크게 아쉬워할 것이 없을 정도였다. 그 뒤로 남은 이틀간은 강탈한 물품들의 분배 및 교환, 그리고 포로들 숫자를 세고 나누고 거래하기에도 분주할 참이었다. 천년 역사, 천년의 문화가 무너지는 순간이었다.

그 와중에 비교적 화를 덜 당한 지역들도 있었다. 일찌감치 백기를 들고 열쇠를 내준 마을들이었다. 마르마라 해 쪽의 프사마티아(Psamatheia, 터키어 Samatya: 모래땅)와 스투디온 등 테오도시우스 항구(예니 카프)^{QR코드 11} 주변에 있던 마을 주민과 방어군들은 육지 성벽이 뚫렸다는 비보를 듣고는 더 이상의 저항을 포기했다. 그들은 마르마라 해 쪽으로 난 작은 선착장 두 곳을 통해 상륙한 오스만의 함자 베이 부대 수병들에게 스스로 성문을 열어줌으로써 교회를 비롯한 주민의 생명과 재산을 온전하게 지켰다.

금각만 지역의 아이스페가스 푸테이(Eis Pegas Putei) 성문(지금의 지발리 문)도 주민에 의해 자발적으로 열려 제베알리 베이(Cebeali Bey) 부대가 무혈 입성했다[제베알리가 입성한 이 성문 이름은 지발리(제베알리) 문이 되었다. 민간단체인 '정복자 협회'는 2003년 정복 550주년 기념으로 이 문 위에 그 사실을 새겨 넣은 동판을 걸었다].

금각만 안쪽의 페트리온과 인근 파나르 지구 교회들 역시 그렇게 해서 신앙의 터전을 보호할 수 있었다. 나중에 그들은 돈을 걷어 포로로 잡힌 다른 지역 주민의 몸값을 내고 노예를 면하게 해주는 의리를 발휘했다고 한다.

끝까지 항복을 거부하고 저항했지만 술탄의 자비로 무사한 예도 있었다. 금각만 성벽에 있는 방어탑 중 3개(Basil, Leo, Alexius)를 지키던 크레타(Creta) 선원들이 그 경우였다. 그들은 도성이 점령당한 사실조차 모르고 있는 듯했다. 누군가가 그들의 저항을 술탄에게 보고했다. 술탄은 용맹성을 칭찬하며 그들이 사유물을 챙겨 자기들 배를 타고 자유롭게 떠날 수 있도록 선처했다. 잠시 머뭇거리던 크레타인들은 사태를 파악한 후 그 제안을 받아들여 성탑에서 내려와 뱃머리를 크레타로 향했다.

갈라타 자치구도 저항 없이 문을 열고 항복했으므로 약탈을 면했다. 술탄에게 콘스탄티노플이 용이라면 갈라타는 작은 뱀에 불과했다. "용을 죽이기 전까지 작은 뱀은 평화 속에 둔다"(두카스의 표현)는 것이 정복 전쟁 중 그의 일관된 생각이었다. 술탄은 법을 준수하고 세금을 납부하는 조건으로 비잔티움 황제가 제노바인들에게 부여했던 기존의 특권은 용인하되, 갈라타를 독립된 자치구로 인정하지 않고 수도에 귀속시키겠다는 협정을 체결했다. 갈라타를 탈출한 주민들이 석 달 안에 돌아오면 남겨두고 간 재산을 보장하되 안 그러면 몰수하겠노라고 선언했다. 또한 성탑과 성벽을 해체하라는 명령을 내렸다. 금각만 진입을 막았던 쇠 밧줄이 설치됐던 갈라타의 성탑은 즉각 철거령을 내렸다. 술탄은 중립을 표방하며 비잔티움을 도운 제노바인들의 이중성을 오랫동안 잊지 않았다. 오스만군이 접수한 갈라타 타워[24]는 오스만군의 수비대 및 행정 감독관 건물로 바뀌었다. 외부 침입자 감시용에서 내부 거주자 감시용으로 탑의 용도가 변경된 것이다.

함락 이후 살해된 도성 시민의 수는 연대기 작가마다 천차만별이다. 하지만 크리토불로스를 비롯해 이 분야에서 신뢰성을 확보한 역사학자들은 대체로 그 수를 4000명 안팎으로 보고 있다. 전체 주민 수의 10분의 1가량이므로 역사상 유례를 찾아보기 힘든 대량 학살이라고는 말할 수 없다. 탈출에 성공한 사람들은 점령군의 무자비한 살육과 강간 등이 빈번했던 아비규환의 도시로 묘사하고 있으나 사선(死線)을 넘은 사람들의 격한 감정이 가시지 않은 표현으로 봐야 할 것이다. 피정복민들이 격렬하게 저항하지 않는 한, 칼에 피를 묻히지 않는 것이 이슬람과 유목민의 불문율일뿐더러 또 불필요한 살생보다는 포로로 잡거나 노예로 파는 편이 훨씬 더 이득이라는 생각을 대체로 갖고 있었기 때문이다.

후일담. 술탄 메흐메드 2세는 콘스탄티노플 정복 이후 칼을 안으로 겨누었다. 조정의 대신들을 상대로 정치적 보복을 단행했다. 이 전쟁과 관련해 사사건건 반대와 방해 공작, 적국과의 유착 행위를 해왔다고 판단한 각료들에 대한 숙청 작업에 들어갔다.

첫 번째 표적은 두말할 나위도 없이 그 반대파의 우두머리인 할릴 찬다를르 파샤(Halil Chandarlı Pasha)였다. 1453년 6월 18일 이스탄불을 떠나 사흘 후 에디르네(Edirne: 아드리아노플)에 도착한 술탄은 할릴 파샤를 긴급 체포해 관직을 박탈한 다음 후임으로 자아노스 파샤(일부 문헌엔 마흐무드 파샤로 나오고, 재상직을 1년 넘게 공석으로 두었다는 이설도 있음)를 임

---

24 Galata Tower. 528년 비잔티움 황제 유스티니아누스가 맨 처음 건립했고, 1348년 제노바 자치령에 따라 '크리스테 투리스(그리스도의 탑)'란 이름으로 재건축되었다. 콘스탄티노플 정복 이전의 쇠사슬 연결점이었던 금각만 입구의 갈라타 대탑(Megalos Pyrpus)은 제4차 십자군 전쟁 때 (1203년) 파괴되었으며, 이 탑과는 다른 탑이다. 갈라타 타워는 화재와 지진 등 숱한 우여곡절을 겪으면서 재건축과 보수 공사를 거듭했다. 이 탑은 바다에서 떨어진 해발 35미터 지점에 있으며 높이는 62.59미터, 꼭대기 장식물까지 포함하면 66.9미터이다. 1630년 '헤자르펜 아흐메드 첼레비'란 사람이 자신이 만든 날개를 몸 양쪽에 달고 이 탑 꼭대기에서 보스포러스 해협을 지나 아시아 지역인 위스크다르 언덕까지 6킬로미터를 날아갔다. 그는 터키 역사상 처음으로 보스포러스를 날아 대륙을 횡단한 사람으로 기록되었다. 전망대는 360도 조망할 수 있는 구조여서 유럽과 아시아를 가로지르는 보스포러스 해협을 비롯해 마르마라 해와 금각만은 물론 이스탄불 구시가지 및 신시가지 전체를 빙 둘러가며 볼 수 있다. 긴 세월 동안 메흐메드의 상륙 작전을 비롯해 콘스탄티노플과 이스탄불의 역사를 묵묵히 지켜본 이 도시의 산증인이다.

명했다. 그러고는 갖은 고문으로 괴롭히다가 그 해 8월 참수형[25]에 처했다. 죄목은 비잔티움과의 내통 및 거액의 뇌물 수수, 거기에 반역죄 등이 덧씌워졌다. 할릴이 황제에게 보낸 편지 등이 증거물로 제시되었다. 그의 모든 재산은 국고로 환수되었으며, 조문은 물론 상복을 입는 일조차 허용되지 않았다. 아무도 예상하지 못한 술탄의 전격 조치에 모두가 전율했고 조정은 온통 긴장감에 휩싸였다. 반대파들의 목소리는 쥐 죽은 듯 잠잠해졌다. 이제 새로운 제국의 비전을 세우고 펼쳐나가기에 걸림돌이 될 만한 요소는 아무것도 없게 되었다.(부록 Ⅱ-5 참고)

무라드 2세 시대의 대신 중 자아노스 파샤와 마흐무드 파샤, 이스하크 파샤 등 몇몇을 제외하고는 그 뒤 대다수가 몰락의 길을 걸었다. 아이러니하게도 살아남거나 요직에 기용된 대신들은 대부분 비(非) 튀르크 출신 개종자(改宗者: Proselyte)들이었다. 이로써 술탄 메흐메드 2세는 유목 시대부터 이어진 부족주의적 전통과 지방 호족 및 문벌 세력을 누르고 강력한 중앙집권적 절대군주권을 확립하는 기틀을 닦게 되었다.

1453년 5월 31일(목)

도성이 함락된 5월 29일 이후 황제의 모습을 본 비잔티움 시민은 아

---

25 할릴 파샤의 체포 및 처형 날짜와 장소는 문헌에 따라 조금씩 다르다. 예컨대 정복 500주년을 맞아 1953년에 간행된 프란츠 바빙거(Franz Babinger)의 책 『정복자 메흐메드의 일생(Mehmed the Conqueror and His Time)』에는 정복 사흘째 되던 날 할릴을 체포, 에디르네로 압송해 7월 10일 처형했다고 나와 있다. 체포일을 정복 다음날로 기록한 문헌도 있다. 필자는 할릴 이날즉(Halil Inalcık) 교수가 위 책과 같은 이름으로 쓴 학술 논문 「Mehmed the Conqueror(1432~1481) and His Time」(1960년)에 언급된 견해를 채택했다.

무도 없었다. 그러나 그들은 한동안 황제의 죽음을 믿지 않았다. 아니, 믿고 싶어 하지 않았다. 하지만 이틀이 지나면서부터 황제가 최후를 맞았고 이 지상에 없다는 것이 정설처럼 굳어졌다. 술탄의 차지가 된 황궁으로부터 흘러나온 이야기에 따르면 그 정황은 이러했다.

술탄은 정복 첫날부터 황제의 생사를 가장 궁금해했다. 병사들이 오스만의 망명 왕자 오르한의 머리를 갖다 바쳤지만, 술탄이 정작 보고 싶어 한 것은 비잔티움 황제 콘스탄티누스 11세의 목 잘린 얼굴이었다. 혹시라도 황제가 살아 있다면 서방 그리스도 국가들의 동정심을 불러일으켜 보복 공격을 당하거나 훗날 세계 정복 사업에 차질을 빚는 등 재앙의 씨앗이 될 수도 있다고 믿었기 때문이다.

누구는 그가 작은 배를 타고 탈출했다 하고, 누구는 은신했다 하고, 누구는 자결했다 하고, 누구는 말발굽 아래에 깔린 채 살해당했다 하고, 또 누구는 장렬하게 전사했다고 보고했지만 모두 미확인된 정보들뿐이었다. 인과 관계 자체가 불투명했다. 포로로 잡혀 온 비잔티움 재상 루카스 노타라스(Lucas Notaras)에게도 물어보았지만, 그 역시 황제와는 다른 지점에서 싸웠기 때문에 모른다고 대답했다. 답답해진 술탄은 전군에 황제의 행방을 수소문하고 시신을 수색하라는 엄명을 내렸다.

일단의 병사들은 계곡과 벌판 등 은거할 만한 곳이나 매복지 등을 수색했지만 헛수고였다. 다른 병사들은 성곽과 해자 주변에 뒹구는 수없이 많은 시신들의 복색(服色)을 살피고 피투성이가 된 얼굴을 물로 씻어 대조해보며 황제를 찾아내려고 애를 썼다. 얼마 후 황제를 죽이고 목을 베어 왔다는 술탄의 친위 보병 2명이 나타나 술탄을 알현했다.

"폐하, 저희가 황제를 죽였사옵니다. 그때는 전리품을 챙기려고 서두르다가 시신을 무너진 성벽 더미, 죽은 자들 사이에 버려두고 왔는데 방금 다시 가서 잘린 머리를 가져왔사옵니다."

술탄 앞에 물로 깨끗이 씻은 머리 하나가 바쳐졌다. 술탄은 루카스 노타라스를 비롯한 포로로 잡힌 관료들을 불러 물었다.

"똑바로 보고 진실을 말하라. 이 자가 너희의 주군, 비잔티움 황제가 맞느냐?"

노타라스가 자세히 살펴본 후에 떨리는 목소리로 말했다.

"그렇사옵니다. 틀림없는 황제의 용안이옵니다."

다른 관료들도 서로 눈짓을 교환하며 고개를 끄덕였다. 술탄은 잘린 머리를 가져온 병사들에게 다시 물었다.

"복색이나 문장에는 특이한 점이 없었느냐?"

병사 중 하나가 기다렸다는 듯이 시신의 발에서 벗겨 왔다며 버선 한 짝을 내놓았다. 의복이나 장식물엔 별다른 특색이 없었다면서……. 병사가 내민 버선에는 쌍두 독수리 문장이 수놓여 있었다. 버선까지는 차마 벗지를 못했던 걸까. 노타라스와 관료들은 그것을 보고 황제의 전통 문양이 분명하다고 확인해주었다.

술탄은 매우 흡족해하며 2명의 병사에게 후한 사례금을 내렸다. 그러고는 그 목이 잘린 황제의 머리를 아우구스테이온 광장[26]의 원주 위에 올려두었다가 두피를 벗기고 속을 밀짚으로 채워 박제로 만든 다음 주요 무슬림 국가들의 궁정에 보내 승리의 심벌로 순회 전시토록 하라고 명령했다. 이집트·튀니스·그라나다의 군주들에게는 특별한 우정의 표

---

26 Augustaion. 콘스탄티누스 대제가 고대 비잔티움 광장을 개조해 더 크게 만든 공공 광장으로 장터로도 사용되었다. 동쪽 끝에 하기아 소피아와 원로원이 위치를 두고 있었다. 검은 대리석이 깔린 길 위에 밀리온(Milion: 여기를 시발점으로 제국의 모든 영토까지를 거리로 나타내는 이정표)과 열주(列柱)들이 서 있었다. 폭동이 일어나면 반역자들의 잘린 머리를 걸어두기도 했다. 532년 유스티니아누스 황제는 니카의 반란으로 크게 훼손된 아우구스테이온을 재건축했다.

시로 400명씩의 그리스 아이들을 전리품으로 보냈다.

그러나 콘스탄티노플 도성 시민 중 상당수는 술탄의 진영에서 흘러나왔다는 그 이야기를 믿지 않았다. 왜냐하면 누구도 광장의 원주 위에 진열된 황제의 머리를 본 사람이 없었기 때문이다. 아니, 간혹 보았다는 사람도 있었으나 황제의 용안과는 전혀 다른 얼굴이더라는 증언이었다. 그래서 대체로 그 이야기를 정치적 목적에 의해 창작되고 각색된 허구일 거라고 치부하는 분위기였다.

오히려 백성들 사이에서는 황제의 사인을 두고 또 다른 여러 가지 진위를 알 수 없는 풍문들이 떠돌아다녔다. 거기에는 '이랬으면 좋겠다'는 식의 희망 어린 상상도 섞여 있었는데, 대강 이런 내용이었다.

- 쌍두 독수리 문장이 새겨진 버선을 신은 목 잘린 시신 한 구가 발견됐다. 술탄은 은밀한 장소(하기아 소피아 혹은 베파 광장)에서 비잔티움식으로 매장하라고 황제를 예우했다.
- 적에게 생포되는 수치를 피하려고 황제는 전투 중인 몇 안 되는 부하에게 자신을 죽여달라고 부탁했다. 그러나 아무도 감히 그럴 용기를 못 내자 황제는 적들이 신분을 못 알아보도록 왕권을 상징하는 모든 걸 내던지고 검을 든 채 적진으로 뛰어들어 장엄하게 최후를 맞았다.
- 황제는 도시가 함락된 걸 알고는 "더는 살 이유가 없어졌다"란 말을 남긴 채 적진으로 돌진, 장렬히 산화했다. 끝까지 용맹스럽게 싸우다가 제국의 황제답게 '죽어서 사는 길'을 택했다. 무너지는 성벽을 수의(壽衣)처럼 걸치고 이 도시와 더불어 고결하게 순교했다.
- 황제는 혼자서 발끝이 흰 말을 타고 싸웠다. 술탄의 친위 보병 60명과 10명의 지휘관을 죽인 다음에야 그의 창과 검이 부러졌고, 황제

는 하늘을 바라보며 울부짖었다. "전능하신 주님! 당신의 백성을 불쌍히 여기시고 콘스탄티노플을 가엾게 여기소서." 그 순간 적병의 칼날이 허공을 갈랐고, 황제의 머리는 천상으로 올라갔다.

- 황제의 시신은 베파 메이다니(Vefa Meidani: 베파 시체 안치소) 근처의 수양버들 그늘진 돌 아래 표지 없이 묻혔다. 거기엔 오스만 정부에서 준비한 기름 램프가 저녁마다 불을 밝혔다(에드윈 피어스는 이 가설을 부인하며 이곳을 데르비쉬의 무덤으로 추정).
- 사실은 어딘가 아무도 찾지 못할 곳에 황제가 살아 있다. 성모 마리아께서 천사를 내려보내 죽어가는 황제에게 생명의 숨결을 불어넣어 주셨다.

대체로 비가(悲歌)와 만가(輓歌) 수준을 넘나들고 어떤 것은 신화풍의 과장된 이야기로까지 들리지만, 그건 어쩌면 이 제국 시민들이 살아생전 얼마나 황제를 존경하고 사랑했는가를 보여주는 증거일는지도 모른다. 다만 이런 가설들은 황제의 사후 200~400년 지난 다음에 나온 것들이 많아 신빙성이 떨어지며(심지어는 부활한 황제가 마지막 전투에서 사용했던 칼을 잡고 튀르크군을 물리쳐 국경 바깥으로 쫓아낸다는 내용도 있다), 그만큼 황제의 죽음이 역사에서 불가사의로 남았다는 반증이기도 하다.

한편 시민들은 로마 교황청에서 파견한 최고위직 사제로서 아크로폴리스 방어 책임을 맡았던 이시도로스(Isidoros) 추기경의 행방과 행적에 대해서도 궁금해했다. 신뢰할 만한 사람이 자신이 직접 보았다면서 전한 목격담은 이런 내용이었다.

"추기경은 충성심이 깊은 부하들의 도움을 받아 자신이 입고 있던 보라색 망토를 벗고 일반 사병의 옷으로 갈아입었다. 추기경 대역을 자처한 그 라틴 병사는 추기경의 옷을 입은 채로 오스만군에게 붙잡혀 참수되고, 잘린 머리는 승전의 징표로 창에 꿰어져 거리를 행진하는 수모를 당했다. 추기경 역시 그 뒤 포로로 잡혔다. 이처럼 신분을 감추려고 부하를 희생양으로 삼은 사람은 어떤 길[27]을 걸었을까?"

1453년 6월 1일(금)

혼란은 빠른 속도로 정리되고, 제도는 새롭게 정비되었다. 사전에 치밀하게 짜놓은 각본에 따라 움직이는 듯 술탄은 정복 이후 제국을 질서정연하게 통치하고 재편해나갔다.

술탄은 도성 시민들에게 생명의 안전과 신앙의 자유, 그리고 재산권을 보장해주겠노라고 거듭 공표했다. 도시는 차츰 질서와 평온을 되찾아갔다. 오스만 군사들의 눈을 피해 은밀한 곳에 숨어 있던 사람들은 다시 거리로 나오고 자신들이 살던 집으로 되돌아갔다. 콘스탄티노플을 탈출했던 사람들도 일부는 가족이 있는 도시로 돌아오기 시작했다. 술탄은 그런 분위기를 조성하고 유지하기 위해 병사들의 과도한 행동을

---

27 이시도로스 추기경은 일반 병사로 변장해 탈출을 시도하다 곧 포로로 잡혔지만, 그의 신분을 오스만 병사들은 알아보지 못했다. 그는 갈라타의 제노바 상인에게 헐값에 노예로 팔렸다가 몸값을 치르고 곧 자유의 몸이 되었다. 하층민으로 가장한 이시도로스는 자신의 정체를 숨기기 위해 온갖 우여곡절을 겪으며 여러 지역을 떠돌았다. 크레타에 머물면서는 콘스탄티노플 함락 양상을 상세하게 담은 5통의 서한을 작성하기도 했다. 그 뒤 로마로 가서 오스만 퇴치를 위한 십자군 결성을 위해 동분서주하다가 결국 뜻을 못 이루고 1463년 쓸쓸히 사망했다.
대다수 연대기 작가들은 이시도로스 추기경이 자신의 제의(祭衣)를 걸인의 누더기와 바꿔 입은 채 주둔지를 버리고 탈출했다는 식으로 기록해놓았지만, 필자는 19세기 세르비아 외교관 미자토비치의 '일반 병사(兵士)'설이 타당하다고 보아 그 내용을 따랐다.

금하고, 시가지 통행도 제한시켰다.

하기아 소피아[각주3]의 운명은 송두리째 바뀌었다. 이름은 아야 소피아가 되었고, 돔 위의 십자가가 내려진 대신 이슬람 사원을 상징하는 미너렛(Minaret: 모스크 바깥에 세워진 첨탑)이 순식간에 세워졌다. 우선 나무로 번갯불에 콩 구워 먹듯이 개조 공사를 서둘러 마치고 모스크로 변신한 아야 소피아에서는 이날 최초로 민바르(Minbar: 미흐랍 바로 오른쪽에 있는 계단 형식의 설교단)에서 이맘(Imam: 무슬림 종교 지도자)이 설교하는 이슬람식 성(聖) 금요 예배(나마즈: Namaz)가 열렸다. 메카(Mecca) 방향을 나타내는 미흐랍(Mihrab: 이슬람 예배소에 마련된 벽감)의 둥근 장식도 그 사이 급조되어 있었다. 천장과 높은 벽면의 모자이크 성화들은 그대로 두고 손 가까운 곳은 회칠로 덮었다. 그래도 눈에 띄는 성화는 우선 급한 대로 나무판자로 가렸다.

흰색과 검은색이 섞인 학의 깃털로 장식된 터번을 쓴 술탄은 연단에 올라 우렁찬 목소리로 외쳤다.

"세상의 주인이신 알라께 찬양을!"

참석자들은 모두 손을 번쩍 들어 올리며 환호성을 내질렀다.

이로써 아야 소피아는 이스탄불을 대표하는 울루 자미(Ulu Cami: 대사원)로 재탄생했다. 찬송가 대신 무에진(Muezzin: 모스크 첨탑 위에서 육성으로 예배 시간을 알리는 사람)이 낭송하는 아잔(Azan: 예배 시간을 알리는 행위) 소리가 하루 다섯 번씩 울려 퍼지게 되었다.

도성 시민들은 무엇보다 자신들의 신앙을 온전히 지킬 수 있을 것인가를 염려했다. 오스만 병사들이 그들의 말(馬)에 성당에서 강탈해 온 사제 예복을 입히고 십자가에는 튀르크족 모자를 씌운 다음 캠프를 돌면서 정교회 신앙을 조롱했다는 소문을 듣고는 더욱 근심이 깊어졌다.

1204년 콘스탄티노플을 점령한 제4차 십자군이 자행했던 일들을 회상하며 루머를 사실처럼 여겼던 것이다. 그러나 앞서 약속한 대로 술탄은 정교회 신도들을 인정하고 일부 교회를 존속시켰다.

후일담이지만, 술탄은 자신이 구상했던 정복 이후 통치 정책의 밑그림에 따라 교회 연합 반대파인 학자풍의 그리스 수도사 게오르기오스 스콜라리오스 겐나디오스[28]를 콘스탄티노플의 새로운 총대주교로 추대했다. 겐나디오스는 처음엔 망설이다가 술탄에게 설복되어 총대주교직을 받아들였다. 정식 취임식은 정복 후 7개월이 지난 1454년 1월 6일, 비잔티움식으로 열렸다. 술탄은 황제의 역할을 대신해 신임 총대주교에게 모자를 씌워준 뒤 임명장과 십자가를 하사하며 그를 위한 특별 칙령을 읽어나갔다.

"그대에게 행운이 함께하기를……. 누구도 그대를 괴롭히거나 방해하지 못할 것이다. 무리한 요구나 억압의 대상이 되지 않을 것이며, 세금은 전액 면제된다. 모든 주교를 휘하에 거느리고, 귀하 이전의 총대주교들이 누렸던 그 모든 특권을 향유하기를……."

취임식을 마친 겐나디오스는 술탄이 하사한 준마를 타고 성사도 대성

---

28 Georgios Scholarios Gennadios. 정복 이후 술탄이 추대한 그리스 정교회 총대주교. 아리스토텔레스 철학의 일인자로서 초기에는 동서 교회 통합에 온건한 입장을 갖고 있었지만 어느 순간부터 강경파로 돌아섰다. 그리하여 통합에 반대하는 황제의 동생 데메트리오스를 지지하며 황제와 대척점에 섰다. "(서)로마 교회와 연합을 강행하면 그리스 정교회는 분열을 거듭하다 소멸해버릴 것이다. 설사 비잔티움 제국이 멸망하더라도 그것은 신이 정한 운명이고 신이 제국의 백성에게 내리는 징벌"이라고 주장했다. 콘스탄티노플이 함락될 당시 겐나디오스는 판토크라토르 수도원의 자기 방에 은거 중이었다. 점령군 중 한 무리는 건물을 약탈하고, 다른 무리는 수도사들을 포로로 잡아 노예로 팔았다. 술탄이 데려오라고 한 겐나디오스도 이미 에디르네의 부유한 튀르크인 집으로 팔려간 뒤였다. 술탄은 직접 석방금을 주어 그를 사들인 뒤 사절단을 보내 콘스탄티노플로 호위해 오도록 했다.

당으로 향했다. 그날 이후 모스크로 변신한 하기아 소피아를 대신해 정교회의 총본산 역할을 할 대성당이었다. 이로써 겐나디오스는 비록 상징적인 의미가 강하긴 했지만, 그리스 세계 전체를 통합하는 정신적 지도자가 되었다. 그는 정교회 신앙에 관한 책을 써 술탄에게 헌정했다. 술탄은 이따금 겐나디오스를 찾아가 그리스도교 신앙 원리를 주제로 교리문답을 주고받기도 했다.

각설하고, 술탄은 포로들을 일일이 살펴보며 그 가운데서 자신이 차지할 몫을 골랐다. 비잔티움 명문가 출신과 고위 관료들이 주로 그 대상이었다. 술탄은 부하들에게 직접 보석금을 주고 그들을 자신의 소유로 만든 다음 관대한 처분을 내렸다. 대부분의 귀부인들은 가족을 되찾을 수 있는 돈까지 하사받고 즉시 풀려났다. 하지만 미소년과 아름다운 처녀들은 하렘[29]을 위해 남겨두었다.

술탄은 그러나 이탈리아인 포로들에게는 매우 엄격했다. 특히 도성의

---

29 Harem. '금지된 곳이나 사람'을 의미하는 아랍어 '하림(harim)'이 터키어풍으로 변한 말. 보통 궁궐 안의 후궁이나 가정의 내실을 가리키며, '금남(禁男)의 구역'이다. 이슬람은 이 제도로 남녀 간의 풍기를 엄격히 규제했다. 꾸란에 나오는 가르침("아내들에게 무언가 물을 때는 장막 뒤에서 해야 한다. 아내들이 얼굴을 보여도 죄가 되지 않는 경우는 그들의 부모와 자녀, 형제자매, 가까운 친척과 여성 무슬림들, 자신의 노예들뿐이다.")에 근거를 두고 있는 하렘은 예언자의 아내들뿐만 아니라 이슬람 일반 사회에까지 영향을 미쳤다. 중세 이슬람의 귀족 명문가 여성들은 하렘에서 격리된 채 생활하면서 집안일이나 종교 행사에 참여하고, 일반 가정과는 달리 하맘(목욕탕)도 하렘 안에 두었다. 궁궐 안에서는 거세된 환관으로 하여금 하렘의 여성들을 돌보거나 단속하도록 했다. 환관은 대개 흑인이나 백인 노예였으며, 남성으로서는 유일하게 술탄만 출입할 수 있었다. 하렘의 통치자는 술탄의 어머니(발리데 술탄)였으며, 하렘 안에서는 여인들의 시기와 질투, 음모로 내분이 이어졌다. 하렘의 풍습은 오스만 제국을 방문한 유럽인이나 『아라비안나이트』 등을 통해 세계에 알려졌다. 1909년, 오스만 제국 술탄 압둘하미트 2세가 퇴위하면서 하렘에 있던 여성들은 가정으로 돌려보내지고 하렘은 사실상 폐쇄되었다. 이스탄불 톱 카프 궁전 세 번째 문(지복의 문)을 지나면 그 당시 하렘의 구조와 분위기를 엿볼 수 있다.

성탑 위에 산마르코의 사자가 새겨진 국기를 내걸고 적극적으로 비잔티움을 위해 싸운 베네치아인들을 술탄은 용서하지 않았다. 베네치아 거류민 대표 미노토와 그의 아들은 7명의 동료 지휘관과 함께 처형되었다. 카탈루냐(Cataluňa) 행정관 돈 페드로 훌리아노(Don Pedro Giuliano) 역시 네다섯 명의 동족과 함께 참수당했다. 키오스 대주교 레오나르드(Leonard)는 신분이 탄로 나지 않은 채 생포되어 오스만군 막사에 붙잡혀 있다가 제노바인 동포들을 구하려고 시급히 달려온 갈라타 상인들이 내준 몸값 덕분에 풀려났다(레오나르드는 이 사건 이후 6주가 지난 뒤 키오스 섬에서 자신의 격한 감정을 숨기지 않은 채 함락에 대한 기록을 남겼다).

　술탄은 루카스 노타라스 대공과 두세 명의 비잔티움 대신들도 사비를 들여 포로의 신분을 면해준 뒤 예의를 갖추어 방면했다. 특별히 노타라스에게는 군사를 풀어 노예가 될 뻔했던 아내와 아이들까지 찾아주었다. 하지만 노타라스와 일가족의 말로는 비참했다. 잠깐 연대기 작가들의 입을 빌려 후일담을 소개하자면…….

　포로들의 운명은 천차만별이었지만, 루카스 노타라스야말로 가장 기구하고 참담한 비운의 주인공이었다. 정복 이후 처음 술탄은 대외 정책에 밝고 실용주의자로 알려진 노타라스를 콘스탄티노플 총독으로 임명하려 했었다. 노타라스도 고마워하며 술탄의 손등에 입을 맞춘 뒤 집으로 돌아갔다. 술탄은 노타라스의 집을 방문해 앓아누운 그의 아내에게 위로의 말까지 건넸다. 그러나 제노바와 베네치아의 시민권을 이중으로 갖고 있고 이탈리아 은행에 거금을 예치해둔 노타라스를 믿어서는 안 된다는 주위의 경고음을 많이 듣다 보니 술탄은 그를 시험해보고 싶은 충동이 일었다. 어느 연회 자리에서 누군가로부터 노타라스 대공의 열네 살 난 아들이 용모가 준수하다는 말을 듣고 술탄은 대공의 집으로 환관을 보내 아들을 자신에게 맡기라고 명했다. 이미 두 아들을 전장에서 잃은 노타라스는 또다시 자식에게 그런 비극의 굴레를 씌울 수 없었다. 그래서 "나의 신앙은 아들을 내 손으로 불결한 곳에 넘기는 일을 금한다. 차라리 내 목을 내놓겠다"며 단호히 거부했다. 술탄은 재차 헌병대를 보내 노타라스와 아들, 그리고 사위까지 붙잡아 왔다. 그래도 끝내 노타라스가 거역하며 뜻을 굽히지 않자 술탄은 셋 다 목을 베라고 명령했다. 처형을 앞두고 공포에 사로잡혀 우는 아들과 사위에게 노타라스는 말했다.

"내 아이들아, 용기를 잃지 말거라. 우리는 이 도시에서 넘치는 부귀와 경이로운 영광을 누렸지만 잠깐 사이에 그 모든 것을 잃었다. 남은 건 목숨뿐이지만 생명 또한 영원하지 않다. 그렇다면 어떻게 죽을 것인가? 죽음만이 우리를 이 공포에서 해방시켜 자유롭게 할 것이다. 때늦은 후회지만 황제를 비롯한 소중한 이들과 우리도 함께 죽었어야 마땅했다. 더는 죄짓지 말자. 악마의 독화살이 우리를 겨누고 있다. 사랑하는 비잔티움의 아이들아, 우리를 위하여 십자가에서 처형됐다가 다시 살아나신 그분의 이름으로, 우리 또한 죽어 그분에게로 가서 복된 영생을 누리자."

그런 다음 노타라스는 잠깐의 차이이긴 하지만 자신의 참수를 목격함으로써 아이들이 더 큰 충격을 받지 않도록 아들과 사위를 먼저 죽여달라고 부탁했다. 그리하여 두 소년이 죽자 노타라스는 울부짖으며 신에게 감사의 기도를 드린 다음 망설임 없이 자신의 목을 망나니의 칼날 앞에 내놓았다. 그들의 잘린 머리는 술탄 앞으로 보내졌다. 함락 닷새째 되던 날이었다. 이튿날 또 다른 그리스인 귀족 9명이 단

두대의 이슬로 사라졌다. 비극은 그것으로 끝이 아니었다. 졸지에 남편과 아들 그리고 사위까지 잃은 노타라스의 미망인은 다시 노예로 팔릴 포로 신세가 되어 에디르네로 끌려가던 도중 병세가 악화되어 객지에 뼈를 묻고 말았다…….

이 사건 이후 술탄은 한동안 심기가 편치 않았다. 자신의 원대한 꿈을 거역하고 배려를 뿌리친 노타라스이므로 시범 조치를 보여 마땅했지만, 왠지 그가 야속했고 스스로에게도 화가 났다. 아까운 인재를 잃은 것만 같았다. 하지만 정복 초기 안정 속에서 오래전부터 품어온 포부를 힘차게 추진하려면 불가피한 일이었다고 마음을 바꾸었다. 절제력이 남다른 이 스물한 살 청년은 이스탄불을 세계의 중심 도시로 만들려면 유화적이고 이중적인 언행을 삼가야 한다는 생각이 강했다.

의아스러운 것은 도성이 함락되던 날 포로로 잡힌 게오르기오스 프란체스[30]에 대한 술탄의 태도였다. 술탄은 웬일로 다른 포로들과는 달

---

30 Georgios Phrantzes. 일명 '스프란체스(Sphrantzes)'로도 불리는 그는 선왕 마누엘 2세 팔라이올로구스(Manuel Palaeologus)의 서기 출신으로 평생을 콘스탄티누스 11세 밑에서 자신보다 세 살 아래인 황제를 위해 봉직했다. 황제는 그를 가장 절친한 친구 겸 조언자로 여겨 그의 결혼식에서 들러리를 서주었으며, 은밀하게 처리할 일이 있으면 모두 그에게 맡기곤 했다. 미스트라 전역에 대한 통제 및 관할권을 주기도 했다. 개인적으로는 동서 교회 통합에 반대했으나 주군의 정책을 받들었다. 콘스탄티노플 함락 이후 포로로 끌려간 프란체스는 술탄의 조마사(調馬師) 집에서 노예 생활을 하다가 그리스인에게 빌린 돈으로 18개월 만에 자유를 되찾았다. 하지만 황제의 대자와 대녀였던 두 자녀는 술탄의 궁전으로 끌려가 어린 딸은 하렘에서 병들어 죽고, 아들은 술탄의 욕망에 저항하다가 살해되었다. 프란체스는 그 뒤 수도원에 들어가 '그레고리오스(Gregoryios)'란 이름의 수도사로 살면서 회고록을 집필하고 1478년 세상을 떠났다. 제국의 멸망을 현장에서 지켜본 그가 쓴 『Chronicon Minus(작은 연대기)』는 비잔티움 최후의 날을 알려주는 당대의 귀중한 사료로 평가받고 있다. 이 회고록은 진본과 확장본이 존재하는데 함락 당일 그의 위치나 체포 장소에 대한 구체적인 기록은 어느 책에도 없다.
이 책 본문에 언급된 황제의 일기와 술탄의 비망록, 그리고 정복 이후 프란체스의 행적은 구성상 필요에 의해 저자가 창작해낸 허구적 장치임을 거듭 밝혀둔다.

리 황제의 최측근인 프란체스만큼은 블라케나 궁의 감옥에 별도로 가두라고 명령했다. 미해결된 과제, 미완의 숙제라도 있는 것일까.

정복 나흘째인 6월 1일, 아야 소피아에서 이슬람식 금요 예배를 마친 술탄은 도성 안 이곳저곳을 살피고 성곽 및 궁전들을 둘러보았다. 천년영화는 온데간데없이 도시 전체가 빈털터리다. 전쟁의 상흔이 깊다. 무너진 성벽, 부서진 광장, 불에 탄 교회, 짓밟힌 궁전, 초토화된 거리……. 게다가 잡목과 덤불이 그렇지 않아도 넓은 빈터를 점령해버려 도시가 아니라 몇 개의 조그만 촌락들이 모여 사는 황량하고 척박한 모습이다. 술탄은 파괴된 건물과 시설물들의 빠른 수리 및 복구를 지시했다.

저물 무렵 술탄은 성 밖 자신의 막사로 향했다. 식사를 마친 다음 시종조차도 곁에서 물린 채 술탄은 품 안에서 열쇠를 꺼내 들었다. 그러고는 금고를 열어 조심스럽게 한 권의 책자를 꺼내 들었다. 사흘 전 황제의 심복 프란체스의 발설로 손에 넣게 된 책자였다.

프란체스는 콘스탄티노플이 무너지던 날, 실리브리 카프(Silivri Kapı: 폐게 문) 근처에서 예비군 모으기에 힘을 쏟고 있다가 오스만 병사들에게 포로로 잡혀 술탄 앞으로 끌려갔다.

"황제는 어찌 되었는가?"

"모릅니다."

"네놈이 모르면 누가 안단 말인가. 네놈은 황제의 최측근이었고, 내 신하인 할릴과도 친한 사이였다. 목이 잘려나가는 걸 지금 당장 내 눈앞에서 보아야겠다. 여봐라, 준비되었느냐?"

참수를 앞두고 프란체스는 황제의 일기장에 생각이 미쳤다. 포르피로게니투스 궁전(Porphyrogenitus: 텍푸르 사라이)의 비밀스러운 금고 속에 숨겨두었다고는 하지만, 술탄의 부하들이 금고를 찾아내는 일은 시간문제였다. 아니, 이미 찾아냈을는지도 모른다. 그러면 금고 안에 든 일기장도 무사할 리 만무했다. 자칫 술탄에게는 보고도 안 한 상태에서 없어지거나 불태워질 위험성이 있었다. 그것만은 막아야 했다. 예니체리의 언월도가 등 뒤에서 프란체스의 목을 향해 날아오려는 순간, 그는 소리쳤다.

"잠깐, 이 열쇠를 받으시오. 이는 황제가 오늘 새벽 내게 남긴 금고 열쇠요. 내 목을 치는 것은 상관없소만, 그 안에 있는 주군의 일기장만은 후세에 전하고 싶소."

"뭐라, 일기장이라고 하였느냐?"

술탄은 사형 집행을 중지시킨 다음 의자에서 몸을 일으켰다. 그러고는 프란체스를 앞세워 비밀 금고가 있다는 황궁으로 향했다. 황제의 일기장과 금고 속이 궁금해 직접 확인하지 않고서는 배길 수가 없었다.

3층 구조의 후기 비잔티움 양식으로 지어진 그 아름답던 궁전은 이미 쑥대밭이 되어 있었다. 정교한 디자인과 기하학적 무늬로 장식된 붉은 벽돌과 흰 대리석 건물은 형체를 알아보기 어려웠다. 성벽보다 높아 사방에 난 창문으로 황제가 즐겨 도성 안팎을 조망하던 3층은 너무나 처참한 몰골이어서 프란체스는 차마 바라볼 수가 없었다. 활처럼 휜 앱스(Apse), 동쪽으로 창문을 낸 발코니, 천장과 난간 등 어느 하나 온전한 것을 찾기 어려웠다. 4개의 넓은 아치가 있는 1층 아케이드도 군데군데 허물어져 있었다. 궁을 둘러싼 정원을 완상하던 5개의 큰 창문 역시 박살이 나 있었다. 함락과 동시에 술탄이 보초를 세워두라 일렀건만 한발 늦었다. 점령군이 가장 먼저 들이닥친 곳이 바로 이 황궁이었기 때문이다. 미상불 모든 것이 뒤죽박죽이었다. 문짝이며 탁자며 의자며, 성한 거라곤 아무것도 없었다. 널브러지고 깨진 커튼·의류·난간·집기들

틈새로 아직도 굳지 않은 핏자국들이 여기저기 보였다. 프란체스는 피눈물이 나올 것 같았다. 어디에도 황제의 체온과 체취는 흔적조차 남아 있지 않았다.

그렇게 한참을 걸었다. 비밀 금고가 있는 방으로 가는 가까운 길을 놔두고 황제의 침소를 보고 싶어 일부러 돌아가는 길을 택했다. 살아생전 마지막으로 황실 구석구석을 조금이라도 더 보면서 황제의 숨결을 느끼고 싶어서였다. 그는 주군이 일기책을 전시 지휘부이자 당신의 임시 숙소였던 성 로마누스 교회 안에 두지 않고 마지막 전투 직전 이곳으로 옮긴 의미를 되새겼다.

"이놈이 지금 엉뚱하고 허튼수작을 부리고 있구나."

낌새가 조금 이상하다 싶었던지 술탄이 프란체스를 윽박질렀다.

"이제 다 왔습니다."

프란체스는 오스만 병사들이 난입해 도끼와 쇠망치로 이미 결딴을 내고 간 어느 방으로 들어갔다. 황제의 침실이다. 겉모습만으로는 보통 궁궐 방과 똑같았다. 황제의 침대는 산산조각이 나 있었다. 프란체스가 잠시 눈을 감고 두 손을 모은 채 호흡을 멈추었다. 황제를 위한 마지막 기도라도 한 것일까. 이슬이 맺힌 눈을 뜬 그는 몇 발짝 더 움직이더니 양탄자 모서리 밑의 대리석 조각을 들추었다. 아래로 내려가는 접이식 계단이 거짓말같이 나타났다. 그 밑은 한쪽 창으로 햇빛이 들어오는 반(半)지하여서 어둡지 않았다. 황제가 조용한 시간 명상을 위해 가끔 찾던 방이다. 간이침대가 놓여 있고, 바로 드나들 수 있는 다른 출입문도 있었다. 프란체스가 찢긴 휘장을 걷고 벽에 붙은 타일 한 조각을 떼어내자 작은 틈새가 나타났다. 열쇠 구멍이었다.

술탄은 프란체스의 손에서 열쇠를 빼앗아 금고문을 열었다. 몇 개의 타일 벽이 동시에 앞으로 움직였다. 호위병들의 시선이 일제히 금고 안으로 집중되었다. 다음 순간 호기심과 기대감으로 가득 찼던 그들의 눈빛은 단숨에 실망감으로 바뀌었다. 술탄도 예상 밖이라는 듯 놀란 표정이었다. 이것이 비잔티움 제국의 현실이란 말인가.

누가 꺼내 간 흔적도 없건만, 금고 속은 텅 비어 있었다. 금은보화는 커녕 동전 한 닢 들어 있지 않았다. 자주색 비단 보자기로 덮여 있는 네모난 물체 하나가 덩그러니 놓여 있을 따름이었다.

보자기 속에는 양피지로 장정한 작은 책자가 들어 있었다. 술탄은 곧바로 표지를 넘겼다. 맨 첫 장에 그리스어로 휘갈겨 쓴 문구와 서명이 적혀 있었다. 바로 며칠 전, 아니 몇 시간 전에 급히 쓴 것처럼 잉크 빛깔이 선명했다. 내용은 이러했다.

비록 내가 그토록 사랑한 비잔티움 제국은 적들의 침공으로 사라지더라도 이 기록은 남아 제국의 위대한 정신과 제국 신민들의 고결한 영혼을 영원히 역사에서 증언하여주기를 기대하며 제국의 황제로서 일기를 적노라.

　　　　　　　　　　　－콘스탄티누스 11세 드라가세스 팔라이올로구스

술탄은 심호흡을 한 다음 표지를 덮고 일기장을 다시 금고 안에 집어넣었다. 금고 문을 잠그고 열쇠를 품속 주머니에 넣었다.

"금고를 내 막사로 옮기어라."

호위병들이 조심스럽게 금고를 꺼냈다. 술탄은 금고를 자신의 막사로 이동시킨 다음 출입문을 굳게 닫으라고 명령했다.

그로부터 사흘이 지난 6월의 첫날, 술탄은 혼자서 막사에 앉아 일기장을 펼쳤다. 소년기에 그리스어를 익혀 독해에는 지장이 없었다. 황제의 일기는 첫 문장을 이렇게 시작하고 있었다.

　부활절 다음날 월요일, 적들이 왔다. ……

술탄은 자리에 앉아 황제의 일기를 독파해나가기 시작했다. 그는 꼼짝도 하지 않고 읽기에만 몰두했다. 밤 10시 무렵에야 그는 일기장을 덮었다. 황제의 일기는 이렇게 마침표를 찍고 있었다.

　야훼 하느님이시여! 적들의 말발굽 소리를 듣고 계시나이까. 마지막으로 간절히 청하옵건대, 성모 마리아여, 이교도들의 창검으로부터 당신의 이 거룩한 제국을 지켜주도록 주님께 빌어주소서. 모든 것을 주님께 맡기고 바치오니 저희를 불쌍히 여기사 당신 품 안에 거두어 주소서. 아멘.

술탄은 한참 미동도 없이 앉아 있었다. 그러다가 자정 무렵, 천막의 휘장을 걷고 멀리 별빛이 켜진 밤하늘을 바라보며 혼잣말로 이렇게 중얼거렸다.

"세계 정복을 꿈꾸는 오스만 제국의 술탄으로서 나 또한 황제의 일기에 답하고 그의 오판과 어리석음도 깨우쳐줄 비망록을 적겠노라. 두 제국의 지도자가 어떠한 철학과 신념으로 전쟁에 임하였는지를 후세에 가감 없이 전하겠노라."*

술탄은 시동을 불러 가까운 막사에서 대기 중인 프란체스를 데려오라 했다. 그러고는 이렇게 말했다.

"프란체스, 이놈! 결국 너 같은 신하들의 우둔한 충직성이 황제를 죽음으로 몰고 이 도시를 파괴시켰다. 나는 나의 신민들이 너희처럼 아둔함과 몽매함에 빠지지 않도록 나의 비망록을 써나갈 것이다. 왜 이 도시가 정복되어야 했는가를 만천하에 알릴 것이다. 내 이야기가 끝날 때까지 네놈 모가지는 붙여두겠다."

프란체스를 물리친 후 술탄은 접어두었던 황제의 일기장을 다시금 펼쳐 들었다. 그리고는 1453년 4월 2일, 첫날의 일기에 얼마간 눈을 주고 있다가 큰소리로 시동을 불렀다.

"비망록으로 쓰기 좋은 필기도구를 가져오너라."

잠시 후 시동이 가져온 양피지 노트 위에 술탄은 붓을 들어 첫 문장을 적었다. 그가 쓴 비망록은 이렇게 시작되고 있었다.

시작은 미약하였다. 1299년, 개국시조이신 오스만(Osman) 1세께서……

＊ 술탄의 비망록은 전쟁이 끝난 시점에서의 기록이지만, 이 책에서는 황제의 일기에 상응하고 역사적 사실성과 극적인 긴장감을 높이기 위해 때로는 일기 형식을 취했음을 밝혀둔다.

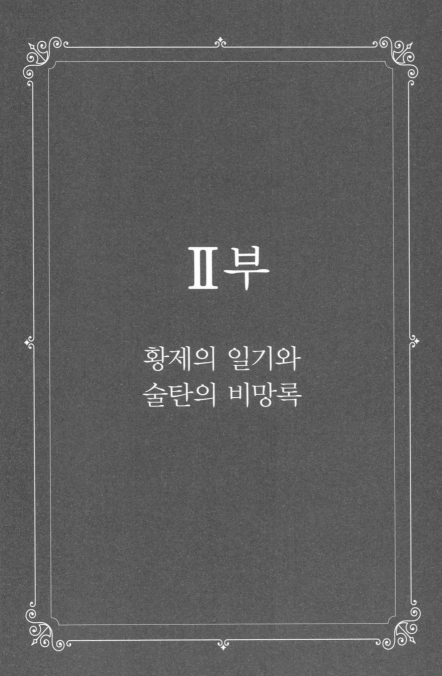

Ⅱ부

황제의 일기와
술탄의 비망록

1453년 4월 2일(월)

황제의 일기

부활절 다음날 월요일, 적들이 왔다.

오스만 튀르크 군대가 여러 경로를 통하여 콘스탄티노플로 진군 중이라는 소식은 이미 한 달여 전부터 알고 있었다. 그나마 다행스럽게도 정교회의 큰 축일인 어제는 무사히 의식을 마칠 수 있었다. 그래도 나를 비롯한 우리 신민들은 부활절 특별 예배 시간 내내 마음이 편치 아니하였다.

정말로 올 것이 오고야 만 것인가. 근자에 하늘과 땅 그리고 바다에서 불길한 전조가 잇따라 백성들 마음을 뒤흔들어놓았었다. 하늘에서는 폭우를 동반한 천둥 번개가 시도 때도 없이 내리치는가 하면 철 지난 눈이 내렸다. 땅에서는 지진과 태풍이 건물들을 무너뜨리고 농작물을 휩쓸어갔다. 해변에 모여 있는 굴들은 껍데기를 열어보니 피를 흘리고 있었다. 땀을 흘리는 이콘[Icon, εἰκών: 성화상(聖畫像)]들을 목격하였다는 증언도 있었다. 엄청난 악마가 불기둥을 내뿜으며 공격하여 올 거라는

98

루머가 도성 시민들을 불안에 떨게 하면서 시나브로 종말론을 확산시켰다. 그 전조가 들어맞으려는 것인가.

오스만 선발대가 오늘 처음으로 성벽 앞에 모습을 드러내었다. 나는 소규모 부대를 성문 밖으로 내보내 기선을 제압하였다. 적군 여러 명을 죽이고, 많은 부상병을 발생시켰다. 그러나 점점 더 많은 튀르크 군이 성벽 앞에 도착, 선발대와 합류하는 바람에 나는 우리 군을 서둘러 도성 안으로 불러들였다. 해자 위에 놓인 교각과 도개교들을 파괴하고, 도시의 모든 성문을 굳게 닫았다. 제노바 공병 바르톨로메오 솔리고(Bartolomeo Soligo)에게 금각만 입구를 가로질러 쇠사슬을 설치토록 지시하였다(부록 II-3 참고).^{QR코드 12}

아나돌루 히사르(Anadolu Hisarı: 아시아의 성채) 건너편에 루멜리 히사르³¹(부록 II-2 참고)^{QR코드 13}를 지을 때부터 적들(튀르크)의 비잔티움 침공은 예견된 바였다. 아나돌루 요새는 메흐메드의 증조부인 바예지드 1세가 오랜 간청 끝에 나의 선친인 마누엘 2세의 허락 아래 건축하였건만, 이 루멜리 요새는 일방적 통보만 있었을 뿐 절차도 동의도 생략한 채 막무가내로 축성되었다. 온갖 구실과 변명에도 불구하고 루멜리 히사르는 콘스탄티노플 공격을 노린 명백한 전초기지였다. 할릴 찬다를르 파샤처럼 연륜이 깊고 온건하며 균형 잡힌 시각을 지닌 신하들도 철부지 주군

---

31 Rumeli Hisarı. '유럽의 성채'란 뜻. 보스포러스 해협 유럽 쪽 연안에 세워졌다. 보스포러스는 터키어로 '보아지치'라 하는데 이는 '보아즈(Boğaz: 목구멍)'에서 유래했다. 흑해와 지중해 사이의 좁은 해협을 목구멍에 비유한 것이다. 지도로 보면 실감이 난다. 해협 길이는 33킬로미터, 폭은 넓은 곳이 3킬로미터, 좁은 곳은 650미터 정도다. 머리 부분인 흑해와 몸통(위장) 부분인 지중해(에게 해)를 이 해협과 다르다넬스 해협이 목구멍처럼 가늘게 연결하고 있는 모양새다. 그래서 당시 튀르크족들은 루멜리 히사르를 술탄이 처음 명명한 '보아즈 케센(Boğaz-Kesen)'이란 별칭으로도 불렀다. '해협의 칼날(Strait-Blocker)' 또는 '목구멍의 칼날(Throat-Cutter)'이란 살벌한 의미로 해석된다.

의 무모한 야욕을 막지 못하였다.

아아, 어쩌다가 그 평온하던 '암소의 여울'³²이 '목구멍의 칼날'로 둔갑하여버렸단 말인가. 보스포러스 서쪽 연안에 루멜리 히사르가 완공된 이후 내 귀는 때때로 환청에 시달렸다. 조용한 새벽 시간, 불과 160킬로미터 거리인 아드리아노플(Adrianople: 에디르네. 오스만의 수도)에서 이슬람교의 무에진들이 아잔을 낭송하는 소리가 바람에 실려 들려오는 것 같은 착각에 침상에서 벌떡 일어난 적이 한두 번이 아니었다.

이들은 야만의 종족이다. 1446년 헥사밀리온 공격과 지난해 루멜리 히사르 축성 과정에서 나는 그것을 역력히 경험하였다. 이들은 무고한 생명들을 잔인무도한 말뚝 형벌로 유린한 야수보다 더한 놈들이다. 콘스탄티노플이 이들, 이교도들의 수중에 넘어가는 순간 유구한 세월 동안 쌓아온 기독교 문명은 하루아침에 처참하게 짓밟혀버리고 말 것이다. 옥쇄(玉碎)를 각오하고 야수의 발톱으로부터 반드시 제국을 지켜내어야 한다.

누가 뭐라 하여도 나는 신의 대리인, 비잔티움 제국의 황제이다. 신의 통치를 보여주는 상징이며 구심점이다. 내가 보스포러스에 사는 한 이 제국 신민이라면 누구나 그가 여전히 기독교 국가의 일원이라는 자부심을 느낄 수 있으리라. 세속의 부귀영화를 떠나서 말이다.

용기를 갖자. 주님은 감당하지 못할 시련은 주시지 않는다고 하셨다.

312년 10월 28일, 로마 황제 막센티우스(Maxentius: 재위 306~312년)의

---

32 보스포러스와 관련해 이런 그리스 신화가 전한다. 강(江)의 신 이나코스(Inachos)의 딸 이오(Io)를 사랑하게 된 제우스(Zeus)는 질투심 많은 아내 헤라(Hera)의 눈을 속이기 위해 이오를 하얀 암소로 둔갑시킨다. 그러나 헤라는 속지 않고 무자비한 쇠파리 떼를 동원해 이오를 괴롭힌다. 쇠파리 떼에 쫓기던 이오는 결국 유럽과 아시아 사이의 해협으로 뛰어들고 만다. 그때부터 이 해협은 '암소의 여울'이란 의미의 보스포러스로 불리게 된다.

참수된 머리를 창끝에 높이 매달고 개선한 콘스탄티누스 대제는 밀비안(Milvian) 다리 전투에서 하늘의 태양 위에 나타난 밝게 빛나는 십자가를 보고 승리를 확신하게 되었다고 한다. 그 십자가에는 선명하게 "이 표적으로 승리하리라(IN HOC SIGNO VINCES)"라고 새겨져 있었다. 그 뒤 대제는 제국의 수도를 콘스탄티노플로 옮기며 "신의 명령에 따랐다"고 선언하였다.

성모 마리아여, 어찌하여 저희에게 이런 시련을 주시나이까. 주께서 다시 살아나신 날, 이교도들이 창검을 들고 말을 달려왔습니다. 바라옵건대 저희에게도 기적을 보여주소서. 신의 뜻에 따라 세워졌으며 성모 마리아에게 봉헌된 이 도시가 아니옵니까. 주님을 섬기는 백성들을 야수의 이빨과 발톱으로부터 수호하여주소서. 영면하기 하루 전 세례를 받은 콘스탄티누스 대제가 황제의 자주색 관복이 아닌 주님의 아들임을 나타내는 순백색 옷을 입고 영원히 주님 품에 안기었듯이, 저 또한 주님께 모든 걸 바치고 맡기겠나이다. 콘스탄티누스란 이름으로 이미 10명의 황제가 주님의 크신 사랑을 받았사옵니다. 주님의 어린양 콘스탄티누스를 긍휼히 여기사, 성모 마리아여, 주님께 전구(轉求)하여주소서. 주님, 은총을 베푸소서.

1453년 4월 2일(월) (이슬람력[33] 857년 3월 22일)

술탄의 비망록

시작은 미약하였다. 1299년, 개국시조이신 오스만 1세께서 아나톨리아 서북부에 세력을 확립, 셀주크 술탄으로부터 독립을 선언하셨을 때만 하여도 오스만국은 룸 셀주크 제국(Rum: 로마 또는 서양을 의미)의 10개 봉건 토후국 중 규모가 가장 작은, 변경의 초라한 부족 국가에 지나지 않았다.

콘스탄티노플에서 가까운 국경 지대에 자리 잡은 오스만은 처음에는 비잔티움과 사이가 좋았다. 우리는 안정과 평화를 원하였다. 봄부터 가을까지는 야산과 벌판에서 유목 생활을 하다가 겨울이면 부락으로 내려와 비잔티움 백성들과 어울리고 상거래도 하였다. 외세의 공격으로부터 그들을 지켜준 것도 우리였다.

그러나 기독교도들은 비열하다. 믿을 수 없는 놈들이다. 자신들이 원하여 맺었던 휴전 협정을 스스로 파기한 적이 한두 번이던가. 9년 전 내가 첫 번째 술탄으로 취임하자마자 어리다(12세)는 이유로 나를 얕잡아본 너희는 아나톨리아의 카라만(Karaman: 터키 중남부와 타우루스 산맥 북쪽에 위치한 튀르크족 계열의 나라)을 사주하여 우리를 동쪽에서 치게 하였다. 그러고는 잉크가 채 마르기도 전에 나의 아버지와 맺은 10년간의 휴전 협정을 폐기시키고 십자군을 결성, 다뉴브 강을 건너 침공해 왔다. 그것이 바르나 전투[34]다. QR코드 14 전쟁을 일으킨 쪽도, 패망한 쪽도 모두 너

---

33 Islam歷. 이슬람권에서 쓰는 태음력. '무함마드력'이라고도 하며, 터키어로는 히즈리(Hicri)력, 영어로는 헤지라(Hegira)력이다. 선지자 무함마드가 박해를 피해 메카에서 메디나로 이동한 날인 622년 7월 16일(서기)을 원년 1월 1일로 삼는다. 태양력의 1년보다 10~11일이 짧으며, 30년에 11회의 윤년(1년의 길이가 355일)이 있다. 이 책에서는 편의상 술탄의 비망록도 서력(西曆)으로 환산해 표기하기로 한다.

희 기독교도들이다. 내가 어릴 적 어머니에게 들은 기독교 신앙과는 너무나 다르게 행동하는 비열한 위선자들인 것이다. 그것이 약속을 지키는 우리와 그렇지 않은 너희가 명백하게 다른 점이다.

너희는 호시탐탐 우리를 공격할 기회를 노렸으며, 주변국들을 부추겨 우리 영토를 침범하였다. 또한 비잔티움은 우리 제국에 반감을 품은 자들의 정치적 망명지였다. 앞으로도 너희가 우리 오스만 제국에 크고 작은 손실을 입힐 것임은 불을 보듯 뻔하다. 그러므로 이 전쟁은 자위권의 정당한 발동이며, 너희의 기만정책에 대한 오스만의 반격인 것이다. 다시는 십자군이란 이름으로 우리를 괴롭히는 못된 짓을 용납하지 않으리라. 무엇보다 우리를 위협하는 자는 상대가 누구든 철저히 응징할 것이다. 너희가 존재함으로써 비열한 이간질이 조장되고 정의와 질서는 유린당하고 있다. 나는 이것을 종식시켜야 할 의무가 있다. 이제 우리는 너희의 악행(惡行)에 대한 응징으로 정당한 지하드(jihād: 성전)를 수행하려는 것이다.

콘스탄티노플 정복은 세계를 오스만 중심으로 재편하여 오스만의 영광과 세계의 평화를 달성하려 한 우리 제국과 선대 술탄들의 오랜 야망이며 염원이었다. 제국의 시조(오스만 가지: 오스만 제국 초대 술탄, 재위

---

34 Battle of Varna. 메흐메드 2세가 12세의 어린 나이에 술탄으로 취임(1444년 8월)하자마자 유럽 연합군은 휴전 협정을 어기고 다뉴브 강을 건너 오스만령을 침탈(9월)했다. 퇴위한 무라드 2세가 급히 귀환, 같은 해 11월 불가리아 동부 바르나 인근에서 대규모 전투가 벌어졌다. 교황과 비잔티움 황제 모두 이를 오스만 제국에 일격을 가할 절호의 기회라고 생각했다. 그러나 결과는 정반대였다. 무라드 2세 휘하의 오스만군 6만 명은 블라디슬라브(Wladislaw) 3세와 야노슈 후냐디(János Hunyadi: 146쪽 각주 52 참고)가 지휘하던 헝가리 및 폴란드 연합군(이들을 기존의 십자군과 구별해 '바르나 십자군'이라 부르기도 한다) 2만 명을 몰살하다시피 격퇴하고, 블라디슬라브 왕은 전사했다. 이 전쟁 등의 여파로 무라드 2세는 퇴위 2년 만에 술탄으로 복귀(1446년 8월)하고, 메흐메드 2세는 다시 왕자의 신분으로 돌아가 부친이 사망할 때까지 4년 반 동안을 기다리게 된다. 바르나 전투는 사실상 이슬람권에서 보는 십자군 최후의 전투이다.

1299~1326년)께서도 창건 첫해부터 정복 사업을 펼쳐 비잔티움 영토를 잠식하였다. 증조부(바예지드 1세: 제4대 술탄, 재위 1389~1402년)와 선친(무라드 2세: 제6대 술탄, 재위 1421~1451년)은 특히 그 갈망이 대단하였다. 내 아버지가 어린 나를 당대의 정치가와 학문의 대가, 무예의 고수들에게 맡겨 혹독한 교육과 훈련을 받게 한 것도 이 원대한 꿈을 이루기 위한 사전 학습 차원이었으리라(부록 II-4 참고).

콘스탄티노플은 서구 문명의 원천이며 기독교인들의 정신적 고향, 영원한 제국의 상징이다. 그러나 문명과 문화와 정신도 지킬 능력이 있는 자만이 지킬 수 있는 것. 주인을 잘 만나야 문명도 빛이 나는 법이다. 어리석은 황제여, 그대가 분수를 알고 나의 자비를 받아들여 항복하였더라면 그대 목숨은 물론 신민들 모두 무사하고 도시 또한 온전하였을 것이다. 그대의 무지와 알량한 자존심이 아까운 희생을 낳았고 도시를 이 모양으로 만들었다. 나는 문명을 파괴하러 온 것이 아니다. 너희는 선조들이 찬란하게 꽃피웠던 이 도시를 제대로 관리하지 못해 황폐화시켰다. 나는 이 도시를 정복하여 옛 영화를 되살리고 더욱더 찬란한 문명의 꽃을 피울 것이다.

하디스[35]에도 이렇게 기록되어 있다.

"코스탄티니예(Kostantiniyye: 콘스탄티노플)는 반드시 정복될 것이다. 그 도시를 정복하는 사령관과 군사들은 얼마나 훌륭한가."

그렇다, 하늘에 해가 하나고 신(하나님: 알라)이 오직 한 분이시듯이,

---

35 Hadith. '이야기' 또는 '담화'를 의미한다. 이슬람교 창시자인 무함마드의 삶과 언행과 사상을 집대성한 총체적 기록으로서 꾸란 다음으로 권위를 인정받는 무슬림 법과 교의의 근거가 되는 제2의 경전이다. 무함마드의 어린 부인 아이샤가 무함마드 사후 선지자의 언행록으로 2000개 이상을 수집한 이래 계속 발굴·보완되어 모두 2만 구절이 넘는 것으로 알려졌다.

이 지상도 단 한 사람의 군주가 통치하여야 한다. 내가 그 일을 해낼 것이다.

늙은 황제여, 현실을 직시하라. 콘스탄티노플은 석양의 도시이다. 비잔티움 제국의 멸망은 시간문제일 뿐이다. 제국은 지금 죽어가는 말의 냄새를 맡고 모여든 온갖 짐승들과 까마귀 떼들에 둘러싸여 있다. 약육강식이다. 내가 아니더라도 이 도시는 누군가가 본격적으로 포위하고 공격하면 순식간에 숨통이 끊어질 운명이다.

그러나 우리가 아닌 다른 누군가에 의하여 무너진다면 이 도시는 완전히 파괴되어 영원히 역사에서 사라질 것이다. 너희나 그들이나 도시를 유지할 능력도 의사도 없을 뿐만 아니라 평화를 지켜낼 의지 또한 없는 자들이기 때문이다.

그 일은 오직 신의 계시를 받은 나만이 할 수 있는 과업이다. 누가 나를 철부지라 하는가. 나는 세계 정복에 나섰던 알렉산더(Alexandros) 대왕보다 아침 해를 더 많이 보았고, 그보다 훨씬 많은 병사를 갖고 있다. 나는 준비된 술탄이다.

스물한 살이면 학문을 섭렵하고 세상 이치를 통달하기에 부족함이 없는 나이이다. 각자 자기 분야에서 당대 최고 실력자인 다방면의 학자와 전문가들이 나의 개인 교수 역할을 해주었다. 과학과 철학, 천문학과 점성학, 이슬람 및 그리스 문학도 예외가 아니었다(부록 II-4 참고).

나의 야망과 그 함량은 이 세계 전체와 맞먹는다. 나는 이 도시를 예언자의 계시에 따라 세계 정복의 중심에 둘 것이다. 선친이 나의 이름을 선지자 무함마드와 똑같이 지어주신 것[36]도 이 성전을 실천하라는 뜻에서이리라.

자, 이제 시작이다. 그대의 병사들이 선발대로 내보낸 내 병사 몇을 죽였다. 지원군을 투입하자 재빨리 도망쳐 성문을 닫아걸었다. 용서하지 않겠다. 백배, 천배로 응징하겠다.

황제는 루멜리 히사르를 두고 공연한 트집을 잡지만, 웃기지 마라, 이는 자업자득이다. 그동안 너희는 보스포러스를 가로막고 우리가 그 해협을 건널 때마다 얼마나 애를 먹였더냐. 아나돌루 히사르 건너편에 새로운 요새를 짓겠다는 것은 내 아버지 때부터의 맹세였고 나는 그것을 실천하였을 뿐이다. 무슨 허락과 동의가 필요한가. 내가 콘스탄티노플을 벗어난 내 땅에 내 맘대로 벽돌 1장 올리지 못한다는 말이냐.

나는 첫 전투에서 죽거나 다쳐 성벽 앞에 쓰러진 나의 병사들을 후발대를 보내어 우리 진영으로 옮겨 오도록 하였다. 그 과정에서 또 여러 명의 사상자가 발생하였다. 그러나 비록 10명의 희생을 감수하는 한이 있더라도 단 1명의 시신도 적군의 손에 버려둔 채 오지는 않을 것이다. 전투 중 사망한 우리 군사는 신분과 계급을 따지지 않고 반드시 거두어들여 그의 천국행을 도울 것이다. 그것이 오스만의 자랑스러운 전통이다.

알라여, 선지자 무함마드의 과업을 실현하려는 이 젊은 술탄 메흐메드에게 힘과 용기를 주소서. 신께 영광 바치겠나이다.

---

36 메흐메드(Mehmed)의 원래 이름은 무함마드(Muhammad)였다. 그러나 선지자 무함마드에 대한 예의를 지키면서, 또한 당시 범법자들(절도범·강도·살인자 등) 가운데서도 무함마드란 이름을 쓰는 자들이 많아 차별화하는 의미에서 터키식 발음을 따 메흐메드라 불렀다고 한다. 파티 자미(술탄 메흐메드 모스크)에서 발행한 책자에 따르면, 부친 무라드 2세가 꾸란 1장[알파티하: Al-Fatiha, 개경장(開經章) 또는 정복의 장]을 읽던 도중 메흐메드가 태어나 그런 이름을 지었다고 한다.

4월 6일(금)

황제의 일기

적들의 공격이 시작되었다.

대포들의 발포가 개전을 알리는 첫 신호탄이었다. 나의 궁(포르피로게니투스) 발코니 너머로 적의 도발을 지켜보았다. 베네치아 대사 미노토를 비롯한 조신(朝臣)들과 함께였다. 도대체 몇 문(門)이나 되는 걸까.[37] 상상하였던 것보다 더 큰 굉음이 지축을 뒤흔들었다. 그러나 우리에게는 난공불락의 철옹성이 있다. 자고로 스무 번도 넘는 외세의 포위 공격이 있었지만, 성벽에서는 단 한 조각의 돌도 떨어져나간 적이 없지 않은가. 병사들에게도 축성 이래 한 번도 뚫린 적이 없는 천년 요새의 존재를 강조하였다. 그런데 왜 이리 조짐이 불길하고 예감이 심상치 않은 것일까. 우리가 일찍이 겪어보지 못하였던, 이전과는 전혀 규모와 차원이 다른 거대하고 무자비한 악의 전쟁이 바다와 육지 전체에서 시작된 느낌이다.

적들의 수장인 술탄 메흐메드 2세가 도착한 것은 어제, 4월 5일 해 뜨기 1시간 전쯤이었다. 그리고 오늘, 대포를 앞세운 적들의 첫 공격이 퍼부어졌다.

메흐메드 2세는 1432년 3월 30일, 아드리아노플 출생이다. 이제 고작

---

37 오스만군이 동원한 대포 수는 기록자에 따라 규모가 다르다. 전쟁 당시 목격자인 프란체스는 각각 4대의 대포를 보유한 14개 포병 중대, 바르바로는 9개 포병 중대로 파악했다. 몬탈도는 모두 200문 정도라고 보았고, 테탈디는 그 밖에도 총포 수준의 소형 대포 1만 문을 언급했지만 과장된 수치인 것 같다. 19세기 학자 겸 외교관인 미자토비치는 중포 56문, 대포 12문, 거포(바실리카) 1문으로 모두 69문이 배치되었다고 기술했다. 실제로는 약 500문의 화포가 동원된 것으로 현대 터키 사학자인 페리둔 교수는 추정한다. 프란체스, 두카스, 바르바로 등은 하나같이 "이렇게 강력한 포병은 일찍이 없었다"고 증언했다. 큰 대포들은 에디르네에서 만들어 공수했지만 작은 대포들은 성벽 앞에서 주조되었다. 포병대 포진은 4월 11일 완료되었다.

스물한 살. 나와는 스물일곱 살이나 차이가 나는 애송이다.

그러나 무시하거나 업신여기지 말자. 그는 이미 유년기와 소년기부터 아마시아(Amasya)를 비롯하여 마니사(Manisa) 총독직을 수행하는 등 후계자 수업을 착실히 받았다. 게다가 오스만 역사상 처음으로 열두 살 새파란 나이에 술탄 자리에 올랐다가 2년 만에 아버지 무라드 2세에게 되넘기고, 1451년 2월 아버지가 죽자 다시 최고 권좌에 앉았다.

처음 메흐메드 2세는 나를 비롯한 유럽의 군주들에게 그저 '철부지 술탄'일 뿐이었다.[38] 그러나 그 뒤로 그가 보여준 온갖 해괴망측하고 이해 불가능한 행태들로 말미암아 그에 대한 인식은 급변하여 지금은 '무슨 짓을 저지를지 모르는 사고뭉치'로 자리매김하였다. 오스만 궁정에 심어놓은 밀정들도 종종 그런 위험 신호와 경고음을 보내왔다.

메흐메드 2세는 신사다운 양식을 갖춘 군주였던 그의 아버지 술탄 무라드 2세와는 여러모로 철저하게 대비되는 인물이다. 무라드 역시 콘스탄티노플을 노리고 침공하여 온 적은 있었지만, 그래도 그는 천성이 온유하여 전쟁보다는 평화를 선호하는 사람이었다. 자신의 나라를 방어할 필요가 있을 때는 수단과 방법을 가리지 않았으나 명분 없는 공격은 하지 않았다. 기독교 국가들과 맺은 조약들을 준수하려고 노력하는 신의도 보였다. 기독교국들이 조약을 위반하고 약속을 어겼을 때는 철저하게 보복하였지만, 패자들이 평화를 원하는 사절을 보내면 칼을 내려놓을 줄 아는 사람이었다. 속국이나 비잔티움 백성들 사이에서도 원성

---

38 황제는 무라드 2세의 사망과 어린 술탄의 승계 소식을 희소식, 복음으로 받아들였다. 그러나 외국 순방 도중에 이 소식을 들은 그의 충직한 신하 프란체스는 그것이 비보라면서, 이제 우호와 평화의 시대가 끝나고 종전과는 차원이 다른 위험한 국면으로 접어들 수 있음을 경계해야 한다고 황제에게 간언했다.

이 높지 않았다. 비교적 공정하고 양심적이었다. 성숙한 판단을 내릴 줄 알았다. 기독교와 기독교인들에 대하여서도 최소한 합리적이고 우호적인 태도를 보였다. 망나니인 아들과는 본질적으로 다른 인간[39]이었다.

메흐메드 2세는 그동안 몇 차례 사절을 보내어 평화를 가장한 항복을 요구해왔다. 그러나 매와 까마귀는 결코 친구가 될 수 없는 법. 나는 저들의 추악한 계략과 야욕을 너무나 잘 알고 있다. 다른 것은 설사 양보할 수도 있다. 그러나 이 콘스탄티노플만은 안 된다. 절대로 적의 수중, 이교도의 발길 아래로 넘길 수 없다.

적들은 도대체 병력 규모가 얼마나 되는 것일까?[40] 4월 2일 선발 부대의 말발굽 소리가 들린 이후 자고 일어나 보면 그 수가 기하급수적으로 불어나 있었다. 보고에 따르면 적게는 7만부터 많게는 30만까지라고 하니 종잡을 수가 없다. 적들이 친 천막들이 요 며칠 사이에 우후죽순처럼 솟아났다. 지평선을 악마의 뿔처럼 뒤덮었다. 밤에는 거대한 불야성을 이룬다. 천막 수만 헤아려도 도성 주민보다 많을 것 같다. 게다가 적

---

39 황제가 언급한 무라드 2세의 인물평은 역사학자 두카스의 기록을 상당 부분 참고로 삼았다. 실제로 무라드 2세는 휴머니스트였던 것으로 보인다. 오스만 제국의 한 기록은 그와 관련해 이런 일화를 전하고 있다. '1450년 혹한을 앞두고 크루예 성의 포위를 풀었을 때 한 측근이 그에게 동계 군사 작전을 제안했다. 그러자 무라드는 "나는 그런 요새 50개를 준다고 해도 내 병사 1명과 바꾸지 않을 것이다"라고 대답했다고 한다.' 그 당시 절대적으로 부하들의 생사여탈권을 손에 쥐고 있던 술탄으로서는 굉장히 이례적이고 의미심장한 발언이 아닐 수 없다.

40 영국의 역사학자 스티븐 런치만(1965년)과 에드윈 피어스(1903년)는 오스만의 병력 규모에 대해 당대의 작가들을 인용, 집약해놓았다. 적게는 8만 이하에서 많게는 40만 이상까지 제각각이다. 두카스(40만 이상), 찰코콘딜레스(40만), 크리토불로스(막사 담당병 제외 30만), 레오나르드(예니체리 포함 30만), 프란체스(26만 2000명), 테탈디(기병 3~4만 포함 전투병 14만, 총 20만), 바르바로(15만), 체이룰라(8만), 모르트만(8만), 바빙거(최대 8만: 당시 오스만 제국 인구 구조상 8만 이상의 전투병 차출은 불가능했을 거라고 추정). 단 최정예 예니체리 부대가 1만 2000명이었다는 데는 대체로 뜻을 같이한다. 그러나 현대의 터키 학자들은 실제 병력 수를 그보다 훨씬 적게 보고 있다. 현재 이 분야의 권위자인 페리둔 교수는 정규군을 4만 명 수준으로 추정(예니체리는 5000명)하고 있다.

들은 운송 수단 겸 식량 조달용으로 병사들보다 더 많아 보이는 짐승들을 데리고 왔다. 말이며 노새 등이 우리 들판에서 한가롭게 풀을 뜯어 먹고 있는 모습을 보고 있으려니 부아가 치밀어 오른다.

반면에 우리 병력[41]은 제노바와 베네치아 연합군까지 합쳐도 고작 7000~8000명 수준 아닌가. 도성 밖에 거주하는 백성들까지 성안으로 불러들였지만 적들의 머릿수와 견주면 어림도 없다. 아녀자들까지 합하여도 채 5만을 넘지 않는다. 도성 인구를 죄다 동원하여 세워놓아도 전체 성벽(20.9킬로미터)을 둘러싸지 못한다. 병사들만으로는 겨우 육지 성벽(6.5킬로미터)을 감당하기에도 벅차다.

아, 제국이 융성하였을 때 그 광활하였던 영토는 모두 어디로 사라졌는가. 해 뜨는 동녘 땅, 아나톨리아의 고지대 평원을 튀르크에게 빼앗기지만 않았더라도 이토록 열악하지는 않았으련만······. 군량의 주요 공급원이었고 신병 모집의 근거지였던 아나톨리아는 이제 오스만의 영토가 되었다. 지금 성벽 앞에 포진한 적들 가운데도 그곳 출신 병사들이 상당수이리라.

그러나 '중과부적'이란 말은 결코 쓰지 않겠다. '일당백'의 각오로 전쟁에 임한다면 신이 우리를 구원하리라. 무릇 살기를 도모하면 죽고, 죽음을 무릅쓰면 사는 법이다.

"큰 은총을 받은 사람이여, 두려워하지 말라. 평안하라, 강건하라, 강

---

41 1453년 3월 말, 콘스탄티누스 황제는 프란체스에게 수도사들까지 포함해 도성 안의 모든 전투 가능한 인원수를 집계하라고 지시했다. 그 결과 그리스인 4983명, 외국인은 2000명을 약간 밑도는 수준이었다. 황제는 기겁하며 조사 결과를 비밀에 부치도록 했다. 당대의 목격자들도 그와 비슷한 숫자를 제시했다. 레오나르드 대주교는 그리스인 6000명, 이탈리아인 3000명이라고 기록했다. 테탈디는 6700명, 돌핀은 6000~7000명, 두카스는 8000명 이하로 보았다. 20세기 역사학자 스티븐 런치만은 7000명 정도로 추산했다.

건하라." (다니엘 10장 19절)

술탄의 비망록

성(聖) 금요일, 나는 신께 무릎 꿇고 기도하였다. 성전 출정을 고하였다. 아, 이 순간을 얼마나 기다려왔던가. 응집된 열망이 나를 이 도시로 이끌었다. 드디어 우리 군대가 도시를 완전히 포위하였다. 지금까지 있었던 선대 술탄들의 콘스탄티노플 포위전은 오늘 이 순간을 위한 리허설이었다. 오, 나의 영용한 용사들이여, 자랑스러운 가지(Gazi, Ghazi: 이슬람 전사)들이여! 백전백승의 기개로 천년 성벽(테오도시우스의 성벽)을 마주하였노라. 적들은 그대들의 위용에 압도되고, 밤중에 불 밝힌 야영 천막을 보면 기겁을 할 것이다.

몇몇 아버지 측근들의 간교로 술탄의 자리에서 물러난 내가 마니사 총독으로 가서 유배 아닌 유배 생활을 할 때도 이 거룩한 과업을 한시도 잊은 적이 없다. 선친과 함께 참전한 1448년 코소보(Kosovo) 전투와 1450년 알바니아(Albania) 원정은 나의 의지를 더욱 불타오르게 하였다.

아버지 무라드 2세의 서거로 다시 술탄의 권좌에 올랐을 때, 나의 관심은 두말할 것도 없이 콘스탄티노플 함락에 초점이 맞추어져 있었다. 자나 깨나 오로지 그 생각뿐이었다. 오스만 제국 영토 중간에 섬처럼 버티고 있는 이 도시를 수중에 넣어야만 우리가 편안하다. 세계 제국 건설도 그래야 가능하다. 선지자가 예언한 이슬람의 평화와 질서를 유지할 수 있다. '목에 걸린 가시' 같은 콘스탄티노플을 제거한 연후에야 나머지 음식들을 마음껏 삼킬 수 있게 된다. 목젖에서 기필코 가시를 **빼내어야** 한다.

증조부이신 바예지드(Bayezid) 1세의 별칭은 '열드름(Yıldırım)'이었다.

이는 '빛' 혹은 '번개'라는 뜻. 그만큼 유럽에 번쩍 아시아에 번쩍, 군대의 이동이 번개처럼 신속하였고, 전투의 속도 역시 빛처럼 빨랐다는 의미이다. 나 역시 증조부의 존칭에 걸맞게 천둥 번개가 몰아치듯, 질풍노도의 기세로 세계를 정복하여 나아갈 것이다.

철두철미하게 준비하였으며 주도면밀하게 계획을 세웠다. 선친 무라드 2세 때와는 달리 육지만 봉쇄한 것이 아니라 바닷길도 막아놓았다. 루멜리 히사르가 보스포루스 해협에 칼날을 들이대고 있는 한 흑해 지역으로부터의 지원은 엄두도 못 낼 것이다. 정복에 장애가 될 만한 국가들과 친선 조약을 체결[42]하여 외교적 조치까지 매듭지었다. 비잔티움 계열 국가나 콘스탄티노플에서 가까운 지역은 선제공격으로 점령하거나 비잔티움을 감히 도울 생각조차 못하도록 만들었다.

이날을 위하여 신종 병기들을 개발하고, 동원 가능한 온갖 무기며 군사 장비들을 집합시켰다. 내 영토 안에 있는 모든 병기 공장들은 지난 겨울 하루도 쉬지 않고 가동되었다. 창·검·활·화살·총·도끼·투구·흉갑·군화·방패·노포(쇠뇌) 등이 줄기차게 쏟아져 나왔다. 공성탑과 같은 규모가 큰 장비나 설치물들은 추후에 성벽 앞에서 조립하여 사용할 수 있도록 조각으로 분해하여 준비되었다. 식량과 군수물자를 실어 나를 마차와 수레, 노새와 낙타 등도 넉넉하게 대기시켜두었다.

흑해와 지중해 연안 조선소에서는 경험이 풍부한 조선공들에 의하여 각종 전투용 선박들이 건조되고 있었다. 유럽과 아시아 곳곳에서 숙련

---

42 1451년 2월, 무라드 2세 사망 후 계모 마라의 귀환 및 선물 공세 등으로 세르비아의 전제 군주 브란코비치와 관계 개선 도모. 1451년 9월 10일, 베네치아와 5년 전 맺었던 평화 조약 갱신. 1451년 9월, 동부의 카라만족과 평화 협정 체결. 1451년 11월 20일, 헝가리와 3년 휴전 협정 체결. 갈라타 자치구 제노바인들과 엄정중립을 약조하는 상호 규정 마련. 기타 유럽의 기독교국들에도 유화적인 제스처로 정복을 위한 사전 정지 작업.

된 선원들과 선박 기술자들, 수병들을 모으는 일을 동시에 진행하였다.

나는 특히 공성용(攻城用) 무기 개발에 주력하였다. 선대 술탄들이 콘스탄티노플 정복에 실패한 가장 큰 요인은 바로 성벽을 무너뜨릴 무기가 취약했던 탓이라고 보았기 때문이다. 기존의 투석기나 파성퇴(Battering Ram: 성문이나 성벽을 두들겨 부수는 데 쓰던 거대한 공성용 망치)로는 역부족이다. 그리하여 나는 난공불락이라 일컬어지는 테오도시우스의 성벽을 박살 낼 화력이 어마어마한 거포를 새로 개발, 완성하였다. 이름하여 '우르반(Urban)의 거포'이다.[QR코드 15]

수많은 인력과 비용을 투입하여 제작한 거대한 대포는 에디르네에서 콘스탄티노플 도성 앞까지 운반하여 오는 데만도 두 달이나 걸렸다. 사전에 50명의 교량 전문가와 200명의 도로 건설자로 구성된 선발대원들에게 거포가 이동할 길을 닦고 다리를 놓는 작업을 담당시켰다. 도로 위로 오스만의 신종 병기인 거포가 60마리 황소가 끄는 30대의 수레에 실려 이곳으로 왔다. 길옆으로는 2000명의 군사가 함께 이동하며 도로를 보수해가면서 대포가 미끄러져 땅에 떨어지거나 수레가 길 밖으로 벗어나는 걸 막았다. 카라자 파샤가 지휘하는 루멜리 군대(유럽군)에게 임무를 맡겼다.

나는 3월 23일 에디르네를 출발하여 4월 5일 마지막 분대와 함께 콘스탄티노플 성벽 외곽에 도착하였다. 행군 도중 방해가 되는 기독교 세력이 있으면 가차 없이 살상하고 파괴하였다. 비잔티움에 공포심과 경악감을 주기 위한 심리전이기도 했다. 해군 기지가 있는 겔리볼루[갈리폴리(Gallipoli): 다르다넬스 해협 유럽 쪽에 위치한 에게 해 입구의 항구 도시]를 비롯한 오스만 전역과 예하 속국들에서 육로와 해로로 나의 군사들은 걸어서, 말을 달려서, 배를 타고서 군악대의 깃발을 힘차게 펄럭이며 콘스탄티노플로 속속 진군, 내가 당도하기 전에 이미 집결하여 있었다. 이들 중에는 군대의 정신력을 고양시켜줄 학자들과 무슬림 지도자들도 포함되어 있다. 그 수가 모두 8만 여를 헤아린다. 그러나 겁먹은 비잔티움 황제와 시민들 눈에는 아마 20만, 30만도 넘는 대군으로 보이리라.

첫 공격을 앞두고 꾸란에도 명시된 관례에 따라 항복을 권유하는 사절을 비잔티움 궁정에 보내었다.

"비잔티움이여, 도시를 넘겨라. 알라와 술탄의 이름으로 장담하건대 그리하면 가족들의 생명과 재산은 물론이요, 모든 피해로부터 보호하여주겠노라. 평온히 도시에 머물면서 전과 같이 생활할 수 있도록 보장하여주겠노라."

그러나 어리석은 황제는 끝내 나의 자비를 무시하였다. 우리 이슬람의 숭고한 평화 정신을 거부하였다. 이로써 우리의 정복 전쟁은 성전(聖戰)임이 만천하에 알려졌다. 백성과 도시는 어떻게 되든 황제직만 붙들고 버티겠다는 그대의 알량한 이기심을 내 어찌 모르겠는가. 결코 용서하지 않겠다. 피로써, 죽음으로써 그 대가를 톡톡히 치르게 할 것이다.

꼼짝 마라, 너희는 완전히 포위되었다. 독 안에 든 쥐들이다. 항복하지 않는 한 바다로든 육지로든 지하로든 살아서 도망갈 길은 어디에도 없다.

오늘은 우리 이슬람들의 안식일인 금요일. 경천동지할 거포들의 포효와 함께 우리는 이 거룩한 성전의 첫발을 힘차게 내디디었다.

신께 영광 바치겠나이다. 알라 이외에 신은 없도다.

4월 7일(토)

황제의 일기

원군은 아직 오지 않았다. 그러나 지금 어딘가 오고 있거나 출발 준비를 서두르고 있을 것이다. 그렇게 믿자.

솔직히 불야성을 이룬 적들의 막사를 보니 기가 질린다. 열과 오를 맞추어 까마득히 펼쳐진 천막들, 창검을 치켜들고 달리는 기병대, 보병들의 총검술 시범, 게다가 시시때때로 질러대는 이상야릇한 괴성과 고성은 전율을 자아낸다. 내 마음이 이럴진대 우리 병사들 심경이야 오죽하겠는가. 적들은 오합지졸이요, 소리만 요란할 뿐 전혀 체계적인 훈련을 받지 못한 야만의 무리라고 치부해보지만 왜 이리도 가슴이 떨리는지……. 용기를 내자. 병사들에게 약한 모습을 보여서는 아니 된다.

나는 일찌감치 다가오는 위기를 감지하고 서방 국가 군주들에게 구원군을 요청하였다. 선대의 황제들 역시 나와 다르지 않았으나 성과는 미미하였다. 조부 요안네스 5세, 선친 마누엘 2세, 맏형 요안네스 8세 모두 손에 별로 쥐는 것도 없이 서유럽 군주들을 찾아가 아쉬운 소리를 늘어놓으며 구걸하듯 손만 벌리고 다녔다.[43] 얻은 것은 일말의 연민과 동정심이요, 잃은 것은 체통과 자존심 그리고 제국의 품격이었다.

---

43 당시 비잔티움 제국은 서유럽 기독교 국가들의 지원 없이는 살아남기 어려운 형편이었다. 그래서 요안네스 5세는 1369년 이탈리아로 건너가 교황에게 로마 교회에 대한 복종을 맹세하며 원조를 요청했다. 마누엘 2세도 이탈리아와 파리를 거쳐 1400년 영국으로 가 헨리 4세에게 손을 내밀었다. 요안네스 8세 역시 제국의 생존을 위해 선왕의 충고를 무시하고 로마 교회와의 통합을 추진하며 1420년대에 여러 차례 유럽 각국을 순방했다(선왕의 출타 때마다 콘스탄티누스 11세는 임시 황제로서 콘스탄티노플을 지켰다). 하지만 그 모든 외교적·종교적 노력에도 불구하고 소득은 미미했다.

이제 와 돌이켜보면 사실 위기는 또 다른 기회였다는 생각이 든다. 바예지드 1세와 무라드 2세 때에도 오스만은 제국의 수도인 콘스탄티노플로 진군해 왔었다. 그러나 십자군 결성(1395년), '인간 백정' 티무르[44]의 개입(1402년), 자체 권력 다툼 및 반란과 내전의 기미(1422년) 등의 이유로 술탄의 군대는 공격을 중단하고 회군하였다. 포위를 풀고 철수하여야 했다. 특히 1402년 7월 술탄 바예지드 1세가 이끌던 오스만군은 소아시아의 앙카라(Ankara)에서 코끼리 부대를 동원한 티무르의 대군과 치열한 접전을 벌인 끝에 완패하였다. 술탄과 그의 차남 무사(Musa)는 포로로 잡히고, 넷째 아들 무스타파(Mustafa)는 전투 도중 실종되었다. 그때 우리 황제를 비롯한 많은 기독교 국가들이 티무르의 승전을 얼마나 고대하며 또 감축하였던가. 바예지드의 좌익을 맡았던 한 부족이 티무르에게 매수되어 배반한 것이 승패의 갈림길이었다. 지금 튀르크군 역시 여러 나라 여러 종족이 뒤섞여 있고 금전과 약탈물을 노리고 참전한 자들이 부지기수이다. 술탄 진영 내부 또한 강온파가 대립하고 있어 자금만 넉넉하다면 저들을 얼마든지 요리할 수 있으련만 애석하게도 지금

---

44 Timūr, Tamurlane, Tartarkhan. 1336~1405년. 중앙아시아 티무르 제국의 창립자. 칭기즈칸(Chinggis Khan)의 후예를 자처하며 차가타이한국(Chaghatai Khanate)을 멸망시키고 새로운 정복의 시대를 열었다. '말에서 내리지 않는 절름발이 인간 백정'이라 불릴 만큼 무자비한 군주였다. 2,000명의 포로를 피라미드 모양으로 쌓아올린 뒤 흙을 발라 생매장시켰다는 등 포로들의 잘린 머리를 포탄으로 사용해 달아나는 기독교 함대에 날렸다는 등 악명이 드높았다. 티무르는 중앙아시아를 누비던 튀르크계 후예, 종교는 이슬람, 그가 받든 원칙과 법률은 몽골족의 것이었다. 하지만 아이러니하게도 티무르가 평생 무찌르고 짓밟은 대상은 대부분 튀르크족, 무슬림교도, 몽골 왕국들이었다. 그는 단 한 번의 패배도 없이 14세기 후반 러시아 내륙에서 북인도, 중국의 변경에서 시리아와 소아시아 반도에 이르는 광활한 대륙을 정복했다. 중국 출정 도중에 죽음으로써 정복 사업은 끝이 났고, 이후 제국은 일개 지방 왕조로 전락하고 말았다. 바예지드 1세를 중심으로 한 튀르크의 침략에 전전긍긍하던 유럽은 티무르를 전설적 인물, 영웅으로 추앙하는 분위기였다. 말로우의 희곡 「탬벌레인 대왕(Tamburlaine the Great)」(16세기 후반), 헨델의 오페라 〈타메를라노(Tamerlano)〉(1724년) 등 티무르를 주인공으로 한 수십 편의 예술 작품이 탄생했다.

나는 손에 쥔 것이 없구나! 이듬해에는 포로가 된 술탄이 수모를 못 이겨 스스로 목숨을 끊었고, 무사는 풀려났다. 그리하여 생존한 네 아들 쉴레이만(Sulayman)·무사·이사(Isa)·메흐메드(Mehmed) 사이에 피를 튀기는 제위 쟁탈전이 벌어졌다. 그 과정에서 실종되었던 무스타파 행세를 하는 '가짜'까지 등장하는 소동이 일어났다. 결국 메흐메드 1세가 다른 세 형제를 살해하고 술탄의 자리를 차지하기까지 오스만 궁정은 10년 넘게 격심한 골육상쟁의 내분에 휩싸이지 않았던가. 아, 그때 유럽의 모든 군주가 합심하여 연합군을 파병, 저 튀르크족의 근거지로 쳐들어갔더라면 아예 이 야만의 종족들을 영영 끝장낼 수도 있었으련만…….

그러나 애석하게도 당시 교황은 대분열의 소용돌이 속에서 지도력을 발휘할 틈이 없었고, 서방 군주들 또한 제 코가 석 자였다. 자기 발등에 옮아 붙은 불을 끄느라 바빠서 콘스탄티노플의 위급 상황은 그저 강 건너 불, 바다 건너 전쟁이었을 뿐, 여기까지 신경 쓸 여력이 없었던 것이다.

게다가 서방 국가들 중에는 1261년 라틴 왕국의 몰락으로 아직도 비잔티움 제국에 앙금을 가진 군주들이 없지 않았다. 우리는 다만 그들이 십자군의 명분으로 들어와 같은 신을 섬기는 우리를 점령하고 강탈했던 우리의 제국을 되찾았을 뿐인데도 말이다. 이거야말로 적반하장이지만, 현실이 그렇고 그들의 역사 인식이 고작 그 수준인 걸 어찌하겠는가.

상황은 지금도 그때와 크게 다르지 않건만 이런 와중에 고맙게도 교황 니콜라우스(Nicolaus) 5세가 특사로 파견한 이시도로스 추기경과 제노바의 명장 주스티니아니, 그리고 오스만 제국에서 망명한 오르한 왕자 등이 우리 제국을 방어하기 위하여 적들과 맞섰다.

용병대장 주스티니아니의 휘하 병력은 700명, 무장이 잘된 소수 정예 부대이다. 제노바에서 400명, 키오스(Kios) 섬과 로도스(Rodos) 섬에서

300명의 용병을 뽑아온 이 젊은이에게 나는 만약 그가 술탄의 군대를 물리친다면 렘노스(Lemnos) 섬의 통치권을 주겠노라고 약속하였다. 주스티니아니는 특히 성벽으로 에워싸인 도시 방어에 탁월하기로 정평이 나 있는 제노바 명문가 출신의 무장이다.

키예프(러시아) 수도 대주교를 지낸 이시도로스 추기경은 키오스 섬의 가톨릭 성직자 레오나르드와 함께 교황의 지원금과 자신의 재산을 털어 나폴리(Napoli)에서 모집한 200명의 궁수병을 이끌고 1452년 10월 26일, 콘스탄티노플에 도착하였다. 햇빛을 반사하는 강철 갑주를 걸친 병사들 모습이 얼마나 늠름하고 듬직해 보였는지…….

오르한 왕자는 튀르크 병사 600여 명과 함께 마르마라 해안 성벽 방어를 맡았다.

그 밖에도 기억하여야 할 이름들이 있다. 이교도들로부터 기독교 국가를 지키기 위하여 자발적으로 참전한 제노바 용사들이다. 마우리지오 카타네오(Maurizio Cattaneo), 란가스코(Langasco) 형제인 제로니모(Geronimo)와 레오나르도(Leonardo), 그리고 파올로·안토니오·트로일로 등 보키아르도 삼 형제가 바로 그들이다. 이들은 자기 돈을 들여 작은 부대까지 편성하여 이끌고 왔다.

베네치아 해군 군의관 니콜로 바르바로, 라틴구에 모여 사는 베네치아 거류민 대표 지롤라모 미노토 또한 듬직한 원군이다. 미노토는 콘스탄티노플 방어에 적극 협조하겠다면서, 허락 없이는 단 1척의 베네치아 선박도 항구를 떠나지 못하도록 하겠노라고 약속하였다. 보스포러스 해협을 지나던 베네치아 곡물선이 루멜리 히사르에서 발사된 대포알에 맞아 격침되고 선장과 선원 모두 몰살당하였을 때(부록 II-2에 상세 설명) 가장 분기탱천, 이를 갈았던 사람이 바로 미노토를 비롯한 베네치아 거류민들이었다. 베네치아 정부와 의회의 소극적 태도, 양다리 걸치기 외교에 비하면 이들은 정말 사내대장부다.

앙코나(Ancona)·프로방스(Provence)·카스티야(Castilla)도 비록 몇 척 안 되지만 선박을 보내왔다.

물론 이탈자도 있었다. 그러나 우려하였던 것보다는 소수였다. 한 달여 전, 야음을 틈타 베네치아 선박 1척과 베네치아의 식민지인 크레타 배 6척이 피에트로 다반조(Pietro Davanzo)라는 자의 주동으로 이탈리아인 600여 명을 태우고 슬그머니 금각만을 빠져나갔다. 배가 위험하면 가장 먼저 배에서 도망치는 쥐새끼들처럼……. 그러나 콘스탄티노플은 절대로 난파하여서는 아니 될 선박이다.

한밤중, 잠자리에 들기 전 나는 침대 머리맡에 세워둔 검을 쓰다듬어 보았다. 새파랗게 날을 벼린 명검이다. 이 칼이 제국의 운명을 쥐고 있다.

그렇다, 칼에는 칼로 맞서리라. 죽여야만, 무찔러야만 나와 백성과 교회가 살 수 있다. 제국과 신앙이 존재할 수 있다.

성모 마리아여, 당신께 바친 이 도시가 지금 풍전등화의 위기에 있음을 당신은 아시나이까.

술탄의 비망록

나는 사전에 이 도시를 완벽하게 학습하고 숙지하였다. 밤새도록 펜으로 종이 위에 도시와 성벽의 도면을 그려보곤 하였다. 수많은 지도들[QR코드 16]을 섭렵하였으며, 내 눈으로 직접 지형지물들을 관찰하였다. 전문가들과 머리를 맞대고 어떤 대포를 어느 지점에 배치하면 좋을지 숙의하였다. 참호 구축을 위하여 팔 땅과 파낸 흙으로 메울 해자, 성벽을 타고 올라갈 사다리와 공성탑 위치까지 도면에 표시해두었다. 그러므로 군대와 무기들을 적재적소에 배치하는 데 시간을 끌 이유가 없었다. 내 머릿속에 이미 완성된 전략 지도가 들어 있었기 때문이다.

사실 비잔티움 제국은 우리가 다만 콘스탄티노플 정복의 시기를 미루었을 뿐 오래전부터 오스만 제국의 속국 내지는 가신 국가나 다름없는 나라였다. 그들의 국경선은 점점 좁아진 반면 오스만 제국의 영토는 확장 일로였다. 비잔티움 황제는 해마다 술탄의 궁정에 조공을 바쳤으며, 술탄이 원정에 나설 때면 군사력을 제공해야 하던 처지였다. 황족들 간의 분쟁으로 차기 황제를 결정짓지 못하자 술탄의 처분에 맡기고 술탄이 지명하여주기를 기다렸던 적도 있지 않았는가. 심지어 황제 요안네스 5세는 오스만 제국의 봉신으로서 소아시아에 잔존한 기독교 세력을 치는 데 병력을 보태고, 아들 마누엘까지 술탄 무라드 1세의 궁정에 볼모로 보냈었다. 그뿐인가. 황제의 동생 데메트리오스는 1442년 우리 군대의 힘을 빌려서 콘스탄티노플로 진군한 적도 있었다. 아버지와 형제의 심장에 칼을 겨눈 것이다. 요컨대 비잔티움 제국은 어차피 수명이 다한 나라, 금방이라도 무너져 내릴 나라였다.

황제여, 이 말을 기억하는가. 나의 증조부이신 술탄 바예지드 1세께서 콘스탄티노플을 포위 공격하며 그대의 선친인 마누엘 2세 황제에게 던진 일갈이다.

"도시의 성문을 닫고, 그 안에서만 지배하라. 그 바깥에 있는 모든 것은 나의 것이니라."

현실을 직시하여야 한다. 비잔티움 제국은 그처럼 목숨만 겨우 부지하여온 나라인 것이다. 그리하여 나는 증조부의 말씀에 빗대어 이렇게 말하겠노라.

"그 도시를 나에게 달라. 그러면 성 밖 다른 도시를 그대에게 주겠노라."

그러니 황제여, 헛되고 공연한 피를 흘리지 말기를……. 제국의 몰락을 인정한다면 백성들을 생각하여 이쯤에서 항복하고 대제국의 품안으로 들어오기를……. 감히 내 뜻을 거역하고 순순히 무릎을 꿇지 않는다면 용맹무쌍한 우리 군사들의 칼날에 목이 잘린 너희 신민들의 머리가 우수수 땅바닥에 떨어질 일들만이 기다리고 있으리라.

우리 군은 다국적군이다. 창검을 들고 방패·갑옷·투구 등으로 무장한 기병들은 유럽 및 아시아 전역에서 총동원하다시피 한 정규군이다. 기독교도들인 세르비아(Serbia) 기병대 1500명도 포함되어 있다. 험상궂은 인상에 복장과 무기가 각양각색인 비정규군 바쉬 보주크, 칼과 소형 방패로 무장한 날쌘 보병인 아잡(Azap)들이 전국 각지에서 몰려와 선두에 서서 전의를 불태우고 있다. 무엇보다도 흰 두건을 머리에 쓴 예니체리는 오스만군의 자부심, 어릴 적부터 무예로 단련된 최정예 인간 병기들이다. 전장에서 부모를 잃은 이교도의 아이들을 양육하여 능력을 키워주고 출세를 보장한 만큼 결코 실망시키지 않으리라고 믿는다. 바르나 전투(1444년)와 제2차 코소보 전투(1448년)도 예니체리의 맹활약으로 대승을 거두지 않았던가.

오스만 군대의 사전에 물러섬이란 단어는 존재하지 않는다. 예언자 무함마드의 이름으로, 또 술탄의 이름으로 퇴각 명령이 내려지지 않는 한 명예롭고 충성스런 오스만군에서 후퇴나 도망은 없다. 너희 기독교군에서나 있는 일이다. 또 비겁한 자는 군율에 따라 목숨을 내놓아야 한다. 그 누구도 오스만의 엄격한 군율을 벗어날 수 없다.

해 저물녘 막사에서 나온 나는 테오도시우스의 삼중 성벽(부록 I-3 참고)OR코드17을 오래도록 바라다보았다. 이미 수없이 머릿속으로 그려보고 루멜리 히사르 완공 후에는 성벽 가까이 와서 직접 관찰하였지만 정면으로 마주보니 과연 더욱 늠름하고 위풍당당하다. 메블라나 카프(레기움 성문)에 라틴어로 새겨져 있다는 명문["아테네(Athens)의 여신도 이렇게 강한 성채를 이토록 빨리 짓지는 못할 것이다."]이 결코 공치사로 들리지 않는다. 그러나 447년 대지진으로 성벽의 부분 부분과 57개 성탑이 파괴된 상황에서 과연 두 달 만에 성채를 복구시켰단 말인가. 그러고 보니 이 도시를 세운 이도 콘스탄티누스 황제(330년)요, 대대적인 성벽 복구 작업을 지휘한 사람 또한 콘스탄티누스(447년), 동명이인이다. 게다가 지금 황제 역시 콘스탄티누스이니 이쯤 되면 우연이라기보다는 운명이라 해야 하지 않을까. 황제여, 그대의 최후가 다가왔다. 콘스탄티누스의 이름이 무너진 성벽 밑에 깔릴 날이 머지않았노라.

전체 성벽 길이는 약 20.9킬로미터. 육지 성벽만 쳐도 6.5킬로미터여서 이쪽 끝과 저쪽 끝이 한눈에 들어오지 않을 만큼 만만찮은 거리이다. 병력이 절대적으로 부족한 비잔티움군으로서는 육지 성벽 방어에 주력할 수밖에 없을 것이다. 우리 역시도 광범위한 공격보다는 취약 지점을 집중 공략하는 전술을 써야 한다.

이 삼중 성벽은 도성 쪽 기준으로 내성벽과 외성벽으로 이루어져 있으며, 외성벽 앞에는 해자가 깊게 파여 있다. 여기서 저 성벽을 돌파하려면 물(해자)을 건너고 언덕(외성벽)을 넘고 또 산(내성벽)을 넘어야 한다.

50~60미터 정도 간격을 두고 내성벽의 방어 탑들과 외성벽의 방어 탑들이 서로 엇갈리게 배치되어 있다. 100개(실제로는 96개) 남짓 될까? 우뚝 솟은 방어용 성탑들이 마치 질서정연한 톱니바퀴 모양으로 방어와 공격에 모두 유리하게 이어져 있다. 그러나 각오하라. 머지않아 성벽과 성탑은 마치 야수가 물어뜯은 이빨 자국처럼 처참하게 찢길 것이다. 오늘은 우리 거포가 내 막사 앞에 있는 에디르네 카프(카리시오스 문) 근처

성벽에 커다란 이빨 자국 하나를 남겼다. 이제 시작일 뿐이다.

4월 8일(일)

황제의 일기

오늘은 적들의 대포 소리가 잠잠하다. 그러나 물밑에선 또 어떤 계략을 꾸미고 있을 것인지…….

첫 대포가 발사되던 날(4월 6일), 땅이 무너지고 하늘이 꺼지는가 싶었다. 뇌성벽력도 이런 굉음은 없었다. 전설 속의 용도 이런 고약한 냄새와 화염을 내뿜지는 못하였을 것이다. 성곽이 흔들리고 깨지는 줄 알았다. 외성벽에 약간의 손상을 입고 파편이 날았지만 다행히 천년 성벽만큼은 밤사이에도 끄떡없었다. 테오도시우스 황제께서 건설하신 이후 수없는 보강과 정비를 거듭하며 저 이교도 오랑캐들의 침입을 막아주었던 철옹성이 아니던가. 자욱한 포연과 흩날리는 파편 가루 속에서 우리 병사들이 다시 일어나 성벽을 보수하느라 안간힘을 쓰는 모습은 너무나 장하고도 가슴이 아팠다. 문제는 나의 사랑하는 신민들이다. 어찌나 소리가 컸던지 이 넓은 도성 안은 물론 갈라타에서까지 포성에 놀라지 않은 이가 없는 듯하다. 지축을 뒤흔드는 괴성에 기겁한 도성 시민들은 모두 집 밖으로 뛰쳐나와 엎드려 기도하고 울며 간구하였다고 한다. "하느님, 저희 죄를 용서하소서. 저희를 지옥에 빠뜨리지 마시옵소서." 공포와 경악에 사로잡힌 백성들의 울부짖음이 나의 가슴을 요동치게 하였다(바르바로의 기록 등에서 참고).

적들은 저 대포를 '우르반의 거포(Basillica)'라고 부른다. 우르반, 그는 우리의 우방국인 헝가리 출신 대포 기술자이다.^{QR코드 15} 이제 와서 뼈아프게 후회스러운 것은 우르반, 이 작자가 술탄 진영으로 가기에 앞서 우리 궁정으로 먼저 찾아왔었다는 사실이다. 그러나 당시 제국의 재정 형편 상 나는 도저히 우르반이 요구하는 보수를 감당할 여력이 없었다. 또한 그런 신형 무기를 만드는 데 필요한 화약·염초·구리·주철 등과 석재 같은 엄청난 자원을 조달할 능력도 턱없이 부족한 형편이었다.

그러자 우르반은 메흐메드 2세를 찾아갔다. 만약 이 도시가 무너진다면 자신의 조국 헝가리도 성치 못하리란 것을 모를 리 없으련만, 아무리 요구하는 돈보다 네 배 많은 급료를 주고 충분한 대포 제작비를 지원해준다 한들 양심 있는 작자라면 적국을 이롭게 하는 일에 몸을 팔겠는가. 게다가 주님 나라 백성인 그리스도인으로서 이교도, '적(敵) 그리스도(Antichrist)'들에게 말이다. 내 이 배신자를 반드시 사로잡아 죗값을 톡톡히 치르게 하리라.

그러나 나의 잘못과 불찰 또한 적지 않다. 로마 격언에도 "평화를 원하거든 전쟁을 준비하라"고 하지 않았는가. 전쟁을 준비하는 것이야말로 전쟁을 피하는 가장 확실한 방법이거늘 빈궁한 재정 형편을 너무 의식하다 보니 정작 더욱더 중요한 것을 간과하여버렸다. 우르반을 회유하거나 협박하여서라도 최소한 그가 술탄 진영으로 가는 일은 막았어야 했다. 감옥에 가두어서라도 말이다.

군사 지식도 부족하였다. 철옹성을 너무 믿은 까닭에 나는 공성용 무기에는 크게 관심을 두지 않았다. 대포의 위력 또한 과소평가하였다. 유럽에서는 이미 100년 전부터 사용되어온 무기지만, 기존의 대포는 견고한 석조 건축물을 무너뜨리기에는 파괴력이 미미한 수준이었다. 기껏해야 주로 평원에서 적군을 교란시키거나 가벼운 방책 따위를 부수는 목적으로 사용되었다. 전함에도 무용지물이었다. 육중한 대포를 배에 탑

재하여본들 명중률도 낮을뿐더러 자칫하면 그 반동으로 오히려 선박이 전복될 위험성이 다분하였기 때문이다. 마찬가지로 큰 대포는 우리 수비군이 사용할 경우 그 반작용으로 성벽에 균열을 일으키거나 성탑 지붕을 무너뜨리기 일쑤였다. 게다가 성능이 떨어져 오발이 잦고 자칫하면 포병이 화염에 휩싸이곤 하였다. 대포는 공성용일 뿐 수성용으로는 부적합하다는 나의 단견이 우르반을 놓치고 말았다. 무엇보다 위험한 짓을 저지를 수 있는 자, 사익을 위하여 영혼을 팔아먹는 자를 사전에 제거하지 못한 것이 큰 실수였다. 참모 중에서도 그러한 건의는 없었다. 나와 신하들 모두의 과실이고 판단 착오이다.

그런 대포가 지금 상상을 초월하는 괴물로 변신하여 엄청난 화력을 뿜어내고 있다. 빌어먹을! 정말 획기적인, 괄목상대할 만한 발전이 아닐 수 없다.

주님, 저의 죄가 막중하나이다. 저의 불찰을 굽어살피사 용서하소서.

술탄의 비망록

우려하였던 일이 현실로 나타났다. 4월인데도 시도 때도 없이 내린 비로 굳게 다져놓은 흙들이 진흙탕으로 변하여버렸다. 그래서인지 일부 대포들이 발포와 동시에 그 반동을 못 이긴 채 요동을 치면서 받침대 위에서 미끄러지거나 깨어졌고, 그 파편으로 사상자가 발생하였다. 그러나 적진은 물론 우리 진영에도 비밀에 부쳐야 한다.

다른 대포들도 발포가 거듭되면서 고장과 파손 기미가 보이기 시작하였다. 게다가 성벽에 대한 파괴력 또한 기대에 못 미쳤다. 과연 철옹성이다. 어제 파괴하였던 성벽 한 부분도 자고 일어나 보니 밤사이에 감쪽같이 보수하여놓았다. 그러나 무너지지 않는 것은 세상에 없다. 저 성벽 또한 이미 지진으로 무너진 역사가 있지 않은가. 성벽과 보루가 돌이 아닌 강철로 지어졌다 할지라도 나는 그것을 강력한 불의 힘으로 녹여 양초의 촛농처럼 흘러내리게 할 것이다(1453년 1월, 디반 확대회의에서 정복 반대자들에게 한 말을 재인용).

덩치가 가장 큰 거포는 하루에 3발 정도밖에 쏘지 못하는 것이 단점이다. 조작과 조준이 까다로운데다가 엄청난 양의 화약이 포신을 달구어 열도 식히고 대포를 정비하려면 시간이 걸리기 때문이다.

우르반을 불러 대포의 성능을 보강하고 약점을 개선하라고 지시하였다. 마음 같아서는 거푸집을 다시 만들어 새로운 거포를 제작하고 싶었지만 시간상 무리였다. 그 대신 거포 발사량을 두 배 이상으로 늘려 하루 7발까지는 안정적으로 쏠 수 있도록 개량하라고 하자 그의 얼굴에 '무리'라는 글자가 나타났다. 그러나 지금은 전쟁 상황이다. 안 되면 되게 만들어야 한다. 재물에 욕심이 많은 자이므로 성공에 대한 대가로 획기적인 보수 지급을 약속하였다.

그러고는 보완책으로 포환에 올리브유를 발라 포신과의 마찰을 줄이고, 발포 후에는 포신에 기름칠한 다음 두꺼운 거적으로 감싸 대포의 파손을 막았다. 아울러 거포와 함께 작은 대포들을 동원하도록 하였다.

콘스탄티노플 공략을 앞두고 내가 가장 역점을 두고 준비한 것은 철옹성을 깨부술 대포 개발이었다. 카이사르(Gaius Julius Caesar)도, 알렉산더 대왕도 성채 도시를 함락하는 데 골머리를 앓았다. 성곽이 튼튼한 국가를 정복할 때는 그렇지 않은 나라보다 몇 배나 더 많은 병력을 투입하고도 효과는 미미하기 짝이 없었다. 시간도 몇 배나 더 소요되었다. 그사이 역병이 돌거나 군량이 떨어져 불가피하게 철군을 한 때도 없지 않았다. 하물며 내가 정복하려는 것은 동서고금의 역사가 공인한 난공불락 테오도시우스 성벽이 아니던가.

그런 의미에서 우르반은 나에게 '넝쿨째 굴러 온 복덩어리'나 마찬가지였다. 지금도 나는 황제가 왜 그 굴러들어온 복을 제 발로 걷어차 버렸는지 이해할 수가 없다. 열악한 재정 형편을 핑계 삼고 있으나, 모름지기 일국의 군주라면 식탁 위의 은수저와 혁대의 금장식을 내다 팔아서라도 우르반의 첨단 기술을 샀어야 옳았다. 그마저도 여의치 않다면 최후의 수단을 써야 했거늘, 누구에게나 목숨은 하나뿐이지 않은가. 유약하기 짝이 없도다.

게다가 황제는 불과 7년 전인 1446년 그리스 남부의 모레아(펠로폰네소스 반도를 일컬음) 군주로 있었을 때, 우리 군대의 중포(中砲) 공격만으로도 성벽이 맥없이 허물어졌던 헥사밀리온 요새[45]에서 동생 토마스와 함께 구사일생으로 목숨을 건진 경험도 갖고 있지 않은가. 선왕 시절 이미 두 번이나 무너진 성벽을 너희가 재건한 헥사밀리온은 거대한 성벽과 153개의 탑으로 보호받고 있던 나름대로는 견고한 성이었다. 그때도 그대는 상황 파악을 못 하고 휴전을 제안하는 사절[46]을 우리 진영에 보냈다가

---

45 Hexamilion Wall. 코린트(Corinth) 만에서 사로닉(Saronic) 만까지 이르는 성벽. 1431년 오스만에 의해 파괴된 성벽을 미스트라(모레아의 주도) 군주로 부임한 콘스탄티누스 11세가 동생 토마스와 함께 1444년 봄에 복구했다. 총 길이 7028~7760미터. 비잔티움 단위로 6마일이라 해서 '헥사밀리온'이란 이름이 붙여졌다. 이 지역에 최초로 방어 시설을 구축한 것은 미케네(Mycenae) 사람들이었고, 크세르크세스에 의해 처음으로 무너졌다(BC 480년). 본격적인 요새는 408년에서 450년에 테오도시우스(Theodosius) 2세에 의해 축성되고, 548년에서 560년에 유스티니아누스 황제가 보수했다. 튀르크의 공격으로 두 차례(1423, 1431년) 더 무너졌다. 델피의 예언에 "이 성벽은 세 번 무너지고 네 번째는 막아낸다"고 되어 있어 콘스탄티누스가 그리스인들은 '행운의 주인공'이라 했으나 신탁은 빗나갔다.

46 당시 무라드 2세 진영에 보내진 사절은 게오르기오스 찰코콘딜레스. 그는 당대의 역사학자 라오니코스의 아버지이다. 라오니코스 찰코콘딜레스의 저서 『De Origine ac Rebus Gestis Turcorum』은 정복 전쟁 관련 중요한 원전 중 하나이다. 라오니코스는 현대 고고학의 아버지라 불리는 치리아코(앙코나 출신 여행가)가 1446년 미스트라(Mistra)를 방문했을 때 고대 스파르타의

감옥에 갇히게 만들고, 결국 성벽은 허물어졌다. 그런 뼈아픈 일을 당하고도 정신을 못 차렸으니, 콘스탄티누스는 말을 잃고도 마구간을 고칠 생각을 하지 않는 어리석은 목부(牧夫)와 무엇이 다른가. 그렇다면 좋다, 울타리가 무너진 그대 목장의 모든 말들을 내가 기꺼이 접수하리라.

비잔티움 제국에서 문전박대를 당하다시피 내쳐진 뒤 나에게로 온 우르반은 자신이 직접 그렸다는 설계 도면을 보여주며, 바위를 돌가루로 분쇄시키고 바빌론 성벽(고대 세계 7대 불가사의로 꼽히는 신화적인 철옹성)도 폭파시킬 만한 초강력 대포를 만들 능력을 갖고 있노라고 호언장담하였다. 바빌론의 성벽이라? 귀가 솔깃해지는 말이었다. 나는 즉석에서 그의 제안과 요구를 받아들였다. 우르반이 비잔티움에서 기대하였던 것보다 네 배 더 많은 급료를 주고, 모든 금전적·기술적 지원을 아끼지 않겠노라고 약속하였다. 경험이 많고 숙련된 주물공들도 대거 채용하였다. 포탄 생산 작업은 사루자 파샤가 관할토록 하였다. 그는 선친 때부터 포탄 제조 작업에 종사하여온 이 분야의 달인이다.

그 결과 거푸집을 만든 지 석 달도 채 못 되어 우르반은 대포를 만들어내었다. 그 대포는 루멜리 히사르 주탑에 배치되어 베네치아 선박을 격침시켰다(부록 II-2에 상세 설명). 나는 그보다 두 배 더 크고 화력이 좋은 거포 제작을 지시하였으며, 마침내 지난 1월 완성품[47]이 탄생하였다.

유적지 등으로 그를 안내했다. 치리아코는 미스트라에 2년 남짓 머물며 고대 그리스 문명에 대한 방대하면서도 세세한 자료를 남겼다. 『The Immortal Emperor』의 저자인 도날드 M. 니콜은 "우리는 모두 그에게 빚을 지고 있다"며 치리아코가 남긴 기록물을 높이 평가했다.

47 에디르네에서 주조된 이 거포의 포신 길이는 약 8.2미터, 포신을 둘러싼 청동 두께는 20센티미터에 이르렀다. 포환 무게만도 600킬로그램이 넘었다. 새로 지은 궁전 앞에서 시험 발사를 했는데 임산부들이 폭음에 놀라 유산하지 않도록 사전 경고를 했다. 초대형 석제 포환은 1.6킬로미터를 날아가 지축을 뒤흔드는 굉음과 함께 땅바닥을 2미터 남짓 파고 들어가 깊숙이 처박혔다. 발포음이 사방 20킬로미터까지 울려 퍼졌고, 하늘은 먹구름 같은 안개로 뒤덮였다. 두카스

발포 실험을 하여보니 그런대로 성공작이었다. 나는 우르반에게 몇 가지 보완할 점을 지적하고 하루빨리 개선토록 지시하였다.^{QR코드 15}

4월 9일(월)

황제의 일기

오스만 함대의 동향이 심상치 않다. 보스포러스 해협과 마르마라 해에 포진해 있는 전함들은 아직 적들의 발길이 못 미친 금각만 안쪽 해안으로 진입하려고 호시탐탐 기회를 노리고 있다. 짐짓 공격이라도 해 올 듯 주변을 얼쩡거리기도 한다. 이럴 때 금각만 입구를 철벽 수비하는 쇠사슬이 있다는 것은 얼마나 다행스러운 일인가(부록 Ⅱ-3 참고).^{QR코드 12}

베네치아 중심의 해군은 적들의 금각만 침입 시도가 계속되는 만큼 제2의 방어벽 설치를 건의하였지만 재정 형편이 안 된다. 안타깝지만 더 이상의 쇠사슬도 방어벽도 없다. 목숨으로 지키는 길밖에 없다고 호소하여 그들을 진정시켰다.

적들의 침공을 앞두고 나는 4월 2일 특별 경계령을 내렸다. 금각만 입구 성채 아래 유게니우스(Eugenius) 성문 옆 탑(켄테나리오스)과 갈라타 성벽 탑(카스텔리온, Kastellion) 사이 해상에 쇠밧줄을 가로질러 선박들의

와 찰코콘딜레스는 거포의 무시무시한 폭발음이 비잔티움 시민들을 공포감으로 몰아넣어 "신이여, 저희를 불쌍히 여기소서"라는 기도를 하게 만들었다고 전하고 있다. 피렌체 출신으로 참전했던 테탈디의 증언에 따르면 다소 과장된 듯하지만 가장 큰 대포알은 800킬로그램에 육박했고 보통은 360~540킬로그램의 무게였으며, 비 오는 날 등을 제외하고는 하루 온종일 대포들이 불을 뿜으며 포환을 발사했다고 한다. 지금 남아 있는 대포 중 가장 큰 것은 이스탄불 군사 박물관에 있다.(앞 화보 7쪽 참조)

출입을 봉쇄토록 지시하였다. 오스만 전함들의 침입을 막고, 한편으로는 금각만에 머물러 있는 아군 선박들의 도주로를 차단하기 위해서였다. 말하자면 금각만 해역을 지키는 '철벽 성문'과도 같은 거대하고 견고한 쇠밧줄이었다. 쇠사슬을 묶어둔 양쪽 성벽 탑과 그 주변에는 육상과 해상 모두에 문지기처럼 방어 병력을 주둔시켰다.

전투 장비를 갖춘 선박은 모두 26척(비잔티움 국적선 10척, 제노바와 베네치아 배 각 5척, 크레타 배 3척, 앙코나·카탈루냐·프로방스 배 각 1척)이다. 갈라타 성벽 아래에 모여 있는 제노바 상선과 소형 선박들은 제외한 수치이다. 오스만의 수백 척 함대와는 수적으로는 비교가 안 되지만 나는 이 배들을 금각만 항구 주변과 쇠사슬 안쪽에 분산 배치하고 적의 공격에 대비토록 하였다.

이 '금각만 방재 구역(Floating Boom Across Golden Horn)'의 지휘권은 사슬을 설치한 제노바인 솔리고에게 일임하였다. 갈라타 지역에 거주하는 제노바인들과의 관계를 고려해서였다.

갈라타의 제노바인들은 표면적으로는 중립적인 입장을 취하고 있지만, 심정적으로는 같은 기독교 국가인 우리 비잔티움 제국 편이다. 무역으로 생기는 막대한 상업적 이익을 위해서라도 그렇다. 주스티니아니나 솔리고처럼 제국을 위하여 싸움을 자청한 제노바인들도 적지 않다. 그러나 조심하여야 한다. 어디든 간교한 자는 있기 마련이다. 개중에는 이교도인 술탄의 진영으로 첩보를 흘려 먹고사는 비열한 자들도 상당수라고 들었다. 신의 이름으로 천벌을 받으리라.

방재 구역 안쪽으로는 함장 안토니오가 지휘하는 막강한 해군 함대가 방어진을 치고 있다. 이들은 해전 경험이 풍부하다. 또한 오스만 선박보다 우리 선박들이 함체가 더 크고 높다. 만약 오스만 함대가 접근한다면 그리스 화탄 세례를 받고 불꽃에 휩싸여 침몰하고 말 것이다. 제아무리 물불 가리지 않는 술탄의 함대라 할지라도 이곳만은 결코 뚫을 수 없으리라.

해군 총사령관으로는 가브리엘레 트레비사노를 임명하였다. 베네치아 선장 출신 해군 제독이다. 같은 베네치아 선장인 알비소 디에도 역시 끝까지 남아 전쟁에 참여하겠다고 약속하였다. 두 사람은 자신들이 몰고 온 상선을 즉각 전함으로 개조하였다. 이날 이후 모든 베네치아 국적 선박들은 군선이든 상선이든을 불문하고 트레비사노의 관할 아래 놓이게 되었다.

제노바와 베네치아 등 해상 무역국가의 선박들은 해적으로부터 상품을 보호하기 위하여 항상 무장하고 있다. 평상시에는 상선이지만 유사시에는 군선으로 변신, 해적들을 퇴치할 만한 인력과 병기를 충분히 갖추고 있다. 바다를 무대로 싸운다면 두려울 것이 없는 지중해 최강의 무적함대이다.

자신감을 갖자. 해군의 전투력과 항해술, 실전 경험만큼은 우리가 적들보다 전적으로 막강하고 우세하지 않은가.

성모 마리아여, 저희의 강점을 알게 하시고 적의 약점을 파악하는 지혜를 주시니 참으로 감사하나이다.

술탄의 비망록

우리 진영에서는 상대적으로 해전 경험이 많은 쉴레이만 발토울루(Süleyman Baltaoğlu) 제독(191쪽 각주 66 참고)에게 오스만 함대의 지휘권을 맡기었다. 우락부락한 성격에 지혜는 부족하나 쓸 만한 자이다. 베네치아와 제노바 함대의 비잔티움 지원으로 생긴 해군력의 약세를 압도적인 물량 공세로 만회하려고 나는 겔리볼루 해군기지에서 전함을 대폭 보강한 대규모 함대[48]를 다르다넬스 해협을 거쳐 3월 말경 마르마라 해에 집결시켰다. 6년 전 겔리볼루 해전에서 베네치아에 패한 기억을 되살리며 실전 훈련을 대폭 보강한 함대였다. 흑해에서 증원 함대도 곧 도착할 예정이다. 제국 창건 이래로 콘스탄티노플 원정에 함대를 동원한 것은 이번이 처음이다. 그런 만큼 기대도 크다. 선박 수로는 우리가 적을 크게 능가한다.

해군 지휘 본부는 보스포러스 해변의 치프테 수툰[49]에 두었다. 도성 쪽과 가까우면서도 제노바인들의 거주지인 갈라타 성벽 보초병의 시야에서 벗어난 지점이다. 또 조류나 북풍의 영향을 비교적 덜 받는 해역이다. 이곳을 전진 기지 삼아 금각만 방어 사슬을 돌파할 생각이다.

새들이 하늘 높이 날고 있다. 유다나무·등나무·아카시아·너도밤나무 꽃이 피고 향기가 진동한다. 특히 예수를 배반한 죄의식에 시달리다가 이 나무에 목매달아 죽었다는 유다나무 붉은 꽃망울은 피를 토하듯

---

48 3단 갤리선(Trireme: 3단의 노와 대형 돛이 있는 군선·상선), 2단 갤리선(Bireme), 노 딸린 갤리선, 푸스테(Fusta: 기동력이 뛰어난 가볍고 긴 배), 파란다리아(Parandaria: 운송용 바지선), 외돛배, 쌍돛배, 소형 연락선 등으로 구성. 포위전을 앞두고 에게 해 연안 도시들에서 몇 달 사이에 급조한 배들이 대부분이었다. 선원과 노잡이는 용병이 대다수였지만 강제로 동원된 죄수와 노예들도 섞여 있었다. 해군의 전투력 보강을 위해 술탄은 1452년 겨울부터 만반의 준비를 갖추어나갔다. 적의 전술과 무기 그리고 병참 기술도 필요하다면 즉각 도입했다. 함대의 총 규모는 140척부터 480척까지 문헌마다 견해가 제각각(바르바로는 145척, 크리토불로스는 350척 등)이다. 이탈리아 선원들이 남긴 자료에 따르면 3단 갤리선 6척, 2단 갤리선 10척, 노 딸린 갤리선 약 15척, 푸스테 약 75척, 파란다리아 20척, 그 밖에 통신용 외돛배와 소형 범선 여러 척으로 편성돼 있었다.

49 바다가 조용하고 배가 정박하기 좋은 곳이라 해서 그렇게 불렸다는데, 당시 지도에는 큰 기둥 2개를 그려놓은 것으로 보아 지금은 사라진 비잔티움 시대의 유적이 있었던 것 같다. 터키어로는 Çifte Sütun(치프테 수툰) 혹은 Çift sütunlar(치프트 수툰랄), 그리스어로는 Diplokion, 영어로는 Double Columns이다. 이는 모두 '이중 열주(두 줄로 늘어선 기둥)'란 뜻을 담고 있다. 1422년에 제작된 부온델몬테의 콘스탄티노플 지도에는 지금의 탁심 광장과 마츠카 사이의 계곡을 가로질러 보스포러스로 흐르던 하천 바로 건너편에 있었던 것으로 묘사돼 있다. 가까이에 오스만 제국 후반기에 지은 돌마바흐체(Dolma Bahçe) 궁전이 있다.

만발하였다. 저 꽃이 지고 새잎이 나기 전까지 목표를 완수하리라(4월 하순~5월 초순이면 유다나무 꽃이 지고 잎이 난다).

해군 본부에서 지휘선을 타고 직접 바다로 나가보았다. 꽃향기를 머금은 봄바람이 향긋하다. 마르마라 바다 성벽이 거대한 방파제처럼 시야 가득 들어왔다. 파도가 성벽까지 밀려가 부딪치고 부서지는 모습이 장관이다. 총 길이는 약 9킬로미터. 마르마라 연안을 끼고서 성벽은 완만하고 오목한 곡선을 그리며 반도를 둘러싸고 있다. 일정한 간격을 두고 포진한 188개의 방어탑과 성벽을 관통하는 13개의 문이 바다 쪽으로 나 있다. 2개의 요새화된 항구^{ᴼᴿᴾᴱ"}를 비롯하여 작은 선착장들도 보인다. 물자를 실어 나르고 사나운 북풍 때문에 금각만으로 진입하지 못하는 소형 선박들이 피난처로 삼던 곳이라는데 지금은 완전히 폐쇄 상태이다.

이 해안 성벽은 외겹이지만, 성벽 둘레로 항상 파도가 치고 있어 접근하기가 쉽지 않다. 천년 이상 외세의 침공으로 허물어지거나 성문이 열린 적이 단 한 번도 없는 천혜의 철옹성이다. 비잔티움군은 퇴적물이 쌓이는 대로 제거 작업을 해서 성벽이 계속 바다와 맞닿아 있도록 유지하였다. 염분에 노출되어 침식이 빠른 성벽도 수시로 보수 작업을 해놓았다고 한다.

나는 함대를 이 바다와 연결된 금각만 안으로 들여보내 그쪽 성벽을 무너뜨리고 도성으로 진입할 계획이다. 물론 만만치 않은 일이다. 삼중 구조인 육지 성벽과는 달리 이곳 역시 마르마라 성벽처럼 한 겹으로 축조되었지만, 금각만 자체가 든든한 방어선 역할을 해주는데다가 개펄이 넓고 바위가 많아 해안 성벽으로의 접근이 어렵기 때문이다. 성벽 자체도 두께와 높이 그리고 강도 면에서 철벽이다. 그렇다 한들 뚫지 못할 이유는 없다. 이미 한 번 무너졌던 성벽 아니던가.

금각만 돌파의 가장 큰 걸림돌은 만 입구를 가로막고 있는 막강한 봉쇄용 철제 사슬. 이 쇠밧줄은 그전부터 외세의 침략으로부터 도성을 지키는 수문장 역할을 해왔다. 일찍이 717년, 이슬람 해군이 콘스탄티노플을 공격하였을 때도 이 쇠사슬은 금각만 진입과 도성 포위의 가장 큰 걸림돌이었다.

딱 한 번 예외는 있었다. 제4차 십자군 전쟁 때(1203년) 갈라타 성벽 바깥에 쇠사슬을 걸쳐놓아 경비가 소홀한 틈을 타 십자군이 성탑을 점령, 쇠사슬을 뚫었다. 그런 뼈아픈 경험 때문인지 이번에는 성벽을 확장하여 쇠사슬이 걸린 성탑을 성벽보다 훨씬 안쪽에 설치, 경계를 강화하였다. 게다가 비잔티움 해군 함대가 불철주야 철통 경비를 서고 있어 기습 공격도 여의치가 않다.

석양 무렵의 금각만은 시심을 자극할 만큼 아름답다. 양의 뿔 모양을 한 금각만이 저녁 햇살을 받아 황금빛으로 물들면 그곳에서 침몰한 배들과 함께 가라앉았던 금은보화들이 해저에서 몸을 뒤채며 발광하고 있는 것만 같다. 가까운 날, 내 반드시 노을빛 물든 금각만의 바다에 손을 담그리라. 금싸라기 같은 바닷물을 두 손 가득 움켜쥐리라[파디샤(술탄)는 여러 편의 서정적인 시를 남겼다].

4월 10일(화)

오늘따라 부쩍 형제들이 그립다. 모레아(Morea)에 가 있는 두 아우 데메트리오스(Demetrios Palaeologus)와 토마스(Thomas Palaeologus)의 얼굴이 눈앞에서 아른 거린다.

나는 1405년 2월 8일, 황실의 자줏빛 대리석 방에서 선친(마누엘 2세 팔라이올로구스 황제)과 세르비아 왕가 출신 어머니(황후 헬레나 드라가스) 사이의 여섯 형제(출생 연대순으로 요안네스, 테오도로스, 안드로니코스, 콘스 탄티누스, 데메트리오스, 토마스) 중 넷째로 태어났다(체도밀 미자토비치에 따 르면 1404년 2월 9일, 열 남매 중 여덟째로 탄생). 내 나이 한 살 때(1406년) 전 염병에 걸려 숨진 미카엘이란 형에 대해서는 남아 있는 기억이 없다.

1422년 6월 무라드 2세의 콘스탄티노플 포위 공격으로 충격을 받아 몸 한쪽이 마비된 아버지는 재위 기간(1391~1425년) 말년인 1422년부터 25년까지 3년간 장남인 맏형(요안네스 8세: 재위 1422~1448년)과 제국을 공 동 통치하였다. 몸져누운 아버지의 후광에 기대어 장남이 대리청정(代理 聽政)한 일종의 후계자 수업 기간이었다.

병약하였던 셋째 형(안드로니코스: Andronikos Palaeologus)은 일찌감치 황권에 대한 꿈을 접고 판토크라토르 수도원으로 은거하여 아카시오스 란 이름의 수도사로 살다가 1428년 3월, 요절하였다.

둘째 형(테오도로스)은 성격이 예민한 사람이었다. 총명하고 의욕이 넘 치다가도 갑자기 우울해지곤 하였다. 그는 맏형(요안네스 8세 황제)이 세 번이나 결혼하였음에도 슬하에 왕자가 없자 바로 아래 동생인 자신이야 말로 제국의 왕위를 이을 후계자라고 생각하였다. 그래서 선왕이 죽으면 즉시 움직일 수 있도록 자신이 통치하던 모레아의 전제 군주권을 콘스탄티노플에서 가까운 트라키아(Thracia)의 셀림브리아(Selymbria) 시의 지배권과 바꿔치기를 해놓았다. 그는 동생인 나를 경계하고 때로 견제하였다. 특히 맏형이 1438년 피렌체(Firenze) 공의회 참석을 위하여 이탈리아 페라라(Ferrara)로 가면서 제국의 통치를 잠시 나에게 맡겼을 때는 자신이 후계자 순위에서 밀려났다고 생각하였는지 굉장히 상심하고 섭섭해하였다. 그러나 그는 야욕을 쟁취하기 전에 큰형보다도 석 달 이른 1448년 여름, 역병에 걸려 죽고 말았다. 슬하에는 외동딸 헬레나만 남긴 채였다.

나의 첫째 동생(데메트리오스)은 야심만만한 성격이다. 그런 만큼 파렴치하고 불안정한 면도 없지 않다. 불가리아 황제 집안인 아센(Asen) 가문 규수와 혼인한 그는 오스만 궁정에도 친구를 두고 있어 1442년, 황위 찬탈을 노리고 튀르크 병사들의 지원을 받아 콘스탄티노플 공격을 시도한 적도 있었다[데메트리오스와 친분을 유지했던 당대 역사학자 크리토불로스에 따르면 그는 황제의 동생임에도 불구하고 '투르코디미트리스(Turkodimitris)'라는 별칭으로 불릴 만큼 친튀르크적 성향의 인물이었다]. 선왕(요안네스 8세)의 교회 통합 지지 정책에 반대한다는 명분을 내세우고서였다. 당시 모레아를 통치하고 있던 내가 서둘러 군사를 출동시켜 진압하였기에 망정이지 그렇지 않았더라면 자칫 반란군에게 선왕이 다칠 수도 있는 몹시 위태로운 상황이었다. 선왕과 나는 용서를 비는 그를 형제애를 발휘하여 너그러이 받아들였다. 그러고는 둘째 형 테오도로스가 죽은 뒤 셀림브리아 속지의 지배권을 동생인 데메트리오스에게 승계시켰다.

막냇동생(토마스)은 성실한 반면 섬약한 편이다. 청년 시절 모레아로 파견된 나를 보필하던 토마스는 프랑크족 군주의 상속녀를 아내로 맞아들였다. 그 뒤 가족 영지 하나를 속지로 받고 줄곧 충실하게 나를 도왔다. 헥사밀리온 성채 보강 작업을 끝낸 뒤 아테네와 보이오티아(Boeotia) 등을 공격할 때도 동생은 나에게 힘을 보태주었다. 1446년 12월, 오스만의 술탄 무라드 2세의 공격을 받고 성벽이 무너진 헥사밀리온 요새에서 가까스로 탈출하던 생과 사의 갈림길에서도 내 곁에는 막내 토마스가 있었다.

사냥과 승마를 즐기고 무예를 좋아하였던 나는 어릴 적부터 '황제가 될 사람(Porphyrogenitus)'으로 불렸지만 사실 왕권에 큰 욕심을 두지 않았다. 초대 황제인 콘스탄티누스 대제 서거 당시 삼 형제[콘스탄티누스 2세(337~340년), 콘스탄티우스 2세(337~361년), 콘스탄스 1세(337~350년)]가 공동 황제에 올랐던 선례도 있지 않은가. 명예와 자존심을 중히 여기는 나는 내가 나서서 집안의 분란을 일으키는 일은 생각도 못하였다. 1427년에는 펠로폰네소스로 가서 맏형인 요안네스 8세를 도와 그 지역에 남아 있던 프랑크족 최후의 땅을 정복한 일도 있었다.

1448년 10월 30일, 극심한 통풍으로 시달리던 큰형 요안네스 8세가 끝내 후사를 보지 못한 채 숨을 거두자 내 바로 밑의 동생 데메트리오스의 권력욕이 다시 발동하였다. 선왕의 서거 당시 나는 펠로폰네소스 반도 남쪽 미스트라에 머물러 있었는데, 셀림브리아에 있던 데메트리오스는 부음을 듣자마자 재빨리 콘스탄티노플로 달려와 자신이 왕권 승계의 적임자라고 주장하였다.

그러나 황제 자리가 공석인 상태에서의 군주권은 관례에 따라 황태후인 어머니(헬레나)에게 위임되어 있었다. 형제 중 유일하게 당신의 처녀 시절 성(드라가스: Dragaš)을 따라 '드라가세스(Dragases)'란 성을 썼던 나를 어머니는 각별하게 아끼셨다. 연로한 모친은 여론을 등에 업고 나를 제국의 새 황제로 지명, 미스트라로 사절을 보내어 내가 정당한 승계자임을 알려주셨다. 토마스도 나를 지지하였다. 모친은 오스만 제국에도 프란체스를 파견하여 나의 황위 승계 사실을 통보하였고, 술탄 무라드 2세는 선물까지 주면서 이를 정중히 승인하였다.

해가 바뀐 1449년 1월 6일, 나의 지지자들이 미스트라에서 나를 추대하는 의식을 치렀고 같은 해 3월 12일, 나는 수행원들과 더불어 카탈루냐 갤리선을 타고서 제국의 수도인 콘스탄티노플에 도착하였다. 그리고는 며칠 뒤 두 동생 데메트리오스와 토마스를 모레아의 공동 전제 군주로 임명하였다. 미스트라와 펠로폰네소스 남동부는 데메트리오스가, 클라렌자(Clarenza) 및 파트라스(Patras: 펠로폰네소스 반도 북쪽 기슭에 있는 항구 도시)와 반도의 북서부 일부는 토마스가 나란히 분할 통치토록 하였다. 동생들은 흡족해하며 황제에 대한 충성과 영원한 형제애를 맹세한 다음 모레아로 떠났다. 이로써 황권 승계를 둘러싸고 벌어졌던 잠시의 혼란상은 정리되고, 나는 명실공히 비잔티움 제국의 절대적 지배자로 등극하였다.

1450년 3월 24일, 어머니 헬레나 황태후가 돌아가셨다. 모친에게 많은 것을 맡기고 의지해온 나로서는 상심이 깊었다. 큰 기둥 하나가 무너져 내린 느낌이었다.

아, 모레아에 있는 토마스와 데메트리오스는 지금 이 형이 겪고 있는 고초와 제국의 수난상을 알고는 있을까. 어머니, 당신이 살아 계셨더라면 이렇게까지 외롭고 힘이 들지는 않았을 것 같습니다.

주님, 장자도 아닌 저를 제국의 황제로 삼으신 뜻을 알고 싶습니다. 선왕인 큰형에게 아들이 없는 것은 무슨 연유이며, 다른 형들이 저보다 먼저 죽은 것은 무엇을 의미하나이까. 오, 주여! 불쌍한 이 나라와 백성을 굽어살피소서. 주께서는 정녕 저에게서 대가 끊어지는 일을 바라시나이까.

술탄의 비망록

형제들 간에 우애가 참으로 남다르구나. 일기를 보아 하니 그 모두가 콘스탄티누스가 형들을 존중하고 아우들을 아낀 데서 얻어진 것으로 보인다. 아무튼 애틋할 정도이다. 그러나 황제여, 그런 나약한 형제애로 어찌 큰일을 도모하겠는가. 국가의 안녕과 번영을 위하여서라면 때로 부모와 자식까지도 희생하는 것이 군주 된 자의 도리이다. 무릇 제왕의 권좌에는 피의 냄새가 배어 있기 마련이다. 모든 것은 일시적이지만 제국은 영속하여야 하기 때문이다.

모레아에 있는 데메트리오스와 토마스, 황제의 이 두 동생은 지금 형을 위하여 움직이고 싶어도 그럴 처지가 못 된다. 우선 둘은 사이가 예전 같지 못하다. 영토 경계를 놓고 티격태격하느라 서로 감정이 많이 상하였다. 게다가 나는 이미 콘스탄티노플을 치러 오기 반년 전쯤부터 노장 투라한 베이(Turahan Bey)와 그의 두 아들(아흐메드, 외메르)을 코린토스(Kórinthos) 지협에 머물게 하면서 알바니아의 스칸데르베그와 황제의 두 동생을 견제토록 하였다. 특히 펠로폰네소스 반도를 시도 때도 없이 공격, 황제 동생들의 혼을 빼놓음으로써 그들이 유사시 비잔티움 제국을 돕지 못하도록 미리 발목을 묶어놓았다. 유럽 지역 군사령관 카라자 파샤에게 군대를 모아 트라키아 연안에 있는 비잔티움 도시(메셈브리아, 셀림브리아, 안키아로스 등)와 요새들을 공격하여 예속시키거나 저항하면 초토화시키라 하였다. 별도로 다여 카라자(Dayı Karaca Bey)에게는 흑해 연안 도시들을 공략토록 명령을 내렸다. 거목 제거를 앞둔 잡초 제거 차원의 예방 조치였다. 사방 어디로부터도 비잔티움을 도와주려는 군대가 없도록 한 것이다.

점심 식사 이후 나는 각 부대의 총사령관과 지휘관들을 대동하여 성곽 주변을 순찰하고 병사들 막사를 둘러보았다.

아침에는 화창하고 바람도 잔잔하던 날씨가 오후 들면서 돌변하였다. 느닷없이 회오리바람이 몰아치더니 황사 섞인 비가 쏟아진다. 4월에는 아주 드문 현상이라는 노토스(남풍)와 보레아스(북풍)[50]까지 이례적으로 불어와 우리 병사들을 애먹였다. 참으로 변덕이 심한 날씨다. 4월은 콘스탄티노플에서 연중 비가 가장 자주 내리는 달이라고 한다. 해보다는 먹장구름이 하늘을 지배하는 날이 더 많다. 천둥 번개를 동반한 소나기도 게릴라처럼 기습적으로 퍼붓는다. 폭풍우가 몰아칠 때면 파도가 수만 마리 군마처럼 함대를 향하여 달려들고, 뱃머리에서 펄럭이던 오스만 깃발을 찢어발기고 달아난다. 그런 날은 들녘에 부동자세로 서 있던 100년 된 아름드리 거목까지 허리가 꺾인 채 항복 자세를 취한 모습을 종종 볼 수 있다.

이토록 일기가 변화무쌍한 콘스탄티노플에서는 특히 위생에 신경을 써야 한다. 내 머리와 군사들 머리를 삭발한 것도 그래서였다. 이교도들처럼 지저분한 머리는 청결은 물론 전투 수행과 정신 위생에 좋지 못하

---

50 터키화된 그리스 어원. 노토스(Notos)는 그리스 신화에 나오는 남풍의 신, 보레아스(Boreas)는 북풍의 신이다. 동풍(남동풍)의 신은 에우로스(Euros), 서풍의 신은 제피로스(Zephyros)이다. 고대 그리스 서사시 '헤시오도스(Hesiodos)'에 따르면 에우로스를 제외한 셋은 별들의 신 아스트라이오스(Astraeus)와 새벽의 여신 에오스(Eos) 사이에서 태어난 아들들이라고 한다. 이들 가운데서 보레아스(북풍)는 페르시아 크세르크세스 왕의 침략을 막아낸 공으로 아테네인들로부터 제단을 선사받기도 했다. 북풍은 보레아스와 더불어 유목 시대부터의 터키 고유어인 보라(Bora)를 많이 쓴다(cf. 한국어: 눈보라).

다. 적들이 장기전에 약한 이유는 그런 기본 상식조차 모르기 때문이다.

오염원 차단 또한 중요하다. 이질이나 말라리아(Malaria: 학질) 같은 전염병이라도 번지는 날에는 병력 손실이 어마어마하기 때문이다. 나는 막사를 순시하면서 지휘관들에게 간이 시설인 하맘(Hamam: 공중목욕탕)과 화장실을 제대로 짓고 배설물 처리 등 위생 관리를 철저히 하라고 다짐을 두었다. 청결은 건강을 위하여서도 중요하지만, 신에게 기도드릴 때 무슬림들이 갖추어야 할 최소한의 예의이기 때문이다.

동시에 독감 주의보도 발령하였다. 일교차가 심하고, 특히 밤에는 북풍을 동반한 한기가 천막을 들치고 옷 속으로 스멀스멀 파고들어 와 감기 걸리기 딱 좋은 날씨였다. 나는 막사에 항상 온수를 비치하고, 담요 지급을 충분하게 할 것을 아울러 지시하였다. 병사들의 사기는 건강에서 나온다.

4월 11일(수)

황제의 일기

자고 일어나 보면 적들의 막사가 성벽 앞으로 성큼 다가와 있다. 오늘은 적들이 작심한 듯이 대포를 성벽 전체 요소요소에 배치시켰다. 마치 거대한 파도처럼 성벽을 덮쳐버릴 기세다. 그런데도 이상하게 10만 대군이 집결한 술탄의 진지에서는 병사들의 웅성거림이나 말 울음소리 하나 들리지 않는다. 그만큼 군기가 엄격하다는 의미일까. 오죽하면 "튀르크군 1만 명의 행군보다 기독교 군대 100명이 움직이며 내는 소음이 더 요란하고 시끄럽다"(15세기 프랑스 여행가 베르트랑동 드 라 브로키에르의 1430년대 여행기에서 인용)고 하였겠는가.

전투가 소강상태인 틈을 타 우리 병사들이 방어 중인 성벽을 일일이 돌면서 격려의 말을 전하였다. 적은 병력으로 수많은 적과 대적하려니 효율적인 배치가 쉽지 않았다. 그래도 적재적소에 배치하려고 고심에 고심을 거듭하였지만, 아무래도 전황에 따라 융통성 있게 유동적으로 운용하여야 할 것 같다. 지금은 전방위적 대응이 필요한 시점이다. 때로는 육군이 배에 오르고, 해군도 성벽을 지켜야 한다(앞 화보 4~5쪽 참조).

나는 육·해군 전군 총지휘관을 맡고 육군 총사령관은 제노바 출신 주스티니아니, 해군 총사령관은 베네치아 사람 트레비사노를 기용하였다. 국적과 혈통이 제각각인 병사들을 소부대로 분산시켜 혼합 편성하여 서로 협력하고 의존하게 만듦으로써 분열과 분쟁을 막고 화합을 도모하기 위함이었다.

나와 주스티니아니는 비잔티움 최정예군과 700명으로 구성된 제노바 정예 용병을 이끌고 취약 지역인 메소테이키온(중앙) 성벽을 양분하여 맡았다. 술탄의 캠프와 마주 보는 곳으로, 오른쪽(북측)의 카리시오스 문부터 왼쪽(남측)의 로마누스 문까지이다. 제5군문(펨프톤 문)과 밀접한 리쿠스 강을 중심으로 왼쪽 로마누스 문까지인 박카투레우스 성벽은 내가, 오른쪽 카리시오스 문까지인 미리안드리온 성벽은 주스티니아니가 방어한다. 사령부는 리쿠스 계곡 뒤쪽에 두었다. 중앙 성벽 중에서도 가장 취약한 곳이다. 그리스·라틴 용사 3000명을 거느리고 더는 물러날 수 없다는 결연한 각오로 배수진을 쳤다. 우리는 그때그때 전황과 전세에 따라 서로의 관할 구역[51]으로 재빨리 오가면서 적의 공격을 합세하여 막아낼 것이다.

1422년 술탄 무라드 2세는 처음으로 대포를 가져와 이쪽 성벽을 향하여 무려 70여 발을 쏘았으나 별반 효과를 보지 못하였다. 그러나 지금 대포는 그때와는 비교할 수 없는 화력이다. 크기 또한 상상을 초월한다. 적들은 성벽을 타격하고 땅에 떨어진 대포알은 그물을 던져 자기들 진영으로 가져가 재활용을 한다. 그물에 갇힌 대포알이 마치 사냥꾼에게 잡혀 끌려가는 거대한 곰을 연상시킨다.

베네치아 거류민 대표 미노토와 그의 병사들에게는 블라케나 궁성 일대를 책임지게 하였다. 연로한 베네치아인 테오도로 카리스토(Teodoro Caristo)는 칼리가리아 문 쪽을 방어하고, 란가스코 형제는 제노바 출신 키오스 대주교 레오나르드와 함께 금각만 쪽에 배치되었다. 내 왼편으로는 제노바 병사들과 함께 카타네오가, 그 옆으로는 나의 사촌인 테오필로스 팔라이올로구스가 우리 병사들과 함께 페게 문을 수비한다. 베네치아인 필리포 콘타리니는 페게 문부터 황금문까지의 지역을 맡고, 황금문은 제노바인 마누엘이 지키고 있다. 마누엘 옆 바다 쪽에는 데메트리오스 칸타쿠제노스가 자리하였다.

마르마라 해안 성벽은 병력 배치를 최소화하였다. 황금문과 가까운 스투디온에는 야코보 콘타리니(Jacobo Contarini)를 배치하고, 그 옆쪽 공격받을 위험이 덜한 성벽 라인은 수도사들이 지키다가 긴급 사태가 발생하면 지원군을 요청토록 하였다. 테오도시우스 항구(엘레우테리우스

---

51 비잔티움 연합군의 배치는 여러 설이 혼재한다. 필자는 에드윈 피어스(1903년)와 반 밀린전(1899년)의 면밀한 분석에 근거해 황제의 위치를 다음과 같이 정리했다.
전체 1.4킬로미터에 달하는 메소테이키온 성벽은 지대가 낮아 적이 언덕 위에서 내려다볼 수 있고, 강이 흘러 해자를 깊이 팔 수 없다. 리쿠스 강이 밑으로 흐르는 박타티니안 성탑을 중심으로 두 사람이 위치를 바꾸기도 하고 다른 부대가 보강 투입되기도 했다. 이 성탑을 사령부로, 황제의 숙소를 로마누스 성문 근처의 성 로마누스 교회로 본다. 다만 박카투레우스 성벽(Murus Bacchatureus, 박타티니안 성탑 왼쪽)은 동시대인으로서는 레오나르드 대주교만 언급하고 있는 점을 주목할 필요가 있다.

항구)^{QR코드11} 옆에는 오르한 왕자가 이끄는 튀르크 군인들이 자리하였다. 마르마라 해안 동쪽 끝, 히포드롬과 옛 황궁 아래쪽은 돈 페드로 훌리아노가 지휘하는 카탈루냐 군인들 몫이다. 이시도로스 추기경은 200명의 궁수병을 거느리고 아크로폴리스 곶에 진을 쳤다. 금각만 입구 방어 역할까지 겸하고 있다.

방어 사슬이 설치되어 있어 상대적으로 안전지대인 금각만 연안은 가브리엘레 트레비사노의 총지휘 아래 베네치아와 제노바 선원들이 방비를 맡았다. 선착장을 중심으로 항구에 닻을 내린 선박들은 트레비사노와 알비소 디에도로 하여금 통제토록 하였다.

디에도는 해자 구축 작업에도 한몫하였다. 적들이 오기 이틀 전인 3월 31일, 그는 선원들과 함께 칼리가리아 성문을 중심으로 해자가 없는 외겹 성벽 앞에 블라케나 궁을 방어할 목적으로 길이 95미터, 깊이 4~5미터인 해자를 파는 작업을 서둘러 마쳤다. 왼쪽 육지 성벽에 본래 구축되어 있던 해자에 비하면 보잘것없지만 적의 공격을 둔화시키고 방해하는 효과는 충분히 볼 수 있다.

도성 안에는 2개의 예비 부대를 주둔시켰다. 노타라스 부대는 서북쪽 육지 성벽에서 멀지 않은 페트라(Petra) 지역, 니케포로스 팔라이올로구스(Nikephoros Palaeologus) 부대는 중앙 산등성이 위, 성사도 대성당 부근에서 대기토록 하였다. 해군 제독 노타라스에게는 금각만 방어도 겸임시켰다.

나는 성벽으로부터 먼 거리에서 가까운 거리로 세 번에 걸쳐 천막을 이동 설치하였다. 거대한 성곽의 위용에 압도당하였을 병사들의 심리를 감안, 그들이 위축되지 않고 적응할 수 있도록 원근법의 이치에 따라 단계적으로 막사를 전진 배치한 것이다. 비유하건대 '쥐 죽은 듯이 움직이는 거대한 코끼리 부대'가 바로 우리 군이다. 적이 전혀 눈치를 챌 수 없게 하는 일사불란한 이동 배치는 고도의 훈련 결과이다. 아울러 적들에게는 큰 도시가 한꺼번에 움직이는 듯한 위압감을 주는 효과도 노렸다.

최종적으로 중앙 성벽 맞은편 400미터 전방 리쿠스 강[바이람 파샤(Bayram Paşa)] 앞 평평한 곳에 우르반의 거포와 대포 3문을 앞세운 본진을 쳤다. 황금빛이 도는 내 붉은색 막사도 그 바로 뒤에 두었다. 여러 정보로 미루어 비잔티움 진영이 보유한 살상무기들은 사정거리가 대부분 그 이하라고 판단하였기 때문이다.

성을 바라보며 리쿠스 강 계곡 왼쪽의 말테페(Maltepe) 언덕에 위치한 내 막사는 동쪽으로 경사가 져 전군을 지휘 통솔하고 작전 명령을 내리기에 적합하였다. 나의 아버지 술탄 무라드 2세도 1422년 바로 이곳에 지휘부를 설치하고 적을 공략한 바 있다. 나는 할릴과 사루자 파샤를 가까이 두고, 막사 앞 양쪽에는 예니체리를 배치하였다. 포진을 완료한 나는 시시때때로 말을 타고 성벽의 코앞까지 다가가 병사들을 독려하였다. 매캐한 화약 연기가 나의 전투 본능을 자극하였다.

궁성 끝 부분에서 에디르네 카프, 톱 카프, 메블라나 카프(레기움 문)에 이르기까지 지반을 단단하게 다진 다음 크기와 성능을 보강한 대포들을 집중 배치시켰다. 적들도 이 지역에 수비력을 결집하고 있다. 리쿠스 강을 중심으로 약 1.4킬로미터에 이르는 성벽 중앙부(메소테이키온 지역)는 그중에서도 핵심 지역, 방어상 취약점을 갖고 있는 이 성벽을 향하여 우리 대포는 집중 포화를 퍼부을 것이다. 전면에 배치한 작은 대포들이 표적으로 삼은 성벽을 삼각형이나 사각형 또는 원 형태로 선제공격, 진동이 채 가라앉기도 전에 그 성벽의 중앙부를 거포가 타격하여 무너뜨리는 방식이다. 이렇게 팀워크를 이룬 대포들을 우리 포병들은 '곰과 그 새끼들'이라는 애칭으로 불렀다.

복장 터질 일을 하나 귀띔하여주겠노라. 헝가리의 야노슈 후냐디[52]가 나에게 보낸 사절들이 앞서 말한 삼각 타격 방법을 알려주었다고 하면 그대는 기절초풍하겠지? 어리석은 황제여, 기독교 신앙이니, 십자군이니, 교회 연합이니 떠들어대지만 말짱 헛소리다. 모두가 우리에게 겁을 먹고 자신들을 해치지만 않는다면 얼마든지 협조하겠노라고 뒷전에서 밀약하였다. 기독교 국가들이 얼마나 비열하고 이기적인지를 그대만 모르고 있는 것이다.

부대 배치는 이미 출정 전부터 구상하여놓은 터라서 시간을 끌 일이 없었다. 우리 군은 공격 첫날부터 각자 내가 지시한 위치에 포진을 완료하였다. 물론 전황에 따라 수시로 위치를 바꿀 생각이다(앞 화보 4~5쪽

---

52 János Hunyadi(1407~1456년). 왈라키아 출신 트란실바니아 총독, 헝가리 왕의 섭정. 1443년 오스만 제국 술탄 무라드 2세가 세르비아를 침공하자 트란실바니아 총독이던 후냐디는 헝가리 왕(블라디슬라브 1세)에 의해 원정군 사령관으로 발탁되어 무공을 떨쳤다. 그러나 이듬해 치러진 바르나 전투에서 오스만군에게 참패한 후냐디는 왈라키아 백작 블라드 체페슈(403쪽 각주 116 참고)에게 붙잡혀 수모를 겪고 풀려났다. 블라디슬라브의 사망으로 헝가리의 섭정이 된 후냐디는 1448년 코소보에서 무라드 2세와 복수전을 벌였으나 또다시 참패, 세르비아군에게 포로로 잡혔다가 막대한 몸값을 치르고 석방되었다. 실각한 것이나 다름없던 후냐디를 기사회생시킨 것은 1456년 베오그라드 전투였다. 이 전투에서 패전의 위기에 처했던 후냐디의 군대는 메흐메드 2세가 이끄는 오스만군을 기습 공격, 전세를 역전시키며 압승을 거두었다. 메흐메드 2세는 예니체리의 희생으로 겨우 탈출에 성공했다. 그러나 후냐디는 곧바로 전염병에 걸려 그해 8월에 생을 마감했다.

146

참조).

자아노스 파샤의 군대에는 갈라타와 그 일대를 포위하고 금각만과 항구 전역을 관할토록 하였다. 육지 성벽 일부도 맡기었다.

언덕 위 에디르네 카프에 이르는 지점에는 카라자 파샤가 통솔하는 유럽 정규군을 주둔시켰다. 특별히 외겹인 황궁(텍푸르 사라이) 성벽과 맞닿아 있어 비교적 허술한 모퉁이 공격에 유리한 중포들을 대거 설치토록 하였다.

리쿠스 계곡 남쪽 가파른 길에서 마르마라 해안까지는 이스하크 파샤가 지휘관인 아나톨리아 정규군을 배치하고, 그 옆에 나의 충직한 신하인 마흐무드 파샤(Mahmud Pasha)를 붙여놓았다. 그리스인과 슬라브인 사이에서 태어난 혼혈인 마흐무드는 옛 황실 가문인 앙겔루스(Angelus)가(家)의 자손으로서 기독교를 버리고 개종한 이슬람 교인이다.

적군은 성벽 위에 있으므로 우리 부대의 배치 상황과 움직임을 지켜보기에 더없이 좋은 위치이다. 그래도 개의치 않는다. 오히려 우리 군의 규모와 장비 등을 보고 위압감을 느낄 터이니까. 그리고 나는 비잔티움 군의 병력 배치와 규모 및 담당 지휘관 등을 세세히 알고 있다. 첩자로부터 정보를 넘겨받았기 때문이다.

그러고 보면 황제는 나름대로 고심 끝에 군대 배치를 하였겠지만 부득이한 조치일 뿐 그것이 승리나 안전을 가져다줄 거라고 믿는다면 오산이다. 나 역시도 특정 군사 집단의 세력 형성을 차단하고 융합을 이루기 위하여 유럽 출신 병사들과 아나톨리아 출신 병사들을 적절하게 섞어 배치함으로써 경쟁심을 유발하는 전법을 쓰고 있다.

어느 순간 나는 며칠 전 4월 5일, 콘스탄티노플에 도착한 우리 군대가 성벽 앞 400미터 지점에 집결하였을 때 황제가 보여주었던 일종의 허장성세가 생각나 피식 웃음이 나왔다. 황제는 그날 주스티니아니의 협조를 얻어 베네치아 선원들에게 눈에 잘 띄는 선명한 색깔 옷을 입힌 뒤 무기를 든 채 성벽 위를 행진하도록 하였다. 외국에서도 원군이 이렇게 많이 왔다는 것을 우리에게 과시하면서 도성 시민들을 안심시키려는 의도가 다분한 행위였다.

나는 코웃음을 치면서 그런 그들에게 마흐무드 파샤를 사신으로 항복 권고문을 다시 한 번 보내었다.

"자발적으로 항복한다면 이슬람법에 따라 생명과 재산을 보호하여 주겠지만, 불응한다면 가차 없이 응징하고 처단하겠노라."

최후통첩 겸 선전포고나 마찬가지였다. 그리고 예상하였던 대로 그들은 나의 호의를 흘려버렸다. 황제는 나를 파디샤(Padişah, Padishah: 오스만 제국의 술탄: 페르시아어에서 유래)라고 제대로 호칭할 줄 알면서도 이번에도 또 연공금을 인상할 테니 물러가 달라는 걸 보면 상황을 전혀 파악하지 못하고 있다.

콘스탄티누스 11세는 나와 정면으로 맞서려는 듯 메소테이키온 성벽 바로 안쪽에 비잔티움 정규군과 함께 포진하여 있다. 얼굴을 식별할 수 있을 정도의 거리지만 드높은 성벽에 가려 황제의 모습은 보이지 않는다. 두 번쯤 자줏빛 망토를 입은 황제가 성탑 위에 모습을 나타낸 적은 있다. 얼핏 본 그는 조금 큰 키에 약간 마르고 균형 잡힌 체격이었다. 피부는 거무스름해 보였다. 수염을 단정하게 기른, 유약하고 온건한 인상이다. 아무튼 그는 성벽으로 몸을 가리고 얼마든지 나를 바라볼 수 있는 위치에 있다. 나는 일부러 성벽 가까이 말을 몰고 가보았다. 사정거리 안쪽이건만 웬일인지 적진에서는 화살 1발 날아오지 않았다.

"약한 자가 되어 휴전을 촉구하지 말라. 너희가 위에 있노라. 알라가

너희와 함께 하시어 너희의 일들이 헛되게 두지 아니 하시니라."(꾸란 제
47장 무함마드 35절)

4월 12일(목)

황제의 일기

오늘의 해전도 우리 해군의 승리로 끝이 났다. 금각
만 봉쇄 사슬 또한 여전히 견고하다. 그래도 방심은
절대 금물이다. 적들의 해상 공격은 정말 집요하다.
아무래도 육지 성벽에 투입하였던 수비군을 금각만 방어를 위한 지원
군으로 분산 배치시켜야 할 것 같다. 그쪽도 대포 공격이 만만치 않지
만 우선은 금각만 쪽이 더 시급하다.

제국은 그동안 상비군 양성을 너무 등한시하였다. 특히 해군은 용병
이나 다름없는 외국인들이 대부분이다.

비단 군사력뿐인가. 제국의 제반 열악한 상황은 어제오늘 일이 아니었
다. 선왕 서거 이후 내가 처음 황제로 공식 취임하기 위하여 1449년 3월
12일, 금각만에 입항하였을 때가 생각이 난다. 그때도 비잔티움 함대는
나와 우리 일행을 펠로폰네소스에서 콘스탄티노플로 실어 올 마땅한 배
1척이 없어 베네치아 측에 요청하였다가 시간이 걸리자 마침 정박한 카
탈루냐 갤리선에 의지하여 수도로 와야만 했었다. 친형 요안네스 황제
의 외국 출타 시 두 차례 섭정[53]을 맡은 적이 있지만, 늘 그렇듯이 모든
것이 눈에 익고 또한 모든 것이 생소하였다.

부두에 내려 황궁으로 가면서 목격한 제국의 쇠락상은 차마 눈 뜨고
보기 힘들 지경이었다. 한때 위용을 자랑하던 조선소들은 톱질과 망치

두들기는 소리가 멈춘 지 오래였다. 밧줄 공장에는 먼지가 수북이 내려 앉고, 돛을 꿰매던 자리에는 새들이 둥지를 틀고 있었다. 200년 세월이 흘렀건만 십자군의 만행으로 야기된 폐허는 여전히 현재 진행형이었다.

나는 제4차 십자군 원정대가 도성을 점령하였을 때(1204년)를 떠올렸다. 그들이 옷 위에 붉은 십자 표시를 붙인 이유는 그리스도를 위하여 피를 흘릴 각오를 하고 있다는 뜻이었다. 그런데 십자군들은 이교도들에게 겨눌 칼끝을 같은 그리스도인들의 심장을 향하여 겨누었다. 무슬림들이 점령한 예루살렘 공격에 써야 할 공성 무기로 콘스탄티노플을 포위, 금각만 성벽을 무너뜨렸다. 얼마나 많은 도성 시민들이 그들의 칼날과 창끝에 피를 흘렸던가.

하기아 소피아 역시 갑자기 들이닥친 재앙으로 초주검이 되었다. 십자군들은 말과 노새들을 신성한 성당 안으로까지 끌고 들어와 성상과 성물들을 약탈하여 본국으로 가져갔다. 짐승의 피와 배설물로 성소를 더럽히며 금이나 은으로 된 것이라면 십자가든 성경이든 예수 상이든 가리지 않고 닥치는 대로 긁어 갔다. 수레 몇 대에 쓸어 담고도 넘칠 만큼 막대한 양의 보물이었다. 4마리의 청동 말(콰드리가, Quadriga)도 베네치아의 산마르코 대성당으로 실려 갔다.[54] 중앙 제단마저도 뜯어내어 베네

---

53 1차는 1423~1424년, 요안네스 8세가 공동 황제 겸 황태자로서 원조를 요청하러 이탈리아에 갔을 때 병석에 누운 부친(마누엘 2세)의 자문을 받아가며 섭정을 했다. 2차 섭정은 1437~1440년, 이때도 요안네스는 같은 목적으로 피렌체 공의회 등에 참석하기 위해 콘스탄티노플을 비워 콘스탄티누스가 형의 자리를 장기간 대신했다.

54 4마리 말이 끄는 이륜 전차를 일컫는 콰드리가(Quadriga)는 히포드롬에서 산마르코 대성당으로 옮겨진 뒤 기구한 운명의 길을 걸었다. 원래 이 조각상은 테오도시우스 2세 황제가 그리스의 키오스 섬에서 콘스탄티노플로 가져온 것이다. 십자군의 약탈 이후 '산마르코의 말(Cavalli di San Marco)'로 개명까지 당하면서 대성당 정면 테라스를 장식하고 있던 이 말들은 1797년 베네치아를 함락한 나폴레옹군에 의해 파리로 건너가 개선문 위에 올려져 있었다. 나폴레옹 실각 이후

치아로 싣고 가다가 대리석 장식이 너무 무거워 배가 바다 밑으로 가라 앉았다. 심지어는 매춘부를 총대주교 의자에 앉혀놓고 음란한 노래를 부르게 하여 신성을 모독하였다. 눈 뜨고는 차마 못 볼, 십자가 위의 예수께서 피눈물을 흘리실 만행이었다.[55]

그 쓰라린 역사를 뼛속 깊이 새긴 도성 안도 황폐하기는 마찬가지였다. 옛날의 영화는 간데없었다. 블라케나 황궁이며 교회 모두 오래도록 방치하여둔 모습이었다. 청색파와 녹색파의 마차 경기가 도성 주민들을 열광의 도가니로 몰아넣고 황제가 신민들과 더불어 주요 행사를 치르던 히포드롬은 복구할 엄두를 못 낼 만큼 터만 남아 있었다. 유령이 살고 있을 것 같은 빈집과 빈 수도원들도 여기저기서 눈에 띄었다. 지진으로 무너지고 화재로 전소된 건물들이 흉물스런 몰골로 을씨년스러움을 더하였다.

새로운 황제를 맞으러 나온 환영 인파 역시 행색이 초라해 보였다. 영양실조에 걸린 듯 안색이 창백한 아이들이 가냘픈 팔을 들어 힘없이 손을 흔들었다.

그나마 금송·사이프러스·플라타너스·마로니에·테레빈나무·유다

다시 베네치아로 돌아온 콰드리가는 성당 테라스 위에서 공해에 시달리며 청동의 부식이 심해져 박물관으로 이송되고 현재 그 자리엔 복제품이 세워져 있다. 이 조각상은 유럽 문명에 큰 영향을 끼치며 여러 지역으로 전파되었다. 독일의 수도 베를린에 동서 분단과 통일의 상징으로 서 있는 브란덴부르크 문 위의 4마리 청동 기마상 등이 그 예다.

55 비잔티움 역사가 니케타스 코니아테스(Niketas Choniates, 1150~1213년)는 생사의 고비를 넘나들며 자신이 직접 목격한 제4차 십자군의 만행을 『역사(Historia)』에서 이렇게 통탄하며 읊었다. "오, 도시여 도시여, 모든 도시들의 눈이며, 온 세상 모든 이야기의 주제이며, 세상에서 가장 장관인 도시여! 교회들의 후원자이며, 신앙의 지도자이며, 정교의 길잡이이며, 바른 교육의 보호자이며, 모든 선(善)이 거주하는 곳! 그대는 주님이 내리신 분노의 잔을 찌꺼기까지 마시고, 그 옛날 5대 도시가 당했던 것처럼 맹렬한 불길 속에 던져졌구나!"(A. H. Magoulias가 번역한 『비잔티움의 도시』에 수록된 시를 재번역)

나무 등 계곡과 언덕 그리고 해안가에 울창한 수목들이 마음에 위안을 주었다. 배나무·자두나무·모과나무·포도나무·복숭아나무·무화과나무·뽕나무들도 새순을 틔울 채비를 하고 있었다. 4월이 오면 수목들은 연둣빛으로 싱그럽게 물이 오르고, 보스포러스는 맨 먼저 핀 연분홍 목련꽃과 한창 피어나는 진분홍빛 유다나무 꽃, 마로니에 흰 꽃, 연보랏빛 등꽃들이 금방 피어날 라일락 꽃봉오리와 어우러져 미모와 향기를 서로 시샘하며 뽐내리라. 노란 유채꽃과 각양각색 튤립들도 정원 가득 다투어 피어나리라.

그러한 즐거운 상상은 얼마 못 가 다시 실망으로 바뀌었다. 여장을 푼 황궁 또한 반쯤은 폐허가 되어 있었기 때문이다. 찬연하였던 옛 영화는 희미한 흔적으로만 남아 있을 뿐, 궁중의 집기며 장식품들은 호화찬란한 광휘를 잃어버리고 급이 떨어지는 물품들로 대체된 채 투박하고 무질서하게 놓여 있었다.

두 달 전 그리스의 미스트라에서 명목상 황제로 선언되기는 하였으나, 정식으로 왕관을 받지 못한 나는 끝내 콘스탄티노플에서도 대관식을 치르지 못하였다. 제국의 역사를 통틀어 유일무이한 경우[56]였다.

내가 콘스탄티노플로 귀환한 그 무렵은 그리스 정교회가 서로마 교회

---

56 콘스탄티누스 11세는 1449년 1월 6일, 통상의 대관식 장소인 하기아 소피아가 아닌 미스트라의 수도 대주교 관구 옆 성당에서 즉위식을 가졌다. 사실상의 총대주교였던 그레고리오스 마마스(Gregorios Mammas)가 교회 연합파란 이유로 대다수 성직자들로부터 배척받는 상태여서 콘스탄티노플에서의 대관식이 쉽지 않았기 때문이다. 그리하여 그는 십자군 침공으로 니케아에서 대관식을 치렀던 미카엘 8세를 제외하면 비잔티움 제국 역사상 콘스탄티노플에서 거행되지 않고, 또 총대주교에 의해 집전되지 못한 최초이며 최후인, 유일한 황제 추대식의 주인공이 되었다. 마누엘 1세와 요안네스 6세도 수도 밖에서 황제로 추대되었지만 나중에 콘스탄티노플에서 대관식을 치렀다. 그래서 역사학자 두카스는 "콘스탄티누스는 대관식을 하지 않았으므로 요안네스 8세를 마지막 로마 황제로 보아야 한다"는 극단적인 견해를 표출했다. 반면 "콘스탄티누스는 주께서 왕관을 씌워준 황제"(베사리온: 니케아 수도 대주교)라면서 옹호한 사람들도 있었다.

와의 통합을 둘러싼 갈등으로 파멸의 내리막길을 달리던 때였다. 종교 통합을 지지하여 배교자라는 비난까지 받고 있던 총대주교가 내 머리에 황제의 모자를 씌워줄 처지도 못 되었거니와, 만약 그랬다가는 분열과 반란을 촉발할 수도 있어 왕권의 안정을 위하여서라도 그런 대관식은 차라리 안 치르는 편이 나았다. 심지어 에피로스(Epiros)의 정교회 수도 대주교인 마르코스 유게니코스(Markos Eugenikos)는 나를 배척하며 이런 연설까지 하지 않았던가.

"황제에게 묻겠노라. 누가 그대에게 왕관을 씌웠으며, 성유(聖油)를 부었으며, 그대의 신앙 고백을 받아들였는가? 황제에게는 왕관이 없다. 그의 머리에는 단지 의미 없는 모자만 있다. 우리에게는 순수 신앙과 주님에 대한 경외심보다 신앙이 다른 서구의 돈과 배와 도움을 원하는 정부만 있을 뿐이다."

불쾌하였지만 애써 참았다. 그것이 제국의 현실이었다.

그랬다, 제4차 십자군의 침략과 지배 이후 제국은 극심한 혼란과 침체의 길로 접어들고 말았다. 게다가 오스만 튀르크의 거듭되는 공세로 점점 더 그 입지가 좁아져가고 있었다. 번영과 재건의 망치 소리는 그친 지 오래였다. 말하자면 나는 거의 파산 직전인 제국의 유산을 물려받은 상속자인 셈이었다.

답답하기는 로마 교황청이나 교회 통합 반대파나 마찬가지였다. 서로마가 조금만 더 적극적으로 지원한다면 교회 통합 분위기를 띄울 수 있으련만, 리더십을 상실한 서유럽은 변죽만 울린다. 가시적 지원이 없는데 무슨 명분으로 반대파들을 설득하겠는가. 통합 반대파들 또한 똑같다. 무작정 반대만 한다. 통합을 전제로 지원하겠다는 서유럽의 목소리가 이들에겐 전혀 먹혀들지 않는다. 나라를 빼앗겨도, 무슬림의 터번을 둘러써도 좋다는 말인가. 순수를 가장한 어리석음과 고집불통이 상황을 이 지경까지 이르게 하였다.

적의 대포 소리가 또 귓전을 때린다. 오늘 밤도 얼마나 많은 병사와 나의 신민들이 기도와 눈물로 밤을 지새우겠는가.

전능하신 주여, 성모 마리아여! 이 도시가 이슬람의 터번으로 덮이는 일이 없도록, 주님의 신앙이 보전될 수 있도록 도와주소서.

술탄의 비망록

새벽에 쏘아 올리는 1발의 거포를 신호탄 삼아 앞으로 육지 성벽 포격을 밤낮없이 계속할 것이다. 물론 성벽에 대한 육탄 공격도 병행하겠다. '도시 장악자(헬레폴리스, Take-over of Polis: 당대 역사가 크리토불로스가 명명)'란 명성에 걸맞게 우르반의 대포가 적들을 혼쭐내면 제까짓 것들이 얼마를 버티겠는가. 서서히, 그러나 한꺼번에 삼중 성벽을 허물어뜨리고 말 것이다. 그다음은 입성이다.

반면에 바다 쪽은 시원찮다. 나는 내가 요청한 증원 함대가 흑해에서 도착하자마자 발토울루에게 지시하여 큰 배들을 쇠사슬이 막아선 금각만 입구 쪽으로 출동시켰다. 전면적인 공격에 앞서 적함들의 규모와 위치 등을 파악하기 위한 탐색전이었는데 의외로 전투가 커졌다. 화살이 빗발치고 소형 대포들이 입에서 불을 뿜었다. 불붙은 나뭇조각들이 비잔티움 배를 겨냥하여 날아갔다. 우리 해군 일부는 닻줄을 끊고 쇠갈고리를 매달아 던진 밧줄과 배에 걸친 사다리를 붙잡은 채 적의 전함에 기어오르려고 안간힘을 썼으나 역부족이었다. 각도가 엇나간 포탄도 비잔티움 해군의 키 큰 갤리선에 변변한 타격을 입히지 못하였다.

게다가 루카스 노타라스 대공이 제독을 맡은 증원 함대까지 파견되어 적의 해군은 결집된 조직력을 보였다. 배에 불이 붙기라도 하면 양동이 물을 들이부어 진화하였다. 동시에 높이가 낮은 우리 전함 안으로 창과 화살과 투석 세례를 퍼부었다.

우리 측 전함 곳곳에서 비명이 들렸다. 적들은 여세를 몰아 금각만 방재 구역 가까이에 있는 우리 배들을 에워싸려고 빠르게 움직이기 시작하였다. 그쪽 사정이 더 급박하여졌다. 결국 발토울루는 공격 중지를 외치고는 해군 본부가 있는 치프테 수툰(이중열주)으로 퇴각 명령을 내렸다. 치욕스러운 전투였다. 발토울루가 불가리아 태생의 개종자이고 실전 경험이 부족한 선장 출신이란 점이 마음에 걸린다. 용맹심만으로는 승리를 가져올 수 없다.

4월 13일(금)

황제의 일기

어제에 이어 오늘도 포격 소리가 고막을 두드린다. 성벽이 손상을 입었지만 무너진 곳은 없다. 그러나 방책은 파손이 심하고, 파편이 튀어 부서진 성벽도 한두 군데가 아니다. 무엇보다 귀청을 찢는 굉음이 도성 시민들을 공포로 몰아간다. 그 진동도 얼마나 큰지 갈라타 항구에 정박해 있는 갤리선들의 선체가 흔들릴 정도이다. 병사들도 대포 소리만 나면 몸을 웅크리기 바쁘다. 그러나 포를 쏠 적에는 적들도 다른 공격을 못한다. 소리만 요란할 뿐이니 귀를 틀어막고 차분히 대응하라고 일렀다. 어떠한 경우라도 적에게서 눈을 떼지 말라고 단단히 주의하면서 독려에 독려를 거듭하였다.

메흐메드는 대관절 어디에서 저 많은 병사를 불러 모은 것일까. 성벽 주탑 높은 곳에서 내려다보면 오스만 진영은 피부 빛깔부터 복식이며 소지하고 있는 무기들까지 그야말로 각양각색이다. 그래도 부대별로는 어느 정도 통일성을 갖추었다.

그나마 다행스럽고 위안이 되는 것은 우리 군사들이 방어 장비 면에서는 적보다 월등하게 앞서 있다는 사실이다. 수의 우위를 과신한 탓일까. 오스만군 가운데는 갑옷은커녕 옷도, 무기도 제대로 갖추지 않은 무리가 상당수이다.

반면에 우리 병사들은 웬만한 화살이나 창으로는 뚫기 어려운 강철 갑주로 무장하고 있다. 또한 삼중 성벽은 수만 벌의 갑옷에 맞먹는 든든한 보호막이다. 그리고 다른 무엇보다도 가장 강력한 방패는 주님이시다. 신이 이 도시를 버리지 않는 한 제국은 영원할 것이다. 단 1명이라도 기독교인이 이 도시에 남아 있는 한 정복하러 온 적들은 돌 하나 건드리지 못하고 철수할 것이다. 이는 나와 내 신민들의 철석같은 믿음이다.

주여, 감사하나이다. 이처럼 튼튼한 성벽을 물려주신 선조들께 부끄럽지 않도록 세계의 중심, 성모 마리아가 주인이신 이 도시를 저 야만의 이교도로부터 반드시 지켜내겠나이다.

술탄의 비망록

황제라는 자가 아직 오스만의 진면목을 듣지도 보지도 못한 모양이구나. 그대가 기껏 본 것은 선봉 부대에 불과하다. 그들은 계급도 없고 복장도 제각각인 바쉬 보주크이거나 경보병대인 아잡일 따름이다(40쪽 각주 6 참고). 황제여, 기다려라. 우리 정규군의 빛나는 무장과 그보다 더 훌륭한 실력 그리고 용맹을 곧 보여줄 터이다.

그대는 알량한 자존심으로 항복을 거부하였다. 바라던 바이다. 나는 항복보다는 정복으로 나의 명성을 빛내고 강성한 제국을 만들 것이다. 전장에 동행한 나의 스승(Lala) 악셈세틴(Akşemsettin, Akşemseddin: 1389~1459년)을 비롯한 무슬림 지도자들도 내부의 반대파나 온건파들에게 정복의 당위성을 호소하면서 병사들의 신념이 흔들리지 않도록 정신 무장시키는 역할을 하고 있다.

여전히 요지부동인 금각만 해역을 돌파할 묘책을 찾기 위하여 우르반과 지휘관들을 소집하였다. 정면 공격이 힘들다면 측면 돌파할 방법은 없을까. 무언가 머릿속에서 맴돌기 시작한다. 막사에 머물고 있는 학자 등 지혜로운 자들의 두뇌도 빌려야겠다(부록 II-4 참고).

당장 페라(갈라타) 성벽 끝단에 배치한 육상 포대가 금각만에 정박한 적 함대에 타격을 줄 수 있어야 한다. 또 선체가 높은 적들의 선박을 무력화시키려면 조준점을 높여 대포알을 더 위로 쏘아 올리고 명중률을 향상시켜야 한다는 결론에 이르렀다. 나는 대포알의 무게와 발사 위치 및 각도, 비율 등을 구체적으로 제시하며 거기에 맞춘 곡사포 개발을 지시하였다.

4월 14일(토)

황제의 일기

오늘도 대포 소리가 성벽을 진동한다. 파편이 튀는 속에서 우리 병사들은 성벽과 방책을 보수하느라 곤욕을 치렀다.

'우르반'이라는 자를 애써 머릿속에서 지우려고 하여도 못내 후회스럽고 미련이 남는다. 우르반의 거포에 비하면 우리가 가진 망고넬이나 컬버린[57]은 화력 면에서 비교 대상조차 될 수가 없다. 성벽이나 주탑 위에서 포탄을 발사하면 포의 격렬한 진동으로 오히려 성채에 손상을 입힐 우려가 있는 것 또한 맹점이다. 심한 경우 포 자체가 폭발하기도 한다. 그나마 발포에 필요한 석제·철제 포탄을 만들 돌과 금속 따위도 조달할 방법이 없어 무용지물이나 마찬가지다. 아쉬운 대로 총안을 통하여 근거리의 적을 살상할 수 있는 아커버스(Arquebus: 갈고리가 달린 초기 장총)를 대포와 함께 방어가 필요한 곳에 배치시켰다.

또 가슴 아픈 소식이다. 왕자 섬을 포함한 도성 주변 섬들이 초토화되고, 포로로 잡힌 병사들은 항문에 말뚝을 박아 죽이는 끔찍한 형에 처하여졌다는 보고를 받았다. 놈들은 야만의 본성을 적나라하게 드러내었다. 분노와 함께 공포가 엄습해온다.

밤새 대포 소리가 그치질 않는다. 침상에서도 진동이 느껴진다. 우리 병사와 백성들도 잠 못 이루고 있겠지. 적들의 심리전이 악랄하고 교활하다.

성모 마리아여, 끝까지 항전한 용사들을 위해 기도하나이다. 그들이

---

57 Mangonel. 거대한 지렛대 끝에 달린 그릇 모양 용기에 무거운 돌 등을 담아 쏘아 보내던 투척용 병기. 톱니바퀴가 꼬인 밧줄을 연동시켜 팽창력을 만들고, 그것을 놓으면 밧줄이 급회전하며 투척 무기를 앞으로 튀어 나가게 하는 원리였다. 대포가 본격적으로 쓰이기 전, 주로 포위전에 사용되었다. 사정거리는 300미터 정도. 그리스 화탄을 망고넬로 쏘아 날리기도 했다. 망고넬 이전에는 벌집이나 동물의 시체를 성벽 너머로 던져 넣어 성안의 사람들을 벌에 쏘이게 하거나 전염병에 감염시키는 원시적인 공성 방법도 썼다고 한다.
Culverin. 15세기 프랑스에서 가장 먼저 사용되기 시작해 16세기 영국 해군에게 전래된 후 17세기까지 사용된 작은 대포. 뱀 모양 손잡이가 달려 있다. 컬버린의 어원인 라틴어 'colubrinus'는 '뱀'을 뜻하는 단어다. 포신 받침에 바퀴를 달아 운반이 간편했으며, 포신의 각도를 변화시켜 사정거리를 조정할 수 있었다. 크기에 따라 그레이트 컬버린, 배스터드 컬버린, 데미 컬버린 등으로 분류된다.

하늘나라로 가기 전에 당하였던 끔찍한 고통은 오직 조국을 지키려는
일념에서 비롯되었으니 모든 것이 저의 불찰이옵니다. 주님, 이 불쌍한
백성들을 굽어살피소서.

술탄의 비망록

혹시라도 있을지 모를 화근을 사전에 제거하는 차원
에서 발토울루 제독의 함대를 출동시켜 콘스탄티노
플 주변에 있는 성채와 섬들을 정복토록 하였다. 마
르마라 해역 안에 있어 지중해 기독교군이 중간 기지로 삼을 수 있는
왕자 섬[58]까지 포함해서였다.

보스포러스 해협 위쪽 언덕 테라피아(Therapia)에 위치한 요새는 이틀
만에 무너져 내렸다. 수비대원 대부분을 죽였다. 생존자 40명은 손을 들
고 항복하였으나 모두 말뚝으로 찔러 죽이는 형벌에 처하였다.

그보다 좀 더 작은 마르마라 연안 근처 스투디오스(Studios)에 있는 성
은 공격한 지 불과 몇 시간 만에 허물어졌다. 함몰된 성벽 더미 속에서
생포한 36명의 병사들 역시 말뚝으로 처형하였다.

왕자 섬에서 가장 큰 섬인 프린키포(Prinkipo: 부육아다)의 수비대원 30
명은 끝내 항복을 거부하고 투쟁하였다. 언덕 꼭대기 견고한 탑에서 격
렬하게 저항하는 그들을 조준하여 대포를 쏘았지만 석조물이 워낙 두
꺼워 포탄이 뚫지 못하였다. 발토울루는 순풍이 불어오기를 기다렸다.
나뭇가지들을 모아 성벽 가까이 쌓아놓고 불을 붙인 뒤 유황까지 들이

---

58 왕자 섬(Prinkipos: Princes' Islands). 마르마라 해 연안에 있는 9개의 섬. 이 중 제일 큰 섬이
부육아다(Büyükada)이다. 이 섬들은 비잔티움 시대에 왕족이나 고관, 사제들의 유배지로 쓰였
다. 황제의 명에 따라 수도원들도 이곳에 많이 지어졌다. 19세기 후반부터 이 섬들은 휴양지로
이용되기 시작했으며 현재 9개의 섬 중 4개는 무인도다. 섬 안에서는 차량 운행을 금지해 천연의
아름다움과 정적을 고스란히 간직하고 있다.

부어 불길이 더욱 거세게 타오르도록 만들었다. 불길은 곧 건물을 집어삼켰다. 수비대원 일부는 탑 안에서 불에 타 죽고 일부는 불길을 뚫고 탈출하였으나 사로잡아 도륙하였다. 섬 주민은 모두 노예로 팔아버렸다. 그들의 땅에서 수비대원들이 저항하도록 방치한 데 대한 형벌이다. 발토울루가 오랜만에 제 몫을 해내었다.

통쾌하도다. 왕자 섬을 비롯한 콘스탄티노플 인근의 섬들을 완전히 정복함으로써 보스포러스 해협과 마르마라 해 등 콘스탄티노플로 통하는 모든 해역을 장악하였다. 다음 표적은 금각만이다.

4월 15일(일)

황제의 일기

적과 싸워 이기려면 적을 알아야 한다. 특히 메흐메드 2세 같은 인간형은 더욱 심도 있는 연구가 필요하다.

나는 지금까지 할릴 파샤 등 비잔티움 제국에 줄이 닿아 있는 오스만 궁정의 관료들로부터 얻어들은 정보와 세간의 평, 그리고 내가 직접 보고 겪고 느낀 점 등을 종합하여 메흐메드 2세란 이름의 별종 인간에 대하여 객관적이고 종합적인 인상 평가를 해보았다.

균형 잡힌 몸매에 골격이 튼튼하고 키는 보통이다. 아치형 눈썹 밑으로 상대를 집어삼킬 듯 쏘아보는 두 눈과 붉고 얇은 입술 위로 돌출된 매부리코가 강렬한 인상을 준다. 무술이 출중하다. 친근감보다는 위압감을 풍기는 첫인상이다. 웃는 모습을 보기 어렵다. 오만하기 짝이 없다. 냉철하고 냉담하며 잔인하고 잔혹하다. 호전적이면서 지배욕이 강하다. 독선적이고 카리스마가 남다르다. 이단이나 타 종교에 관대한 편이다. 중요한 군사적 판단과 결정을 점성술에 기대어 내릴 만큼 미신에 혹해 있다. 자기 분야에서 존중할 만한 일가견을 가진 학자나 예술가들에게는 친절한 편이다. 역발상이나 창조적 사고에 능하다. 치밀한 사전 각본에 따라 행동한다. 회의에서 발언권은 허용하되 최종 결론은 이미 정하여져 있는 독불장군, 유일한 결정권자이다. 충동적이면서도 의외로 신중하며, 집착은 강하지만 어떠한 편견에도 매몰되지 않는다. 일단 결정하고 나면 무섭도록 곧바로 행동에 돌입한다. 절대로 포기하지 않는다. 물불을 안 가린다. 목표를 달성하기 위하여서라면 모든 수단과 방법을 동원한다. 전쟁·전투에 앞장서기를 좋아하며 위험한 상황일수록 더욱 그러하다. 한 가지 생각에 골몰하면 이전까지의 다른 모든 관심사를 잊는다. 머릿속은 온통 음모와 술수로 가득 차 있다. 여우와 사자의 얼굴을 동시에 갖고 있다. 유도 심문을 할 적에는 보는 이들이 혀를 내두를 만큼 교묘하다. 나이의 많고 적음, 지위의 높고 낮음을 불문하고 상대방의 의표를 날카롭게 찔러 주눅 들게 만든다. 사람을 못 믿고 의심이 많은 폐쇄적인 성격이다. 여간해서는 의중을 짐작하기 힘들며 속내를 종잡을 수가 없다. 예측이 불가능하며 기분에 따라 행동한다. 흉중에 비수를 숨기고 있다. 자신을 둘러싼 주변 곳곳에 덫을 놓거나 함정을 파 놓고 있다. 뒤통수치기의 명수이다. 술을 좋아하며, 여색과 남색을 안 가리는 등 성생활이 문란하다. …… 그가 바로 술탄 메흐메드 2세이다. 요컨대 그는 자신 안에 열 사람, 백 사람, 천 사람의 얼굴과 마음을 숨기고 있는 자인 것이다.

참으로 놀라운 분석력, 아니, 상상력이다. 그러나 왜 이리 가소로운가. 황제는 나를 모른다. 기대하라, 나의 진면목을 이제부터 보여줄 터이다. 황제여, 나는 묻고 싶다. 그대는 그대의 적인 나를 알기에 앞서 자기 자신에 대하여 얼마만큼이나 정확히 알고 있는가.

그나저나 할릴 찬다를르, 이자는 과연 어떤 인간인가. 내 이미 할릴의 정체를 알고는 있었지만 황제의 일기를 통하여 재차 확인하고 나니 분노가 끓어오르는구나.

할릴은 주군을 우습게 알고 있다. 유년기부터 지금까지 사사건건 내가 하려는 일에 반기를 들고 뒤에서 음해하려 하고 있다. 무엇 하나 나의 뜻에 동조하여 적극적으로 움직이려고 들지 않는다. 주제넘게도 내 의견에 토를 다는가 하면 훈수까지 두려고 든다. 일전에는 우마이야 왕조(Umayyad dynasty: 661년 건국된 이슬람 최초의 세습 왕조. 750년까지 수도인 다마스쿠스에서 통치했으며 콘스탄티노플을 두 차례 포위 공격했다)를 세운 무아위야(Mu'āwiyah: 재위 661~680년)까지 끌어들여 이런 궤변으로 나에게 비잔티움과의 화해를 종용하려고 하였다.

"폐하, 일찍이 칼리프(Khaliph: 예언자 무함마드를 대신하여 정치 및 종교적 권위를 지니는 무슬림 최고 지도자) 무아위야는 힐름(Hilm: 잔꾀와 인내 그리고 협박으로 상대를 교묘하게 속이는 아랍의 오래된 외교술)을 적절히 이용하여 제국의 안정을 꾀하고 영토를 크게 넓혔사옵니다. 그는 무력보다는 설득력으로 타민족에게 굴욕감을 주지 않으면서 그들을 제국의 품 안에 거두었사옵니다. 심지어는 복속 지역 지도자들에게 선물을 들려 보내면서 의아해하는 측근에게 '이편이 전쟁 비용보다 적게 든다오'라고 말한 적도 있사옵니다. 무아위야는 통치 원리를 이렇게 설명하였사옵니다. '나는 돈으로 가능한 일에 목소리를 사용하지 않고, 목소리로 해결할 일에 채찍을 쓰지 않으며, 채찍으로 통할 일에 칼을 동원하지 않는다.' 비잔티움 제국을 다루실 때도 참고하사 통촉하여주시옵소서."

이자는 필시 적국으로부터 뇌물을 받았음이 분명하다. 나는 그 자리에서 이렇게 일갈한 뒤 할릴을 내쫓아버렸다.

"경(卿)은 지금 나를 우롱하고 있소이다. 무아위야가 그 발언 뒤에 덧붙인 말은 어찌하여 생략하는 겁니까. 그는 이렇게 그 말을 매듭지었소이다. '그러나 반드시 칼을 사용하여야 할 경우라면 그때는 그렇게 할 것이다'라고 말입니다. 아시겠소? 나는 지금 칼로 다스려야 할 적(敵)을 상대하고 있는 것이오. 그러니 당치도 않은 궤변 따위는 집어치우고 이만 썩 물러가시오."

할릴은 선친께서 나에게 술탄의 자리를 물려주고 마니사에서 은거 중일 때도 "경험도 없는 어린 술탄이 콘스탄티노플 공략을 꾀하고 있다"고 나를 폄하하며 선대 술탄의 복귀를 요청하는 편지를 보냈었다. 이자는 내가 술탄이 되는 것을 반대하였고 2년 만에 물러나도록 음모를 꾸몄으며 처음부터 도시 정복 자체를 반대하고 있었던 것이다.

내 나이 열두 살 때에도 할릴은 내 친구인 페르시아의 수도승을 두고서 나와 갈등을 빚었다. 내 아버지(술탄 무라드 2세)의 신임과 후광을 등에 업고 나에게 심리적 압박을 가하였다. 무엇보다 이자는 자기 혈통이 술탄인 나의 가계보다 우수하다는 자만심에 차 있다. 눈매나 음성부터가 순종자의 그것이 절대로 아니다. 착각하지 마라. 할릴, 당신의 눈에는 내 친구가 세 치 혀로 군중을 선동하는 이단적 탁발승으로 비쳤는지 몰라도, 그는 자유롭고 참된 교리를 추구하는 진정한 포교자이며 수도승이었다. 지금도 똑똑히 기억한다. 당신의 강압으로 이슬람 법정에 넘겨진 내 친구가 이단자라는 오명을 쓰고 추종자들과 함께 공공의 기도 장소에서 군중에 의하여 화형식에 처하여지던 광경을 말이다. 그때 나는 당신의 그 잘난 수염에 불을 지르고 싶었노라.

당신은 선대 술탄의 오른팔을 자처해왔다. 내 지금까지는 당신과 아버지와의 관계를 고려하여 애써 참아왔다. 그러나 기다려라, 할릴. 당신의 죗값은 단지 유예되었을 뿐이다. 심판의 날이 다가오고 있다. 이 하늘 아래에서 호흡할 날이 얼마 남지 않았음을 똑똑히 명심하라.

4월 16일(월)

황제의 일기

한 제국을 책임진 군주 된 자가 이래도 되는 것일까. 살벌한 전장의 뒤안길에 매캐한 포연이 잠시 사라지니 불현듯 외로움이 가슴 가득 밀려온다. 깜깜한 밤이 고독하고 허전하다. 여인의 체취, 여인의 숨결을 느껴본 지가 언제인지 아득하기만 하다.

나는 참으로 아내 복, 자식 복이 없는 사람이다. 아내 둘을 병마로 잃고, 슬하에 후손 하나 없다.

첫 배필은 에피로스와 그리스 서부 대부분의 지역을 지배하고 있던 카를로 토코(Carlo Tocco)의 조카인 막달레나(Magdalena) 왕녀였다. 1428년 7월, 내 나이 스물세 살 때였는데 일종의 정략결혼이었다. 막달레나는 결혼과 동시에 이름까지 그리스식을 따라 테오도라(Theodora)로 바꾸었지만 17개월 뒤 후사도 없이 사별하였다. 나는 그녀가 지참금으로 가져와 남긴 영지를 기반으로 펠로폰네소스 반도 전체를 정복할 계획을 세웠었다.

아내는 튤립을 유난히도 좋아했었지. 정원 가득 노랗게, 빨갛게 피어난 튤립을 보니 첫사랑 테오도라가 간절히도 그리워진다. 신혼의 단꿈에서 깨어나기도 전인 1429년 3월, 나는 군대를 이끌고 파트라스 공격에 나섰다가 화살을 맞고 쓰러진 말 밑에 깔려 죽기 일보 직전 프란체스의 몸을 내던진 방어로 겨우 살아났다. 프란체스는 부상을 입고 적들에게 포로로 잡혀 족쇄를 찬 채 해충이 득실거리는 지하 감옥에 갇혔다가 한 달여 만에 초주검이 되어 풀려났다. 오, 테오도라, 그러한 끊이지 않는 우환 속에서 근심으로 밤을 지새우며 끼니까지 걸러 그대 얼굴은 반쪽이 되어 있었지. 게다가 애재라, 부상으로 인한 후유증을 앓는 내 병구완을 하느라 심신이 지쳐 결국 그대는 그해 11월, 내 손을 꼭 잡고 눈물을 글썽이며 저세상으로 가버렸다.

테오도라를 잃은 지 12년 만인 1441년 8월, 나는 제노바 왕가의 딸 카테리나 가틸루시오(Caterina Gattilusio)와 레스보스 섬[59]의 작은 도시 미틸레네(Mytilene)에서 재혼하였다. 참으로 짧고도 짧은 결혼 생활이었다. 신혼여행 이후 친정에 머물던 아내를 그 이듬해에야 데리고 콘스탄티노플로 떠났지만, 도중에 렘노스 섬에서 오스만 함대에 붙잡혀 한동안 발이 묶였다. 그 와중에 카테리나는 병을 얻었고, 유산의 아픔까지 겪었다. 점점 더 병세가 깊어진 아내는 1442년 8월, 역시 후손도 못 남긴 채 내 곁을 떠나갔다. 아, 렘노스 섬에 묻힌 카테리나는 죽어서도 나를 얼

---

59 Lesbos. 그리스 동부 에게 해에 있는 섬. 고대 그리스 시대부터 이 섬에선 여성들끼리 사랑하는 풍습이 있었다 하여 '레즈비언(Lesbian: 여성 동성애자)'의 어원이 된 섬이다. 그 시대에는 덕망 있는 귀부인이 미소녀에게 사랑을 고백하는 일이 부끄러운 행위가 아니었다고 한다. 호메로스(Homeros)에 견줄 만큼 뛰어난 여류 시인 사포(BC 612~?년)도 이 섬 귀족 가문 출신이다. 그녀의 아름다운 대리석 두상은 현재 이스탄불 고고학 박물관에 있다.

마나 원망하고 있을까. 짧은 밤의 기억과 애틋한 추억만을 남기고 간 그녀가 오늘 밤 못 견디게 그립다.

나는 카테리나를 생각하며 레스보스 출신 여류 시인 사포(Sappho)의 시 세 편을 나지막이 읊조려보았다. 아내의 고결한 품성을 대변하는 듯한 아름다운 시편들이다.

내 심장은 가슴 속에서 / 용기를 잃고 작아지네. / 그대를 훔쳐보는 내 목소리는 힘을 잃었고 / 혀는 굳어져 아무 말도 할 수가 없네. 내 여린 피부 아래 / 뜨겁게 끓는 피가 맥박 치며 귓전에 들리네. / 내 눈엔 지금 아무것도 보이지 않네.(『질투』)

목동의 발길에 밟히어도 / 흙 속에서 자줏빛 꽃을 피워내는 / 그대는 한 송이 / 히아신스.(『히아신스』)

높은 나뭇가지 그 끝에 매달려 / 과일 따는 이가 잊고 가버린 / 아니, 잊고 간 것이 아니라 / 차마 따기 어려워 남겨놓은 / 새빨간 사과 한 알 / 나의 그대는…….(『잊고 간 것이 아니고』)

카테리나를 잃은 뒤로 줄곧 혼자다. 내 충직한 신하면서 친구인 프란체스가 배필을 구하려고 포르투갈(Portugal)과 베네치아, 그리고 흑해 남동부 연안의 트레비존드(Trebizond: 트라브존)까지 백방으로 찾아다니며 수소문하였지만 누구 하나 인연으로 이어지지 않았다. 쇠잔해가는 제국의 군주에게는 결혼도, 가정도, 아내와 자식도 모두 사치란 말인가. 아, 이럴 때 제국의 대를 이을 늠름한 왕자라도 하나 슬하에 있었다

166

면 용기가 백배, 천배로 치솟았으련만…….

오, 주여! 주님의 백성을 긍휼히 여기사 이 불쌍한 황제에게 사랑의 지혜를 가르쳐주옵소서.

술탄의 비망록

콘스탄티누스 11세의 불행한 가정사에 대하여서는 일찍이 나도 들은 바가 있다. 두 번의 상처(喪妻) 이후 그의 최측근인 프란체스가 동분서주하며 왕비로 들일 왕족이나 귀족 가문의 여자를 물색한다는 이야기도 들었다. 재정 형편이 워낙 곤궁하다 보니 지참금을 듬뿍 들고 오거나 연줄이 탄탄한 신부를 찾고 있다던가. 그러나 몰락 직전인 제국의 홀아비에게로 돈을 싸 들고 시집을 와 불안한 왕권을 공유할 바보 같은 여자가 어디 있으랴. 겨우겨우 그루지야(Gruziya, Georgia)의 왕녀와 혼사가 성사되는가 싶었지만 차일피일하다가 없던 일이 되어버렸다고 한다.

그 와중에 웃지 못할 일도 벌어졌었다. 선친인 무라드 2세의 서거 이후 그 미망인인 세르비아 왕의 딸 마라 브란코비치(Mara Branković)가 내가 준 선물을 가득 안고 친정으로 돌아왔다는 소식을 들은 프란체스는 순간 기가 막힌 발상을 해내었다고 한다. 프란체스는 곧바로 주군인 콘스탄티누스에게 마라와의 혼인을 권유하는 편지를 썼다는데, 전하는 바에 따르면 그 내용은 이러하다.

"오스만 튀르크의 술탄 무라드 2세의 미망인 마라가 금은보화를 가득 안고 친정으로 돌아왔습니다. 상당한 재력가인데다가, 아직 충분히 젊고 아름다워 2세를 낳는 데 하등 지장이 없을뿐더러, 무라드와는 잠자리도 갖지 않아 그 사이에서 낳은 자식도 없습니다. 의붓아들인 신임 술탄 메흐메드 2세 또한 그녀를 정중하게 대우해 일정 부분 영향력을 갖고 있다고 합니다. 게다가 무슬림으로 개종하지 않고 여전히 주님을 믿고 있어 교회도 반대할 명분이 없습니다. 비잔티움 황족과 오스만 술탄 미망인의 재혼은 전례도 있습니다. 요안네스 5세 황제의 후처였던 주군(콘스탄티누스 11세)의 계조모도 오스만 족장의 부인이었으며, 심지어는 황제와 혼사도 치르기 전에 자식까지 낳았습니다. 충심에서 우러난 이 건의를 부디 받아들여주시기를……"

프란체스의 제안에 비잔티움 황제는 솔깃해하며 관심을 보였으나, 조정의 양식 있는 관료들은 내심 조소를 보냈다고 한다. 다만 마라의 친정 아버지인 조르제 브란코비치(Djordje Branković)만은 딸을 재혼시킬 욕심에 청혼 소식을 듣는 순간 기쁨의 탄성을 질렀다던가. 아무튼 그 백일몽 같은 공상에 초를 친 사람은 정작 당사자인 나의 계모 마라였다. 마라는 이미 술탄의 여인으로 하렘에 오면서 신에게 다음과 같은 서약을 마친 상태였기 때문이다.

"조국을 위하여 택한 길이지만, 만약 신의 은총으로 하렘에서 벗어나게 된다면 내 모든 것을 다 바쳐 선행을 베풀고 주님께 봉사하면서 평생토록 독신으로 살다가 죽겠나이다."

벌써 10년 넘게 무자식에 홀아비로 주름살이 깊어가고 있는 콘스탄티누스, 그가 조금은 처량하게 느껴지는구나.

그러나 돌이켜보면 황제 못지않게 나의 결혼 생활 역시 그다지 순탄하지만은 않았다.

1446년부터 1450년, 4년 사이에 나는 3명의 여성을 아내로 맞이하였다. 귈베하르(Gülbehar) 하툰(Hatun: 오스만 시대 여성에 대한 존칭), 귈사 하툰, 시트 하툰이 그녀들이다. 첫 번째 아내와 두 번째 아내 사이에서는 각각 하나씩 두 아들도 얻었다.

그러나 선친 무라드 2세는 첫 아내 퀼베하르와의 사이에서 1448년 1월에 태어난 장남 바예지드(Bayezid: 훗날 메흐메드의 뒤를 이어 오스만 제국의 8대 술탄이 된 바예지드 2세. 재위 1481~1512년)를 인정하려 하지 않았다. 알바니아 출신 기독교 노예 여성과의 밀통(密通)으로 낳은 사생아라는 이유를 들어서였다. 내 비록 어린 나이(14세)에 결혼하여 낳은 아이지만 그녀와의 첫사랑은 순결하고 순수하였다. 두 번째 아내(굴사 하툰)가 1450년에 낳은 아들 무스타파는 너무나도 일찍 여의고 말았다.

1450년 9월, 부친은 나를 튀르크멘 족장이면서 말라티아(Malatya)의 지배자인 쉴레이만 줄카드로올루 베이(Sulayman Zulkhadroghlu Bey)의 딸 시트 하툰[60]과 혼인시켰다. 쉴레이만 베이는 상당수의 병력과 막대한 부를 소유하고 있었을 뿐만 아니라 베이의 누이 중 하나는 내 조부이신 메흐메드 1세와 혼인한 사이였으므로 부친이 사돈을 맺기에는 여러모로 좋은 환경이었다. 예식은 에디르네의 궁에서 거창하게 치러졌지만, 나는 내 의사와는 상관없이 마지못해 한 결혼이라서 신부에게 도무지 마음이 가지를 않았다. 더불어 몸도 가지 않았으니 2세가 생길 까닭이 없었다.

---

60 Sitt Hatun. 그녀는 눈에 띄는 미인이었다. 춤과 음악, 음유시인들의 축시 경연 등 3개월간의 화려한 축하 행사까지 치르며 메흐메드 2세와 혼례를 올렸지만, 정작 그녀의 결혼 생활은 불행했다. 신부 선택 및 혼인 과정에서 전혀 자신의 의사가 배제되었던 신랑 메흐메드는 결혼식이 끝나자마자 마니사로 돌아가버렸다. 술탄이 된 뒤로도 메흐메드는 부인을 냉대해 그녀는 혼자 외롭게 살다가 1467년 사망해 광야에 묻혔다. 그녀의 조카딸이면서 며느리인 아이셰(Ayse: 쉴레이만 베이의 손녀. 메흐메드 2세의 아들인 바예지드 2세와 결혼. 셀림 1세를 낳음)가 아무도 돌보지 않는 시트 하툰의 무덤 옆에 그녀의 이름을 딴 모스크를 지어주었다. 그 모스크는 현재 건초 창고로 쓰이고 있다고 한다.

4월 17일(화)

생각할수록 괘씸하다. 이렇게나 비열할 수가……! 이 거야말로 말 바꾸기, 뒤통수치기가 아니고 무엇인가.

메흐메드 2세는 술탄 즉위 즉시 자기 아버지(무라드 2세)가 서방 여러 나라와 체결한 우호 통상 조약을 기꺼이 승인하겠노라고 공언하였었다. 베네치아 사절은 1451년 9월 10일에 5년 전 맺었던 평화 조약을 정식으로 갱신하였으며, 헝가리의 섭정 후냐디와는 협상 끝에 3년간의 정전 협정을 체결하였다. 이미 조공 관계를 맺고 있던 다른 국가의 사절들도 연공(年貢) 인상 등을 조건으로 메흐메드의 친선 확약을 받았다. 세르비아의 전제 군주 브란코비치는 술탄의 하렘에 보내었던 딸 마라를 되찾고, 일부 도시를 다시 점유할 수 있는 특전까지 받았다.

심지어는 취임 이후 맨 먼저 애도 겸 축하 차 찾아간 우리 측 사절들 앞에서도 메흐메드는 꾸란에 손을 얹고 알라와 무함마드의 이름으로 기존의 조약들을 준수할 것이며, 자신이 살아 있는 한 비잔티움 제국의 수도 콘스탄티노플과 다른 영지들을 취득하지 않고 보전하겠노라고 약조하였다. 거기에 더하여 그는 그리스에 북쪽에 있는 스트루마(Struma) 계곡 마을에서 상납하는 연공을 황제인 나에게 지급하겠다는 약속까지 남발하였다. 나는 술탄의 공언을 믿었다. 그 도시는 법적으로 비잔티움에 망명하여 제국의 궁정 안에서 살고 있는 오스만의 왕족 오르한의 소유였고, 나는 만약 술탄으로부터 그 돈을 받는다면 오르한 왕자의 체류 자금으로 쓸 생각이었다.

그러나 가면은 곧 벗겨졌다. 메흐메드의 말과 몸짓은 모두가 허언이고 가식이었다. 설상가상으로 메흐메드는 오르한 왕자 몫으로 배당해놓았던 스트루마 강변 도시들에서 나오는 수익을 몰수하였다. 이 도시들에 거주하던 그리스 정착민들에게 강제로 추방 명령까지 내렸다. 베네치아와 갱신했던 평화 조약도 루멜리 히사르에서의 만행으로 하루아침에 휴짓조각이 되어버렸다. 결국 그가 표방한 유화 정책은 기독교 국가들을 안심시키기 위한 임시방편이었고, 콘스탄티노플 함락을 위한 시간 벌기 겸 사전 정지 작업이었다. 그러한 메흐메드의 전략은 오스만 군대의 비잔티움 침공으로 만천하에 드러났다. 자존감을 가진 자라면 절대로 하여서는 아니 될 야비한 짓거리가 아니고 무엇이란 말인가.

"그들이 와서 주께서 우리에게 주신 주의 기업에서 우리를 쫓아내고자 하나이다. 우리 하나님이여, 그들을 징벌하지 아니하시나이까. 우리를 치러 오는 이 큰 무리를 우리가 대적할 능력이 없고 어떻게 할 줄도 알지 못하옵고 오직 주만 바라보나이다."(역대하 20장 11~12절)

술탄의 비망록

읽다가 집어던져버렸다. 이런 바보 같은 놈!
차를 마시며 마음을 가라앉힌 연후에야 일기를 마저 읽었다.

황제는 외교의 본질을 모른다. 무릇 모든 외교란 결국 자국의 이익, 자국의 생존과 번영을 위하여 존재하는 것이다. 목적 달성을 위해서라면 모든 수단과 방법을 동원하여야 한다. 국가와 백성을 책임진 군주라면 군주답게 생각하고 군주답게 행동하여야 한다. 상황에 따라서는 임기응변이 필요하다. 전쟁과 외교는 양피지의 겉과 속이다. 뒤집어버리는 순간 화려한 미사여구는 전투복 속에 감추어진다. 약속이란 그리고 서약이란 지키기 위하여서 존재하는 것이지만, 또한 지키고 싶은 마음이 있을 때까지만 유효한 것이다. 그것이 너희 유럽, 기독교도들이 습성처럼 우리에게 가르쳐준 외교술이 아니더냐.

너희는 1444년 6월 12일 에디르네에서 선친인 술탄 무라드 2세와 체결하였던 10년간의 휴전 협정을 같은 해 8월에 내가 취임하자마자 휴짓조각처럼 찢어 던지고 바르나를 공격하였다. 그 평화 협정의 대가로 헝가리는 왈라키아를 소유하고, 브란코비치는 세르비아를 탈환할 수 있었음에도 말이다. 심지어 헝가리 왕 블라디슬라브는 뻔뻔스럽게도 "그들과 어떤 조약을 체결하고 어떤 협상을 하였든지 간에 우리는 전쟁을 일으켜 이교도들을 유럽 밖으로 추방하여야 한다"는 망언까지도 서슴지 않았다. 기억하겠지만, 그 망발의 대가는 참혹한 패배요 비참한 죽음이었다. 늑대에게 겁 없이 덤빈 양 꼴이 되고 말았다(뒤 화보 6쪽 참고).^{QR코드 14}

누가 감히 누구에게 조약을 파기하였다고 하는가. 나는 두 번 속지 않는다. 화해 전략은 술탄으로서 내가 안정되고 준비가 채 되기도 전에 너희가 우리를 지난번처럼 공격하지 못하도록 하기 위한 선제 조치였다.

너의 조상인 요안네스 5세의 치사한 짓거리를 기억하는가. 그는 나의 선조이신 무라드 1세의 아들을 암살하려 한 자신의 장남에게 술탄이 눈을 멀게 하라는 명을 내렸지만 '눈 가리고 아웅' 하였다. 장남 안드로니코스와 이름이 같은 애꿎은 사람의 눈을 멀게 만든 것이다. 일국의 군주로서 그런 저열하고 얄팍한 꾀를 쓰다니······.

외교술 또한 비열하기 짝이 없다. 우리 제국의 왕권 교체기마다 너희는 형제간의 분란을 부추기거나 교묘하게 줄타기를 하면서 꺼져가는 나라의 수명을 연장해오기 일쑤였다. 너희끼리 왕권 다툼을 벌일 때도 우리에게 개입과 지원을 요청하지 않았더냐. 황제의 딸을 술탄에게 시집보내는 정략결혼도 서슴지 않았다(307쪽 참고).

오르한 문제만 하여도 그렇다. 황제는 그를 정치적 목적으로 이용하였다. 사신을 나의 진영으로 보내어, 만약 오르한의 체류비로 쓸 연공 금액을 두 배로 올려주지 않으면 오르한을 우리 영토로 방출하여 그로 하여금 반란을 선동하고 오스만 제국의 왕위를 주장할 수 있도록 허용할 거라는 협박성 발언까지 서슴지 않았다. 오죽하였으면 너희에게 우호적인 할릴 파샤까지 나서서 네가 보낸 사신들을 맹비난하였겠는가. 더구나 내가 수도를 떠나 카라만 평정을 위하여 아시아 지역인 부르사 거점에 가 있을 때 그런 일을 자행하였다. 나는 에디르네로 돌아가 생각해 보겠노라 하였지만, 너희의 비열한 수법에 내가 넘어갈 줄 알았더냐.

나는 카라만이 제안한 평화 협정을 서둘러 수용하고 말 머리를 수도(에디르네)로 돌렸다. 카라만 진압 후에 콘스탄티노플을 정복하려던 나의 목표가 바뀌었다. 등 뒤에서 반란을 선동하는 너희의 모습을 더는 참을 수 없었다. 나의 전략 목표와 우선순위를 앞당기고 바꾸게 한 것은 어리석은 황제 그대라는 사실을 분명히 알아야 한다.

우리는 너희와 너희 우군들이 득실거리는 보스포루스 해협을 어렵게 건너야 했다. 귀경하자마자 나는 즉각 선언하였다. "콘스탄티노플 정복은 모든 국정의 최우선 가치요, 최고의 목표임을 명심하라." 너희가 나를 이렇게 만들었다. 무모한 자극으로 나의 계획을 앞당기게 하였다. 두 군주 간에 체결한 문서의 잉크 냄새가 아직 생생하거늘 감히 내 앞에서 그런 무례한 짓을 자행하다니! …… 협약을 깨뜨린 것은 내가 아닌 당신이란 사실을 명심하라. 그따위 무모하고 건방진 요구는 장차 내가 평화 서약을 파기하고 비잔티움 제국을 침략하는 데 명분과 정당성만 부여할 뿐이다.

그대와 나, 둘 중 누가 칭송받고 추앙받는 군주로 남을 것인가는 훗날 역사가 증언하여줄 것이다. 그러니 그대는 나를 탓하지 마라. 비잔티움의 우방 국가인 헝가리 사람 우르반이 나의 진영에서 일하게 된 것도 크게 보면 그대, 황제의 우유부단과 미숙한 외교력 탓이리라.

오늘 아침, 우르반이 내가 맹점을 지적하고 개선할 점을 제시한 대포를 만들어 왔다. 4일 만이다. 발포 시험을 해본 결과 썩 만족스럽지는 않지만 그래도 전보다는 성능이 향상되었다.

탄도가 높아진 개량 곡사포를 다시 갈라타 곶 가장 가까운 곳에 배치하고 공격을 가하였다. 첫 포탄은 빗나갔으나, 조준점을 약간 고쳐 발사한 두 번째 포탄이 갤리선에 명중하여 배를 침몰시키면서 많은 사상자를 발생시켰다. 이 예상치 못하였던 사태로 도성 사람들은 공포와 비탄에 잠겨 전의를 잃었으리라. 적의 배들은 갈라타 성벽을 보호막 삼아 보초를 서면서 봉쇄 사슬 안에 머물러 있어야 했다.

일희일비는 금물이다. 적당함이란 어떤 경우에도 우리가 배척하고 추방하여만 할 적이다. 나는 우르반에게 여기에 만족하지 말고 내가 원하는 대포를 얻게 될 때까지 새로운 방법을 모색하며 개발 노력을 계속하라고 지시를 내렸다.

4월 18일(수)

황제의 일기

연일 산발적인 공격이 이어지고 있다. 고양이가 쥐를 어르듯이 간헐적인 반복 공격이다. 진을 빼려는 것인지…….

오늘은 파상 공세였다. 포위전을 펼친 이래 가장 강력한 공격이었다.

적들은 밤이 오기가 무섭게 메소테이키온(중앙 성벽)을 맹공하기 시작하였다. 장비와 복장도 제대로 갖추지 않은, 훈련받지 못한 자들이란 것을 한눈에 알 수 있었지만 그 수가 압도적이다. 우리 병사들은 4시간 동안 분전하였다. 총알과 화살을 아끼려고 조준 사격을 하였다. 적은 200명 이상이 죽고 부상자는 수천 명에 이른다. 이에 비해 아군은 1명도 죽지 않고 부상자 수십 명이 나왔을 뿐이다.[61] 정말 잘 싸웠다. 그러나 우리 군은 이날 매우 피곤하고 힘들었다. 그런데 적들은 왜 전면 공격을 감행하지 않았을까.

그래도 굳건한 성벽과 해자가 있다는 것은 얼마나 다행스러운 일인가. 철옹성을 구축하신 테오도시우스(Theodosius) 2세는 애마를 타고 리쿠스 계곡 능선을 따라 내려가다가 낙마, 당신의 숨결이 어린 펨프톤(Pempton: 제5군문)을 통과하여 도시로 이송되었다. 그러나 안타깝게도 며칠 후 세상을 떠나셨다(450년 7월 28일). 42년(408~450년), 비잔티움 황제 중 다섯 번째로 긴 재위 기간 동안 국력을 키우고 위세를 떨치셨다.

엿새 동안 연달아 포격을 해댄 적들이 오늘은 리쿠스 계곡이 있는 중앙 성벽에 화력을 집중하였다. 그러나 펨프톤 문과 성벽은 굳건하다. 삼중 성벽을 쌓은 당신께 진심으로 감사드린다. 당신의 얼과 혼이 서린 이 성곽을 나는 사수할 것이다. 테오도시우스 황제여, 내 목숨과도 기꺼이 맞바꿀 터이니 부디 이 후손에게 힘을 내려주십사고 예수께 말씀드려주소서.

---

61 오스만군의 이 대대적인 공격 날짜를 바르바로는 4월 18일로 기록했지만 4월 19일이라는 주장도 있다. 이날 전투의 사상자에 대해 바르바로는 오스만 측이 200명 이상 죽은 반면 방어군은 1명도 죽지 않았다고 했다. 전투의 격렬함에 비추어 다소 축소된 듯하다. 네스토르 이스켄데르(Nestor Iskender)는 반대로 비잔티움 사망자 1700명, 유럽군 700명에 다수의 아르메니아인도 사망했다고 말한다. 이는 과장된 수치로 보인다. 메흐메드 2세는 군대를 보내 전사한 오스만 병사들의 시체를 거두어들였다.

해상에도 적선 수백 척이 출동, 방재 구역 돌파를 시도하였다. 쇠사슬 안에 있던 우리 선박을 향하여 대포알을 날리고 불화살을 쏘았다. 노타라스 대공이 지휘하는 우리 해군이 일사불란하게 적을 막아내었다. 나포되거나 격침된 우리 측 선박은 없었다. 적들은 공격을 포기하고 철수하였다.

내일은 또 어떤 험난한 일들이 기다리고 있을는지……. 연일 초조하고 불안한 밤과 낮이 지나가고 있다.

"내가 사망의 음침한 골짜기로 다닐지라도 해(害)를 두려워하지 않을 것은 주께서 나와 함께 하심이라. 주의 지팡이와 막대기가 나를 안위하시나이다."(시편 23편 4절)

술탄의 비망록

해자를 메우는 일이 급선무이다. 방어군은 육지 성벽 전체에 걸쳐 해자를 파놓았다. 북서쪽의 높고 튼튼한 궁성(마누엘 콤네누스 성벽 등) 앞에 임시로 판 해자는 쉽게 메울 수 있지만 다른 곳들이 문제이다. 평균 폭이 20미터, 수심이 10미터에 이를 만큼 넓고 깊다. 게다가 길다. 성으로 진격하려면 우선 해자 통과가 필수적이다. 오늘도 우리 군은 참호와 땅굴을 만드느라 파낸 흙더미를 온갖 잡동사니들과 함께 해자 안으로 밀어 넣었다.

일몰 후 2시간쯤 지나 중앙 성벽(메소테이키온)에 대한 공격 개시를 전 군에 하달하였다. 낮에 메워둔 해자를 건너 일제히 방책을 향하여 돌진하라고 명령을 내렸다.

엿새간 퍼부은 우리의 대포 공격에도 성은 끄떡도 하지 않는다. 부분적인 파손은 적들이 금방 수리·보수한다. 그러나 백번 찍어 안 넘어가는 나무가 있더냐. 두고 보라, 내 반드시 해내고야 말 터이다. 오늘은 시험 삼아 돌파 공격을 강행하였지만, 예상하였던 대로 적의 저항이 만만찮다.

횃불을 든 병사들이 가장 먼저 달려가 방책에 불을 질렀다. 창끝에 붙들어 맨 갈고리로 적들이 방책 위에 쌓아놓은 흙더미와 돌덩이, 나무토막과 기둥, 흙을 채운 통들을 끌어내렸다. 사다리도 동원되었다.

전투는 혼전이었다. 철갑 옷으로 무장한 적들은 여간해서는 뒤로 넘어가지 않았다. 우리 군의 수적 우위도 별 효과가 없었다. 넓은 과녁이라도 만난 것처럼 적들은 작심하고 외성벽의 총안(銃眼, Battlement)과 방책 뒤에 숨어서 총알과 화살과 창을 날려 보내었다. 적들의 조준 사격이 우리 병사들을 쓰러뜨렸다. 쓰러진 병사의 옆구리에 걸려 진격하던 다른 병사가 넘어졌다. 그 병사의 등에 화살이 날아와 박히고, 또 다른 병사가 그 등 위로 고꾸라졌다. 섞이고 포개지고 뒤엉키고 그야말로 난장판이었다.

주스티니아니의 용맹성이 단연 돋보였다. 적장이지만 탐나는 맹장이다.[62] 솔선수범하는 지휘관의 용기에 고무되어 부하들도 전력을 다하여 물러섬 없이 싸웠다. 나는 전투 중지를 명령하였다.

전력 손실은 우리 편이 좀 더 컸으나 미미한 수준이다. 출혈을 감내하지 않고 무슨 전쟁을 치르겠는가. 사실 이번에도 주력인 예니체리는 내보내지 않았다. 지방 민병대인 아잡과 혼성 선봉대인 바쉬 보주크를 중심으로 하고 정규군 일부만 출병시켰다. 예니체리의 몸이 달게 해 우리 내부의 경쟁 체제에 불을 지르면서 적들에게는 한시의 쉴 틈도 주지 않

---

62 레오나르드 주교의 비망록에 따르면, 술탄은 값진 선물과 거액의 돈으로 주스티니아니를 회유하려 했다고 한다. 그러나 이 제노바의 용장은 한 치의 흔들림도 보이지 않았다.

을 참이다. 앞으로 일과처럼 리쿠스 계곡 등 취약 지역을 파상 공격하려 한다. 더욱더 무시무시한 피바람이 비잔티움 진영에 휘몰아칠 것이다. 기필코 패배의 쓴맛을 보일 터이다. 알라의 위대하신 힘으로……

"그분은 너희로 하여금 성전을 하도록 하였으니 이로 하여 너희를 다른 자들에 비유하여 시험코자 하심이라. 그러나 알라의 길에서 살해된 자 있다면 그분은 그의 행위가 결코 손실되지 않게 하실 것이라."(꾸란 제47장 무함마드 4절)

4월 19일(목)

황제의 일기

적들의 파상 공세는 오늘 날이 밝은 뒤에도 줄기차게 이어졌다. 또다시 많은 것들이 짓밟히고 무너져 내렸다. 외성벽 일부와 리쿠스 계곡 쪽 내성탑 2개가 부서졌다.

전쟁의 상흔이 깊다. 파괴와 복원의 끊임없는 연속이며 반복이다. 포성이 멎어도 병사들은 잠시도 숨을 돌리거나 눈을 붙일 틈이 없다. 휴식과 수면을 반납한 채 성벽 보수 및 해자 복구에 매달려야 한다. 적들에 의해 흙과 잡동사니로 수북하게 메워진 해자는 삽과 곡괭이만으로는 힘이 부쳐 폭약까지 터뜨려야 했다.

그전까지 아랍 군대를 위시한 숱한 외세의 공격에도 끄떡없었던 외성벽에 금이 가고 귀퉁이가 허물어지고 있다. 주탑과 보조 탑도 손상되었다. 말뚝으로 울타리를 둘러쳐 서둘러 보수한 다음 직격포로부터의 충격을 완화시키려고 짐승 가죽이나 양털을 담은 자루, 모직물들을 가져다가 성벽을 겹겹이 덧씌웠다. 성문 앞에는 참호를 팠다. 작업 중에 나온 흙을 리쿠스 강에서 퍼온 물에 개어 만든 벽돌로 부서진 성벽을 대신하는 임시방편의 방책을 쌓았다. 그러고는 그 앞과 위에 끝이 뽀족한 나무 창살들을 X자로 꽂아놓았다. 대포알을 견디면서 적의 침입과 화살 세례로부터 병사들을 보호하기 위해서였다. 더러는 곤충이 거미줄에 붙잡히듯이 대포알이 덜 마른 진흙 벽돌에 날아와 그대로 박히는 일도 있었다.

아녀자들과 성직자들까지 자발적으로 참여하여 도성 안에 있는 돌과 흙은 물론 지푸라기·나무토막·갈대·가시덤불 등 온갖 것들을 성벽으로 날라 왔다. 비잔티움 여성들은 전통적으로 제국이 어려울 때면 머리카락이라도 잘라 밧줄을 꼬아 국가에 바칠 만큼 강인한 정신력과 애국심으로 무장하고 있다. 오, 나의 의로운 신민들이여!

이러한 때일수록 솔선수범이 필요하다. 자줏빛 대리석 황궁에 있기보다 무너진 성벽 더미 위에서 백성과 더불어 호흡하는 모습을 보여야 한다. 내 일찍이 잠자는 거소를 황궁이 아닌 성벽 가까이 있는 성 로마누스 교회로 옮기지 않았던가. 나는 아침 일찍부터 공사 현장에 나가 그들을 격려하였다.

누구보다도 성벽 보수에 열심인 제노바 출신 용병대장 주스티니아니에게 다가가 치하의 말을 건네었다. 그는 제노바인들과 베네치아인들처럼 서로 반목하는 물과 기름 같은 존재들을 화합시키는 남다른 리더십을 갖고 있다. "콘스탄티노플이 없으면 라틴구(베네치아)도, 갈라타(제노바)도 존재할 수 없다"는 것이 그의 설득 논리다. 테오도시우스 성벽의 끝에서부터 시작되어 금각만까지 이어지는 곳에 새로이 해자를 파자고 건의한 사람도 그였다. 적들이 침입하지 못하도록 기존의 해자 위에 놓인 다리를 모두 파괴하고, 수심을 더 깊게 유지하기 위하여 밑바닥을 파내는 작업을 하자고 제안한 사람도 바로 이 제노바의 젊은 무장이었다. 얼마나 든든한지 모른다.

모두들 고초가 이만저만이 아니다. 그전에 성벽 보수용으로 내성벽 뒤쪽에 쌓아두었던 석재도 바닥을 드러내가고 있다. 그래도 결정적 순간을 위하여 일정량은 비축해두어야겠기에 지금은 포환에 맞아 부서진 성벽 조각들, 깨어진 포환은 물론 투입 가능한 모든 재료를 재활용하고 있다. 빈 들판의 관목들까지 베어다가 무너진 틈새를 메우고 있다. 심지어는 성벽 보강에 쓰기 위하여 낡은 건물과 사용되지 않는 교회들까지 부분 혹은 전체가 해체되었다. 성벽 보수에 쓰라면서 집에 있던 돌절구를 끌고 온 노파의 손을 잡았을 때는 울컥 눈물이 치밀어 올랐다.

가슴이 아프다. 하늘나라에 간다면 조상들 얼굴을 무슨 면목으로 대할 것인가. 그러나 선조들도 제국이 누란의 위기에 처한 이 절박한 상황을 안다면 기꺼이 당신들 무덤의 비석까지도 성벽 복원에 쓰라고 내어놓으셨으리라. 지금은 다만 죽어서도 조국의 방패가 되기를 마다치 않으시는 조상들의 영혼에 부끄럽지 않도록 사력을 다하여 철옹성의 명성을 굳건히 지켜낼 것을 다짐할 따름이다.

제국의 내성탑과 외성탑에는 역대 황제들이 이 성벽을 수리하고 보수하였다는 명문이 곳곳에 아로새겨져 있다. 지진으로, 또 적의 공격으로 그동안 수없이 많은 성벽과 성탑이 무너져 내렸지만 그때마다 제국은 불굴의 투지로 복구하고 재건하였다. 나는 제5군문(펨프톤 문) 여덟 번째 내성탑에 공동으로 새겨진 레오 3세와 콘스탄티누스 5세의 간절한 염원이 담긴 명문을 떠올렸다. "오, 하느님이시여, 이 도시가 보존되고 전쟁이 없도록 적의 야욕을 분쇄하기를……" 나는 조만간 성벽을 순회하며 선대 황제들의 명문, 그 숭고한 의미를 병사들에게 각인시키기로 마음먹었다. 아울러 이 전쟁에서 기필코 승리하여 파손된 성벽을 복구한 다음 내 이름자를 새긴 명문을 후세에 전하겠노라고 거듭 다짐을 두었다.

힘을 내자, 두려움을 몰아내자. 우리에게는 수호신이 있지 않은가. 난공불락의 삼중 성벽은 알라도 감히 부수지 못한다.

오, 나의 성모여! 우리의 위대한 선조 테오도시우스 때 지은 천년 성벽이 무너지지 않고 굳건히 버텨내도록 기도하여주소서.

술탄의 비망록

인류가 존재하면서부터 전쟁은 있어왔다. 모든 동물도 서로 싸운다. 그러나 인간만큼 처절하고 끈질기게 집단적으로 싸우는 동물은 없다. 수단과 방법을 총동원한다. 승리의 대가는 엄청나고 패배는 처참하다. 전부(全部)가 아니면 전무(全無)다. 우리 인류는 역사의 고비 고비마다 전쟁으로 문제를 해결하여왔다. 분열되고 나약하고 준비 안 된 나라들은 사라졌다. 오직 강인한 의지와 철저한 훈련, 탁월한 리더십만이 살아남아 역사를 만들어나간다. 꾸란에도 이런 말씀이 있지 않은가. "알라가 죄 지은 백성을 얼마나 많이 멸망시켰으며 그 후에 다른 민족을 얼마나 많이 세웠더뇨."(제21장 안비야 11절) 그러므로 평화를 원하거든 전쟁에서 승리하여야 한다. 전쟁을 통하여 국가 체제와 행정이 강화되고, 신형 무기가 개발되고, 과학기술이 발전한다. 무능한 자는 도태되고 능력 있는 자가 발탁된다.

나라 경제에도 지대한 도움을 준다. 오스만 제국의 경우만 보더라도 전쟁은 발전의 견인차였고 부를 창출해내는 멋진 수단이었다. 배 1척 제대로 못 만들던 나라가 대양을 횡단하는 수백 척의 해군 함대를 보유하게 되었다. 전쟁에 나서는 많은 병사가 자신들이 먹을 양식을 스스로 공급하여야 했으며, 군대가 지나가는 지역들은 군사들에게 먹을 것을 제공해야 하는 의무를 지니고 있었다. 농업과 목축업은 물론 상업과 제조업도 발달하게 된다. 말하자면 생산이 뒷받침되지 않고서는 수행할 수 없는 과업이 바로 전쟁인 것이다. 무엇보다 전쟁은 왕권을 바로 세우고 통일 국가로서의 체제와 기틀을 강화하는 확실한 방법이다.

지금 우리는 이제껏 있어온 세계사의 그 수다한 전쟁 중에서도 유례를 찾아볼 수 없는 가장 의미심장한 전쟁을 하고 있다. 콘스탄티노플 정복은 오스만 제국이 강대하여져서 세계 평화의 중심이 되기 위한 필수적인 과업이다. 이 도시는 우리에게 육지와 바다 모두에서 적을 물리치고 제국을 유지하고 또 팽창시키는 막강한 요새 겸 중추가 될 것이다. 그리하여 나는 알렉산더와는 반대로 동쪽에서 서쪽으로 진군하였다. 이 전쟁의 의미와 가치는 싸워 이겼을 때 비로소 이룩된다.

이 성전(聖戰, jihādi)을 위하여 선조들은 얼마나 많은 피를 흘렸으며, 나는 또 얼마나 오래고 깊게 열과 성을 쏟고 바쳤던가. 오늘 이 순간까지 나는 어떠한 욕망과 쾌락에도 한눈을 팔거나 굴복하는 법 없이 오로지 명예와 영광만을 바라보며 이 길을 달려왔다. 이 길의 끝에서 나는 세상을 호령하고 통치할 것이다.

가장 중요한 것은 사람이었다. 나는 새로운 지역을 점령하면 가축이나 곡식 혹은 금은보화보다 내가 얻게 된 사람들을 훨씬 더 존귀하게 생각하였다. 기독교 가정의 아이들 중 전도유망한 소년들을 뽑아 할례를 시키고 무함마드의 법과 관습을 따르도록 하며 무상으로 양육과 훈련을 시켜 정예 요원으로 길러낸 것도 오직 인재만이 나의 과업을 이루게 한다는 신념에서였다. 그들을 방치하였더라면 전쟁고아로 유리걸식하거나 세상 밑바닥에서 생을 저주하며 살다가 사라졌을 것이다.

거듭 강조하건대, 세상에는 단 하나의 제국만 존재하여야 한다. 하나의 신앙, 하나의 왕령이 이 세계를 지배하여야 한다. 콘스탄티노플은 그 상징이며 핵심이다. 지상의 궁극적 평화를 위하여서는 기필코 이 도시를 정복하여 알라께 바쳐야만 한다. 그것이 이슬람의 평화다.

"알라가 얼마나 많은 불신의 고을들을 멸망시켰느뇨. 지붕들이 무너지고 우물들이 메마르고 높이 솟은 궁전들이 파괴되었노라."(꾸란 제22장 핫즈 45절)

4월 20일(금)

황제의 일기

참으로 기쁜 날이다. 천우신조가 아니고 무엇이랴. 오랜만에 호쾌하게 웃어보았다.

오늘 아침, 교황 니콜라우스 5세가 콘스탄티노플을 도우려고 준비하였던 30척의 함대 중 선발대 격으로 보낸 3척(두카스는 4척으로 기록)의 대형 제노바 갤리선이 무기와 식량을 가득 싣고 마르마라 앞바다에 나타났다. 계속되는 북동풍 때문에 4월 중순까지 키오스 섬에 발이 묶여 있다가 뒤늦게 불어온 남풍을 타고 재빨리 이 도시를 향하여 온 것이다. 몇 달 전 내가 물자 조달 임무를 주어 파견하였던, 밀과 보리 등 곡물을 선적한 비잔티움 제국의 대형 수송선과 함께였다. 4척의 두 나라 배들은 다르다넬스 해협 부근에서 합류, 갈리폴리를 경유하여 목적지인 콘스탄티노플로 왔다. 비잔티움 제국과 제노바 공화국

국기가 해풍에 나란히 펄럭이고 있었다.

배들을 발견한 적들의 함성이 성벽을 넘어 도성 안까지 들려왔다. 술탄은 해군을 즉각 출동시켰다. 그러나 잔잔하고 평온한 바다는 결코 유능한 뱃사람을 만들 수 없는 법. 해풍이 드센 거친 바다에서 단련된 우리 함대를 유목민의 피가 흐르는 오스만 해군이 어찌 대적할쏘냐. 100척이 넘는 적함들은 단지 4척에 불과한 우리 함대에 참패를 당하고 말았다. 변화가 심한 해류와 종잡을 수 없는 해풍도 우리 편이었다.

나는 마르마라 해에서 벌어진 그 통쾌한 해전을 성 세르기우스와 바쿠스 교회[63]^{QR코드 18} 쪽에서 관전하였다. 처음에는 히포드롬 광장에서 보다가 백성들이 몰려와 중신들과 함께 이곳으로 옮겼다. 템플론(Templon: 성과 속, 하늘과 땅, 신성과 인성을 구분 짓던 비잔티움 교회의 상징적 칸막이) 앞에서 성호를 긋고 기도를 한 다음 곧장 2층으로 올라갔다. 해안 성벽 바로 뒤에 붙어 있다시피 하여 넓은 바다가 바로 눈앞에 펼쳐지는 곳이다. 마르마라 해안 성벽 너머 벌어지고 있는 해상 전투를 마음 졸이며 지켜보았다.

바다는 오늘 온통 일렁이는 파도로 가득하였다. 보스포러스 해류와는 정반대로 남풍이 몰아쳐서 물살이 무척 드세고 거칠었다. 오스만 해군은 몸집이 작은 갤리선(카드르가, Kadırga: 돛과 노를 함께 사용하는 옛 전함의 일

---

63 기독교를 믿는다는 이유로 처형된 로마의 두 순교 병사, 세르기우스와 바쿠스의 이름을 딴 교회이다. 터키어로는 '큐축 아야 소피아 자미(Küçük Aya Sofya Camii: 작고 거룩한 지혜의 사원)'라 불린다. 형태가 성 소피아(아야 소피아)의 축소판이기 때문. 유스티니아누스가 황위에 오르기 전 누명을 쓰고 위험에 처했을 때 숙부인 황제(유스티누스 1세)의 꿈에 두 사람이 나타나 해명, 황제가 유스티니아누스를 복직시켰으며 훗날 황제가 된 유스티니아누스는 536년 그들을 기리는 교회를 지었다고 한다. 16면형 돔으로 이루어진 이 교회는 오스만 시대에는 데르비쉬(이슬람 금욕주의자)들의 집회소로 쓰였다.

종)을 조종하느라 애를 먹었다. 반면에 완벽하게 무장한 우리 해군의 배들은 조종이 순조롭고 선체가 높아 위에서 아래로 공격을 퍼붓기에 유리한 조건이었다. 그리스 화탄을 발사하기에도 안성맞춤인 위치였다.

우리 선박들은 "돛을 내리고 항복하라"는 적장으로 보이는 자(발토울루)의 경고를 무시한 채 적함들을 따돌리며 줄곧 항해를 계속하였다. 이제 전투는 마르마라 해에서 금각만 쪽으로 옮겨 벌어질 참이었다. 나는 관전 지점을 고트의 기둥[64]QR코드 19 옆으로 신속히 이동하였다. 마르마라 해와 금각만 그리고 보스포러스 해협이 그 앞에서 서로 만나고 시작된다. 지대가 높은데다가 숲이 울창하여 적들에게 노출되지 않으면서 금각만 해역과 인근 바다를 지켜보기에 더없이 좋은 장소였다. 클라우디우스 황제가 고트족을 퇴치하였듯이, 적들을 바다에서 섬멸하기를 두 손 모아 기도하였다.

오늘 따라 처녀의 탑[크즈 쿨레시(Kız Külesi: 일명 '레안드로스 타워')]이 햇빛에 반사되어 눈이 따갑다. 1110년 알렉시우스 1세 콤네누스 황제께서 보스포러스 입구 저 돌섬에 탑을 세워 작은 요새처럼 만드셨다. 도성이 적들로부터 해방되면 시민들도 다시금 자유롭게 저 섬에 드나들며 전설 속 애틋한 공주 이야기에 젖어들 수 있겠지.QR코드 20 아크로폴리스 둔덕에

---

64 해발 50미터 지점에 세워진 15미터 높이의 화강암 기둥으로 코린트식 기둥머리로 장식되어 있다. 로마 황제 클라우디우스(재위 268~270년: 본명은 마르쿠스 아우렐리우스 클라우디우스이나 고트족을 물리쳤다 하여 클라우디우스 고티쿠스로 일컬어짐)가 고트족을 대파한 기념으로 세워졌다. 토대에 새겨진 간결한 라틴어(FORTUNAE REDUCI OBDEVICTOS GOTHOS: 고트족을 퇴치하기 위해 돌아온 운명의 여신에게)에서 기둥 이름이 유래했다. 밀리온의 기둥, 그리고 웅대했던 옛 모습의 일부만 남아 있는 히포드롬(아트 메이다니. At Meydani: 말의 광장)과 함께 단 3개 남아 있는 콘스탄티노플 이전 시대의 현존 유적이다(*당시 백성들은 해상 전투를 히포드롬 광장과 아크로폴리스 언덕에서 지켜보았다. 황제의 관전 지점은 기록해놓은 책이 없지만, 이 중요한 전투를 황제가 보지 않았을 리가 없어 가장 잘 관전할 수 있는 두 곳을 현장 답사 후 지정해 이 책에 도입했다).

도 수많은 도성 시민들이 몰려나와 불안한 마음으로 바다를 바라보고 있었다.

그런데 아뿔싸, 우리 선박들이 아크로폴리스 아래 지점을 막 돌아 금각만으로 진입하려는 순간 갑자기 바람이 잠잠해지면서 배의 돛들이 힘을 잃고 축 늘어져버렸다. 물살의 한 지류가 보스포러스 해협 쪽으로 급류하다가 금각만 입구인 갈라타 해안 쪽으로 굽이쳐 흘러가는 지점에서였다. 그런데 돌연 바람(남풍)이 멈추어버리자 팽팽하던 돛은 힘없이 축 처지고 말았다. 물살의 끌어당기는 힘이 더욱더 강해져 우리 배들은 그만 거기에서 거미줄에 걸린 곤충 신세가 되어 속수무책으로 적들의 해군 기지가 있는 북쪽 보스포러스 방향으로 서서히 표류하기 시작하였다. 속이 타는 순간이었다.

적들은 기다렸다는 듯이 기민하게 움직였다. 우리 배 1척당 오스만 함대의 대형 선박 5척이 포위하듯 에워쌌다. 30척의 작은 배들과 40척의 지원선들도 방벽처럼 주위를 둘러막았다. 적장(발토울루)은 곧바로 포격 명령을 내렸다. 그러나 흔들리는 선박 위에서 쏘는 경(輕)대포로는 앙각(仰角: 포구가 위로 향하였을 때 포신이 수평면과 이루는 각도)을 맞추기 힘든 법. 몇 발은 빗나가버리고, 몇 발은 선체에 맞았으나 포탄이 너무 작아 경미한 피해밖에 입히지 못하였다. 빗발치는 화살도 높은 선상까지 도달하지 못하고 그나마 우리 병사들의 갑옷을 뚫기에는 역부족이었다.

그러자 발토울루는 자신이 탄 3단 노 갤리선의 앞머리로 비잔티움 수송선의 선미루(船尾樓: 배의 고물에 만들어놓은 선루)를 들이받으면서 다른 배에 탄 병사들로 하여금 쇠갈고리를 던져 선체에 사다리를 건 뒤 배 위로 쳐들어 올라가라고 소리쳤다. 그와 동시에 불꽃이 장착된 창과 화살, 그리고 각종 인화성 물질들이 일제히 우리 배들을 향하여 날아왔다. 멀리서 보면 얼핏 우리 선박들이 수많은 오스만 함대에 일방적으로 포위된 채 당하고 있는 것처럼 보일 것이다.

하지만 가까이에서 지켜보면 상황이 딴판일 거라는 사실을 나는 안다. 아니나 다를까, 철저하게 훈련되고 준비된 제노바의 해군 병사들이 요격 태세를 갖추고 있다가 물통으로는 불을 끄면서 도끼를 휘둘러 함선에 올라오려는 적군의 손과 머리, 등짝을 사정없이 내리찍었다. 성능 좋은 갑옷으로 무장한 우리 측 병사들이 백병전에서도 훨씬 유리하였다. 그리스 화탄 또한 눈부신 활약을 하며 엄청난 파괴력을 발휘하였다. 서녘 해가 비친 금각만 입구 바다는 불길에 휩싸여 금세 핏빛으로 물들기 시작하였다.

항해 기술력이 떨어지는 적군은 노 때문에도 상당히 애를 먹었다. 배들끼리 노가 서로 뒤엉키는가 하면, 노련한 우리 해군의 선상 공격을 받아 부러져나가는 노도 부지기수였다. 그러면 옴짝달싹 못하게 된 배 안의 적군을 겨누어 제노바의 석궁병들이 화살을 날렸다.

전투는 비잔티움 수송선을 둘러싸고 가장 크게 불꽃이 튀었다. 3척의 제노바 갤리선은 수송선이 곤경에 빠지자 일제히 힘을 합하여 수송선에 찰싹 달라붙었다. 마치 4개의 웅장한 요새가 탑을 치켜 올리며 오스만 함대 속에서 불쑥 솟아오른 모양새였다. 높이로 보아 우리 해군은 성벽 위에서, 오스만 해군은 성벽 아래서 싸우는 것과도 같았다. 우리가 공격과 방어 모두에서 훨씬 유리한 위치였다. 적들은 무방비 상태에서 소낙비와 우박 같은 각종 무기의 세례를 받는 형국이었다.

저녁놀이 바다 위로 붉게 번졌다. 오스만 배들은 막대한 타격을 입으면서도 끊임없이 밀고 들어왔다. 위기의 순간, 그러나 해풍은 역시 우리 편이었다. 해가 지면서 돌연 바람의 방향이 바뀌어 세찬 북풍이 휘몰아치자 우리 선박들은 때를 놓칠세라 돛을 한껏 팽창시키고는 오스만 배들의 포위망을 뚫고서 금각만 쪽으로 질주하였다.

바다는 금방 어두워졌다. 피아조차 식별하기 힘든 짙은 어둠 속에서 우리 선박들은 아군의 엄호 아래 걸쇠가 열린 쇠밧줄을 통과하여 의기양양하게 금각만 진입에 성공하였다. 트레비사노가 기지를 발휘하였다. 야음을 틈타 금각만의 쇠밧줄을 슬그머니 풀고 우리 해군 함대가 총출동한 것처럼 보이도록 트럼펫 소리를 요란하게 내면서 3척의 갤리선을 끌고 나와 적군을 혼란스럽게 한 뒤 우리 배들을 안전하게 금각만 쪽으로 인도한 것이다. 적함들은 통쾌하게 속아 넘어갔다.

'닭 쫓던 개'가 된 적장은 이 광경을 지켜보던 도성 시민들의 우레 같은 환호성과 야유를 뒤로한 채 철수 명령을 내렸다. 아침부터 밤까지 계속된 전투가 우리 해군의 압승으로 막을 내린 순간이었다.

또 한 가지 잊지 못할 장면이 있다. 나는 오늘 전투 도중 메흐메드의 화급하고 직선적인 성격을 두 눈으로 생생하게 목격하였다. 내가 있던 고트의 기둥에서는 술탄의 해군본부가 있는 디플로키온 앞바다가 훤히 내려다보여 그의 일거수일투족을 죄다 볼 수 있었다. 그는 격앙된 표정으로 주먹을 불끈 쥔 채 보스포러스 해안가를 왔다 갔다 하다가 어느 순간 갑자기 격전이 치러지고 있는 바다로 직접 뛰어들어갔다. 그것도 배가 아닌 말을 타고서……. 고작 4척뿐인 우리 배를 상대로 오스만 함대가 고전을 면치 못하자 속이 탄 메흐메드는 싸움에 가담이라도 할 것처럼 관복이 물에 젖는 줄도 모른 채 직접 말을 몰고 바다로 뛰어들어 고래고래 고함을 질러가며 종횡무진 해전을 진두지휘하였다. 옆구리에 찬 언월도가 물에 닿을 정도였다.(뒤 화보 4쪽 참고) 아무리 혈기 방장한 젊은이라 한들 일국의 군주로서 이거야말로 체통 없는 짓거리가 아니고 무엇이란 말인가(두카스의 기록에 따름. 반면에 크리토불로스는 술탄이 평정심을 잃지 않고 해안가에서 이 해전을 지켜보다가 조용히 자리를 떴다고 기록). ^{QR코드 21}

나는 문득 일전에 그에 대하여 들었던 일화가 떠올랐다. 메흐메드는 제2차 코소보 전투(1448년)에서 자신의 군대가 후냐디 군대에게 패하자 분노로 입술을 피가 나올 정도로 깨물며 혼자서 헝가리군 진영으로 진격, 칼 휘두르기를 주저하지 않았다고 한다. 결국 이 전쟁에서 그들은 승리하였지만, 다른 모든 전투에서도 자리에 앉아 있지 않고 항상 전장의 한복판에 서 있었다는 전언이다.

아무튼 이 해전으로 적들은 수많은 사망자와 부상자가 발생하였다.[65] 반면에 우리 해군은 오늘 소수의 부상병을 제외하고는 단 1명의 전사자도 내지 않았다(며칠 뒤 부상병 중 두세 명 사망). 다행이다. 아군 1명의 손실이 나에게는 적군 100명을 죽인 것보다 더 뼈아프게 다가온다. 모험을 삼가고, 앞으로도 공격보다는 방어에 주력하여야겠다.

이 격렬한 전투는 마르마라 바다를 며칠 동안 피로 물들이고 깨어진 적선 조각들이 떠다니게 할 것이다. 햇빛 맑고 물결 잔잔한 날이면 파도와 장난치며 재롱을 떨던 돌고래 떼는 이미 자취를 감춘 지 오래다. 돌고래들도 피 냄새를 싫어하기 때문 아니겠는가. ^{QR코드 22}

보급품과 400명의 지원군을 실은 선박들이 무사히 도착하여 합류함으로써 우리 군은 병력은 물론 무기와 식량까지 늘리게 되었다. 꺼져가던 희망의 불씨가 다시 환하게 지펴졌다.

---

65 이 해전의 오스만 쪽 사상자를 1만~1만 2000명으로 보는 일부 서방 측 자료는 과장이다. 바르바로에 따르면, 해군 사령관 발토울루는 술탄에게 오스만 쪽 사망자를 115명이라고 보고했다. 크리토불로스는 오스만군에서 100명 이상이 사망하고 300명의 부상자가 발생한 반면 비잔티움 쪽 사상자는 22명이었다고 기록했다.

오, 저의 기도에 응답을 주신 주님! 오늘 저희에게 승리의 기쁨을 안겨주시니 감사하나이다. 주님의 영광을 찬양하나이다.

술탄의 비망록 | 오늘 아침, 제노바 갤리선들이 비잔티움 수송선과 함께 마르마라 해역에 나타났다는 보고를 받았다. 마침 해군 지휘부가 있는 치프테 수툰(이중열주)에서 은밀하게 작전을 구상하고 있던 나는 즉각 우리 함대를 출항시켰다. 발토울루 제독에게 4척 모두 나포하되 여의치 않으면 격침시키라는 명령을 내렸다. 임무를 완수하지 못하면 목숨을 부지하지 못할 것이라는 엄포도 덧붙였다. 발토울루는 곧바로 대함대를 이끌고서 몇 척 안 되는 먹이 사냥에 나섰다. 그러나…….

언급조차 하기 싫은 치욕스러운 패배였다. 도대체 무엇이 문제란 말인가. 아무리 해전 경험이 빈약하다지만 저쪽은 고작 4척이고 우리는 모두 145척이나 되지 않았는가. 해상 전투에서의 거듭된 패배는 우리 군의 사기를 크게 저하시켰다. 단연코 책임을 물어야 한다.

이날 밤 막사에서 열린 긴급회의는 나에게 참으로 힘든 시간이었다. 할릴을 비롯한 반전파들이 기다렸다는 듯이 평화 협정을 맺고 철군하자는 주장을 펼쳤다. 반면 나와 뜻을 같이하는 자들은 신념이나 목소리가 예전만 못하였다. 나는 누구도 만나지 않겠다며 회의를 종료하고 막사에서 분을 삭이고 있었다.

그러한 상황에서 나의 스승이며 이슬람 최고 군종 성직자인 셰이크 악셈세틴이 보낸 설교 투의 편지가 나를 불쾌하게 하였다. 나로 하여금 분노를 더욱 부채질하고 모멸감에 젖게끔 만들었다. 대충 이런 내용의 서신이었다.

"비무슬림들과의 평화 협정은 있을 수 없소이다. 그러나 병사들이 주군의 판단력 부족과 권위 상실을 걱정하고 있소. 육지 성벽 공격에서 차후 그 같은 재난이 다시는 발생하지 않도록 철저한 진상 조사와 책임자 엄벌을 요구하는 분위기가 진영에 팽배하오. 털끝만큼의 자비도 베풀어서는 아니 되오. 참고하시기를."(부록 I-6에 상세 내용 수록)

긴급 심야 회의에서 나온 발언을 정리한 편지지만 나에게는 아프면서도 옳은 지적이다. 그렇다. 악셈세틴, 몰라 규라니, 자아노스, 사하벳딘, 투라한 베이 같은 학자와 장군들의 충정을 내 모르지 않는다. 그래도 이건 도가 조금 지나치다. 이 영감이 주군을 우습게 아는구나. 오냐, 이런 훈수가 아니더라도 단단히 손을 보려던 참이었다. 발토울루[66], 이놈은 나와 오스만 제국의 명예를 땅에 떨어뜨렸다. 비겁자이며 배신자, 명령 불복자이다. 주군의 관복을 바닷물에 흠뻑 젖게 하고도 전투에서 진 놈이라면 그자의 군복을 피로 물들게 함이 마땅하지 않겠는가.

나는 수천 년 전 아나톨리아 북동부의 하투샤를 중심으로 번성하였던 고대 히타이트 제국의 점토판에 새겨져 있는 문서의 한 구절을 심중으로 되새기었다.

"라바르나 대왕의 말씀은 강철과 같아서 절대로 바뀌거나, 어기거나, 무시할 수 없는 것이다. 대왕의 말씀을 고치는 이는 가차 없이 그의 목

---

[66] 쉴레이만 발토울루, Süleyman Baltoghlu. 불가리아 선장 출신 겔리볼루 지사. 기독교에서 이슬람교로 개종한 그는 해전 경험이 빈약한데도 오스만의 해군 제독이 되어 기독교 연합군과 싸웠다. 그는 1453년 2월 겔리볼루 해군 기지에 있던 배들(300척 안팎)을 총동원하여 한 달여에 걸친 항해 끝에 보스포러스 해변의 치프테 수툰(이중열주)에 해군 본부를 설치했다. 4월 20일 해전에서 그는 부상까지 당하며 술탄에게 충성을 다했지만 패전의 대가는 혹독했다. 간신히 참수형은 면했으나 관직은 물론 사유재산마저 모두 박탈당한 채 부하들 앞에서 곤장까지 맞는 수모를 당했다. 술탄에게 버림받은 뒤로 발토울루는 무명인이 되어 가난하게 살다가 쓸쓸하게 생애를 마쳤다.

을 벨 것이다."

발토울루, 원래가 예수쟁이였던 이놈은 하늘같은 주군의 명령을 어기었다. 나는 당장 발토울루를 대령시켜 목을 베라 명령하였다. 그러나 악셈세틴의 편지 내용과는 달리 발토울루의 부하들은 그가 전투 중에 한쪽 눈을 상하면서까지 보여준 불요불굴의 용기를 증언하며 제발 목숨만은 구제하여달라고 탄원하였다. 나는 치밀어 오르는 살기를 애써 가라앉힌 다음 부하들의 청을 들어주었다. 그 대신 즉각 발토울루의 직위와 직책을 박탈하고 함자 베이를 새로운 해군 제독으로 임명하였다.

부아가 치밀어 식욕도 잃고, 잠도 오지 않는다. 어떻게 금각만 안으로 진입할 것인가. 그 크고 수많은 배를 무슨 수를 써서 내해(內海)로 이동시킬 것인가. 해군력의 열세를 만회하고 더 나아가 우세로 전환시킬 방법은 무엇인가. 지금이야말로 역발상이 필요한 시점이다.

이제 곧 시작이다. 미련한 황제여, 오늘이 그대가 웃는 마지막 날이 될 것이다. 알라는 위대하도다, 나에게 이러한 착안을 주시다니.

4월 21일(토)

황제의 일기

연이은 해전의 승리와 육지 성벽의 철벽 수비로 우리 군은 자신감과 사기가 한껏 드높아졌다. 도성의 높은 지대에 모여들어 저마다 손에 땀을 쥐고 애타게 응원하며 어제의 해상 전투를 지켜본 도성 시민들에게도 다시금 희망이 생겼다. 희망이야말로 이 제국을 지탱하여온 원동력이 아닌가. 희망이 도시를 방어하고, 희망이 평화를 가져다준다. 오스만 해군 선박이 100척

이상 부서지거나 침몰하였고, 적병이 1만 명은 족히 사망하였을 거라는 소문이 도성에 퍼졌다. 희망 사항이 신념 그리고 사실로 굳어지고 있다.

어쩌면 지금쯤 적의 진영에서는 이 전쟁을 계속할 것인가, 중단할 것인가를 두고 갑론을박이 벌어지고 있을는지도 모른다. 할릴 파샤를 비롯한 오스만 조정의 사려 깊은 대신들 상당수는 평화주의자들이고 반전파인 줄로 나는 알고 있다. 몇 가지 양보안이 담긴 새로운 평화안을 제시[67]하여볼까 하는 생각이 들었다. 아무리 막무가내 철부지라지만 조금이라도 현명하고 부하를 배려하는 지도자라면 나의 제안을 받아들이지 않겠는가.

오늘도 성벽에 대한 적의 포격이 이어졌다. 지축을 뒤흔드는 대포 공세에 성벽 곳곳이 파괴되었다. 특히 사령부가 있는 리쿠스 강이 흘러들어오는 성탑(박타티니안 탑) 일부가 허물어지고 그 아래 외벽 역시 손상이 심하였다. 사령부의 망루 역할을 해온 이 탑은 이틀 전의 포격으로 금이 가고 훼손이 심하여 이제 그 기능을 상실해버렸다. 포연으로 시야가 가리고 머리조차 들 수 없는 집중 포격이었건만, 웬일인지 직접적인 육탄 돌격은 감행하지 않았다. 오늘 같은 날 적들의 총공격이 있었다면 감당하기가 쉽지 않았을 것이다. 다행히도 적들은 우리의 내부 사정을 제대로 모르는 것 같다.

---

67 황제의 제안서는 (그것이 실제로 존재했다면) 아마도 오스만 함대가 언덕을 넘어간 직후 (22일 혹은 23일) 전해졌을 것으로 보인다. 그래서 처음 구상보다 더 큰 양보가 담겼을 수도 있다. 황제는 술탄에게 "그대가 원하는 연공(年貢)을 얼마든지 줄 테니 포위를 풀라"고 제안했다. 그러나 술탄은 "이미 늦었다. 그대가 성을 비우고 떠난다면 생명과 재산을 보장하겠다"고 역제안을 했다. 그러면서 "만약 거부한다면 죽음과 약탈과 폐허를 면치 못할 것"이라고 더욱 강한 어조로 황제를 압박했다. 황제는 술탄의 제안을 뿌리쳤다. 위의 내용은 두카스의 기록에는 있지만 프란체스를 비롯한 당시 참전했던 레오나르드 대주교, 바르바로, 푸스쿨루스, 테탈디 등은 언급이 없는 것으로 보아 신뢰성은 떨어진다. 하지만 전반적으로 중요한 맥락이므로 이 책에 소개한다.

이상하게 종일 메흐메드 2세의 모습도 보이지 않았다. 술탄의 막사에는 적막감이 감돌았다. 무슨 일이 있는 것일까.

오, 주님! 설사 불안한 낮과 밤이 계속될지언정 전쟁과 전투가 종식되게 하여주소서. 무고한 백성들이 더는 죽어나가지 않도록 굽어살피소서.

술탄의 비망록

해법을 찾았다. 바로 이것이다.

더 이상 미룰 일이 아니다. 지금 당장 내밀하고도 대대적인 거사를 시도할 참이다. 보안을 지키려면 속전속결이 최고다. 감히 어느 누구도 상상조차 하지 못하였던 일을 나는 조만간 전광석화처럼 이루어낼 것이다.

나는 오늘 하루 온종일 치프테 수툰(이중열주)에 머물면서 보스포러스 해변과 금각만 안쪽 갈라타의 카슴파샤(Kasımpaşa) 지역에 걸쳐 대규모 인력과 장비를 투입하였다. 찬물이 나온다 하여 '샘터(Valley of the Cold Water)'라고도 불리는 카슴파샤는 갈라타에 사는 제노바인들의 공동묘지이다. 주변에는 사이프러스 소나무와 잡목들이 우거져 있다. 이곳에서 우마를 동원한 육로 뱃길 공사가 시작되었다. 공사에 필요한 자재들은 인근 숲에서 조달하였다.

자아노스 파샤의 포병 부대에는 공사가 진행되는 동안 제노바 사람들 거주지인 갈라타 지역을 향하여 틈틈이 대포를 쏘라고 지시하였다. 공사 첫날인 오늘은 특히 육지 성벽에도 대대적인 포격을 가하여 도성 안의 병사와 시민들이 바깥일에 신경 쓸 겨를이 없도록 만들었다. 그러나 무엇보다도 적 해군이 어제의 승리감에 도취되어 갈라타 밖으로 얼씬도 못하도록 하는 일이 중요하다. 나는 우리 해군의 사기도 고무시킬 겸 전투 능력을 향상시킨다는 이유로 온종일 방재 구역 쪽으로 집중 포격을 퍼부었다. 수하물을 가득 실은 적선 1척이 격침되었다. 상인들은 상선들이 피해를 입지 않게 하려고 나에게 줄을 대려 하였다. 대포의 사정 범위에서 벗어나기 위하여 다른 배들을 황급히 갈라타 성벽 쪽으로 옮겼다. 이 모두가 엄청난 굉음과 자욱한 포연으로 적들의 주의를 분산시키고 시야와 관심을 딴 데로 돌리면서 상상력을 차단시키기 위한 일종의 교란 작전이자 위장 전술이었다.

포성이 천지를 뒤흔드는 가운데 우리 군대는 먼저 갈라타 지역 뒤 야산을 온통 뒤덮은 가시덤불과 야생 포도밭을 갈아엎고 묘지를 파헤치며 거기에 평평하게 다진 길을 내었다. 그런 다음 도로 위에 두 줄로 된 튼튼한 목제 궤도를 깔고 마찰력을 줄이기 위하여 표면에는 한 치도 빈틈없이 미끌미끌한 동물의 기름을 덧발랐다.

궤도 위에 금속제 바퀴가 붙은 이동식 받침대를 올려놓고 실험 삼아 밀어보았다. 원활하게 잘 굴러갔다. 성공이다.

나는 이미 이 작업을 예행 연습한 바 있다. 물론 지금과는 규모가 다르지만, 루멜리 히사르^{QR코드13}를 축성할 무렵 해안으로부터 20리쯤 떨어진 숲속에서 30척의 선박을 건조하여 이와 비슷한 방식으로 배들을 바다까지 이동시킨 경험을 갖고 있는 것이다.

4월 22일(일)

황제의 일기

경이롭고 불가사의한 일이다. 하늘 아래 어떻게 이런 일이 일어날 수 있다는 말인가. 술탄의 함대가 갈라타 언덕을 넘어 금각만 바다로 진입하였다. 최소한 해발 60미터에 이르는 그 험한 산등성이와 비탈진 언덕을 수많은 배를 끌고서 넘어갔다니!

이거야말로 기원전 5세기경 크세르크세스(Xerxex: 페르시아 제국 제4대 왕, 재위 BC 486~465년)가 험준한 아토스(Athos) 산(해발 2033미터)을 피해 가기 위하여 대규모 토목 공사로 아토스 곶[岬]의 지협(地峽)에 운하를 판 뒤 함대를 이동시킨 것과 견줄 일이 아닌가.

그 많은 자재, 엄청난 장비, 그 어마어마한 인력과 동물을 어떻게 조달하고 운용하고 통제하였단 말인가. 이 모두가 불과 이틀 사이에 일어난 일이다.

이 기막힌 작업이 진행되고 있는 동안 우리는 아무도 그 사실을 알아차리지 못하였다. 두 눈을 버젓이 뜨고서도 말이다. 대대적인 육지 성벽 공격을 막아내느라 정신이 팔려 대명천지에 그런 황당한 작업이 자행되고 있는 줄 까맣게 모르고 있었다.

그러나 갈라타 사람들 또한 적들의 이 요란스러운 작업을 전혀 눈치조차 채지 못하였을까. 자치구 성벽 바로 옆에서 한 공사건만, 단순한 도로 작업인 줄 알았단 말인가. 아니면 그 저의를 간파하였으면서도 술탄의 보복이 두려워 우리에게 발설하지 않은 것일까. 나중에는 혹시 공모하거나 동조라도 한 것이 아닐까 하는 의심마저 들 정도였다.

측근들의 전언에 따르면 메흐메드는 참모로 일하던 베네치아 사람에게서 이 당돌한 계획에 대한 힌트를 얻어내었다고 한다. 요컨대 베네치아 군대가 15년 전에 치른 롬바르디아(Lombardia) 전투에서 소함대 전체를 바퀴 달린 받침대에 싣고 북이탈리아 포(Po) 강(아디제 강)에서 가르다(Garda) 호수까지 육상으로 수송한 작전에서 착상하였다는 것이다.

생각하기도 어려울뿐더러 실행하기는 더더욱 엄두가 안 날 일이다. 아

콘스탄티노플 육지 성벽의 건설자들

- 테오도시우스 2세: 내성벽–안테미우스 섭정(413년)
  외성벽–콘스탄티누스 총독(447년)
- 헤라클리우스: 627년
- 레오 5세(아르메니아인): 813년
- 마누엘 콤네누스: 1143~1181년

요안네스 8세 명문

마누엘 콤네누스 성벽

텍푸르 사라이
(포르피로게니투스 궁)

에으리 카프

은빛 호수 문
(팔라이올로구스
왕조 때 보수)

아네마스 탑

미카엘 2세, 테오필루스 1세
명문(820~829년)(성탑)

문

각만 쪽으로 내려감

니콜라스·아가론
명문(성탑)

성 니콜라우스 탑
(로마누스의 명문)

궁성 탑

비상 문

R

문

안드로니쿠스
2세 명문(성탑)

이삭 앙겔루스 탑

블라케나 탑

블라케나 문

레오 성벽

금각만

테오도시우스
성벽 끝

칼리가리아 문

블라케나
궁성 터

마누엘콤에누스 성벽

해발 60m

나무 서커스 문

블라케나
성모 교회

아네마스 감옥

아이반 사라이 문
(나무 문)

포르피로게니투스
문(황궁 문)

금각만 성벽(테오필루스
1세, 829~842년 건립)

비잔티움 제국 전성기(유스티니아누스 대제 시대, 6세기 초·중반) 지도

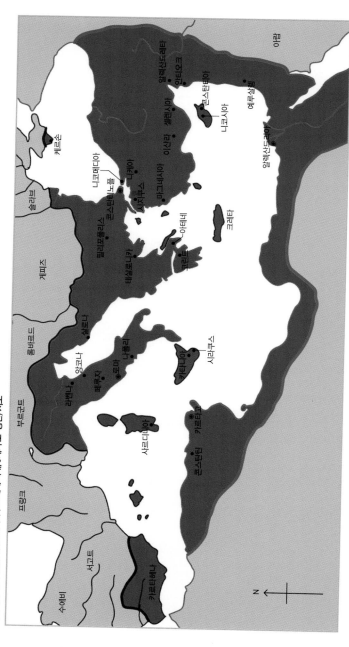

* 짙은 회색 선 안이 비잔티움령이다.

시대별로 본 오스만 제국의 영토 확장 지도

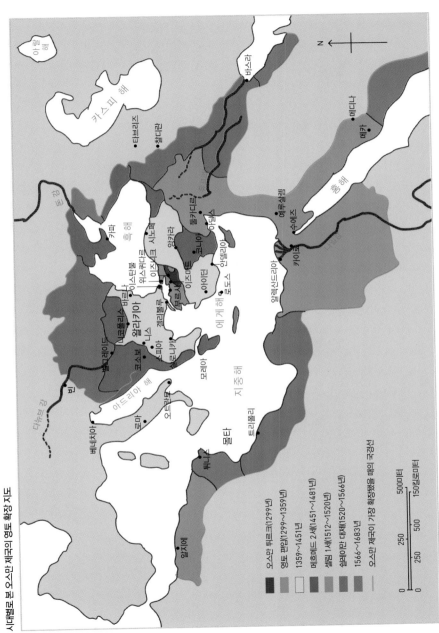

오스만 투르크(1299년)
영토 편입(1299~1359년)
1359~1451년
메흐메드 2세(1451~1481년)
셀림 1세(1512~1520년)
슐레이만 대제(1520~1566년)
1566~1683년
오스만 제국이 가장 확장했을 때의 국경선

0   250   500   5000미터
0   250   500   1500킬로미터

아랄 해
카스피 해
돈 강
볼가 강
다뉴브 강
흑해
에게 해
아드리아 해
지중해
홍해
나일 강

빈
베네치아
로마
오트란토
알지에
트리폴리
몰타
튀니스
모레아
알바니아
코르푸
세르비아
달마티아
세르비아
코소보
불가리아
왈라키아
니콜폴리스 바르나
니스
레판토
부르사
이스탄불
아스카다르
이즈니크 시노페
앙카라
코니아
이즈미르
아이딘
로도스
안탈리아
알렉산드리아
카이로
수에즈
예루살렘
아나타
동카디르
아마시아
이라크
바스라
메디나
메카
디야르바키르
테브리즈
카파

N

콘스탄티노플 육지 성벽 상세 지도

이 지도는 알렉산더 반 밀린전(Alexander van Millingen) 교수의 지도와 감수 아래 아서 핸더슨(A. E. Henderson)이 조사·작성, 1883년에 제작한 콘스탄티노플의 육지 성벽을 존 프릴리 교수가 보완한 상세도를 기본으로 필자가 약간 수정한 것이다. 성문·성탑 표시 등은 모양과 색깔을 달리했다.

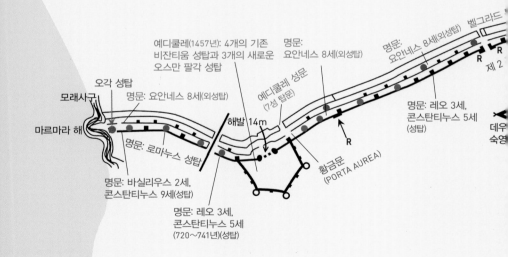

예디쿨레(1457년): 4개의 기존 비잔티움 성탑과 3개의 새로운 오스만 팔각 성탑

명문: 요안네스 8세(외성탑)

명문: 요안네스 8세(외성탑)

명문: 요안네스 8세(외성탑)

벨그라드

예디쿨레 성문 (7성 탑문)

명문: 레오 3세, 콘스탄티누스 5세 (성탑)

제2

오각 성탑

모래사구

명문: 요안네스 8세(외성탑)

해발 14m

데우

숙영

마르마라 해

명문: 로마누스 성탑

R

황금문 (PORTA AUREA)

명문: 바실리우스 2세, 콘스탄티누스 9세(성탑)

명문: 레오 3세, 콘스탄티누스 5세 (720~741년)(성탑)

0 ┠━━━━━━┥ 300

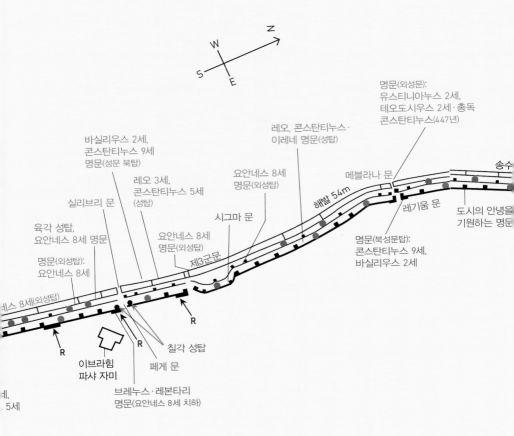

명문(외성문):
유스티니아누스 2세,
테오도시우스 2세·총독
콘스탄티누스(447년)

바실리우스 2세,
콘스탄티누스 9세
명문(성문 북탑)

레오, 콘스탄티누스·
이레네 명문(성탑)

송수

레오 3세,
콘스탄티누스 5세
(성탑)

요안네스 8세
명문(외성탑)

메블라나 문

실리브리 문

시그마 문

해발 54m

레기움 문

도시의 안녕을
기원하는 명문

육각 성탑,
요안네스 8세 명문

요안네스 8세
명문(외성탑)

명문(북성문탑):
콘스탄티누스 9세
바실리우스 2세

명문(외성탑):
요안네스 8세

제3군문

...네스 8세(외성탑)

R

칠각 성탑

R

이브라힘
파샤 자미

페게 문

브레누스·레본타리
명문(요안네스 8세 치하)

...세,
5세

지도 읽기 가이드

성벽을 기준으로 위쪽(서쪽)이 도성 밖, 아래쪽(동쪽)이 도성 안이다. 따라서 왼쪽 끝(남쪽)은 마르마라 해, 오른쪽 끝(북쪽)은 금각만으로 이어지며 성벽 구조는 위로부터 해자−외성벽(성탑)−내성벽(성탑) 순서이다.(방위 표시 참고) 외성벽(성탑)에 새겨진 명문(銘文)은 빨간색으로, 내성벽(성탑) 명문은 파란색으로 표기했다. 각 성탑은 아래와 같이 약물(約物)로 표기했다. 이 외는 모두 사각 성탑(■)이다. 외성탑, 외성벽이 아닌 성탑(성벽) 표기는 내성탑(내성벽)이다. 외성탑(외성벽)은 이 전쟁과 지진 등으로 대부분 사라지고 현재는 다른 모습으로 복원되었다.

- 내성탑(파란색): ● 육각 성탑   • 외성탑(빨간색): ● 반원탑(초승달 탑)
  ● 팔각 성탑   ● 육각 성탑

- 램프[내성벽(성문) 뒤쪽에서 성벽으로 올라가는 계단]: **R**

URBIS CONSTANTINOPOLITANÆ

DELINEATIO,

Qualis extitit M C C C C X X I I. proinde antequam in Turcarum poteftatem veniffet.

Auctore C H R I S T O P H O R O D E B O N D E L M O N T I B U S *Florentino* in Opere MS. quod *de Infulis Archipelagi* infcripfit.

1422년 당시 콘스탄티노플 지도. 아마도 현존하는 가장 오래 된 지도가 아닐까 싶다. 가장 북쪽의 디플로키온(이중열주)부터 페라(갈라타) 지역, 금각만, 제국의 상징인 하기아 소피아를 비롯한 도성의 주요 지점, 동남쪽의 바다(마르마라 해)와 항구, 무엇보다 도성 전체를 둘러싼 성벽이 그 위용을 자랑한다.

비잔티움 제국 멸망 1년 전(1452년) 지도

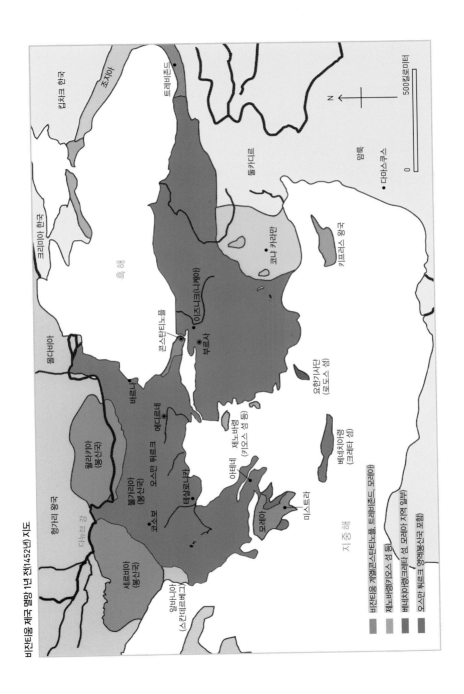

비잔티움 제국 게열(콘스탄티노플, 트레비존드, 모레아)

제노바령(키오스 섬 등)

베네치아령(크레타 섬, 모레아 지역 일부)

오스만 투르크 영역(봉신국 포함)

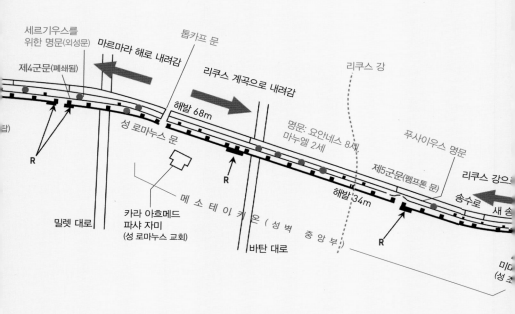

세르기우스를
위한 명문(외성문)

마르마라 해로 내려감

톱카프 문

리쿠스 강

제4군문(폐쇄됨)

리쿠스 계곡으로 내려감

푸사이우스 명문

탑)

해발 68m

명문: 요안네스 8세.
마누엘 2세

성 로마누스 문

R

제5군문(펨프톤 문)

리쿠스 강으

송수로

새 송

해발 34m

R

메 소 테 이 키 온 (성 벽 중 앙 부)

카라 아흐메드
파샤 자미
(성 로마누스 교회)

밀렛 대로

바탄 대로

미ㄷ
(성 ㅈ

이 '육지 성벽 상세도'와 '제국의 흥망성쇠를 나타낸 지도(뒷면)'는 독자의 이
해를 돕기 위한 별지 부록입니다. 본문의 관련 내용(부록 I-3: 어떤 성벽이
기에 천년을 버텼는가 & 프롤로그: 비잔티움과 오스만, 두 제국의 약사)을 읽을
때 참고하시기 바랍니다.

무튼 스물한 살, 아직 새파랗게 어린 적국의 수장이지만 대단하다.

도성 안 신민들의 동요를 어떻게 막을 것인가. 내가 이러할진대 나의 백성들은 얼마나 놀랐겠는가.

그리하여 나는 며칠 전부터 만지작거리던 몇 가지 양보안이 담긴 새로운 평화안을 제시하였다. 유리할 때 협상하라는 말이 있지 않은가, 술탄이여.

그러나 그는 오히려 도저히 수용할 수 없는 역제안을 해왔다. 대화가 안 되는 인간이다. 결사 항전 말고는 달리 방법이 없다. 도성의 민심을 수습하고 연합군의 사기를 유지하며 싸워나가야 한다.

주님, 어찌하여 저 원수에게는 권력과 재화가 넘쳐나건만 더하여 지혜까지 주시나이까. 정녕 이 나라를 버리시려 하나이까.

술탄의 비망록

도로는 하루 만에 완성되었다. 주머니에 넣어준 볶은 쌀과 말린 고기로 식사를 대신하게 하며 작업에 박차를 가한 결과였다. 이제 함대를 이끌고 갈라타 언덕을 넘어가기만 하면 된다. 오스만 해군 본부가 있는 치프테 수툰(이중열주, 현재의 돌마바흐체 부근)에서 출발하여 카슴파샤로 이어지는 길이다(부록 Ⅱ -3 참고).^{QR코드 23} 나는 오늘 아침 동틀 무렵부터 정오까지를 이 기상천외하고 전무후무한 작전의 전격 결행 시간으로 잡았다.

우선 바퀴 달린 받침대들을 바다 위로 이동시켜 선박을 튼튼히 동여맨 다음 도르래를 이용하여 배들을 해변으로 끌어 올렸다. 윈치(Winch: 기중기, 권양기)와 캡스턴(Capstan: 수직으로 된 원뿔형 몸체에 밧줄을 감아 회전시켜 무거운 물건을 당기거나 끌어 올리는 기계) 등도 동원되었다. 바닷가로 나온 이 배들을 한 척 한 척씩 끌고 갈 황소들과 연결시켰다. 황소 옆에는 수십 명의 병사를 세워 보조 역할을 하도록 일렀다. 나는 백마 위에 올라 현장을 누비고 다니면서 일일이 작업 지시를 하고 병사들을 독려하였다. 황소를 나처럼 요긴하게 부리는 사람이 또 있을까. 지난번에 대포를 끌고 온 황소들이 이번에는 배를 끌고 언덕을 넘어간다.

드디어 함대가 궤도를 따라 언덕을 올라가는 대장정이 시작되었다. 선박들은 그 순간부터 마치 거대한 수레로 변신한 듯 힘센 황소들에 의하여 경사진 언덕으로 끌려 올라갔다. 가파르고 험한 길에서는 도열하여 있던 수많은 병사가 황소들을 도왔다. 정말로 배들이 산으로 가는 건지, 아니면 산이 갑자기 바다로 변한 건지 종잡을 수 없는 순간이었다. 어찌 보면 배들이 바다 빛깔과 흡사한 파란 하늘을 향하여 나아가고 있는 것처럼도 보였다. 아무튼 장관(壯觀)이었다.

나는 마치 출항이라도 하듯이 언덕을 오르는 배들 위로 돛을 드높이 올리고 노잡이들을 승선시켜 앞뒤로 노를 움직이게 하였다. 때마침 바다에서 언덕 쪽으로 배의 이동에 유리한 미풍이 불어와서는 돛의 품에 안기어 나불거렸다. 순항이었다.

뱃머리에서는 군악대 악사들이 풍어제를 지내듯이 신나게 북을 두드리고 트럼펫을 불었다. 그 시간, 주일을 맞은 도성 안의 교회 종탑에서는 종소리가 울리고 있었으리라. 나는 병사들의 사기를 북돋울 겸 그렇게 카니발처럼 거사를 치르게 하였다.

정상에 올라간 선박들이 미리 깔아놓은 내리막 궤도를 타고 금각만을 향하였다. 언덕을 내려갈 때는 안전을 위하여 배의 속도를 최대한 늦추었다. 그러나 바다 가까이 와서는 점점 더 세차고 무서운 기세로 함대를 바다로 밀어 넣었다. 72척에 달하는 크고 작은 전함들이 오스만 깃발을 펄럭이며 요란한 군악대 소리에 맞추어 금각만으로 철썩철썩 미끄러져 내려갔다. 거대한 눈썰매 군단의 행군을 방불케 하였다. 깃발에 그려진 하얀 초승달들이 바다 위로 차례차례 내려앉았다.OR코드23

이 모습을 본 비잔티움인들 중 아연실색하면서 공포와 전율에 사로잡히지 않은 자가 누가 있을 것인가. 나는 특히 내리막길에서는 적들에게 심리적인 공포감을 심어주기 위하여 행동을 더욱 떠들썩하게 보이도록 연출하였다. 한밤중이 아닌 환한 대낮에 거사를 결행한 것도 그런 의도에서였다.

이 쾌거는 분명 전쟁의 분수령으로 작용할 것이다. 무엇보다도 큰 소득은 병사들의 심리에 미친 파급력이다. 우리 군의 사기는 하늘로 솟구친 반면, 비잔티움 진영의 분위기는 저 밑바닥으로 곤두박질치리라.

황제는 그의 일기에서 이 사건에 대한 착상을 내가 베네치아 군대가 벌인 롬바르디아 전투에서 얻은 것으로 생각하고 있다. 틀린 것은 아니지만, 정답도 아니다. 그 작전은 평지 이동이었을 뿐 내가 구사한 전략과는 차원이 다르다. 황제여, 굳이 말하자면 나는 저 유명한 알렉산더 대왕의 히다스페스 전투[68]에서 이 아이디어를 차용하였노라. 어리석은 사람은 경험을 하고도 못 배우지만, 지혜로운 사람은 역사를 통하여서 배운

---

68 Hydaspes Battle. 기원전 326년 봄, 마케도니아(Macedonia) 왕국의 알렉산더 대왕이 인도의 연합군과 히다스페스 강을 사이에 두고 벌인 전투. 알렉산더는 인더스 강을 건넌 뒤 육중한 선박들을 모두 분해하여 해체시킨 다음 히다스페스 강까지 육로로 운반하라고 명령했다. 그러고는 도착 이후 선박을 다시 조립해 칠흑 같은 밤을 틈타 히다스페스 강을 건너갔다. 그러나 에드윈 피어스(Edwin Pears)는 술탄이 이 작전의 원초적 아이디어라고 얘기되는, 옥타비아누스가 안토니우스와 클레오파트라를 공격할 때 사용했던 해상 작전이나 황제의 일기(196쪽)에 언급된 크세르크세스의 함대 이동법을 알았을 가능성을 부인했다. 피어스는 1097년 비잔티움 제국이 니케아의 셀주크 튀르크를 공격할 때 아스카니우스 호수(현 이즈닉 호수)로 배를 옮겼던 사실은 술탄도 알고 있었으리라 하면서, 다만 술탄이 차용한 것은 베네치아인들이 롬바르디아 전투에서 사용했던 방법이었을 거라고 추정했다. 하지만 필자 의견은 다르다. 알렉산더를 존경하고 깊이 공부한 술탄이 알렉산더 생애 최후의 격전인 히다스페스 전투를 모를 리가 없다고 생각, 이 글 (술탄의 비망록)에 가설로 새롭게 도입했다.

다지 않았더냐.

이런 와중에 적의 사절이 와서는 평화안을 내밀었다. 참으로 가증스럽고 어처구니가 없다. 아무리 겁에 질렸어도 그렇지, 오늘 같은 날 누가 그런 화평안을 수용하겠는가. 할릴 파샤조차도 받아들이지 않을 것이다. 황제 진영에는 이제 사람도 없구나. 나는 다시 한 번 최후통첩을 보내었다.

아무튼 피 한 방울 흘리지 않고 금각만을 점거하였다. 이 만은 더는 적들의 안전지대가 아니다. 너희는 이제 숨을 곳도, 도망갈 곳도 없다. 항복이냐, 죽음이냐, 너희가 선택하라!

나는 어려서부터 독서를 좋아하였다. 글자를 모를 때부터 다른 사람이 읽어주는 낭독에 귀를 기울이며 책과 친하여졌다. 페르시아 전쟁사를 다룬 헤로도투스의 『역사』도 처음에는 귀로 들으며 빠져들었다. 역사책과 위인전, 병법과 군사학을 다룬 책들은 읽으면 읽을수록 흥미로웠다. 로마사, 정복의 역사, 영웅담, 황제들의 평전, 교황들의 회고록……. 다윗과 솔로몬, 알렉산더 대왕과 율리우스 카이사르 등의 생애와 업적이 나의 마음을 사로잡았다.

알렉산더, 참으로 존경스러운 인물이다. 나와 닮은 점이 많다. 나는 지금 그가 집권하였을 때보다 한 살 위다. 콘스탄티노플은 그의 부친과 나의 부친 모두 정복에 실패한 땅이다. 그러나 그가 그리하였듯이 나도 이 도시를 점령할 것이다. 다만 알렉산더는 그의 죽음 이후 제국이 갈라지고 사라졌지만 나는 결단코 그런 일이 없게 할 것이다. QR코드 24

오스만 제국 선조이신 술탄들은 말할 것도 없고, 비잔티움 제국 황제들의 일대기 또한 나의 주된 관심사였다. 콘스탄티누스 대제·테오도시우스 황제·유스티니아누스 황제·바실리우스 2세 등은 적국의 군주지만 본받을 점이 많은 지도자들이었다.

세계 제패를 위하여서는 각국의 언어 습득 및 지도책 학습 또한 필수라고 생각하였다. 나는 모국어인 튀르크어 외에도 그리스어·아랍어·라틴어·페르시아어·슬라브어·히브리어를 배우고 익혔다. 술탄이 본인 명의로 서한을 보낼 때 서방 국가들에는 라틴어로, 슬라브족 국가들에는 그리스어로 겉봉에 표기하는 것이 관례였기 때문이다.

각국의 지리 역시 내 손바닥의 손금 들여다보듯 훤하다. 교황이 사는 도시, 황제들의 궁전, 유럽 모든 나라가 서로 다른 빛깔로 표시된 지도도 갖고 있다.

물론 축척을 크게 잡은 콘스탄티노플 지도는 그중에서도 가장 핵심이었다. 성벽과 성문, 황궁과 교회, 금각만과 갈라타 자치구 등이 정밀하게 표시된 여러 장의 상세 지도였다. 나는 틈날 때마다 지도들을 펼쳐놓고 연구에 골몰하며 취약 지점에는 직접 표시도 해두었다. 군사 전략 수립의 기초는 지리이기 때문이다.^{QR코드 16}

장차 세계 제국을 통치하려는 자는 모름지기 세계를, 이 우주를 알아야 한다. 그 처음과 끝에 꾸란이 있다. 꾸란과 학문을 통하여 세상의 이치를 깨우치게 한 나의 스승들께 감사드린다.

위대한 알라여, 홀로 영광 받을진저.

"군대와 말(馬)로써 너희가 할 수 있는 한 그들에 대항할 준비를 하라 하셨으니 그것으로 알라의 적과 너희의 적들과 그들 외의 다른 위선자들을 두렵게 하라."(꾸란 제8장 안팔 유누스 37절)

4월 23일(월)

창졸간에 손써볼 겨를도 없이 금각만을 적들에게 점령당해버리다니……! 적함들이 정박한 지역은 찬물이 솟는다 하여 '샘터'라 불렀는데, 이거야말로 우리가 찬물을 뒤집어쓴 꼴이다. 거듭 생각하여도 참으로 어처구니가 없다. 우리 군대의 사기는 땅에 떨어졌고, 백성들의 근심은 한층 깊어졌다.

술탄의 함대가 육로를 통하여 이동해 옴으로써 이제 금각만 봉쇄 사슬은 의미가 없어져버렸다. 오히려 우리 배들의 운신을 제한할 수도 있게 되어버렸다. 그래도 밀려오는 불안감을 다스리려면 그냥 두는 편이 낫겠다. 오스만군은 선단이 정박한 곳 근처 연안에 동과 서 양쪽으로 대포를 설치하였다. 이제 갈라타 선착장에 정박해 있는 배들 주위에도 종일 보초를 세워놓아야 했다. 무언가 적극적인 대응책이 절실한 시점이다.

베네치아인들의 거주지인 라틴구에 있는 성모 마리아 성당에서 비밀리에 나를 포함한 12명이 참석한 긴급 비상 대책 회의를 열었다. 이시도로스 추기경과 주스티니아니, 프란체스와 노타라스를 비롯한 비잔티움 중신들, 베네치아 거류민 대표 미노토, 트레비사노, 디에도, 자코모 코코(Giacomo Coco) 선장 등이 오늘의 회동 멤버였다.

여러 가지 의견이 분출하였다.

"갈라타에 거주하는 제노바인들을 설득하여 오스만 함대에 대한 총공세에 합세시킴이 어떠할는지요. 제노바 배들이 합류하면 오스만군을 쉽사리 격파할 수 있을 것이옵니다."

그러나 갈라타의 제노바인들이 지금까지 지켜온 중립을 하루아침에 포기할 가능성도 희박하였을 뿐만 아니라, 협상에 필요한 절대적인 시간도 모자라 그 안은 기각되었다.

"샘터 안쪽으로 기동대를 침투시켜 그곳에 설치된 오스만군 대포들을 파괴하고, 금각만 안에 정박해 있는 술탄의 함대들까지 불살라버리는 것은 어떠할는지요."

그러나 그 또한 '고양이 목에 방울 달기'였다. 그처럼 위험천만한 작전을 성공적으로 수행할 만한 병력이 없다는 이유로 그 안 역시 동의를 얻지 못하였다.

트레비존드에서 온 자코모 코코가 새로운 의견을 내놓았다. 그는 흑해 항로에서는 제법 이름난 베네치아 갤리선 선장이다.

"소수 정예 선박으로 결사대를 편성, 야음을 틈타 비밀리에 오스만 함대에 접근하여 그리스 화탄 등으로 불태워버려야 합니다. 부연하자면, 다량의 면포와 모직물로 배의 측면을 감싸 방탄한 2척의 대형 수송선을 선발로 내세우고, 전투력이 뛰어난 대형 갤리선 2척을 뒤따르게 하는 겁니다. 이 대형 선박들 사이에는 기동력이 좋은 2척의 소형 푸스테가 숨어 있다가 오스만 함대 중앙으로 잠입, 그 배들의 닻줄을 끊고 가연성 물질을 던져 넣으면 됩니다. 바라옵건대 작전 지휘 및 수행은 저에게 맡겨주시옵소서."

요컨대 한밤중의 해상 기습 공격 작전이었다. 지금까지 나온 안 중 가장 현실적이고 성공 가능성이 높아 보였다. 우리는 그 의견을 채택하였다.

또 한 차례의 대규모 해상 전투가 이번에는 금각만을 무대로 펼쳐지게 될 것이다. 만(灣)을 사수하고 적들을 응징하리라.

한시도 지체할 시간이 없다. 나는 기습 작전을 당장 내일 밤 자정에 결행하라고 지시하였다. 이 중책은 제안자인 자코모 코코의 지휘하에 베네치아 함대가 맡기로 하였다. 은밀하고 신속한 작전 수행을 위하여 제노바인들에게는 비밀에 부치기로 하였다.

성모 마리아여, 제국이 지금 백척간두의 위험에 직면하였나이다. 당신이 세우고 지켜주신 이 도시가 이교도의 발길에 짓밟히지 않도록 지혜와 용기를 내리시기를 주님께 간청 드리소서.

술탄의 비망록

함대를 금각만 바다에 성공적으로 진입시킨 우리 군은 다음 작전으로 부교 건설 공사에 돌입하였다. 제4차 십자군도 작은 배들로 부교를 만들어 이 만을 건너갔다. 기원전 5세기경 페르시아 왕 크세르크세스(다리우스 1세의 아들)는 그리스 본토로 원정하기 위하여 이보다 길이가 훨씬 긴 다르다넬스 해협에 길이가 같은 배들로 다리(船橋)를 놓아 군대를 건너가게 한 적도 있다.

어제 시작한 공사는 속전속결로 하루 만에 모두 끝마치었다. 금각만에 주둔한 전함들의 엄호 아래 도시 성벽 바로 위쪽으로 만을 가로질러 다리를 놓았다. 길이는 약 400미터, 위치는 훔바라하네(Humbarahane)와 데프테르다르(Defterdar) 사이다.

이 부교가 끝나는 아이반 사라이(블라케나 궁) 성벽 근처 어딘가에 에윱(Eyüb Sultan. Ebu Eyyûb El-Ensari)의 무덤이 있을 것이다. 그는 콘스탄티노플 점령의 말발굽 소리를 듣기 위하여 성벽 가까이 묻어달라는 유언을 남겼다. 에윱 성자여, 나의 영용한 군사들의 말발굽 소리가 들리시는가. 당신의 예언대로 기필코 이 도시를 정복하겠노라. 그날이 오면 나는 반드시 당신이 뼈를 묻고 영면한 무덤을 찾아내어 그 혼을 위무하고 성지로 만들겠노라.[69]

"순교자들이 죽었다고 말하지 말라. 그들은 살아 있으되 너희가 인식

을 못하고 있을 뿐이라."(꾸란 제2장 바까라 154절)

부교는 갈라타 언덕을 넘어온 함대 중 작은 배 일부와 들보, 두꺼운 판자, 1000여 개의 술통 등을 동원하여 견고하게 가설하였다. 오크통은 포도주를 즐겨 마시는 갈라타의 제노바 사람들로부터 조달받았다. 그들은 신앙이나 의리보다 돈에 더 가치를 두는 인간들이다.

무거운 짐을 실은 수레도 너끈히 통과시킬 만한 지지력과 장정 다섯 사람 정도가 어깨를 나란히 하고 지나다닐 만큼 넉넉한 너비를 지닌 다리였다. 부교 위에는 양옆으로 군데군데 단단한 받침대를 만들었다. 대포를 설치하고 성벽을 향하여 포환을 쏠 일종의 발사대로 쓰기 위해서였다.

이 부교는 다목적으로 활용할 생각이다. 우선 보급로가 대폭 단축된다. 식량·무기 등 물자 수송과 병력 이동이 빨라진다. 바다로 길을 냄으로써 기동력이 강화되고, 새로운 연락망이 확보되어 부대 간의 교신과 정보 교환 역시 한결 더 수월해진다. 갈라타 뒤쪽에 주둔한 자아노스 파샤 부대와 치프테 수툰(이중열주)에 위치한 해군 본부 사이의 통신이 원활해진다. 그전까지는 금각만 상단 늪지를 빙 둘러 우회하는 길밖에 없었다. 받침대 위에 설치한 대포들로는 성벽을 조준 포격할 것이다. 물론 도성 전체를 육지와 해상에 걸쳐 전면 포위함으로써 적들의 부대

---

69 선지자 무함마드의 산작 타르(Sancak tārı: 국기나 군기를 들고 주군이나 지휘관 옆에서 행군하는 최측근)였던 에윱은 668년(일부 기록은 674년)에 참전한 콘스탄티노플 원정 도중 병이 들어 죽으면서 "언젠가는 이 도시가 예언자의 말대로 정복될 것이다. 그때 도성 안으로 진군해가는 이슬람 군사들의 말발굽 소리를 들을 수 있도록 성벽 가까운 곳에 나를 묻어달라"는 유언을 남겼다. 술탄 메흐메드 2세는 정복 이후 에윱의 묘를 찾으라는 지시를 내렸고, 1457년 스승 악셈세틴에 의해 무덤이 발견되었다(부록 II-4, 428쪽 참고). 술탄은 그곳을 성역으로 선포한 다음 1459, 금각만 상류의 육지 성벽 바깥쪽 경관 좋은 곳에 모스크 복합 단지를 새로 짓고 에윱의 영묘를 모셨다. 그 뒤로 이곳은 메카, 메디나, 예루살렘에 이어 터키인들의 4대 성지 중 하나가 되었다. 신임 술탄들은 이곳으로 와 오스만 제국 창건자인 오스만 가지의 장검을 허리에 차는 착검 의식을 치른 다음 궁전에 가서 즉위식을 가졌다. 이 제도는 오스만 제국 말기까지 이어졌다. QR코드 25

배치를 어렵게 하고, 공포심을 일으키는 효과 또한 상당하리라. 이 모든 것이 배가 산을 넘어 갈라타 항구에 도착하였기에 가능한 것이다.

이제 우리는 동서남북, 전면에서 적을 완벽하게 포위하였다. 결전의 날이 다가온다. 유일신에 대한 우리의 믿음과 선지자의 기도를 통하여 저 도시는 우리의 것이 될 것이다. 알라께 찬미를……

4월 24일(화)

황제의 일기

내부에 첩자라도 있는 것일까. 그렇게도 기밀 엄수를 신신당부하였건만 하루도 채 안 되어서 야간 기습 작전 계획이 갈라타 거류구로 새어나가 버렸다. 통탄할 노릇이다.

야습 계획을 알아차린 제노바 사람들이 자기들은 왜 배제시켰느냐고 섭섭함을 토로하며 자신들도 이 작전에 동참시켜달라고 요청하였다. 혹시라도 베네치아인들이 영광을 독차지하지나 않을까 우려하는 기색이 역력해 보였다. 거절한다면 결행도 하기 전 술탄의 진영으로 비밀이 새나갈 것 같아 무마용으로 선박 1척은 제노바 배로 대체 투입하기로 합의하였다. 한편으로는 양대 해양 세력인 베네치아와 제노바가 서로 협조하고 힘을 합친다면 환상의 결사대가 될 것이라는 기대감도 없지 않았다.

문제는 시간이었다. 촌각을 다투는 일이건만, 제노바인들이 작전용 선박을 준비할 시간을 달라며 떼를 쓰는 바람에 결행 날짜가 연기되고 말았다. 코코는 펄쩍 뛰면서 그렇다면 베네치아 선박 단독으로라도 예정대로 결행해야 한다고 주장하였지만 제노바인들은 막무가내였다. 결국 작전일은 나흘 뒤인 4월 28일로 변경되었다. 황제의 뜻대로 안 되는 일이 너무 많구나.

마음이 불안하고 초조해진다.

술탄의 비망록

황제의 우유부단함이 여기서 드러나는구나. 그런 유약한 마음으로 전쟁을 지휘하였으니 이 꼴이 될 수밖에…… 당신의 작전 유예가 우리 군에 승리를 안기는 결정적 요인이 되리란 것을 짐작이나 하는가. 물론 우리는 언제라도 기습에 철저히 대비하고 있었지만 말이다.

해자 메우는 작업이 만만치가 않다. 유휴 병력을 거의 다 동원하여도 진척이 더디다. 그만큼 넓고 또 깊다.

그러나 이 작업은 도성 공략을 위하여서는 반드시 해야 할 일이다. 대포들이 성벽을 부수면 메운 해자 위로 병력과 장비를 이동시켜 즉시 성안으로 진격해 들어가야 하기 때문이다.

해자를 채우려고 온갖 잡동사니들까지 밀어 넣지만 늘 양이 부족하다. 땅굴을 통해 도성으로 진입하려고 밤중에 은밀히 지하를 파 들어가고 있는데, 거기서 나온 흙도 적들의 눈에 띄지 않게 처리할 겸 모두 해자 메우기에 활용하고 있다.^{QR코드 26}

4월 25일(수)

황제의 일기

바다는 어떻게든 지켜야 한다. 해상 주도권을 되찾아야 한다. 무슨 수를 써서라도 금각만에 진입한 적들의 함선을 다시 몰아내어야 한다. 안 그러면 이쪽 성벽 라인이 위험하여진다. 1204년 십자군의 도성 침입도 금각만 기습 진입을 통하여 이루어지지 않았는가. 여기에서 적들을 추방시키지 못하면 방어 병력 배치에도 애로점이 많아진다.

4월 28일로 예정된 기습 작전에 기대를 걸어본다. 몸도 마음도 무겁다. 억지로라도 잠을 청하여야겠다.

오, 주여! 당신의 백성을 긍휼히 여기소서.

술탄의 비망록

적들이 지금 무슨 짓을 꾸미고 있는지를 나는 훤히 알고 있다. 이제부터 중요한 것은 우리가 그들의 계략을 알고 있다는 사실을 적들로 하여금 모르게 하는 일이다. 적들이 그 사실을 알게 되는 순간, 이번에는 우리가 불리해지기 때문이다. 정보란 원래 그런 것이다.

"알라는 너희가 행하는 모든 것을 알고 계시니라".(꾸란 제9장 타우바 16절)

4월 26일(목)

황제의 일기

백성의 형편을 살피려고 궁 밖으로 나갔다. 날씨는 비가 올 듯 잔뜩 흐리다. 내 마음도 밝지 못하다. 어느 민가 앞에서 머리를 풀어헤친 채 슬피 울고 있는 여인을 보았다.

"여인아, 무엇이 그리 슬퍼 울음을 우느냐?"

여인은 말을 잊은 듯 나의 물음에도 답변이 없이 애끓는 울음을 그치지 않았다. 여인의 남편인 듯한 사내가 대신 대답하였다.

"황제 폐하, 송구스럽게도 제 처가 유산을 하였사옵니다."

"아니, 어쩌다가 그런 일을 당하였느냐?"

"오스만군의 대포 소리가 뱃속의 아기를 죽였사옵니다."

"오호, 통재라! 무어라 위로할 말을 찾을 수가 없구나. 군주가 부덕한 탓이로다. 울지 마라, 여인아! 내 기필코 이 원수를 갚고, 천년 제국을 지키겠노라."

나는 여인의 손을 잡아주고, 사내의 등을 두드려주었다.

신하들에게 알아보라 이르니 적들의 대포 소리에 놀라 아기를 유산하거나 사산한 경우는 비단 이 여인에게만 국한된 일이 아니었다. 새봄을 맞아 우렁찬 첫 울음소리와 함께 태어났어야 할 제국의 아이들이 지상에 나오기도 전에 다시 천상으로 돌아갔다.

야만의 튀르크 침략자들이여, 너희는 결코 씻을 수 없는 죄를 지었다. 너로 인하여 종달새는 태양을 향해 솟구치며 수다를 떨던 그 해맑은 지저귐을 멈추었고, 나이팅게일은 봄밤의 달빛 아래서 토해내던 사랑의 노래를 목젖 아래로 삼키었다. 철새들은 서둘러 북쪽 하늘로 망명해버렸다. 소나무 가지 위에 보금자리를 틀었던 황새는 대포의 굉음에 놀라 새끼들을 버리고 둥지를 떠났다. 가축들은 발정기를 혼동하고 수태를 잊었다. 벌과 나비들은 날갯짓을 그치었으며, 꽃들은 망울을 채 터뜨리기도 전에 꽃잎을 닫고 시들어버렸다. 들판의 곡식과 푸성귀들, 과수 열매들 또한 흉작을 이루었다. 군마와 포탄이 일으킨 자욱한 흙먼지로 신록들은 그 싱그러운 연둣빛을 잃었다. 겨울이 지난 지 벌써 오래건만 보스포러스에도, 콘스탄티노플에도 봄은 오지 않는다. 이단의 폭도들이여, 결코 용서받지 못할 죄를 저질렀구나.

"네 혀가 심한 악을 꾀하여 날카로운 삭도(削刀)같이 간사를 행하는도다."(시편 52편 2절)

술탄의 비망록

심리전은 나의 오랜 관심사, 지속적인 연구 대상이었다. 끊임없는 대포 발사로 공포심과 긴장감을 조성하는 것도 심리전의 일환이다.

때로는 빛이나 소리도 심리전의 효과를 높이는 수단이다. 고막을 찢어발기는 대포 소리, 지축을 요동치게 하는 메흐테르(Mehter: 오스만 군악대)의 악기 소리 역시 우리 병사들의 사기를 드높이고, 반대로 비잔티움 병사들과 시민들을 주눅 들게 만들려는 다목적 포석인 것이다.

대포 소리에 놀라 아기를 유산하였다고? 항복만 하면 이런 일은 없다. 황제여, 당신은 얼마나 어리석은가. 이 순간에도 그대의 백성은 굶주림으로 죽어가고 병사들은 공포에 떨고 있다. 오직 당신 한 사람의 안위, 당신의 왕권을 지키기 위하여 이토록 많은 백성들을 사지로 몰아넣는 부질없고 우매한 행위는 무엇으로도 용서받을 수가 없다.

이는 수백 년간 너희가 저지른 침략과 만행, 수탈과 억압에 대한 징벌이다. 신의 이름으로 무수한 전쟁을 일으키고 수많은 사람을 죽였지 않느냐. 선지자의 이름을 팔아 너희는 사리사욕을 채우고 반대파를 제거하였다. 그 심판을 이제 받는 것이다. 위대한 유일신 알라의 이름으로 내가 너희를 정죄할 것이다.

신이시여, 이 도시가 하루빨리 정복되어 선량한 백성들이 해방될 수 있기를 원하나이다.

4월 27일(금)

황제의 일기

도성을 가로질러 흐르는 리쿠스 강과 계곡은 도시민들의 휴양처 겸 말들의 급수원이었다. 군마를 돌보는 제국의 병사들은 매일 새벽과 저녁에 말을 물가로 데려가 물을 먹이고 갈기를 윤기나게 닦아주곤 하였다. 그물을 던져 물고기를 잡고, 여름이면 아이들이 물장구를 쳤다. 이 강 하류는 퇴적물이 계속 쌓여 지금은 항구 기능을 거의 상실한 테오도시우스 항을 거쳐 마르마라 바다로 흘러간다.

그런데 요 며칠 사이 강물 역시도 수난을 겪고 있다. 상류 지역인 메소테이키온(중앙 성벽)에서 치러지는 격전이 강물에 핏물을 보태었다. 말들도 고개를 돌리는 폐수가 되어버렸다.

물고기들은 죽어 배를 뒤집은 채 바다로 둥둥 떠내려갔다. 식량이 모자라 궁여지책으로 죽은 물고기를 요리하여 식탁에 올린 집에서는 옅은 피비린내가 난다고 한다.

지하로 스며든 핏물, 시체 썩은 물은 식수원마저 오염시켰다. 이 모두가 술탄 메흐메드 2세, 애송이의 무모한 만행으로 유발된 재앙이다.

　유스티니아누스 황제가 스토아 바실리카 아래에 건설한 거대한 지하 저수장[70]이 그나마 마실 물을 공급하여주고 있다. 나는 하루가 멀다 하고 이곳을 찾는다. 식수원은 이제 생명원이다. 아직까지는 버틸 수 있다. 저 야만인들은 우리가 이런 시설을 갖고 있을 줄 꿈에도 생각 못 할 것이다.

　성모 마리아여, 생명수를 이어주시는 주님께 감사드리나이다.

술탄의 비망록

비단 리쿠스 강뿐이랴. 머지않아 금각만과 보스포러스 바다도 피로 물들게 될 것이다. 황제와 측근들의 어리석음과 고집으로 정의에 저항한 대가가 얼마나 가혹하고 쓰라린가를 똑똑히 보여주겠노라.

　지하 저수장의 물 또한 마찬가지다. 물길을 찾아내어 급수를 차단시켜버릴 것이다. 문제는 도성 안으로 연결된 도성 밖 수원지를 도통 찾을 수가 없다는 사실이다.

　아니다, 구태여 그런 수고를 할 필요가 없다. 결국은 그 모두가 우리의 식수원이 될 제국의 재산이 아니던가. 그런 기반 시설은 마땅히 아무런

---

70 바실리카 시스턴(Basilica Cistern). 터키어로는 '지하 궁전'이란 뜻의 '예레바탄 사라이(Yerebatan Sarayi)' '예레바탄 사르느즈(Yerbatan Sarnıcı)'라고 불린다. 유스티니아누스 황제 시대에 세워졌다. 발렌스 황제(Valens: 재위 364~378년)가 건설한 '발렌스 수도교'를 통해 콘스탄티노플 서북쪽 19킬로미터 떨어진 벨그라드 숲에서 나오는 청정수를 지하 저수장으로 끌어왔다. 저수 용량은 8만㎥. 1985년 이스탄불 시가 대대적으로 청소, 복원했다. 북쪽 귀퉁이엔 고대 로마 시대에 옮겨진 2개의 메두사 기둥이 있다. 얼굴 1개는 거꾸로 서 있고, 또 1개는 옆으로 누워 있는 기이한 형상의 메두사가 기둥을 받치고 있다. 007 영화 제2탄 「위기일발(From Russia with Love)」(1963년)의 촬영장으로 유명하며, 한여름 밤엔 공간이 넓고 공기가 선선한 이곳에서 낭만적인 음악회가 열리기도 한다.

파괴 없이 보호하여야 한다.

황제여, 아직도 모르겠는가. 우리가 얼마나 위생적이며 과학적인지 ……. 정복 이후 나는 너희처럼 주먹구구식 관리가 아니라 철저하고 체계적으로 도시를 관리할 것이다. 황실과 귀족들만 흥청망청 쓰는 물이 아니라 도시민들 누구나 자유롭게 물을 마실 수 있는 급수 시설을 곳곳에 설치할 것이다.

이해할 수가 없도다. 군주 된 자로서 백성을 위하는 마음이 범상치 않아 보이거늘, 황제는 어찌하여 한사코 모두가 죽는 길로 가려 하는가.

신이시여, 낡은 제국, 낡은 시대, 낡은 인물을 보내고 새로운 제국, 새로운 시대를 열 기회를 주신 줄로 믿사옵니다.

4월 28일(토)

황제의 일기

그날이 왔다. 그런데…….

애초의 기습 예정일보다 4일이나 늦은 오늘, 동이 트기 2시간 전쯤 행동이 개시되었다. 4월 20일의 해전을 승리로 이끌었던 트레비사노가 지휘를 맡은 베네치아 갤리선 2척의 호위 아래 단단하게 무장한 비잔티움 연합군의 대형 수송선 2척이 조용히 움직이기 시작하였다. 1척은 베네치아, 다른 1척은 제노바 선박이다. 수송선들은 포격에 대비하여 두터운 솜과 양털을 채운 자루로 뱃전을 보호하고 있었다. 갤리선 2척에는 각각 40명의 노잡이들이 타고 있었다. 갤리선 후미로는 코코 선장이 이끄는 3척의 푸스테가 따라붙었다. 그 옆과 뒤로는 그리스 화탄을 비롯하여 송진·유황·기름 등 가연성

물질을 무더기로 실은 여러 척의 작은 배들이 조용히 물살을 갈랐다. 야습의 주역을 맡게 될 기동대들이었다.

새벽의 바다는 고요하고 칠흑같이 어두웠다. 달마저 구름에 가려 있었다. 우리 배들은 잠든 물고기들도 깨어나지 않을 만큼 천천히 숨을 죽인 채 일사불란한 움직임으로 호수 같은 금각만 수면에 파도 한 점 일으키지 않으면서 앞으로 나아갔다.

출항 직후 갈라타 거류구의 한 탑에서 불빛 한 점이 섬광처럼 반짝여, 혹시 이것이 암묵적인 신호가 아닐까 의심을 품기도 하였으나 그런 것 같지는 않았다. 어둠 저편에 무리 지어 정박해 있는 오스만 함대를 향하여 노를 저어 갔지만 그쪽에서는 아무런 기미도, 기척도 느껴지지 않았기 때문이다.

금각만 상류 쪽으로 소리 없이 움직이던 선단이 적선의 계류지인 만에서 안으로 들어간 샘터 쪽으로 방향을 틀려는 순간 코코를 태운 푸스테가 갑자기 속력을 내기 시작하였다. 그 배는 삽시간에 4척의 배를 추월, 선단 맨 앞으로 나서더니 오스만 함대 쪽으로 곧장 미끄러져 나아갔다. 명예욕이 강한 코코가 더 이상 참지 못하고 선발대로 나선 것이다.

이제 드디어 적들의 배를 불바다로 만들 순간이 다가온 것인가. 그러나 아뿔싸, 공격 개시를 하려는 순간, 해안가에 묵묵히 서 있던 오스만군의 대포가 느닷없이 잠든 바다를 깨우는 굉음과 함께 불길을 내뿜으면서 선제공격을 해왔다. 전혀 예기치 못하였던 일이다. 실행일이 연기되는 바람에 오스만 진영으로 기밀이 흘러들어 가 오히려 미리 기다리고 있던 적들의 역공을 당하고 만 것이다.[71]

황급히 도망치려 하였지만, 폭이 좁은 금각만 안에서 치러진 해전은 허를 찔린 역공으로 참패를 면하지 못하였다. 연안으로 이동 배치되어 있던 오스만군 대포들도 합세, 일제히 협공을 시작하였다.

포탄 하나가 코코 선장의 푸스테 한복판으로 떨어졌다. 불길에 휩싸인 배는 급격하게 기울기 시작하였다. 돌격 대장 역할을 맡았던 코코는 침몰하는 순간까지도 배에서 떠나지 않고 용맹무쌍하게 싸우다가 배와 함께 장렬하게 운명을 같이하였다. 나머지 푸스테들과 주위를 맴돌던 다른 작은 배들은 갤리선의 보호막 안으로 황망히 도주하였다.

그러나 안전지대는 없었다. 오스만 대포들은 탑에서 비치는 불빛과 스스로 쏘아 올린 섬광을 조명등 삼아 계속 조준 포격을 퍼부었다. 그나마 선체에 매단 자루들이 포격의 충격을 완화시켜주어 치명적인 파괴는 면하였지만, 수송선에 탄 선원들은 화재를 수습하느라 바빠 소형선들을 구하여줄 여력이 없었다. 배 몇 척이 바다 밑으로 가라앉았다.

함대 총사령관 트레비사노의 갤리선도 고전을 면치 못하였다. 적들은 선체에 보호막을 두르지 않은 갤리선을 겨냥해 집중 포격을 가하였다. 급기야 산등성이 비탈진 곳에서 날아온 위력적인 포탄이 갤리선의 돛대를 부러뜨리고 배를 기울게 하였다. 트레비사노는 물이 차오르는 갤리선을 버리고 대원들과 함께 구명보트로 옮겨 탈 수밖에 없었다. 동쪽 하늘의 구름이 밝게 반사될 즈음, 양군은 각자의 진영으로 돌아갔다.

태양은 어느덧 중천에 떠 있었다. 메흐메드는 격침된 코코의 배 등에 타고 있다가 생포된 우리 수병 40명을 도성 시민들 눈에 잘 보이는 곳에서 보란 듯이 공개 처형하였다. 참으로 악랄하고 잔혹한 놈들이다. '눈에는 눈, 이에는 이'다! 우리도 분노와 증오에 휩싸여 포로로 잡혀 있던

---

71 베네치아 선의(船醫)로 참전했던 니콜로 바르바로는 이 작전의 실패가 제노바 측이 술탄에게 사전에 정보를 누설한 결과라고 단정 지으며 첩자 이름[피엔조(Fienzo)]까지 거명하고 있다. 다른 책이나 자료에는 이렇게까지 구체적인 기술은 없다.

260명의 오스만 죄수들을 성벽 위로 끌어올려 참수하였다.

그동안 해상 전투만큼은 우위를 지켜왔건만, 이 무슨 뼈아픈 패배란 말인가. 이 때문에 금각만에서의 해상 주도권마저 상실하는 게 아닌가 싶어 나는 섬뜩해졌다.

바다에 수장되거나 술탄의 칼날 아래 스러져간 영혼들을 위하여 기도하였다. 가슴이 아프다.

성모 마리아여, 더 이상의 희생이 다시는 나오지 않도록 지혜를 깨우쳐 주소서. 야만의 손에 희생된 전사들을 주님 품 안으로 인도하여주소서.

술탄의 비망록

전쟁은 정보다. 누가 얼마만큼 빠르고 풍부하고 정확한 정보를 손에 쥐고 있는가에 따라 전쟁의 승패가 좌우된다.

특히 군사 작전에 있어서는 비밀 엄수가 생명이다. 첩자나 밀고자가 있으면 뒤통수를 강타당하기 십상이다. 나는 중요한 군사 작전을 앞두고서 누구라도 비밀을 못 지키거나 누출시키는 경우가 발생하면 절대로 용서를 하지 않았다. 나 스스로도 항상 경계하였으며, 주변에도 경고의 말을 자주 던졌다. 한 번은 섣불리 전투가 치러질 장소를 묻는 부하에게 이런 말을 한 적도 있다.

"단언하건대 만약 내 턱수염 중 어느 한 올이 이 비밀에 대하여 알게 되었다면 나는 내 턱수염들을 한 올 한 올 모두 턱에서 뽑아내어 화형에 처하겠노라."

적군의 야습 작전 계획은 갈라타의 제노바인들 귀에 들어가는 순간 곧바로 우리 진영으로 흘러들어 왔다. 작전은 끝난 것이나 마찬가지였고, 결과는 자명하였다.

우리는 만반의 준비 태세를 갖추고 있다가 적들이 움직임을 시작하자 어둠 속에서 포신을 정렬한 다음 갈라타 탑에서 비치는 불빛을 신호탄 겸 조명탄 삼아 표적들을 조준하여 줄기차게 포탄을 퍼부었다. 적의 배들이 바닷속으로 가라앉았다. 가까스로 해안까지 헤엄쳐 나온 병사들을 포로로 잡아 도성 시민들 눈에 잘 보이는 공개된 장소에서 모두 처형시켰다. 선혈이 솟구쳤다. 피묻은 칼날이 햇살을 받아 살기를 띠며 번뜩였다. 장엄한 장례였다.

황제 역시 도성의 감옥에 가두었던 우리 병사들을 똑같은 방식으로 처리하였다. 그러나 나는 눈 하나 깜빡하지 않는다. 이는 그가 심하게 흔들리고 있다는 증표이리라.

통쾌하도다. 육로를 통한 오스만 함대의 금각만 진입에 이은 이 해전의 승리로 우리는 더욱더 확고한 해상 통제와 더불어 성벽 돌파를 위한 강력한 교두보를 마련하게 되었다.

전지전능한 유일신, 알라는 위대하도다. 이 기쁜 승리의 소식을 알라께 전할 수 있게 되었나이다. 다음엔 더 큰 승전 소식으로 알라께 영광을 바치겠나이다.

4월 29일(일)

황제의 일기

잔뜩 흐린 일요일, 아침 기온은 늦은 봄날답지 않게 쌀쌀하다. 적의 대포가 포연을 뿜기 시작한 이래로 맑은 하늘 보기가 쉽지 않다.

요즘에는 교회를 매주 바꾸어가며 다닌다. 오늘은 금각만 언덕에 자리한 몽골 산타 마리아 교회에서 성찬 예배를 보았다.^{QR코드 10} 이 교회는 1282년 미카엘 8세 팔라이올로구스 황제의 서출인 마리아 공주가 세웠다(재건이란 설도 있음). 부친의 뜻에 따라 몽골족 일칸국(—汗國)의 왕과 혼인하기로 한 공주는 일칸국에 도착도 하기 전 왕이 죽는 바람에 왕자와 결혼, 15년을 살면서 왕실 가족들을 그리스도 교인으로 개종시켰다. 남편이 암살당하자 콘스탄티노플로 돌아온 마리아에게 미카엘 8세는 후임 일칸국 왕과의 재혼을 종용하였지만 그녀는 거부하고 수녀가 되어 여생을 이 교회에서 보내었다. 그녀의 정숙한 모습은 성벽 부근의 코라 교회(카리예 박물관)에 모자이크로 남아 있다. 마지막 순간이 오면 나도 이 아름다운 교회에서 주님 품에 잠들고 싶다는 생각이 문득 들었다.

아침 예배 참석 후 바로 집무를 시작하였다. 코코의 전사 이후 베네치아 함대가 재편되었다. 나는 새로운 갤리선 사령관으로 조르조 돌핀(Zorzo Dolfin)을 임명하였다. 어제의 충격으로 몸은 피곤하고 마음은 스산하다.

저녁 식사 후 마우리키우스(Mauricius) 황제가 쓴 『스트라테기콘』[72]을 펼쳐 들었다. 젊은 장교들에게도 적극 추천하는 야전교범 겸 병법서이다. 그중 한 구절이 내 마음을 찔렀다.

"장군의 입에서는 결코 '이런 일은 전혀 예견하지 못하였다'는 말이 나와서는 아니 된다."

며칠 전 술탄의 함대가 갈라타 언덕을 넘어 금각만으로 진입한 사건

---

72 Strategikon. 비잔티움 제국 황제 마우리키우스 티베라우스(재위 582~602년)가 저술한 종합 군사 교본. 진격 계획·군사행정·조병학(병기공학)·전술전략·부대배치·행동강령·지휘관 인사 등 병법의 각론부터 총론까지를 다채로우면서도 섬세하게 다룬 군사 지침서이다. 진영을 치고 대열을 짜는 방법까지 도해를 곁들여 설명해놓았다. 특히 기동성과 융통성을 강조한 기마병 전술에 초점이 맞추어져 있다.

이나 실패로 끝난 어제의 튀르크 함대 진압 작전 등은 나로서는 전혀 예견치 못한 일이었다. 마우리키우스 황제였다면 미리 알아차리고 적절하게 대응 조치를 했을까?

책은 용병술에도 상당 부분을 할애하였다. 병사들의 사기를 북돋고 감정을 조절하는 방법에 대한 조언들도 있다.

"병기를 잘 갖추고 정신 무장이 잘된 병사일수록 자신에게는 더 큰 자신감을, 적에게는 더 큰 두려움을 심어주게 된다."

"아군의 사기를 북돋우려면 적군 포로 중 건강하고 기백이 넘치는 자들의 모습은 시야에서 차단시켜야 한다. 그 대신 병들고 허약한 포로들을 발가벗긴 다음 병사들 앞에서 채찍질하고 행진을 시켜야 한다. 그리하면 적군이 얼마나 초라하고 나약한 존재인지를 병사들에게 각인시키는 효과가 있다."

고개를 끄덕이면서 읽어 내려가다가 이 대목에서 잠시 넘기던 책장을 멈추게 된다.

"그러나 제아무리 사기를 고양시킨다 한들 식량과 물자가 부족하거나 지원 병력이 없다면 문제가 심각해진다. 그것들이 결핍되면 병사들이 자꾸만 딴생각을 하고, 행동하기를 주춤거리며, 적과 맞서 싸울 힘과 용기를 잃게 되기 때문이다."

식량과 물자 부족 및 지원 병력 부재, 이 모두가 지금의 우리 군을 두고 하는 얘기 같아서 가슴이 답답해진다.

아이러니하게도 이토록 자신 있게 용인술과 용병술을 논하고 있는 마우리키우스 황제는 재정의 고갈과 과도한 징세가 촉발시킨 하급 장교들의 반란으로 가족과 더불어 피살되었다. 이론과 실제는 다른 것인가.

주님, 성모 마리아께 봉헌된 이 도시에 하늘의 '만나(manna: 모세의 출애굽기 시절, 광야에서 생활하던 이스라엘 백성에게 하늘이 내려준 양식)'를 맛보게 할 수는 없겠나이까.

어제 있었던 해상 전투의 압승으로 금각만에서의 주도권을 확실히 쥐게 되었다. 더구나 부교 설치로 압박을 받은 황제가 함대를 동원하여 부교를 공격해 올까 마음이 쓰였는데 그 가능성마저 일소되었다. 적들의 잘못된 전략이 빚은 자업자득이다.

제노바 직할지인 갈라타 자치구에 대하여서도 더욱 강화된 통제권을 갖게 되었다. 거류민들에게 실질적이고도 정신적인 압박을 가하게 된 것이 무엇보다도 큰 성과였다. 금각만 진출로 우리가 갈라타를 포위하고 있는 형국이다. 제노바 상인들은 더는 금각만 너머 콘스탄티노플로 상품을 실어 나르며 우리 측 정보를 적에게 전달하기가 쉽지 않을 터이다. 갈라타의 관리들도 그런 모험을 하려면 목숨을 내어놓고서 해야 할 것이다.

그들은 지금 내부로부터 분열되어 있다. 어제의 해전 승리도 갈라타인들의 사전 정보 제공과 협조가 한몫하였다. 그러나 여전히 경계해야 할 족속들이다.

지금껏 제노바인들은 이 전쟁에 임하는 태도가 모호하고 불분명하였다. 대외적으로는 엄정중립을 표방하고 있으나, 심정적으로는 같은 신앙을 가진 비잔티움 쪽으로 많이 기울어 있었다. 금각만 쇠밧줄의 한쪽 끝을 도성의 성탑과 연결해준 것도 그들이고, 이번 금각만 우리 선박 기습 폭파 시도에도 제노바 배가 동원되었다. 비록 역발상 우회 작전으로 돌파하고 첩보를 활용한 역습으로 혼을 내주기는 하였으나, 갈라타인들이 중립을 엄격하게 지켰더라면 구태여 이런 수고를 할 필요도 없었다.

220

제노바 출신인 보키아르도 삼 형제, 그리고 주스티니아니만 하여도 그렇다. 아무리 급료를 받고 지원한 용병대장이라지만, 그들은 지금 도성 방어에 누구보다도 열심 아닌가. 그뿐만 아니라 갈라타 주민 몇몇은 이미 주스티니아니의 부대에 합류한 것으로 알고 있다. 우리와 상거래를 하면서 얻은 정보를 비잔티움 진영에 몰래 흘리는 자들도 드물지 않다.

마음 같아서는 갈라타 성벽부터 먼저 박살을 내고 제노바 자치구를 점령하고 싶지만, 모든 것은 순서가 있는 법이다. 지금은 콘스탄티노플 도성 함락에 집중하여야 할 때이다. 지금 우리가 갈라타를 공격한다면 제노바 본국에서 가만히 보고만 있겠는가. 분명 대규모 함대를 파병할 터이고, 그러면 이 정복 전쟁에 막대한 차질을 빚게 된다. 아직은 때가 아니다.

나에게 분별력을 주신 알라여, 당신은 진실로 위대하나이다.

4월 30일(월)

황제의 일기

꿈에 테오도라[73] 황후가 나를 찾아왔다. 아니다, 나의 간절한 염원이 꿈길에서나마 나로 하여금 황후를 찾아가게 이끌었는지도 모른다. 꿈속의 황후는 비감

---

73 Theodora(500~548년). 비잔티움 황제 유스티니아누스의 왕비. 곰 조련사 아버지와 연극배우 어머니 사이에서 태어났다. 그녀 자신도 서커스 배우 출신(고급 매춘부였다는 설도 있음)이었다. 유스티니아누스 1세는 황위에 오르기 전에 만난 테오도라의 미모와 총명함에 반해 결혼을 극심하게 반대하던 숙모(에우페미아 황후)가 죽자, "회개하면 면죄될 수 있다"면서 숙부인 황제 유스티누스(Iustinus) 1세를 끈질기게 설득했다. 또 당시 귀족과 천민의 결혼을 금지하던 로마법까지 뜯어 고쳐가며 525년, 그녀를 아내로 맞아들였다. 이후 테오도라는 527년, 황제와 함께 대관식을 치른 뒤 여제(女帝)로서 정치·외교·종교 등 제반 통치에 막대한 영향력을 발휘했다. 강인하면서도 동정심이 넘치는 여걸이었다.

한 듯 결연한 표정을 짓고 있었다.

니카의 반란[74] 당시 유스티니아누스 황제는 폭도들을 피하여 일단 콘스탄티노플에서 도망친 다음 후일을 도모할 생각이었다. 지척에서 들려오는 성난 군중의 '황제 퇴진' 연호(連呼)에 기가 질려 황궁 나루터에서 배를 타고 도주할 계획까지 세워두고 있던 참이었다. 그러나 테오도라 황후가 간절하면서도 강경한 호소로 황제를 만류하였다.

"아니 되옵니다, 폐하. 제국의 황제는 황제답게 살고 황제답게 죽어야 하옵니다. 비록 최후를 맞더라도 제국의 수도에서 장엄하게 전사하셔야 하옵니다. 황제의 자줏빛 어의(御衣)야말로 옥체를 덮기에 가장 고결하고 아름다운 수의(壽衣)가 아니겠사옵니까. 저는 제국을 벗어나 도망치느니 차라리 이 황후복을 수의로 삼겠사옵니다."

유스티니아누스 황제는 테오도라 황후의 결연한 태도에 감복, 폭도들과의 타협이나 황궁 탈출을 포기하고 무력으로 반란을 진압하였다. 군중이 추대한 시민 황제 히파티우스는 물론 반란군 3만 명을 히포드롬에서 무자비하게 살해함으로써 니카의 반란은 평정되었다.

그 황후가 나의 손을 잡고 이렇게 말하였다.

"콘스탄티누스여, 무엇을 두려워하느냐. 제국이 무너지는 것을 두려워

---

74 유스티니아누스 황제 당시 비잔티움 제국 수도인 콘스탄티노플을 8일 동안 무정부 상태에 빠뜨렸던 민중 반란. 532년 1월 10일 정치적·종교적 맞수였던 청색파(Factio Veneta)와 녹색파(Factio Prasina) 간에 히포드롬에서 열린 전차 경주 응원 도중 싸움이 벌어져 주동자들이 사형을 언도받자 이들은 황제에게 감형을 요구했다. 하지만 탄원이 받아들여지지 않자 양 파가 연합해 '니카(Nika: 승리의 여신 Nike에서 나온 말로 경기장에서 응원할 때 지르는 '이겨라'라는 함성)'를 외치면서 거리로 몰려나와 방화와 파괴를 일삼았다. 여기에 편승해 황제의 반대파였던 원로원 의원들은 이전 황제의 조카인 히파티우스를 새 황제로 옹립했다. 피신하려던 유스티니아누스 황제는 왕비 테오도라의 간언(諫言)으로 생각을 바꾸어 반란군을 급습, 진압에 성공했다. 반란 과정에서 하기아 소피아와 이레네 성당은 소실되었다. 반란을 진압한 유스티니아누스는 불탄 자리에 곧바로 막대한 비용을 들여 대성당을 다시 짓기 시작했다.

하느냐. 성모 마리아에게 봉헌된 이 도시가 아니더냐. 주님의 이름으로 말하건대 비잔티움 제국은……."

그러고는 사라졌다. "뭐라고요?" 하려는 순간 꿈이었다. 정말로 테오도라 황후였던 걸까, 내가 그렇게 생각한 것인가. 밤마다 잠 못 자게 하던 대포 소리도 들리지 않건만 선잠이 들었다가 깬 것 같다.

요즘 들어 부쩍 오래도록 발걸음을 하지 않았던 하기아 소피아를 방문하여야겠다는 생각이 든다. 다수가 반대하는 교회 통합주의의 본산으로 알려진 후부터 시민과 사제들의 발길이 끊어져 마치 시나고그(Synagogue: 유대교 회당)처럼 되어버린 대성당이다. 제물도 향연도 예배와 찬양도 사라진 지 오래다. 거기 가서는 회랑 기둥에 새겨진 테오도라 황후의 모노그램을 어루만지며 용기를 얻고 싶다.

오, 주여! 황제의 옷이 나의 수의가 되더라도 이 성을 죽음으로써 지키라는 뜻이나이까.

술탄의 비망록

꿈에 테오도라가 나타난 뜻을 헤아리지 못하다니, 정말로 어리석은 자로구나. '무모한 저항은 멸살을 가져온다는 것'! 너희 말대로 성모에게 봉헌된 도시라면 성모의 유물들이 다치지 않도록 어서 빨리 항복하라는 뜻이 아니더냐. 그렇다면 내가 서둘러야겠다. 기필코 이 성을 정복하여 하기아 소피아를 방문하겠노라. 테오도라의 모노그램을 비롯하여 유물과 건축물에는 손끝 하나 대지 않겠노라. 단 너희 기독교 정신에도 어긋나는 우상 숭배의 상징들만큼은 이슬람의 율법 아래서 용납할 수 없도다.

나스레딘 호자[75]가 쓴 우화 가운데서 하나를 부하들에게 들려주었다. 그들 귀에도 익숙해 있을 유명한 이야기이다.

"어떤 아이가 호자에게 호두를 가져와 5명의 아이들에게 인원수대로 나누어달라고 요구한다. 호자는 아이에게 '신의 분배 방식을 원하느냐, 인간의 분배 방식을 원하느냐'고 묻는다. 아이는 신의 분배 방식으로 나누어달라고 대답한다. 자, 호자가 아이들에게 호두를 어떻게 분배하였더냐?"

내가 묻자 젊은 무장 하나가 답하였다.

"폐하, 저희는 그 답을 알고 있사옵니다. 첫째 아이부터 넷째 아이까지 모두가 그 양이 달랐고, 유독 다섯째 아이에게는 호두가 한 알도 차례가 가지 않았사옵니다."

"그래, 맞았다. 그럼 호두를 전혀 받지 못한 아이의 항변에 대한 호자의 답변도 알고 있겠구나. 내처 말하여보거라."

"폐하, 호자는 아이에게 이렇게 대답하였사옵니다. '신은 누구에게는 많이, 누구에게는 적게, 누구에게는 전혀 주지 않는 분이시다. 만약 너희가 인간의 분배 방식을 요구하였더라면 나는 호두 알의 수를 헤아려 너희 머릿수대로 정확히 균등하게 나누어 주었을 것이다.'"

나는 고개를 끄덕이며 힘주어 부하들에게 말하였다.

"그렇다. 그것이 바로 신의 분배 방식이다. 비유하건대, 저 도시는 호두가 주렁주렁 달려 있는 호두나무와도 같다. 이 호두나무를 우리가 차지

---

75 Nasreddin Hodza(1208~1284년). 따뜻한 웃음과 지혜를 선사하는 터키 출신 해학과 기지의 민중 철학자. 『이솝우화』나 『탈무드』처럼 짤막짤막한 우화들로 구성된 일화집 『나스레딘 호자 이야기』로 널리 알려졌다. 나스레딘의 애칭이 된 호자는 터키어로 '선생'이란 뜻. 서민들과 당나귀 같은 동물들을 내세워 '거꾸로 철학'으로 사회를 풍자했다. 이슬람력 683년에 세상을 떠났지만 묘비엔 사망 연도가 386년으로 적혀 있다. '거꾸로 철학'을 무덤 속까지 가져간 것. 그가 남긴 우화집은 『아라비안나이트』와 함께 이슬람 세계의 삶과 관습을 유추할 수 있는 중요한 자료로 평가받고 있다.

하는 날, 나는 인간의 분배 방식이 아닌 신의 분배 방식으로 그대들에게 호두를 나누어 줄 것이다. 각자의 몫은 그가 무슨 일을 하고, 또 얼마나 노력하였는가에 따라 달라진다. 그대들 모두 더 많은 호두알, 가장 많은 호두알을 배분 받기 위하여 열과 성을 다 바치도록 하라. 알겠느냐?"

"네, 폐하! 충성을 다하여 반드시 주군의 뜻을 이루겠사옵나이다."

신하들의 우렁찬 목소리가 나의 기분을 흐뭇하게 하였다.

전지전능하신 유일신 알라여, 저에게 당신의 뜻이 임하게 하소서.

5월 1일(화)

황제의 일기

큰일이다. 식량이 점점 떨어져간다. 사용할 일이 없어진 스푼과 포크들에 녹이 슬 지경이다. 창고는 바닥났고, 양식 값은 급등하였다. 돈을 주어도 사기 힘들다고 한다. 품귀 현상이다. 베네치아인들이 거주하는 금각만 입구의 라틴구는 전쟁 발발 초기부터 이미 무역항 기능을 상실하였고, 갈라타의 제노바 자치구도 오스만군의 금각만 진입 이후 더는 공공연한 상거래가 불가능해졌다.

아이들 눈에는 움푹 구멍이 파여 있다. 산모들 가슴에서는 젖이 마른 지 오래다. 성벽을 지켜야 할 병사들이 허기에 지쳐 아사 상태에 놓인 처자식을 돌보려고 근무 교대 시간을 틈타 초소를 이탈하는 일이 잦아졌다. 그러나 집에 간들 무슨 뾰족한 수가 있겠는가. 최소한으로 지급되는 양식을 아껴 빵 한 조각 먹이고는 허탈한 발걸음으로 되돌아오기 일쑤다. 이들에게 차마 잠시 군영을 이탈한 죄를 묻지 못하겠다.

내성벽의 성탑은 2층 구조여서 1층은 마구간이나 군수물자 또는 비상 식량 저장소로 활용하여왔었다. 그러나 마구간은 텅 비었고 저장 창고로 쓰던 몇 안 되는 곳마저도 바닥이 들여다보인다. 성탑 1층에서 2층 망루 쪽으로는 올라갈 수 없다. 설사 적이 1층을 장악하더라도 더 중요한 2층으로는 진입을 못하도록 설계되었다. 2층은 바로 적을 향해 총과 활을 쏘는 총안과 성루가 있고, 또 내성벽 방어군들의 통로로 연결되기 때문이다. 문제는 외성벽 수비병 일부가 교대 시간에 1층 창고에 몰래 접근하여 밀 한 줌이라도 집어 가는 일이 생긴다는 것이다.

제국의 금고는 하루가 다르게 비어가고 있다. 보급품이 고갈되고 급여를 지급받지 못하여 탈영하거나 적진으로 투항하는 병사들이 하나둘 생기기 시작하였다. 나는 긴급회의를 소집하여 불평불만이 안 생기도록 식량 배급을 균등하게 하고 창고 경비를 엄격히 서면서 사후 조사도 더욱 철저히 하라고 재차 지시하였지만 영이 제대로 서지 않는 것 같다.[76]

한때 100만 가까운 인구가 북적대던 도시였건만 이제 그 10분의 1[77]도 되지 않으니 성안 곳곳을 포도원과 농경지가 차지하고 있다. 그러나 농사지을 일손도 부족하거니와 매일같이 포연과 소음에 시달리다 보니 과일이나 푸성귀 역시 작황이 좋을 리가 없다.

오스만 함대의 해상 장악으로 어선들도 발이 묶였다. 고등어·청어·전

---

76 "농경지나 포도원을 돌봐야 한다는 둥 피로가 겹쳤다는 둥 갖은 핑계를 대며 성벽을 이탈하는 비잔티움 병사들을 여럿 보았다. 어떤 이는 가족을 돌봐야 한다 하고, 다른 이는 급여가 적다 불평하고, 또 어떤 이는 돈을 벌기 위해 다른 일거리를 찾아봐야 한다고 하소연한다. 이들에게 '자리 이탈은 당신들뿐만 아니라 모든 기독교인을 곤경에 빠뜨리는 일'이라고 책망하자 이들은 '가족이 곤경에 처했는데 어찌 우리가 군대를 생각할 수 있겠는가'라고 대답했다. …… 이후로 황제는 가족을 보살펴야 한다는 핑계를 대고 탈영하는 일과 식료품을 사들여 창고에 쌓아놓고 가격을 높이는 행위를 막기 위해 군대의 힘을 빌려 균등하게 배분하라는 명을 내렸다. 그러나 이런 질서는 깨졌고 황제도 위엄을 상실했다."(레오나르드 주교의 비망록에서)

226

갱이·삼치·대구 등 어획량이 풍부하여 '바다 목장'이라 불리던 금각만과 마르마라 해 일대에서도 그물은커녕 낚싯대조차 드리울 수가 없다.

그나마 나의 식탁에는 빵과 포도주가 올라온다. 그러나 도통 식욕이 없다. 굶주리고 있을 백성들을 생각하면 음식이 목으로 넘어가지 않는다.

무기 창고도 점점 바닥을 보이고 있다. 화살이나 화탄 같은 소모품들이 더 심각한 문제이다. 성벽은 공격의 방어막이지만 보급품의 차단막이기도 하다. 오래 끌수록 불리한 싸움이다. 참으로 답답하고 무심하도다. 사정이 이러할진대 보내주기로 한 원조와 원군은 어찌하여 기별조차 없단 말인가.

나로서는 도성 시민 대다수가 반대하는 교회 통합까지 수용해가면서 나름대로 최선을 다하였다. 그러나 반응은 시큰둥하다. 베네치아에 사절단을 파견하여 긴급 원조를 요청하였으나, 그곳 원로원이 진정성이 전혀 느껴지지 않는 그야말로 형식적인 답장만 보내어왔다. 아무래도 포스카리(Foscari) 도제(Doge: 종신직 총독)가 사적인 감정으로 훼방을 놓는 것 같다. 그는 딸을 나에게로 시집보내려 하였으나 내 친척들의 반대로 무산되자 그때부터 우리 제국에 적대감을 표출하여왔다.

제노바로 파견한 사절단이 받아온 약조는 고작 배 1척 제공이었다. 제노바 정부는 사절단에게 "그 이상의 원조는 프랑스 왕과 피렌체 공화국에 간청하여보라"고 말하였다고 한다. 아라곤의 알폰소(Alfonso) 5세 국왕은 우리 사절단이 콘스탄티노플로 운송할 식량들을 시칠리아에서

77 "도시에 남아 있는 사람 중 대부분은 비전투원이다. 망루를 지키는 병사는 한 망루 당 2~3명뿐이며, 병사 한 명이 3~4개 흉벽 수비를 맡아야 한다."(크리토불로스가 기록한 「술탄의 연설」에서). 테탈디는 1453년 당시 콘스탄티노플 인구를 2만 5000명~3만 명으로 보았다. 레오나르드는 6만 명, 크리토불로스는 5만 4000명(전사자 4000명 포함), 에드워드 기번은 10만 명, 에드윈 피어스는 8만 명(포로 5만 명, 전쟁 전 탈출 1만 명, 여성과 노인 1만 명) 정도로 추산했다.

모을 수 있도록 편의를 보아주겠다고 생색만 내었을 뿐이다(비잔티움이 서유럽에 파견한 사절단은 결국 전쟁이 끝날 때까지 아무 소득도 없이 그곳에 머물다가 다시는 본국 땅을 밟지 못했다).

얼마나 속이 타고 절박하였던지 전쟁이 임박하였을 때는 원조에 대한 반대급부까지 내세우며 기독교적 양심에 호소하였었다. 나폴리와 시칠리아의 통치자인 아라곤 왕 알폰소에게는 렘노스 섬을 주마고 약속하였다. 튀르크군을 상대로 연전연승을 거두다가 1448년 무라드 2세와 '검은 새들의 들판'에서 맞대결한 제2차 코소보 전투[78]에서 참패한 헝가리 왕국의 섭정 후냐디 장군에게는 흑해 연안 도시인 셀림브리아와 메셈브리아(Mesembria)를 약속하는 칙령을 내렸다. 제노바 속령인 키오스 섬의 지도자들에게도 지원을 호소하며 상금을 내걸었다. 그랬는데도 반응은 미적지근하였다. 지키지 못할 약속이라고 생각한 것일까.

로마 가톨릭 교회 못지않게 정교회 측 군주들 또한 서운하기는 마찬가지이다. 누구 하나 아무런 도움도 주지 않았다. 이러고도 신앙의 형제라고 할 수 있는가. 러시아 대공은 지리상으로도 먼 거리지만 내부 문제로 골머리를 앓고 있어 호소하여도 먹혀들지 않았다. 세르비아·몰다비

---

78 1389년 오스만의 승리로 끝난 제1차 코소보 전투에 이어 1448년 두 번째로 벌어진 헝가리가 주축이 된 가톨릭 연합군과 오스만군 사이의 전투. 'Kosovo'는 세르비아어로 '검은 새'란 뜻의 지명이다. 1444년 바르나 전투 패배 이후 복수의 기회를 노리던 후냐디는 다시금 오스만 제국에 도전장을 던졌다. 알바니아 지도자 스칸데르베그의 군대는 후냐디의 헝가리군과 합류하려 했지만 오스만의 봉신인 세르비아 군주 브란코비치의 공격을 받고 행군이 지체되었다. 그해 9월 도나우 강을 건넌 후냐디는 독일의 십자군 등 지원군을 기다리며 브란코비치 설득에 나섰으나 그는 술탄 편에 서서 오히려 후냐디의 군대를 함정에 빠뜨렸다. 후냐디가 코소보 평원에 도착했을 때는 이미 오스만군이 그 지역을 점거하고 있었다. 이틀간의 전투는 오스만군의 완승으로 끝나고, 세르비아군에게 생포된 후냐디는 거액을 지불하고 나서야 겨우 석방되어 헝가리로 돌아갔다. 술탄 복귀 2년 만에 결정적인 전투에서 승리한 무라드 2세는 발칸에 대한 통제권을 손에 쥐게 되었다. 왕에서 왕자의 신분이 된 메흐메드 2세는 열여섯 살 때 부왕을 도우려고 참전한 이 전투에서 우익을 맡아 활약했다.

아(Moldavia) · 왈라키아(Walachia)의 군주들은 술탄의 가신이거나 손아귀 아래 있었다. 그렇더라도 같은 기독교인들이니까 심정적으로는 응원을 보내고 있을 거라는 생각으로 굳이 위안을 삼아본다.

그나저나 뒤늦게나마 원로원에서 함대 파견을 의결[79]하였다는 베네치아 수송선들은 왜 아직껏 감감무소식이란 말인가. 지금 어느 해역을 지나고 있는가.

주님, 주님 보시기에 합당치 않사옵고 지은 죄가 많사오나 부디 용서하시옵고 은혜를 내려주소서. 이 백성을 긍휼히 여기사 자비를 베푸소서.

술탄의 비망록

내 듣자 하니 이 성벽이야말로 보물 중의 보물이로구나. 지금으로부터 1000년 전에 지어진 성벽이 이토록 강하면서도 과학적일 줄이야. 테오도시우스 2세 황제는 정말로 대단한 일을 하였구나. 그가 비록 나이가 어려(408년 일곱 살에 왕위에 올라 413년 열두 살 때 성벽 공사 시작) 현장에서 진두지휘는 못 하였겠지만 훌륭한 부하(초기 섭정 안테미우스)를 두었구나. 내 기필코 이 도시를 정복하여 성벽을 보다 더 가치 있게 활용하겠노라.[80]

---

79 베네치아 원로원은 1453년 2월 19일, 콘스탄티노플에 거주하는 베네치아 대사 미노토가 보낸 편지로 비잔티움 제국의 가장 최근 소식을 접한 다음에야 비로소 400명의 병사를 실은 군용 수송선을 콘스탄티노플로 즉시 출항시키고, 후속 조치로 정비가 끝나는 대로 15척의 갤리선을 보내겠다고 의결했다. 닷새 뒤 그들은 교황과 서방 황제들, 아라곤 왕과 헝가리 왕에게도 사태의 급박함과 심각성을 알리는 서신을 전달했다. 하지만 3월 2일까지도 베네치아 원로원은 함대 편성에 대한 탁상공론으로만 허송세월할 뿐 며칠이 지나도록 실현된 사항은 아무것도 없었다. 겨우 4월 8일로 출항 예정일이 잡혔지만 그마저도 차일피일 미뤄져 베네치아 함대가 실제로 출발했을 때는 콘스탄티노플이 벌써 2주 넘게 오스만 군대의 포위 공격에 시달리고 있을 때였다. 비잔티움 제국 황제는 이런 정황을 까맣게 모르고 있었다. 물론 베네치아를 비롯한 서방 세계 역시 제국의 상황이 얼마나 다급하게 돌아가고 있는지를 알지 못했다. 한쪽은 정보가 빈약했고, 다른 한쪽은 관심이 부족했다.

비겁하고 무능한 기독교 나라 겁쟁이 군주들은 의리고 뭐고 다 집어치우고 자기 앞가림도 못하여서 쩔쩔매는데 콘스탄티누스 황제 홀로 애를 태우는구나. 아라곤 국왕 알폰소? 웃기지 마라. 그자의 속셈은 자신이 콘스탄티노플의 황제가 되는 것이다.

기다려라, 서방 세계의 군주들이여! 콘스탄티노플은 곧 함락된다. 그러면 이 도시를 정점으로 하여 분열과 갈등으로 얼룩진 그대들의 영토를 정복해나갈 것이다. 오스만의 가치와 제도를 중심에 두고 세계 질서를 재편할 것이다.

비잔티움 제국의 원조 요청과 관련하여 나로 하여금 가장 실소를 금치 못하게 한 사람은 신성로마제국 황제 프리드리히(Friedrich) 3세였다. 올해 초 그는 나에게 믿기지 않을 정도로 어리석고 우스꽝스러운 편지한 통을 보내왔다. 대강 이런 내용이었다.

"당장 루멜리 히사르를 허물고 콘스탄티노플 정복 계획을 포기하시오. 만약 거부한다면 모든 기독교 국가 지도자들과 병력을 총동원하여 오스만 제국을 공격할 것이오."

아이고, 무서워라. 현실 감각과 상황 인식이 이렇게나 뒤떨어질 줄이야. 막강한 제후들이 선출해준 힘없는 황제라는 것은 유럽인이라면 누구나 다 아는 사실 아닌가. 이는 허세도, 허풍도, 다른 무엇도 아니다.

---

80 메흐메드 2세는 콘스탄티노플 정복 후 환경을 정비하는 등 도성 안으로 더 많은 인구가 유입되도록 유인책을 썼다. 성벽 곳곳에 보수 공사를 했다는 오스만어로 된 기록들이 있다. 파티(정복자)는 육지 성벽 일부인 황금문(알튼 카프, Golden Gate)에 기존의 비잔티움 양식에 오스만 양식을 섞어 예디쿨레(7개의 성)를 쌓아 이곳을 형무소로도 사용하는 등 성벽과 성탑을 다채롭게 활용했다. 현재 황금문 광장에는 정복 전쟁 때 사용했던 대포와 포환들을 진열해놓았다. 성벽은 그 뒤 전쟁 후유증과 지진 등으로 상당 부분이 붕괴·훼손되거나 유실·전용되었지만 아직도 비잔티움 시대의 위용을 잃지 않고 있다. 1990년대 이후 유네스코 지원으로 보수 및 복원 공사가 진행되었다.

코웃음거리도 안 되는 그야말로 잠꼬대 같은 소리다. 오랜만에 배꼽을 잡고 한참을 웃었다.

알라여, 이미 선지자께서 예언하신 대로 궁극적 세계 평화를 위하여, 세계 질서의 안정을 위하여 기필코 이 도시를 정복하겠나이다.

5월 2일(수)

황제의 일기

개전 이래 술탄은 여러 차례 사자를 보내어 물밑 협상을 시도하였다. 그러나 도무지 진정성이 느껴지지 않는다.

온갖 언어로 치장하여 조건을 바꾸는 듯하지만 그 본질은 앵무새처럼 항상 동어 반복이다. 요지는 매번 이렇다.

"무조건 항복하라. 그러면 시민의 생명과 재산을 보장하겠다. 원한다면 황제도 모레아로 은퇴할 수 있도록 하여주겠다."

비잔티움 제국의 존속이 그들에게도 이득이란 사실을 술탄은 정말 모르는 것일까. 그의 선친 무라드 2세는 전쟁이 아닌 평화 체제를 유지하면서 충분히 종주국 행세를 해오지 않았는가 말이다. 우리는 해마다 연공(年貢)을 내기로 하였고 그 약속을 꼬박꼬박 지켰다.

이슬람(Islam)이란 단어 자체가 '평화'를 뜻하는 '살람(Salam)'에서 왔다고 들었다. 너희는 기독교 제국을 짓밟고 기독교도를 노예로 만들기 위하여 입으로는 평화를 외치면서 전쟁과 정복 행위를 일삼았다. "욕심이 잉태한즉 죄를 낳고 죄가 장성한즉 사망을 낳느니라."(야고보서 1장 15절) 사적인 야심과 야욕으로 세상을 어지럽히고 전쟁을 일삼는 자여, 반드시 죄과에 상응한 엄벌을 받을 것이다.

술탄은 평화주의자이며 현상 유지론자인 할릴 찬다를르 파샤 같은 사려 깊은 대신들의 조언을 한 귀로 듣고 한 귀로 흘려버린다. 아니, 듣는 척만 할 뿐 결론은 이미 확고부동하게 정하여져 있다. 그에게는 귀가 없다. 입만 있을 따름이다. 누구도 그의 마음을 되돌릴 수 없다. 독선과 아집으로 똘똘 뭉친 무소불위의 독재자, 그가 바로 술탄 메흐메드 2세이다.

나는 그동안 제국을 지키기 위하여 자존심을 접고 협상에 진지하게 응하여왔다. 연공 인상 등 납득할 만한 수준의 타협안도 제시하였다. 그런데도 이자는 요지부동이다. 한사코 줄 수 없는 것만을 달라고 한다. 극단적인 발언도 서슴지 않는다.

"내가 그 도시를 정복하든지, 아니면 그 도시가 나를 산 채로 혹은 죽은 채로 정복하든지, 답은 둘 중 하나이다. 만약 내가 평화롭게 그 도시에 진입하는 것을 계속 막거나 거부한다면 나는 기필코 무력으로 입성할 것이다. 그리하여 황제와 모든 귀족들, 생존자들을 살해하고 나의 군대가 원하는 대로 재산과 노예의 강탈을 허락할 것이다. 내가 원하는 것은 오로지 하나다. 콘스탄티노플이다. 비록 텅 빈 도시라도 개의치 않겠다. 나는 반드시 그 도시를 정복할 것이다."

그러나 어림없는 소리. 나는 대 비잔티움 제국의 황제이다. 천년의 역사를 수호할 책임과 의무가 있다. 안 되는 것은 하늘이 땅이 되고 땅이 하늘이 된다 하여도 절대로 안 되는 것이다.

물질은 설혹 내어줄 수도 있다. 그러나 정신만은 안 된다. 영혼만은 결코 이교도들에게 팔아넘길 수 없다.

심지어는 이런 감언이설로 신민들을 흔들려고도 하였다.

"순순히 항복한다면 종교적 관용으로 신앙의 자유를 허용하겠다."

웃기는 소리다. 너희는 입만 열면 "알라는 한 분이시다, 알라 이외에 다른 신은 없다"라고 부르짖어왔다. 예수님을 주님의 독생자가 아닌 사람의 아들이라고 모독하여왔다. 너희가 평등주의, 종교의 자유 운운하는 것은 우리 기독교인들을 지배하기 위한, 노예로 부려먹기 위한 술책일 뿐이다.

메흐메드, 똑똑히 들어라. 천 번 만 번을 물어도 나의 대답은 오직 하나다. 주님은 한 분이시다. 야훼(Yahweh, Jehovah: 여호와) 이외에 다른 신은 없다. 성모 마리아께 봉헌된 이 콘스탄티노플만은 절대로 넘겨줄 수 없다. 제국의 군주로서 나는 무릎 꿇고 살기보다는 기꺼이 서서 죽기를 택하겠노라.

성모 마리아여, 생과 사 일체를 오직 주님 뜻에 맡기고 따르겠사오니, 다만 끝까지 저의 신념이 흔들리지 않도록 붙잡아주소서.

술탄의 비망록

어리석고 편협한 황제여, 그대의 같잖은 설교에 이슬람 정신 두 구절로 답하겠노라.

"불신자(비무슬림)들이 너희에게 대항하여 도전해온다 하더라도 그들은 분명 뒤로 돌아서리니 그때 그들에게는 보호자도 그리고 구원자도 없노라."(꾸란 제48장 파트흐 22절).

"알라와 내세를 믿지 아니하며 알라와 선지자가 금기한 것을 지키지 아니하고 진리의 종교를 따르지 아니한 자들에게 비록 그들이 성서의 백성이라 하더라도 항복하여 인두세를 지불할 때까지 성전(聖戰)하라."(꾸란 제9장 타우바 29절).

알겠느냐, 군왕으로서 백성을 다스릴 능력조차 없으면서 잘못된 교리로 혼란이나 주는 자에게는 알라의 이름으로 의협의 철퇴를 내려치는 것, 이것이 세계 평화와 정의로운 사회를 구현하는 이슬람의 길임을 다시 한번 천명하노라.

할릴 찬다를르 파샤. 이자의 행태가 갈수록 가관이다. 비잔티움 궁정에 심어놓은 밀정들의 보고를 종합하면 할릴은 명백한 이적 행위를 하고 있다. 선대 술탄 시절부터의 친교를 핑계 삼아 두 진영 사이를 오가면서 우리 내부의 정보를 제공하고, 자칫 적들로 하여금 오판하게 만들 여지가 있는 발언도 서슴지 않는다. 할릴이 황제에게 "강화를 맺지 말고 강력히 대응하라"고 권유하는 편지를 보냈다는 첩보도 내 귀에 접수되었다. 그뿐만 아니라 할릴은 그 대가로 주기적인 상납까지 받고 있다고 한다. 어쩌면 황제가 백기를 들지 않고 끝까지 고집스럽게 버티는 이유도 그 이면을 파헤쳐보면 할릴의 농간이 일정 부분 작용하고 있으리라.

할릴의 사악함과 간교함은 진작부터 파악하고 있던 바이다. 한번은 이런 일도 있었다. 콘스탄티노플 출정을 서너 달 앞두고 이런저런 생각으로 잠을 못 이루다가 자정 무렵 나의 침실로 할릴을 대령시킨 적이 있다. 일부러 잠옷이 아닌 평상복을 입었다. 에디르네의 궁정에서였다.

면직 통보라도 내릴 줄 알고 두려웠던 것일까. 아니면 자신이 받은 뇌물이나 지은 죄가 켕겼던 것일까. 할릴은 제 발이 저린 도둑처럼 금화가 가득 담긴 은쟁반을 들고 나의 침실로 왔다. 그런 그의 손끝이 가늘게 떨리고 있었다.

"사부, 손에 든 것이 무엇이오?"

나는 할릴을 스승처럼 여기고 대하라는 선왕의 생전 가르침에 따라 그때만 하여도 공식 석상이 아닌 자리에서는 그를 그런 호칭으로 예우하였다.

"폐하, 신하가 주군으로부터 밤이 깊은 시각에 갑작스러운 호출 명령을 받으면 빈손으로 오지 아니하는 것이 군신 간의 오래된 전통 예절이옵니다. 제가 가져온 것은 제 것이 아니요, 폐하의 것을 폐하께 가져왔을 뿐입니다."

나는 쟁반을 밀쳐내며 고함을 지르듯 큰소리로 외쳤다.

"이따위는 필요 없소. 내가 원하는 것, 받고 싶은 것은 오직 하나뿐이오. 저 도시, 콘스탄티노플을 나에게 주시오. 그럼 나는 당신에게 이따위 것들보다 더 많고 값진 것들을 줄 수도 있소."

할릴은 두려움에 사로잡혀 떨리는 목소리로 말하였다.

"폐하께선 이미 그리스 땅 대부분을 손에 넣으셨나이다. 신은 콘스탄티노플 또한 주군께 허락하실 것입니다. 저를 포함한 모든 신하와 백성들이 살과 피를 바쳐 싸울 것입니다. 절대로 의심을 갖지 마옵소서."

나는 잠시 침묵하고 나서는 그에게 힘주어 말하였다.

"여기 내 베개를 보시오. 나는 밤이 새도록 이 베개를 여기 두었다 저기 두었다 하며 앉았다 일어났다를 반복한다오. 누워 있어도 잠이 안 오기 때문이오. 금이나 은 따위에 현혹되지 말고, 지금 나에게 한 말을 잊지 마시오. 우리는 그리스인들을 상대로 싸워야 하오. 유일신에 대한 믿음과 예언자의 기도를 통하여 콘스탄티노플은 반드시 우리의 도시가 될 것이오."

겉 다르고 속 다른 자, 할릴은 얼굴이 새파랗게 질린 채 "충성을 다하겠노라." 말하고는 뒷걸음질로 물러났다. 그 순간부터 할릴은 나에게 교활하고 비굴하고 음흉한, 신뢰할 수 없는 인간으로 확실하게 낙인이 찍히었다. 백성들 사이에서 그가 '이교도(기독교인)들의 협력자'로 불리고 있는 이유를 알 것 같았다.

나 반드시 이 도시, 콘스탄티노플을 정복하리라. 우상을 숭배하고 잘

못된 교리를 내세우는 기독교 황제와 몇 사람만을 위한 제국이 아니라 모든 백성이 함께 누리는 진정한 이슬람(Islam, Salām: 평화)의 세계를 만들어내겠노라.

위대하신 알라께 나의 모든 것을 걸고 맹세하노니, 진정한 왕권을 수립하기 위하여 저 할릴 같은 토호 세력을 내 반드시 손을 보리라.

당분간은 알라와 나만의 비밀이다.

5월 3일(목)

황제의 일기

전세는 점점 더 우리에게 불리한 방향으로 흘러가고 있다. 기대하였던 구원군은 오지 않는다. 바람결에 들려오는 소식조차 없다.

나는 기다리다 지쳐 라틴 자치구 대표인 베네치아 대사 미노토와 트레비사노 해군 제독을 궁으로 불러들여 답답함을 토로하고 대책을 강구하였다.

"자네들도 잘 알다시피 미노토 대사가 내 부탁으로 베네치아 본국에 사자를 보내 원군 파병을 요청하는 편지를 전달한 것이 벌써 석 달 전이네. 하지만 적들의 포위가 시작된 4월 초까지도 베네치아 정부에서는 아무런 회신도 오지 않았네. 베네치아 원로원에서 함대 편성을 결의하였다는 정보는 입수하였으나 과연 출발은 하였는지, 지금 어디쯤 오고 있는지 어느 것 하나 확실히 알려진 것이 없다네. 사정이 이리 절박하니 특수 임무를 띤 병사들을 파견하여 지금 어딘가 오고 있을 베네치아 함대에 상황의 급박함을 알리고 빨리 콘스탄티노플로 와달라고 독촉하는 것이 어떻겠는가?"

두 사람은 흔쾌히 동의하고 적극적인 협조를 약속하였다.

그리하여 밤이 이슥할 무렵 쌍돛 범선 1척이 오스만 군복으로 위장한 12명의 자원 병사들을 태우고 사람들 눈을 피하여 금각만 방재 구역을 빠져나갔다. 뱃머리에 오스만 깃발을 꽂은 그 배는 아무런 제지도 받지 않고 마르마라 해로 진입하였다. 지금쯤 그들은 쌍돛 가득 북풍을 받으며 에게 해로 힘차게 나아가고 있을 것이다.

호데게트리아[81]QR코드8 성모 마리아여! 이 범선이 희망의 전령사가 되어 귀환하도록 길을 인도하소서.

술탄의 비망록

어리석은 황제여, 마르마라 해와 다르다넬스 해협은 물론 에게 해까지 우리가 장악하고 있음을 잊었는가. 너희 돛단배가 우리 군사로 위장하여 나가는 것을 내가 왜 몰랐겠는가. 추격하는 척하다가 일부러 놓아 보냈을 거라고는 꿈에도 생각 못하였겠지. 이 배가 망망대해를 아무리 헤쳐나가도 원군을 발견 못 하고 그럴 기미조차 없다는 걸 확인한다면 그들은 결코 돌아오지 않을 것이다. 그러면 보름도 못 가 민심이 흉흉해지겠지. 설사 돌아온다 한들 실망감을 도시 전역으로 확산시킬 것은 뻔한 노릇. 잡아들

81 Hodegetria. '길을 인도하는 성모'라는 뜻을 지닌 이콘(Icon: 성화상). 성모 마리아가 오른손으로 품에 안긴 아기 예수를 가리키고 있는데, 이는 요한복음 2장 5절("그 어머니가 하인들에게 이르되 너희에게 무슨 말씀을 하시든지 그대로 하라")을 그림으로 나타낸 것이다. 아기 예수는 '구원에 이르는 참된 길'을, 예수를 향한 성모 마리아의 손은 '길을 가리키는 행위'를 상징한다. 비잔티움 전승에 따르면 이 이콘은 사도행전의 저자인 성 누가(Saint Luke)가 누가복음을 쓰고 이 초상화와 함께 성모에게 헌정하였더니 성모가 "이 그림과 더불어 언제나 나의 축복이 있으리라"고 말했다고 한다. 이 성화는 5세기 중엽 콘스탄티노플로 옮겨졌다. 그 뒤로 수많은 호데게트리아가 그려졌으며, 동로마 정교회의 대표적 이콘이 되었다.

이느냐, 모르는 척 들여보내느냐는 그때 가서 결정하면 될 일이다.

그건 그렇고, 우리 병사들 건강이 걱정이다. 일교차가 매우 심하다. 밤에는 늦가을 날씨인 듯싶다가도 한낮에는 여름 날씨를 무색하게 한다. 소나기도 잦다. 부식 관리에 각별히 신경 쓸 것을 당부하였다. 빵에 곰팡이가 슬지 않도록 유의하고, 특히 물은 꼭 끓여서 마시라고 강조하였다.

전투 중에는 잠시 잊고 있었던 고약한 악취가 바람이라도 불면 코를 찌르며 달려든다. 시체 썩는 냄새다. 멀리 떨어진 곳으로 시신을 옮겨 불에 태우고 땅에 묻으라 하지만 매번 처리 용량이 넘쳐 일손이 달린다.

산송장처럼 시름시름 앓아눕는 병사들이 생기기 시작하였다. 막사 여기저기서 스멀스멀 기어 다니는 구더기들이 발견된다. 역병이 발생하기 딱 좋은 환경이다. 페스트(Pest: 흑사병)와 같은 전염병이라도 창궐한다면 보통 심각한 문제가 아니다. 1347년에 콘스탄티노플에서 발병한 페스트는 삽시간에 유럽 전역으로 퍼져 5년 동안이나 계속되며 그 어떤 전쟁과도 비교할 수 없는 막대한 인명 피해를 유발하였다. 6세기 중반에도 이집트에서 건너온 페스트가 콘스탄티노플을 강타, 도성 인구 50만 중 절반이 넘는 30만 명을 사망으로 몰아간 적이 있다 하지 않았는가. 숙주 동물인 쥐새끼 1마리가 세계 정복이라는 우리의 원대한 꿈을 송두리째 갉아먹을 수도 있는 것이다.

씻고 파묻고 소각하기를 게을리하지 말아야 한다. 나는 배변과 목욕, 시신 처리 등 위생 관리에 만전을 기할 것을 거듭 지시하였다. 이와 벼룩, 빈대들이 기승을 부린다. 나도 두피가 근질거려 큰 통에 받아둔 낙타 오줌으로 시원하게 머리를 감았다.

이 도시 날씨는 정말 종잡기 어렵다. 오죽하면 과부의 변덕보다 더 심하다고 하였을까. 그러나 걱정하지 않으련다. 알라께서 당신의 전사들

건강까지 돌보아주실 것이다.

알라여, 우리 용사들이 당신 품에 안길 때까지 건강을 지켜주옵시고, 군사 작전을 원활히 펼칠 수 있도록 좋은 날씨를 허락하여주소서.

5월 4일(금)

황제의 일기

극한 상황일수록 누구나 신경이 예민하여지는 법이다. 그래서인지 요즘 들어 부쩍 도성 안쪽 라틴구에 거주하는 베네치아인들과 금각만 연안의 갈라타에 모여 사는 제노바인들 사이에서 갈등과 마찰이 잦다는 소식이다.

지난번 야음을 틈타 감행하였던 기습 작전(4월 28일)이 참패로 끝났을 때에도 베네치아 사람들은 갈라타 주민들을 격렬하게 비난하였다. 제노바인들이 배를 늦게 준비하여 공격 날짜가 나흘이나 연기된 데다가 누군가 술탄 진영에 기밀을 누설하여버리는 바람에 일을 망치고 아까운 목숨들을 잃었다는 항변이었다. 제노바 사람들은 또 그들대로, 애초부터 자신들을 소외시킨 채 작전을 도모하다가 나중에야 마지못해 합류시킨 베네치아 사람들의 잘못이 더 크다고 반박하였다. 공명심이 앞서 경솔하고도 성급하게 적이 쳐놓은 그물 안으로 들어간 자코모 코코 선장이 참패의 일등공신이라며 비아냥거리기도 하였다.

제노바 자치구의 엄중한 중립 표방을 두고도 양측은 날을 세워 대립하기 일쑤였다. 베네치아 사람들은 제노바 사람들을 가리켜 낮에는 황제의 측근, 밤에는 술탄의 첩자로 이중생활을 한다면서 날짐승과 길짐승 사이를 왔다 갔다 하는 박쥐의 두 얼굴을 벗어던지라고 힐난하였다.

제노바인들은 비잔티움 제국을 위하여 전력투구하는 주스티니아니를 예로 들며 자신들은 불가피하게 중립을 강요당하는 입장이지만 심정적으로는 비잔티움 편이라고 반박하였다. 그러면서 자신들은 처자식과 전 재산이 갈라타에 있어 여차하면 훌쩍 짐을 꾸려 도망칠 생각만 하는 당신들과는 본질적으로 다르다며 베네치아인들을 비난하였다.

이런 언쟁이 빚어질 때마다 나는 누구 편도 들 수가 없다. 그저 그들의 손을 잡고 감사하다는 말만 거듭할 따름이다. 나에게는 그들 모두가 정말로 고마운 은인들이기 때문이다.

하지만 오늘만큼은 정말로 참기 힘들었다. 치밀어 오르는 역정을 애써 누르면서 최대한 자제력을 발휘하여 차분한 목소리로 그들을 타이르고 화해를 호소하였다.

"짐은 그대들 모두를 은인이라 생각하고 늘 감사하게 여겨왔소. 그러니 서로에게 상처가 될 만한 너무 과한 말들은 삼가시구려. 도성 밖에서 벌어지고 있는 전쟁만으로도 족하니 이제 그만들 하고 좋은 관계를 회복합시다. 다툼은 적들만 이롭게 하는 일이잖소."

그렇다, 분열은 멸망의 지름길이다. 화합만이 살길이다. 우리는 같은 신을 믿고 있다. 어떠한 일이 있더라도 힘을 모아야 한다. 몸과 마음과 정신을 합쳐야 한다.

"그 형제를 사랑하지 아니하는 자는 보지 못하는 바 하나님을 사랑할 수 없느니라."(요한1서 4장 20절)

술탄의 비망록

개와 원숭이는 친구가 될 수 없는 법이다. 둘 다 이탈리아의 해양 도시 국가인 제노바와 베네치아는 오리엔트 시장을 두고서 오랫동안 각축을 벌여온 라이

벌이자 앙숙이다. 콘스탄티노플을 대외 무역의 전진 기지로 삼으면서
부터는 이권 다툼이 잦아져 관계가 더욱 틀어지고 적개심이 깊어졌다.
두 거류구 사이에 공식적인 연락망조차 두고 있지 않을 정도이다. 두
집단 간의 해묵은 감정은 언제 폭발할는지 모르는 폭탄과도 같은 존재
이다. 그동안도 크고 작은 일들로 충돌이 빚어져 칼부림까지 벌인 적
이 한두 번이 아니었다. 지난번 우리가 배들을 갈라타 언덕 위로 넘기
는 기상천외의 작전을 펼치면서, 그리고 또 4월 28일 적들의 무모한 야
습이 실패로 끝나면서 그들 사이에는 불신의 골이 깊어지고 반목이 더
욱 깊어졌다.

그러나 내가 보기에는 둘 다 똑같다. 가까운 역사를 거슬러보아도 그
들이 형편에 따라 간에 붙었다가 쓸개에 붙었다가 한 적은 한두 번이 아
니었다. 비근한 예로 바르나 전투를 앞두고 우리 군대가 아시아에서 유
럽으로 넘어갈 때도 제노바인들과 베네치아인들의 암묵적인 협조가 없
었더라면 보스포러스 해협을 도항(渡航)하기가 쉽지 않았을 것이다. 상
업적으로는 물론 정치적으로도 손익 계산이 재빠른 그들은 이권에 눈
이 어두워 적군과 아군 뒤바꾸기를 손바닥 뒤집듯이 할 자들이다. '양
다리 걸치기'는 기본이다.

작금의 식량 문제를 두고서도 두 집단은 말들이 많다. 전란을 틈타 곡
물을 사재기하고 가격을 폭등시키고, 심지어는 오스만 군대와 상거래까
지 한다며 서로가 서로를 맹비난한다. 상선들의 닻과 돛을 떼어내어 황
제에게 관리를 맡기는 문제를 놓고도 티격태격 다툰다. 이러한 분열상은
내 귀에도 생생히 전하여져 얼마 전 나는 제노바 출신인 레오나르드 대
주교가 이렇게 노골적으로 콘스탄티누스를 비방하였다는 말을 들었다.

"황제는 통솔력이 부족하다. 엄격함이 모자라서 황제의 뜻에 복종하

지 않는 자들을 말로도, 칼로도 처벌하지 않는다."

　그러나 내 생각은 조금 다르다. 황제의 우유부단은 때때로 양쪽 모두를 편들고 감싸 안는 포용력으로 보일 것이다. 나처럼 강력한 리더십을 보이지 못할 바에야 그편이 그나마 제노바인들과 베네치아인들 사이의 심각한 적전 분열과 갈등 폭발을 막아줄 것이다. 그러나 이런 나약한 리더십으로는 절체절명의 순간을 헤쳐나갈 수도, 결코 승리할 수도 없다. 그것은 단지 임시방편적인 처세술에 불과하다는 사실을 나는 일찌감치 나의 스승으로부터 깨우친 바 있다. 그러고 보면 황제야말로 박쥐의 날개를 갖고 있는 것이 아닌가.

5월 5일(토)

황제의 일기

달리 방법이 없었다. 상황이 너무나 절박하여 내가 직접 나서서 교회와 수도원, 그리고 일부 재력가들로부터 자선기금을 거두어들였다. 대신들의 조언을 받아들여 교회의 헌금 접시를 녹이도록 권유하였다. 전쟁이 끝나고 나면 네 배로 보상하겠다는 기약 없는 약속까지 내걸었다.

　교회의 쟁반과 접시를 징발하다시피 수거하여 그것을 녹인 뒤 동전으로 만들어 병사들에게 급료로 지급한 것은 내 생각이 짧았다. 급료가 끊기자 무기를 들지 않으려는 용병이 생기는 등 하도 긴박하여 깊은 생각 없이 수용하였지만 논란과 반감이 예상을 넘어섰다. 독실한 정교회 신자들 사이에서는 심지어 이런 논리로까지 비약하였다고 한다.

　"콘스탄티노플이 고통받는 것은 우리가 죄를 지은 결과이거늘, 황제는 참회와 회개로 속죄를 간구하는 대신 주님께서 노할 조치를 취하였다. 황제는 저 출애굽기(The Book of Exodus, 32장)에 나오는 '아론의 금송아지'를 잊었는가. 교회의 은쟁반과 금 촛대를 녹여 동전을 만드는 행위야말로 귀금속을 녹여 빚은 금송아지 앞에서 절을 하는 것과 무엇이 다른가. 천벌이 두렵다."

그날 밤 나는 진심으로 주님께 용서를 빌었다. 나의 진정한 뜻은 추호도 그런 게 아니었으나 참회하겠노라고, 백번 천 번 회개하겠노라고 눈물로 기도를 드리었다. 이 순간도 참회 기도를 드리며 주님께 용서를 빌고 있다.

급전을 모았다 한들 곡물 구하기는 또 하늘의 별 따기였다. 그래도 사정이 조금 나은 갈라타의 제노바인들에게 호소하고, 숨겨진 지하 창고까지 열게 하여 모금한 돈 전액을 식량으로 바꾸었다. 위원회를 구성, 모든 시민들에게 가구별로 공평하게 균등 분배하였다. 임시방편으로 제공한 매우 빈약한 양이었지만 일단 급한 불은 껐다. 불만도 수그러들었다.

이런 식의 소모전이 계속된다면 과연 얼마나 버틸 수 있을는지……. 오지 않는 원조를 기다리면서 갑자기 처량하다는 생각이 들었다.

나의 주님, 이것이 진정 주께서 바라는 길이시옵니까.

술탄의 비망록

육상은 물론 해상에도 이제 안전지대란 어디에도 없다. 전 지역이 전쟁터이다.

육지 성벽 공격은 기본이고, 해상을 통하여서도 연일 수많은 대포알이 금각만을 오간다. 우리 대포들은 방재 구역 안쪽에 있는 적의 함대를 향하여서도 수시로 포탄을 날린다. 갈라타에 살고 있는 제노바 사람들은 자신들 머리 위로, 지붕 위로 하루에도 몇 번씩 비행하는 포탄들을 보면서 간이 콩알만 해져 있을 것이다.

몇 척의 배가 파손되었다. 그중 제노바 상선 1척이 명중탄을 받고 갈라타 성곽 부근에서 금각만 바다 깊숙이 가라앉았다. 선원들 여러 명이 익사하였다. 선적되어 있던 비단과 값진 무역 상품들로 가득 찬 300여 개의 나무 상자들도 배와 함께 침몰하였다. 고의는 아니었다. 포탄에는 눈이 달려 있지 않아 가끔 오폭할 때가 있다. 심한 경우 아군의 배, 아군의 진지로 날아가기도 하는 것이다.

갈라타 거류민 대표단이 이 상선의 격침에 충격을 받고 항의를 하기 위하여 나의 막사로 찾아왔다.

"중립을 지킨 대가가 겨우 이런 거란 말입니까? 왜 무고한 상선을 향하여 포탄을 날립니까?"

대신들 중 하나가 나를 대신하여 대표단을 설득시킨 다음 돌려보내었다.

"전쟁이란 원래가 그런 것입니다. 우리는 일부러 쏘진 않았으나, 그 배가 해적선이거나 적군에 속하여 있다고 생각했습니다. 배들이 함께 있는 한 적선과 상선을 어찌 구분하겠습니까. 그렇더라도 향후 도성이 함락되면 시시비비를 가려 전액 피해 보상을 할 터이니 참고 기다리십시오. 그전에 비잔티움 황제를 만나 항복을 전제로 한 강화 조약을 맺도록 설득하여주십시오."

이 정도로 겁을 주고 대포를 톱 카프(로마누스 문) 쪽으로 옮기도록 하였다.

각설하고, 급료로 지불할 돈이 없어 쩔쩔매고 있는 황제의 일기를 읽다 보니 내가 주조하였던 주화들이 생각난다.

첫 번째 술탄직을 수행하던 1444년과 45년, 나는 내 이름이 선명하게 아로새겨진 은화와 동화 등을 발행하였다. 에디르네·부르사·아마시아

등지에서 만들어진 주화들이었다.

마니사 총독으로 있던 1448년과 49년에도 나는 주화 제조권을 갖고 구리 동전을 발행하였다. 그 당시 동전들에는 표면에 왕을 상징하는 용(혹은 뱀을 닮은 전설 속의 동물 바실리스크일 수도 있다)을 새겨 넣었다. 마니사 남쪽 아야솔루크에서 발행된 주화들이었다. 비슷한 시기에 아마시아에서 주조한 동전에는 달리는 사자가 돋을새김되어 있다.

곳간에서 인심이 나는 법이다. 더욱이나 용병이 대다수를 차지하는 황제의 군대는 돈으로 움직이는 조직이 아닌가. 소모전이 길어질수록 막다른 골목으로 몰리는 것은 비잔티움 쪽이다.

5월 6일(일)

황제의 일기

마르마라 해에서 가까운 스투디온(스투디오스)에 있는 세례 요한 교회[82](현 임라호르 자미)에서 주일 예배를 드렸다. 병설 수도원 스투디온은 천년 가까이 이 도시에서 중요한 종교적 역할을 맡아왔다. 세례 요한의 수난 기념일(8월 29일)이면 황제들은 대궁전 아래 부콜레온 궁 항구에서 배를 타고 마르마라 바다를 통하여 이곳으로 왔다. 해안 성벽 끝자락에 있는 석류 문

---

82 454~463년에 건립된 헬레니즘 양식의 바실리카형 교회. 황금문을 통해 들어온 황제는 이 교회에 들러 기도를 하고 대궁전으로 갔다. 제4차 십자군에 의해 크게 손상되었다가 1293년 복구되었으며, 술탄 바예지드 시대에 모스크로 개조되었다. 13~15세기 외국인 여행자들에 의해 이 교회의 웅장하고 화려한 모습이 유럽에까지 알려졌다. 화재(1782년)와 지진(1894년)으로 폐허가 되어 현재는 기단과 벽돌 일부에만 당시 모습이 남아 있다. 하기아 소피아 박물관장의 허가를 받아야 입장이 가능하다.

(나르 카프) 앞에서 내린 황제는 마중 나온 대주교·수도원장 등과 함께 행렬을 이루어 입장하였다. 지금은 석류가 꽃망울을 여는 계절, 나는 이른 아침 말을 타고 군사들을 격려하며 페리볼로스(성벽 사이의 통로)를 이용하여 교회로 왔다.

예배가 진행 중인데도 나는 청동으로 만들어진 콘스탄티누스 대제의 주화^(QR코드 28)를 손바닥에 놓고 오래 들여다보았다. 앞면에는 갑옷과 망토를 입고 있는 대제의 옆모습이 새겨져 있고, '위대한 황제 콘스탄티누스'라는 아치형 문구가 대제의 왕관 주위를 감싸듯이 두르고 있다.

동전 뒷면에 새겨진 승리의 여신 니케는 기둥 뒤에서 양손에 종려나무 가지를 들고 서 있는 모습이다. 여신 앞에는 결박된 포로들과 전승 기념비가 보인다.

나는 주화의 앞뒷면을 어루만지며 콘스탄티누스 대제와 여신 니케를, 그들의 정신과 혼을 내 안으로 불러들였다. 그러고는 종려나무에 담긴 깊은 의미를 묵상하였다.

종려는 버릴 것이 없는 나무이다. 달고 연한 열매(대추야자)는 귀중한 양식으로, 나무의 즙은 원기를 돋우는 음료로 식용한다. 나무줄기는 목재로, 나뭇잎은 지붕이나 울타리를 만드는 재료로 활용하며 깔개·바구니·그릇 등을 만들기도 한다. 부챗살처럼 곧게 뻗는 가지는 찬란한 빛의 형상으로서 승리와 영광을 나타낸다. 잎과 열매는 안식과 풍요를 상징한다. 예루살렘 사람들은 예수님이 나귀를 타고 입성하시자 종려나무 가지를 들고 나가 찬송하며 맞이하였다. 종려나무는 찬양의 나무이다.

어제 교회의 성물을 녹여 동전을 만드는 문제로 내내 마음이 편치 않았다. 얼마 남아 있지 않은 황궁의 금붙이도 보태라고 내어놓았지만 울적하기는 마찬가지였다. 그러나 지금 이 주화를 보고 있으려니 위안을 얻게 된다. 대제께서도 313년, 로마에 재정 위기가 닥쳤을 때 신전의 금과 은을 징발하여 '솔리두스(Solidus)'라는 새 돈을 만들지 않았는가. 이 주화를 몸에 지니고 다니면 왠지 승리와 영광, 풍요와 안식, 그리고 그리스도의 찬양이 가득할 것만 같다.

나는 상의 앞섶을 열고 안주머니 속에 콘스탄티누스 대제의 주화를 소중하게 집어넣었다. 무엇보다도 전쟁에서의 승리를, 그리스도의 영광과 찬양을 기원하면서…….

콘스탄티누스 대제여, 당신의 도시를 내가 지킬 것입니다. 아니, 그렇게 되도록 신께 간구하여주소서.

술탄의 비망록

그새 한 달이 지나갔다. 나사는 조일 만큼 조여졌다. 적들은 막다른 골목으로 내몰리었다. 그런데도 백기를 들지 않는다. 우리 군사들도 지쳐가는 기색이 역력하다. 특히 할릴 같은 유화론자들이 다시 철군을 주장할 가능성이 높다. 이런 때일수록 병사들에게 잡념이 끼어들 틈을 주지 말아야 한다. 몸이 한가하면 마음이 향수에 젖기 마련이다.

우르반이 죽었다. 개량 대포를 발사하다가 파편에 맞아 숨졌다(우르반이 정복 이후까지 이스탄불에 생존해 있었다는 일각의 주장도 있다). 비밀에 부쳤지만 알 만한 이들은 다 안다. 다행히 우르반 없이도 이제는 대포 운용이 가능하다. 이 분야 전문가인 사루자 파샤가 있으니 무슨 걱정인가.

오늘도 거포를 중심에 두고 좌우로 두세 문씩 배치된 대포들로 하여금 마음껏 불을 뿜고 돌을 뱉어내게 하였다. 원점을 입체적으로 파상 공격하는 전술이다. 부교 위에 설치한 대포들도 적을 위협하는 역할을 충실히 해내고 있다. 대포들은 요 며칠 수리 과정을 거치면서 성능이며 내구력이 부쩍 향상되어 있었다.

적들의 방어 의지를 시험하기 위하여 이따금 불규칙적으로 치열한 접전을 벌였다. 우리 병사들에게 피의 향기를 잊지 않게 해줄 필요가 있다.

며칠 동안은 포격을 중지한 적도 있었다. 비 오는 날은 대포의 휴식 시간 겸 수리 기간이다. 그때 방어군은 긴장이 풀린다. 그러나 그런 순간은 아주 잠깐뿐이다. 그들은 곧 더욱더 거센 공격과 마주치게 된다. 그렇게 짧은 희망과 긴 절망이 반복되다 보면 적들은 점점 기운이 소진되어 마침내는 자포자기 상태에 이르게 될 것이다.

앞으로는 철야 공격을 더 늘릴 생각이다. 적들의 휴식과 수면을 방해하고, 성벽 및 방책을 보수할 시간을 주지 않기 위해서이다. 파괴가 빠를 것인가, 복구가 빠를 것인가. 답은 이미 나와 있다.

알라여, 당신의 뜻을 지상에서 실현하기 위한 이 성전(聖戰)에 힘을 보태어주소서.

"알라는 다시 너희로 하여금 그들을 승리케 하였으며 재산과 자손을 더하게 하여 그들보다 병력이 더 강하도록 하였노라."(꾸란 제17장 이스라 6절)

5월 7일(월)

황제의 일기

해가 지고 나서 4시간 뒤부터 적군의 공격이 시작되었다. 카리시오스 문에서 로마누스 문과 레기움 문에까지 이르는 긴 지역을 집중 공격하였다. 공성용 사다리와 갈고리 달린 밧줄, 창검과 도끼를 손에 든 수많은 적병들이 속을 메워 평지로 만든 해자를 건너질러 굶주린 들개 떼처럼 밀고 들어

왔다(바르바로는 새벽 시간에 3만 명이 공격했다고 한다).

　3시간 넘도록 핏방울이 튀고 뼈가 으스러지고 살점이 베어져나가는 접전이 벌어졌다. 일부 성벽과 무너진 성벽 대신 쌓은 방책도 무사하지 못하였다. 그러나 성벽 안으로의 침입은 허락하지 않았다. 방책과 성벽으로 달려들던 수많은 적들이 처참한 시신으로 변하여 벌판에 나뒹굴었다. 그 시신을 뒤에서 전진하여 온 병졸들이 밟고 지나갔다. 죽이고 또 죽여도 끝이 없다. 적병들 뒤에는 술탄의 친위대인 예니체리 병사들이 언월도를 뽑아들고 이탈하거나 후퇴하려는 자들의 목을 친다고 한다. 칼날에 반사된 달빛이 이따금 캄캄한 허공에서 섬광처럼 번뜩였다. 참으로 잔인한 야만인들이다.

　우리의 용장 주스티니아니는 이번에도 몸을 사리지 않고 앞장서 싸웠다. 그의 은빛 투구와 갑옷이 달빛에 반사되어 어둠 속에서도 빛을 발하였다. 적들이 그에게로 몰려들었다. 적의 집중 포격으로 반쯤 무너진 방책 위에서 그는 종횡무진 활약하였다. 검과 검이 맞부딪치며 불꽃이 튀고 섬광이 번쩍거렸다. 그러나 어느 순간 적들에게 완전 포위되어 일촉즉발의 상황이 되고 말았다. 위기일발의 순간, 외성벽을 방어하던 우리 용사들이 방책으로 뛰어내리면서 도끼를 휘둘렀다. 적의 어깨며 다리며 가리지 않고 닥치는 대로 찍어 내리고 잘라버렸다. 주스티니아니와 우리 병사들은 위기를 벗어났다.

　이 혈투에서 맹활약한 또 한 사람의 주인공은 단연 란가베(Rhangabe)였다. 칼과 창과 도끼가 허공에서 난무하는 가운데 비잔티움 무장 란가베는 성벽에서 몸을 날려 양손에 움켜쥔 칼로 술탄의 깃발을 높이 처든 거구의 예니체리 지휘관의 어깨를 힘껏 내리쳤다. 어깨부터 하체 가랑이에 이르기까지 두 동강 난 적장의 몸과 함께 깃발도 따라서 길게 누웠다. 그러나 안타깝게도 우리의 젊은 무장 란가베는 살기등등한 적군에게 포위되어 칼과 창을 온몸에 맞고 숨을 거두었다(전투 장면에 대한 이런 식의 생생하고 구체적인 묘사는 네스토르 이스켄데르의 기록이 거의 유일하다).

시신을 수습하지 못한 것이 못내 아쉽고 안타깝다. 거룩한 제국의 전사여, 잘 가거라. 부디 영면하고 영생하라.

성모 마리아여, 당신의 도시를 지키려다 이슬처럼 사라진 영웅들을 천국으로 친히 이끌어주소서.

술탄의 비망록 애석하도다, 용병대장 주스티니아니를 해치울 수 있는 절호의 기회를 그만 아깝게 놓치고 말았다. 공격을 시작하자마자 거포의 포격으로 톱 카프 성벽 일부를 파괴하고 성벽을 장악하여 백병전을 벌였다. 체구가 거대한 예니체리 병사 무라드(Murad)는 외성벽과 방책 사이에서 주스티니아니를 상대로 맹렬하게 검을 휘둘렀다. 위기에 처한 주스티니아니를 구한 것은 성벽에서 뛰어내린 비잔티움 병사였다. 그 병사는 도끼를 휘둘러 무라드의 다리를 내려친 뒤 주스티니아니를 부축하여 성벽 뒤로 사라졌다.

두 번째 진격은 루멜리 군단의 기수 아미르 베이(Ömer Bey)가 앞장섰다. 비잔티움 쪽 맞수는 '란가베'라고 하는 자였다. 두 용사는 일대일로 맞붙었다. 결국 둘 다 장렬하게 전사하였다. 란가베의 시신은 격분한 우리 병사들에 의하여 다시금 토막이 났다.

일몰 후 4시간 동안의 격전으로 우리 군은 전투 본능을 되살렸다. 적은 방어에 급급하였다. 그러나 생각보다 적군의 수비가 강력하다. 방책과 성벽에서 적을 거세게 몰아붙였으나 돌파에는 성공하지 못하였다. 소득이라면 연이은 공격으로 복구할 틈을 주지 않아 방어물이 많이 훼손된 것, 비잔티움 병사들을 물먹은 솜처럼 기진맥진하게 만든 것, 그리고 무엇보다도 공포와 절망이 전염병처럼 적의 진영에 번진 것이다.

예언자의 뜻을 충실히 받드는 이슬람 용사, 가지(Gazi)들이여, 그대들은 천국에서 보답을 받으리라. 이 성전을 마무리하면 나는 그대 가족들에게 후한 보상을 내리리라.

5월 8일(화)

황제의 일기

블라케나 성모 마리아 교회[83]에서 긴급 비상 대책 회의를 소집하였다. 비잔티움 문화를 한눈에 볼 수 있는 이 아름다운 교회는 1434년 1월 29일, 새 사냥을 하던 젊은 귀족의 방화로 불에 탄 이래 복원 공사를 하지 않아 찾는 이도 없는 가건물 상태였다. 그래서 오히려 비밀리에 모여 성수를 마시며 회의를 하기에는 적합한 장소였다. 허물어진 나르텍스(Narthex: 교회의 본당 회중석 바로 앞에 있는 넓은 홀) 아래에 있는 성스러운 샘물은 아직 그

---

83 블라케나 성모 마리아 교회(Panagia Blachernitissa). 3개의 나이브가 있는 바실리카형 교회로 마르키아누스 황제(재위 450~457년)의 황후가 건립하고 473년 그 옆에 또 성수(Holy Spring) 교회를 지었으나 몇 차례의 훼손·파괴·화재 및 재건·복구를 거듭했다. 1434년 소실된 이후 재건되지 않은 채 폐허 상태로 있던 것을 19세기에 일부 복원했다. 성모의 허리띠가 보관된 성스러운 교회이며 황제의 거소가 있는 궁 옆이어서 하기아 소피아 다음으로 중요시되었지만 627년 헤라클리우스 황제가 성벽을 쌓기 전까지는 성 바깥에 있어 입지가 취약했다. 지금도 그리스 정교회에 속해 있으며 호데게트리아(길을 인도하는 예수를 안은 성모) 이콘 앞으로 흐르는 물을 성수라 하여 마시는 관광객이 찾아오고 있으나 비잔티움 당시 건물 흔적은 볼 수 없다. 파나이야(Panayia, Panagia)는 그리스어 Pan+Hagios의 합성어로 '지극히 성스러운', 블라케르니티샤는 '블라케나의 성모'란 뜻. 따라서 교회 원명은 '블라케나에 있는 지극히 성스러운 성모 교회'란 의미를 갖고 있다. 기도하는 성모 마리아의 가슴 메달 속에 아기 예수를 그려 넣은 이콘으로 상징한다.

대로다. 626년 호데게트리아와 더불어 아바르족의 침략으로부터 콘스탄티노플을 구한 성모 블라케르니티사(Blachernitissa)가 치유의 이적을 베풀었던 샘물이다. 호데게트리아가 지켜보는 성수대 앞에서 나는 참석자들과 함께 기적을 바라는 마음으로 기도한 후 그 신성한 샘물을 마셨다. 성모 마리아의 구원의 손에서 나온 샘물이라 하여 황제만이 한 해 세 차례 몸을 담글 수 있었던 성수대이다. 이 교회가 1434년 불타기 전까지는 예루살렘에서 가져온, 성모 마리아의 성스러운 허리띠도 보관되어 있었다.

아, 조도코스 페게(Zoodochos Pegé) 수도원[QR코드 29](271쪽 참고)은 어찌 되었을까. 성문 바깥에 있어 가고 싶어도 갈 수가 없다. 적들에게 유린당한 것은 아닐는지……. 생명을 주시는 성모와 신성한 샘에서 솟는 성수의 기적을 믿고 싶다.

내 첫사랑이며 첫 부인이었던 테오도라 역시 미스트라(펠로폰네소스 반도 남부에 위치한 비잔티움 도시)에 있는 똑같은 이름(조도코스: 생명을 주는)의 교회에 묻혀 있다. 생전에 그리도 좋아하였던 튤립 한 다발을 묘지에 바치고 싶건만 그녀는 너무나 멀리 있다. 전쟁이 끝나면 한달음에 달려가 영혼의 교감을 나누리라.

식량과 자금 사정은 점점 더 극한 상황으로 치닫고 있다. 며칠 전 나누어 준 밀가루도 곧 바닥을 보일 날이 멀지 않았다고 한다. 이미 성탑 아래 몇 안 되는 식량 창고와 무기고는 바닥이 드러났다. 논의 끝에 금각만 안쪽에 계류되어 있는 외국 상선들에 선적된 물품들을 기부받기로 결의하였다.

다행히도 베네치아 상인과 거류민들이 평의회를 소집, 투표를 통하여 긍정적인 답변을 내어놓았다. 무기를 비롯하여 배에 실려 있던 각종 물자들을 모조리 육지로 끌어올려 도성 안에 있는 제국의 병기고에 보관키로 결정하였다. 육지가 위태로우면 바다도 해상도 결코 안전하지 않다. 제국은 간절하게 그대들의 도움을 필요로 한다는 나의 간곡한 호소가 먹혀든 결과였다. 스스로 모범을 보이려고 처자도 본국으로 피난시키지 않은 채 기독교인으로서 의무를 다하겠다며 팔을 걷어붙이고 나선 베네치아 대사 미노토의 충정도 파급 효과가 있었다.

그러나 막상 하역이 시작되자 일부 상선의 선장과 선원들이 격렬하게 반발하였다. 그들은 칼을 빼어 든 채 배에서 육지로 연결된 다리(渡橋, Gangway)를 가로막고 서서 소리쳤다.

"누가 이 화물들을 가져가려 하는가. 갤리선의 무기며 물자들을 병기 창고에 보내면 우리는 무장 해제되는 거나 마찬가지다. 그리스인들이 우리를 당장 노예처럼 부리려는 수작이란 사실을 모를 줄 아는가. 갈 것인가 남을 것인가, 그 선택은 순전히 개인의 자유 의지에 맡겨야 한다."

결국 그들은 자신들의 배를 봉쇄하고 선실에 눌러앉았다. 아, 저들의 마음을 돌리려면 어찌하여야 할 것인가.

주님, 피조물들의 영악스러움을 용서하여주소서.

술탄의 비망록

오늘 새벽에도 어김없이 우렁찬 수탉의 울음소리가 나의 잠을 깨우고, 병사들을 잠자리에서 벌떡 일으켜 세웠다. 어떤 기상나팔도 이보다 더 경쾌하고 박진감 넘치는 소리를 낼 수 없으리라. 그 소리를 듣고 새벽하늘의 별들도 깜짝 놀라 순간적으로 빛을 반짝 밝혔다.

이 수탉은 보통 수탉이 아니다. 나이가 반백 살을 넘겼다. 인간의 말도 곧잘 한다. 용맹무쌍하며 전투 실력 또한 출중하다.

노병 호로즈 데데(Horoz Dede: '수탉 영감'이라는 뜻)가 바로 그 주인공, 그러니까 '인간 수탉'이다. 병사들 사이에서 '세속 성자'라는 별칭으로도 불리는 호로즈 데데는 평생을 전장에서 보낸 백전노장이다.

노병과 노장은 때로 젊은 병사 열 사람 몫을 해낸다. 술탄 무라드 2세의 일화가 생각난다. 바르나 전투에서 마지막 십자군(1444년 바르나 십자군. 103쪽 각주 34 참고) 원정대를 궤멸시킨 뒤 측근 중 한 사람인 아잡 베이를 대동하고 전장을 둘러보던 무라드 2세가 이런 감탄사를 뱉어내었다.

"오, 놀랍지 않은가. 죽은 기독교인들을 보라. 모두가 젊은이들이고, 회색 수염을 가진 자는 단 한 명도 없도다."

이에 아잡 베이는 이렇게 호응하였다고 한다.

"폐하, 기독교 병사들 가운데 회색 수염을 기른 나이 든 자가 있었다면 이렇게 성급하게 일을 벌이지는 않았을 것이옵니다."

'속세의 성자'라. 산전수전 다 겪은 백전노장 호로즈 데데에게 곧잘 어울리는 별명이다. 그가 힘차게 불어 젖히는 기상나팔 소리가 새벽마다 울려 퍼지는 한 우리 군대는 발정난 수탉처럼 늘 원기 왕성, 기운이 넘쳐흐를 것이다. 이제 몸을 충분히 풀었다. 지원병·민병·보병·기병·포병이나 아나톨리아군·유럽군·예니체리를 불문하고 더는 기다릴 수 없다는 꿈틀거림이 느껴진다. 때를 놓치지 않겠다. 호로즈 데데, 이 전쟁터의 성자에게는 틀림없이 내세의 낙원이 보장되어 있으리라.

5월 9일(수)

적들의 총공격이 있었다. 군악대를 비롯하여 앞뒤에서 얼쩡거리는 군더더기들까지 포함하면 5만여 명은 되어 보인다. 엄청나다. 성벽을 사이에 두고 우리는 까마득하게 몰려오는 적들과 치열한 공방전을 치렀다. 이번에는 내 거처가 있는 황궁(포르피로게니투스 궁, 텍푸르 사라이)을 비롯한 궁성 일대(블라케나 궁 등)의 성벽들^{QR코드 30}이 그 표적이었다. 대포 3문과 6문의 중포들이 마누엘 콤네누스(Manuel Comnenus) 성벽을 집중 포격해대었다. 온종일 화염이 들끓었다. 어리석은 적들은 이곳이 외겹 성곽인 데다가 해자가 없어 만만하게 보였는지 개미 떼처럼 기어 올라왔다. 언덕 위로 올라오면서 높은 곳을 공격한다는 게 얼마나 어려운지도 모르는 얼간이들이다. 그들은 성벽에 접근하기도 전에 화살받이가 되거나, 간신히 성벽을 타고 올라오더라도 우리 용사들의 칼날 아래 목숨을 내놓아야 했다. 성벽 또한 적들의 포격에도 끄떡하지 않았다. 발사 각도를 높여 쏜 대포알이 성벽 위를 넘어와 교회 지붕이 내려앉고 황궁 내부 몇 군데가 파손되기는 하였지만 말이다.

지대가 낮은 레오(Leo) 성벽 쪽으로는 대형 대포를 설치하기가 쉽지 않았을 것이다. 질이 떨어지는 대포를 배치하였는지 성벽 아랫부분으로 포탄이 날아와 별 타격을 입히지 못하였다. 사실 레오 성벽은 세 성벽 중 가장 취약하여 상당 부분이 파손되었지만 바로 20여 미터 뒤에 헤라클리우스(Heraclius) 성벽(부록 Ⅰ-3, 378쪽 참고)이 굳건하게 버티고 있어 적의 궁성 침입을 저지하였다. 미련한 적들은 이쪽저쪽 헛힘만 잔뜩 쓰다가 제풀에 지쳐 퇴각하였다. 우리 용사들, 고맙다, 정말 잘 싸웠다.

아, 이 엄청난 적들에 대항하여 필사의 저항을 한 우리 수비군, 연합군에게 가진 것 없는 나는 어떤 식의 위로와 격려를 해주어야 하는가.

베네치아 거류구에서 평의회가 다시 열렸다. 해군 총사령관 가브리엘레 트레비사노가 통 큰 결단을 내려주었다. 그는 육상 방위군 보강 차원에서 자신의 배에서 무기를 내린 다음 400명의 부하를 이끌고 궁성 일대를 지키는 수비군과 합류하는 데 동의하였다. 덕분에 그곳의 그리스군 일부를 내가 분전 중인 로마누스 문쪽으로 보충할 수 있었다. 그는 자기 후임으로 베네치아 선장 알비소 디에도를 천거하였다. 디에도는 해군 경력은 일천하지만 흑해 항로를 왕래한 경험이 많아 근처 해역의 지리를 훤히 꿰고 있었다. 게다가 침착하며 선원들 사이에서 신망도 높았다. 나는 흔쾌히 그를 해군 사령관으로 임명하였다.

트레비사노는 언제 보아도 듬직하고 고맙다. 그런 그에게 내가 해준 것이라고는 손을 굳게 잡고 눈길과 눈길을 교감하는 일뿐이었다.

일부 선원은 부교에서 발사된 포탄으로 심하게 파손된 성벽 보수를 돕겠다며 자진해서 블라케나 지역으로 달려갔다. 참으로 고마운 일이다. 앞으로 이들은 병력 및 장비를 재배치한 뒤 성벽 수리에 적극적으로 투입될 예정이다.

성모 마리아여, 당신의 허리띠가 보관된 교회(성모 마리아 교회)는 비록 불탔지만 성령님이 우리를 지켜주셨습니다. 부족한 저의 잔을 채워주신 주님이시나이다.

술탄의 비망록

세 번째 총공격을 강행하였다. 중점 타격 대상은 궁성(아이반 사라이, 블라케나 궁) 주변 성벽. 아나톨리아 군단과 유럽 정규군, 자아노스 파샤 휘하의 정규군도 일부 투입하였다. 황제라는 자는 겁을 먹고 5만이라 하지만 아잡이나 바쉬 보주크 같은 비정규군을 빼면 정규군은 1만도 되지 않았다.

한 겹이긴 하지만 이 성벽은 높이와 두께 모두 내성벽과 맞먹는 규모이다. 여러 날에 걸친 집중포화로 성벽 군데군데에 흠집이 나 있었지만 아직은 굳건한 모습이었다.

포격이 집중된 성문 근처에서 본격적인 백병전이 벌어졌다. 성문 양옆의 성탑 위에서 화살과 총알, 그리스 화탄이 우리 병사들 머리 위로 쏟아져 내렸다. 필사의 혈투였다. 적을 죽여야만 내가 산다. 내 명령이 떨어지기 전에 후퇴하는 자는 용서하지 않는다. 비겁자는 처단한다는 것이 나의 군율이요, 원칙이다.

높은 성벽을 올라 적을 무찌른다는 것은 말처럼 쉽지 않다. 적의 간담을 서늘케 할 정도로 우리 비정규군이 열심히 싸웠지만 깃발을 꽂지는 못하였다.

유감스럽게도 금각만과 가까운 레오 성벽 쪽에 설치한 대포가 작동되지 않았다. 포대 설치가 까다로운 곳이라서 매번 말썽이다. 면밀하게 조사해보아야겠다. 가장 취약한 레오 성벽은 반쯤 부수어버렸지만 헤라클리우스 성벽은 생각보다 강하였다. 결국 이번 공격으로도 성벽을 뚫지 못하였다[레오 성벽 앞은 현재 금각만을 가로지르는 할리치(Haliç: 골든 혼) 다리의 인터체인지가 있어 지반을 높였으나 1453년 당시 지형은 지금과 달랐다]. 그러나 수비군, 그들 마음의 성벽은 시나브로 허물어지고 있으리라. 성벽보다 먼저 마음이 붕괴되는 것, 그것이 패자의 법칙이다.

5월 10일(목)

기둥 위의 고행자[84]들이 있다. 높은 기둥 위에 올라가 앉아 비가 오거나 눈이 오거나 폭풍이 몰아치거나 아랑곳없이 기도와 고행과 금욕으로 신에게 자기 삶을 헌신하는 수도자들이다. 이들은 도성 안에 있는 콘스탄티누스의 기둥, 고트의 기둥, 아르카디우스의 기둥, 마르키아누스의 기둥, 심지어는 이집트 오벨리스크에까지 올라가 수행을 한다. 개전 초기에는 이곳저곳에서 간혹 보였으나 지금은 극히 소수만 남고 자취를 감추었다.

죄로 물든 세상으로부터 스스로 유리되어 천상으로 망명한 거리의 성자들이여! 그대들은 누구를, 무엇을 위하여 기도하고 고행하는가. 도성이 무너지고 제국이 쓰러져도 거기 그렇게 꼼짝 않고 앉아만 있을 셈인가.

평소에는 일말의 존경심도 없지 않았던 그들이 이따금씩 허무주의자들처럼 느껴지는 것은 전쟁이 나의 영혼을 피폐하게 만들어서인가.

며칠 전 기둥 위에서 10년을 고행하였다는 수도자가 기둥을 내려와 제국을 지키겠다며 방위군을 자청하였다. 나는 그의 손에 칼을 들려주며 격려의 말을 건네었다.

"주께서 내려다보실 것이다. 부디 이 검을 지팡이 삼아 지상에서 천국으로 이어진 계단을 올라가기를⋯⋯."

---

84 柱上 苦行者, Stylite. 기둥 위나 탑 꼭대기에 올라가 고행하는 수도자. '기둥 성자(Pillar Saints)'로도 불린다. 최초의 주상 고행자는 5세기 시리아 출신 수도자 시메온(Simeon)이었다. 그는 기둥 꼭대기에서 생활함으로써 영혼이 고결해진다고 생각했다. 처음에 그는 여러 달 동안 목만 내놓은 채 땅속에 묻혀 살았다. 그 후 약 2미터 높이의 기둥에서 시작, 점점 높아져 마침내 20미터 높이의 기둥 위에서 35년 이상을 살았다. 많은 구경꾼과 추종자들이 시메온을 찾아왔으며, 그는 그 기둥 정상에서 청중을 향해 설교했다.

모처럼만에 오늘은 대포가 발악을 멈추었다. 포성으로 멍멍하였던 귀가 뚫리는 느낌이다. 그래도 잠은 오지 않을 것 같다. 불면의 밤마다 나는 식은땀과 환청에 시달리곤 한다. 지금도 그러하다. 종교의 자유를 허용한다는 술탄의 진영에서 루멜리 군단에 소속된 기독교인 병사들이 부르는 찬송가와 기도 소리가 들려오는 것만 같다. 그들은 무엇을 위하여 기도할까. 그들이 믿는 하느님과 우리가 섬기는 하느님은 정말로 같은 신인 걸까. 베개가 축축하다.

주님, 저희에게 죄가 있다면 모두 제가 부족한 탓이옵니다. 회개하오니, 주님, 이 불쌍한 백성을 용서하옵소서.

술탄의 비망록

건국 초기 소왕국 시절부터 선조 가지(Gazi: 이슬람 전사)들은 성전(聖戰) 수행에 전념하며 영토를 확장하여 나아갔다. 아나톨리아와 발칸의 옛 비잔티움 지역과 셀주크 튀르크에 속한 토후국들이 하나둘씩 가지들의 칼끝에 무릎을 꿇고 제국의 영토로 속속 편입되었다.

대외적인 환경은 그리 나쁘지 않았다. 우선 서방 세계는 분열되어 있었다. 영국과 프랑스는 백년 전쟁 발발로 바람 잘 날이 없었고, 제노바와 베네치아는 치열한 경쟁 속에 대립 관계에서 적대 관계로 치닫고 있었으며, 로마 교회는 체력이 약화되어 십자군 모병이 쉽지 않았다.

게다가 발칸 지역 백성들 사이에서는 오스만 제국의 통치를 받는 편이 차라리 비잔티움의 압제하에 있는 것보다 세금이나 착취 면에서 고통이 덜하다는 인식까지 퍼져 있었다. 그도 그럴 것이 상비군이 부족하여 서유럽에서 모집한 비잔티움 용병들은 오스만 군대와 싸우기보다 오히려 비잔티움 백성들의 등골을 빼먹었다. 비잔티움 치하에서의 무거운 세금과 이중 삼중 착취 구조에 비하면 오스만은 세금이 가벼웠다. 전쟁 고아·노인·영세민들에 대한 구호 활동과 교육 사업도 잘 짜여 있었다. 유럽 군주들은 생각도 못할 직업군인 제도를 만들어 평생직장을 보장해주었다. 그러자 지역민들은 저항하기보다는 오히려 환영하는 분위기였다(용병제가 아닌 유럽의 직업 군인 제도는 나라마다 다르지만 보통은 이보다 300년 뒤인 18세기 이후에 나타났다). 그리하여 오스만의 관용 정책은 피정복민들에게 별다른 거부감 없이 수용되었다. 오스만은 기본적으로 타민족의 종교를 인정하고 개종을 강요하지 않았으므로 그 문제로 마찰이나 충돌을 빚을 일도 없었다. 또한 오스만은 발칸 반도와 아나톨리아 중심부를 제외하고는 직접 통치보다는 총독이나 그 지역 세력자에게 자치를 위임하는 정책을 썼다. 그편이 적은 인원으로 피지배 지역 다양한 종족들의 저항을 예방하면서 행정 및 관리를 하기가 수월하고 효율적이었다.

제2대 오르한(Orhan) 가지[재위 1326~1362년. '족장'을 의미하는 '베이(Bey)'란 호칭을 씀. '술탄'이란 칭호는 1383년 제3대인 무라드 1세가 첫 사용] 시대에는 1326년에 함락한 부르사를 수도로 삼아 제국의 체제와 기틀을 확고하게 다져나갔다. 아나톨리아 서북부의 주요 도시들인 이즈니크(Iznik, 니케아, 1331년), 이즈미트(Izmit, 니코메디아, 1337년), 위스크다르(Üsküdar, 1338년) 등이 오스만 제국의 영토로 흡수되었다. 1354년 겔리볼루 반도와 그 연안 지역 정복은 제국의 유럽 진출을 위한 중추적인 발판을 마련하여주었다. 때마침 일어난 지진으로 비잔티움은 우리에게 도움을 요청하였고, 우리는 겔리볼루 해협을 건너 자연스럽게 서진하여 유럽 지역을 장악하게 되었다. 우리 오스만은 날쌘 매처럼 달리는 말처럼 거침없이 영역을 넓혀나갔다.

유럽 지역 대부분의 점령지들은 제국에 완전히 병합시키기보다는 해마다 연공을 바치는 가신국 형태로 지배하였다. 선대 술탄들의 관심사는 이슬람교의 전파보다는 과세나 공물 등 부의 축적과 필요할 때 동원할 수 있는 군사력 확보에 있었으므로 이민족을 상대로 한 동질화나 일체감 형성은 그다지 중요하지 않았다.

오르한 1세의 뒤를 이은 술탄 무라드 1세(재위 1362~1389년)는 1365년, 세르비아와 불가리아 연합군을 격파한 후 발칸에 진입하여 콘스탄티노플과 도나우(Donau) 강 유역을 잇는 핵심 거점인 에디르네(아드리아노플)를 점령하고 부르사에서 이곳으로 수도를 옮기셨다. 그리스식 지명도 당연히 튀르크식으로 바뀌었다. 새 수도 에디르네는 콘스탄티노플까지 불과 3일 행군 거리밖에 안 될 만큼 근접한 도시였다. 1371년에는 마리차(Maritsa) 강 전투에서 세르비아군을 격파하고, 1387년에는 소피아(Sofia)와 테살로니카(Thessalonica)를 정복하였다. 여세를 몰아 무라드 1세께서는 1389년, 제1차 코소보 전투에서 세르비아가 주축이 된 발칸 동맹국을 무찌르고 이 지역에 대한 오스만 제국의 지배권을 확립하였다. 이로써 발칸 지역의 옛 비잔티움 심장부도 오스만의 지배하에 놓이게 되었다. 콘스탄티노플은 고립무원의 신세가 되었고 오스만은 동방과 서방, 육지와 바다 양쪽에서 비잔티움 수도를 포위 공격할 수 있는 길이 열렸다. 결국 힘의 열세를 자각한 비잔티움 황제들은 해마다 공물을 바치고 필요할 때 군사 지원을 해야 하는, 오스만 술탄들의 봉신(封臣)으로 전락하고 말았다.

1396년, 나의 증조부 바예지드 1세가 이끄는 제국의 군대가 니코폴리스(Nikópolis)에서 헝가리와 베네치아가 연합한 십자군을 격파하였다. 불가리아는 오스만 제국에 완전히 점령당하였다(그 뒤로 불가리아는 500년간 오스만의 식민 지배를 받다가 1878년 러시아·튀르크 전쟁으로 자치 공국이 되었으며, 1908년 불가리아 왕국으로 독립했다).

정복 과정에서 한 가지 특기할 만한 점이 있다. 오스만은 2개의 진영에서 동시에 전쟁을 일으키는 일을 가능하면 피하였다는 사실이다. 힘의 분산은 자칫 공멸을 가져올 수 있음을 잘 알기 때문이다. 2마리 토끼를 잡으려다가 1마리도 못 잡고 사냥개마저 잃는다면 그 얼마나 어리석은 짓인가. 선택과 집중이 중요하다.

물론 그 모든 정복의 여정이 순탄치만은 않았다. 특히 티무르는 가장 큰 장애물이었다(116쪽 본문 및 각주 44 참고).

1430년, 나의 선친 술탄 무라드 2세는 베네치아의 지배를 받던 테살로니카를 재점령하였다. 또한 티무르와의 앙카라 전투 이후 침식당하였던 아나톨리아 지역을 다시 평정해나가기 시작하였다. 같은 튀르크계 종족인 카라만과 잔다르 공국들에게는 연공을 바치는 조건으로 자치 및 독립을 허용하였다.

1443년, 무라드 2세는 발칸 반도의 마지막 저항 세력인 헝가리 장군 야노슈 후냐디를 즐라티카 전투에서 완파하고 유럽 진출의 교두보를 확보하였다. 그러나 오스만 전통 귀족 세력의 압력으로 이듬해 헝가리와 에디르네에서 평화 협정을 체결, 세르비아는 자치권을 되찾고 헝가리는 벨그라드와 왈라치아를 차지하게 되었다. 주변 세계를 정리하고 평화 체계까지 구축한 선친은 오랫동안 꿈꾸어왔던 휴식과 명상의 세계로 돌아가기 위하여 당시 열두 살이었던 나에게 술탄의 자리를 양위하고 부르사로 떠나셨다.

내가 아직 어리고 경험이 일천하다는 이유로 얕잡아본 것인가. 유럽의 십자군은 종래의 평화 협정을 깨뜨리고 세르비아와 발칸 산맥을 넘어 흑해의 요충지인 바르나까지 진격하였다. 명백하고 파렴치한 배신행위를 저질렀다. 이에 선친은 수도로 다시 귀환하여 1444년 11월 10일, 바르나 전투에서 기독교군을 재기가 불가능할 정도로 궤멸시켜버렸다 (103쪽 각주 34 참고). 헝가리 왕 블라디슬라브는 술탄의 근위 기병 호자 히지르에 의하여 목이 잘렸고, 선친은 그 목을 창끝에 매달아 전시토록 하였다. 이 광경을 본 후냐디와 기독교군은 용기를 잃고 공포에 사로잡혔다.^{QR코드 14}

1451년, 선친의 서거로 다시 술탄이 된 내가 가장 먼저 완수하여야 할 중차대한 목표는 두말할 나위 없이 콘스탄티노플 정복이었다. 증조부인 바예지드 1세가 이루고자 한 꿈은 티무르의 훼방으로 무산되었다. 선친 무라드 2세는 전염병과 연합군의 배후 침공 가능성 때문에 부득이 회군하였다. 그러나 나는 다르다. 모든 것을 철저히 준비하였다. 그리하여 나 지금, 선대 술탄들의 미완성 과업인 제국의 원대한 미래와 오스만 중심의 세계 평화를 이루기 위하여 여기 콘스탄티노플 성벽 앞에서 잠 못 이루고 있는 것이다.

알라여, 당신의 권능과 위대하심으로 선지자의 예언을 실현하고 이슬람의 정신을 굳건히 뿌리내릴 수 있도록 도와주소서.

5월 11일(금)

황제의 일기

어찌하여 구원군은 오지 않는가. 유럽 각국은 복잡한 내부 사정을 핑계 삼아 약속을 이행하지 않고 있다. 강 건너 불구경이다. 머리가 없으면 팔다리도 사라진다는 사실을 모른단 말인가.

나는 꼭 6개월 전인 작년 12월 12일, 하기아 소피아에서 엄숙하게 거행되었던 기도회를 떠올렸다. 그날 피렌체 공의회에서 채택한 동서 교회 통합 율령이 발표되었다. 야만족들의 위협으로부터 콘스탄티노플을 수호하려면 서방의 지원이 절실하여 오랜 고민 끝에 내린 정치적 용단이었다. 루멜리 히사르의 완공(부록 Ⅱ-2 참고)으로 임박한 오스만의 침공 가능성도 나의 결단에 영향을 미치었다.

비잔티움 시민들의 정신적 지주면서 신앙의 상징인 이 대성당에서 율령을 공표하면 아마도 통합에 동조할 거라고 믿었지만 거부감은 상상 외로 컸다. 그 근저에는 제4차 십자군 사건이 있었다. 하기아 소피아 대성당에까지 가해진 십자군의 신성 모독적 만행(150~151쪽 참고)을 겪은 뒤로 그들은 서방 교회를 이단으로까지 매도하지는 않으나, 교회 통합만큼은 적대감과 혐오감을 드러내며 결사반대를 해왔다. 그들이 원하는 것은 교회 통합을 전제로 하지 않는 군사 지원이었고, 그것은 받아들여질 가능성이 거의 없는 현실을 무시한 희망 사항이었다.

아무튼 교회 통합의 공표로 더 이상 공개적인 반발은 일어나지 않았지만, 반대파인 대다수 시민들은 통합을 지지하지 않은 사제가 집전하는 성당에서만 예배를 보았다. 하기아 소피아를 찾는 사람들의 발길도 뜸하여졌다.

반대파를 대표하는 종교 지도자인 겐나디오스는 "정교회에 대한 위증을 하느니 차라리 죽음을 택하겠노라"면서 직접 쓴 선언문 1장을 문에 못으로 단단히 박아 걸고는 자신의 수도실에 칩거하며 침묵으로 일관하였다.

"그리스 로마인들의 후예인 가련한 비잔티움 시민들이여! 신에 대한 희망을 스스로 포기한다면 이 도시는 곧 파멸할 것이다. 그대들 또한 신앙을 잃게 될 것이다. 엄청난 심판의 고통이 뒤따를 것이다."

심지어는 공적이든 사적이든 자신에 관한 문제 말고는 관심을 두지 않는 루카스 노타라스 대공작까지 나서서 이런 냉소적인 말을 서슴지 않았다고 한다.

"나는 이 도시에서 라틴 추기경의 모자를 보느니 차라리 술탄의 터번을 보는 편을 택하겠노라."

노타라스는 나의 선친과 선황제(형님)도 신뢰를 아끼지 않았던 충직한 신하이다. 어쩌면 그는 성품상 현실을 무시한 채 절대적 명분만을 내세우는 반대론자들과 일부 베네치아 및 제노바인들의 편협하고 비협조적인 태도에 질려서 순간적으로 그런 반어적 표현법을 썼는지도 모른다. 그러나 설혹 그렇다 하더라도 그의 발언은 교회 통합 반대파들에게 공격의 빌미를 제공하였다. 또한 액면 그대로 해석하면 '로마 교회에 통합되어 서방의 지배를 받느니 차라리 오스만의 지배를 받으면서 정통 교리를 지켜나가겠다'라는 의미로 받아들여져 여론을 혼란스럽게 하였다는 점에서 지위에 걸맞지 않은 부적절한 발언이었다. 그에게 이 점을 분명히 지적한 뒤 시정하라고 충고하리라.

나로서는 가장 소중한 무언가를 얻고 지켜내기 위하여 조금 덜 소중하다고 생각한 다른 무언가를 양보하려 한 거였는데 결과는 이 모양이다. '교회 통합'이 '국론 분열'만 일으킨 꼴이 되고 말았다. 나의 판단이 그릇되었던 것일까.

그나저나 구원군은 왜 오지 않는가. 서방 국가들이 전함과 병사를 좀 더 일찍 콘스탄티노플로 보내었더라면 교회 통합을 둘러싼 갈등과 분열도 잠잠해지고, 전세(戰勢) 역시도 이렇게까지 기울지는 않았으련만……

오늘도 구원군의 동태를 알아보라고 내보낸 12명의 우리 용사들은 돌아오지 않는다. 마음이 급박해서일까. 아직은 귀환하기에 너무 이른 시기인데도 나의 눈길은 자꾸만 마르마라 바다 쪽으로 향하고 있다.

그러고 보니 오늘은 콘스탄티누스 대제가 콘스탄티노플을 제국의 새로운 수도로 삼은 지 1123주년이 되는 날이다. 예년 같았으면 히포드롬에서 전차 경주와 서커스 공연이 종일 열리고, 황제가 수행원들을 거느리고 축하 행차를 할 이 영광스러운 국경일에 축포 1발 쏘아 올릴 수 없는 현실이 참으로 개탄스럽다. 히포드롬도 숱한 지진과 도시의 쇠락으로 드높던 탑들은 점점 내려앉고, 돌먼지와 흙덩이가 뒹굴어 다닌 지 어제오늘 일이 아니거늘……. 아, 제국의 운명은 어떻게 될 것인가. 내년 오늘은 밤하늘 가득 축포를 쏘아 올리고, 신민들과 더불어 대성당에서 주님께 감사 예배를 드릴 수 있을 것인가.

주여, 콘스탄티누스가 세운 이 도시가 콘스탄티누스의 이름으로 멸망하는 것이 옳다고 보시나이까.

술탄의 비망록

서방 세계에서 종교란, 그들이 이야기하는 기독교 신앙이란 이미 오래전부터 정치와는 불가분의 관계였다. 정치와 종교는 서로가 서로를 교묘하게 이용하였다. 때로는 야합하고 때로는 대립하면서 말이다.

십자군 전쟁이 그 전형이다. 신의 이름을 팔고 신의 뜻임을 내세웠지만, 결국은 종교를 빙자한 서유럽 기독교 국가들 간의 권력 다툼, 교황과 황제의 알력에서 비롯된 싸움이었다. 십자군들은 같은 신을 믿는다면서 자기들끼리 종교 갈등으로 날을 지새웠다.

십자군 전쟁은 또한 기독교와 이슬람의 신앙적 차이를 극명하게 보여준 일종의 시금석이었다. 1099년, 예루살렘을 침략한 십자군은 40여 일간의 포위 공격 끝에 함락한 성지 안에서 당초 약속을 헌신짝처럼 내던지고 유대인과 무슬림들을 닥치는 대로 학살, 단 한 사람의 생존자도 남기지 않았다. 모스크와 유대의 종교 시설 등 문화유산들 또한 철저히 파괴되었다. 반면에 1187년 예루살렘을 재탈환한 아랍의 명장 살라딘은 기독교인들에게 털끝 하나 건드리지 않는 관용을 베풀었다.

십자군 전쟁에서 가장 큰 희생양은 이슬람이 아니었다. 오히려 비잔티움이었다. 황제여, 그대는 제4차 십자군을 똑똑히 기억할 것이다. 그들은 자기들이 보호해야 할 기독교도들을 상대로 창검을 휘두르고 분탕질을 일삼았다. 그 제물이 바로 너희가 아니더냐. 물론 그 불행은 너희 스스로 자초한 면이 없지 않다. 너희는 적극적으로 가담하여야 할 때 비겁하게 뒤로 물러났으며, 물밑에서는 여기 붙었다 저기 붙었다 하는 모습을 보였다. 오죽하였으면 서유럽 군주들로부터 '비잔티움 황제는 십자군의 적'이란 오명까지 뒤집어썼겠는가.

사정은 서유럽 전체가 다르지 않았다. 동서 교회의 분열은 여기에 기름을 부은 격이었다. 교회 통합을 둘러싼 복잡 미묘한 헤게모니 싸움에서 이들은 서로가 서로에게 신용을 잃고 말았다. 내치와 외치 모두 난마처럼 얽혀버렸다. 외교는 말만 무성할 뿐 정작 실천은 없었다. 허울 좋은 명분 타령으로 날을 지새웠다.

이러한 모든 상황과 환경이 콘스탄티노플 정복을 노려온 우리 오스만 제국에는 다시는 오지 않을 절호의 기회였다. 놓칠 이유가 없었다.

축하한다, 황제여! 참으로 오랜 역사를 용케도 유지하여왔구나. 그러나 기억하라. 올해는 이 도시가 콘스탄티노플로 불리는 마지막 해가 될 것이다. 기독교도들을 지배할 날이 다가오고 있다. 가자, 이 도시로!(İstanbul!) 정복하라, 이 도시를!(İstanbul!) 내년 5월의 어느 날, 나는 이스탄불로 바뀐 콘스탄티노플의 밤하늘을 정복 1주년을 기념하는 불꽃들로 찬란하게 수놓을 것이다.

알라여, 이 도시를 예언자에게 바칠 수 있기를……. 나의 이름을 선지자의 이름과 같도록 한 것(106쪽 각주 36 참고) 또한 신의 뜻이 아니옵니까.

5월 12일(토)

황제의 일기

지난밤 적들의 공격이 또 있었다. 유례없는 강공이었다. 성곽의 손상이 컸고 사상자도 많았다. 자정이 넘어서자 우르반의 대포는 1시간 간격으로 굉음을 터뜨렸다. 사이사이 중형 포들도 목표 지점을 때렸다. 전 성벽에 걸쳐 동시다발적으로 이루어졌다. 불과 며칠 전(5월 9일) 공격 때처럼 나의 거소인 황궁이 집중 표적이었다. 고막을 찢는 대포 소리와 섬광 그리고 화염 속에서 우리 지휘관과 군사들, 정말 잘 싸워주었다.

레기움 문, 페게 문 쪽에서도 일대 혼전이 벌어졌다. 내 사촌 테오필로스가 사력을 다해 적들을 저지하였다. 황금문을 지키던 데메트리오스 칸타쿠제노스와 그의 사위 니콜라스 구델레스가 지원하지 않았더라면 큰일 날 뻔하였다. 무너진 방책과 성벽을 뚫고 진격해 오던 적장의 고함 소리가 아직도 귓전을 때린다. 사정이 화급하여 사령관 주스티니아니까지 가세하고서야 가까스로 적들을 물리칠 수 있었다(이날의 전투 상황은 네스토르 이스켄데르의 주장을 종합해 기술. 이어지는 5월 12일 술탄의 비망록에도 반영했다).

새벽이 되어서야 적은 퇴각하였다. 이번에도 대포알 몇 발이 성벽을 넘어 황궁에 떨어졌다. 내 거소 뒤편이다. 큰 피해는 없었지만 궁정 근무자들 몇은 혼이 나간 표정이었다.

한 달 넘게 지속된 전쟁으로 도성 시민들은 공황 상태에 이르렀다. 갈라타와 라틴 구역 거류민들 사이의 반목과 갈등도 깊어만 간다.

아직까지 그리스군에서는 적진으로 투항한 병사는 단 1명도 없다. 다만 제노바와 베네치아 진영에서는 동요가 조금 있는 듯하다. 나는 지위고하, 소속 여부를 불문하고 탈영이나 투항자는 엄단하겠노라고 다시금 기강을 다잡았다.

술탄의 비망록

자정 무렵 전군에 비상을 걸고 또다시 총공격을 감행하였다. 유럽군 공격 지점 앞까지 직접 말을 몰고 나가 독려하였다. 우선 대포 공격이다. 본 성벽(테오도시우스 성벽)과 궁성(아이반 사라이) 성벽의 연결점 부근으로 화력을 집중하였다. 텍푸르 사라이(포르피로게니투스 궁)가 목표이다. 황제의 침소가 저 안 어딘가에 있을 것이다. 혼쭐을 내어줄 참이다. 성벽은 여전히 견고하다. 대포들을 광범위한 지역에 걸쳐 분산하고 확산하기보다는 점점 더 테두리를 좁혀 한 곳으로 집중 배치, 폭풍 공격을 퍼부어야 할 것 같다. 외겹 성, 저놈만 돌파하면 바로 황궁이다. 힘을 내라! 그런데 웬일인지 끄떡도 안 한다. 병사들을 독려하느라 목이 걸걸하다.

그러나 구멍은 의외의 곳에서 뚫렸다. 아나톨리아군 휘하의 메블라나 카프(레기움 문)와 실리브리 카프(페게 문) 공격 담당인 산작베이 무스타파가 1000명의 군사를 이끌고 용감무쌍하게 적군을 마구 헤집어놓았다. 그곳을 지키던 그리스군이 쩔쩔매면서 무너지려 하자 그 좌우에 있던 베네치아군이 지원하였다. 산작베이는 이들을 쓰러뜨리며 무너진 성벽 안으로 말을 타고 달려 들어갔다. 성난 파도 같은 기세에 방어군은 기가 꺾였다. 적들이 수비 의지를 잃어갈 때쯤 적군 사령관인 주스티니아니가 구원병을 이끌고 왔다. 치열한 전투가 벌어졌다. 그러나 후속 지원군도 없이 야음에 깊이 들어가는 것은 위험하여 작전상 퇴각하였다. 적들은 간담이 서늘하였으리라. 드디어 적의 구멍을 발견하였다! 텍푸르 사라이를 집중 공격하느라 아나톨리아군으로부터 잠시 눈길을 돌린 것이 참으로 아쉽다. 다음엔 반드시 요절을 낼 것이다. 저들은 이제 지칠 대로 지쳤다. 우리 군도 심신이 피곤하지만 아시아군의 승리로 새로운 희망을 갖게 되었다.

알라여, 한 달여가 지났습니다. 부하들이 동요하지 않도록, 말이 지치지 않도록, 성을 돌파할 수 있도록 계시를 내려주소서. 내 반드시 이교도들을 이슬람의 발굽 아래 무릎 꿇리겠나이다.

알라는 위대하도다, 인샤−알라(Inch'Alla, in shā'allāh: 알라의 뜻이라면)!

5월 13일(일)

황제의 일기

도성 시민들의 중보기도(仲保祈禱, προσευχές, Intercession: 자기 자신을 위한 기도가 아닌 전체 교회나 국가 또는 남을 위하여 드리는 기도) 소리가 나날이 높아져 간다. 겸손하고 참된 신앙인만이 지닐 수 있는 성숙한 시민의식에 나는 새삼 감사와 감탄을 금치 못하였다. 나도 성경을 펼쳐 들고 중보기도의 놀라운 능력이 담긴 구절들을 조용히 읽어보았다.

"그러므로 너희 죄를 서로 고백하며 병이 낫기를 위하여 서로 기도하라. 의인의 간구는 역사(役事)하는 힘이 큼이니라."(야고보서 5장 16절)

"그러므로 내가 첫째로 권하노니 모든 사람을 위하여 간구와 기도와 도고(禱告)와 감사를 하되, 임금들과 높은 지위에 있는 모든 사람을 위하여 하라. 이는 우리가 모든 경건과 단정한 중에 고요하고 평안한 생활을 하려 함이니라."(디모데전서 2장 1~2절)

찬송가 「아카티스토스」[85]도 교회 울타리 너머로 자주 들려온다. 나도 이따금 걸음을 멈추고 가만가만 따라 부르곤 한다.

오, 주여! 이 백성들의 간절한 기도 소리에 응답하여주소서.

제3군문을 지나 페게 문으로 향하였다. '페게(Pegé: 샘)'란 이름에 걸맞게 '생명수' 같은 역할을 하여온 성문이다. 신성한 샘물이 솟는 조도코스 교회[QR코드 29]와도 가깝다. 페게 문은 콘스탄티노플 수복의 결정적 계기를 마련하여준 은혜로운 성문이다. 1261년 7월 25일 새벽, 알렉시우스가 이끄는 미카엘 8세 황제의 비잔티움군이 성벽을 수비하던 라틴 군대가 흑해 쪽 섬 하나를 점령하기 위하여 도성을 비운 틈을 타 소수의 경비대를 제압하고 이 문을 통하여 성안으로 진입, 라틴인들을 몰아내고 제국의 수도를 탈환하였다. 술탄은 이 성문 전방에 3문의 대포를 배치, 성벽을 공격하고 있다. 아치형 성문 위쪽이 파손되었지만, '생명을 주는(조도코스)' 성모가 지켜주시는 곳인 만큼 쉽게 무너지지 않을 것이다.

---

85 Akathistos Hymn. 앉지 않고 선 채로 부르는 찬미가. 성모 마리아를 찬양하여 사순절 제5주의 토요일에 비잔티움 전례에서 불렀다. 가사와 선율 모두 626년 총대주교 세르기우스가 최신형 포위 장비와 공성 무기를 동원한 아바르족의 공격으로부터 콘스탄티노플이 지켜진 것을 기념하기 위해 만들었다. 그때 백성들이 너무나 기뻐 밤새도록 교회당에 서서 성모에게 찬미가를 불러 그 교회는 '아카티스토스('앉지 않는'이란 뜻)'라는 이름을 갖게 되었다고 한다. 지금까지도 정교회의 대표적인 성가로 전해져온다.

오늘도 적들은 로마누스 문과 블라케나 궁 쪽으로 대포를 쏘며 공격하여 왔다. 로마누스 문 부근 성벽은 계속되는 적들의 집중포화로 많이 손상되어가고 있다. 그러나 적들도 이제 지쳤는지 오늘은 공격이 그렇게 심하지 않다. 우리 병사들은 어제의 격전에도 아랑곳하지 않고 오늘도 종일 성벽 보수에 매달렸다. 트레비사노 제독의 궁성 방어 노력도 눈물겹다. 이들이 있는 한 희망은 아직 살아 있다.

술탄의 비망록

나는 며칠 전부터 은밀하게 또 하나의 비밀 작전에 돌입하였다. 바다가 막히자 배를 끌고 언덕을 넘어갔듯이, 이번에는 포탄이 뚫지 못하는 성벽을 지하로 관통할 생각이다. 지상 공격을 보완할 땅굴 공략, 이름하여 '두더지 작전'이다.

사실은 포위전과 동시에 시도하였던 전술인데 그때는 전문가도 없고 숙련된 인력 또한 부족하여 도무지 진척이 없었다. 축성 기술은 루멜리 히사르를 지으면서 굉장히 향상되었지만, 지하에 긴 갱도를 내는 착굴 작업은 기술과 경험 모두 백지상태였다. 처음엔 해자를 메울 흙도 확보할 겸 무작정 파고 들어갔는데 천장이 무너지거나 엉뚱한 방향으로 가버리기 일쑤였다. 일단은 계획을 접는 수밖에 없었다.

그러다가 나는 다시금 지하 침투 공략의 필요성을 절감하고 갱부 경험을 가진 병사를 물색하라는 지시를 내렸다. 다행하게도 채굴 경험이 풍부한 세르비아 은광 출신 광부들이 자아노스 파샤 부대에 배속되어 있었다. 세르비아는 도처에서 금과 은이 솟아나는 풍부한 광맥을 가진 나라였다. 나는 즉시 그들을 차출하여 굴착 작업에 투입시켰다.

처음에는 에디르네 카프 근처 성벽 밑을 파도록 명령하였다. 그곳 지반이 땅굴을 파기에 적합하다고 여겼기 때문이다. 갱부들은 성벽 위의 수비병들에게 발각되지 않도록 전선에서 멀리 떨어진 후방에서부터 갱도를 파들어 갔다. 그러나 물이 고여 있던 해자가 장애물이었다. 자칫 잘못 뚫었다가는 자동으로 수공(水攻)을 당하기 십상이었다. 또 무언가 단단한 암반층에 부딪쳤는지 굴착 작업은 더 이상 진전이 되지 않았다.

포기할 때는 포기하여야 한다. 나는 병사들에게 작업을 멈추고 그 대신 에으리 카프(칼리가리아 문) 근처 성벽으로 목표물을 바꾸라고 지시하였다. 궁성 지역 일대는 급조한 인공 해자가 있으나 물은 애초부터 없었고 흙으로 메워진 상태였다. 게다가 한 겹 성벽이라서 굴착과 통과가 상대적으로 수월하기 때문이다.

오늘도 유럽군과 아나톨리아군은 성벽 공격을 계속하였다. 적들이 땅굴 작업을 눈치채서도 안 되지만 계속 적을 몰아붙임으로써 우리 군의 사기와 전투력을 높이기 위함이다.

위대하신 알라여, 배를 끌고 언덕을 넘어갔듯이, 저희가 땅 밑을 통하여 성곽을 뚫고 갈 수 있기를…….

5월 14일(월)

황제의 일기

나는 붉은 사과나무에 얽힌 오래된 예언을 기억해내었다. 이교도들이 도성 안으로 쳐들어와 콘스탄티누스 기념비까지 오면 미카엘 천사가 복수의 칼을 들고 천상에서 내려와 기독교군에게 힘을 실어주리라. 그리하여 방어군을 도와 적들을 도성 밖으로 몰아내고 마침내는 붉은 사과나무가 서 있는 페르시아 변경 그 너머로 영원히 추방해버리리라.

문득 눈앞에 탐스러운 사과가 주렁주렁 열린 나무 한 그루가 떠올랐다. 동시에 하기아 소피아 대성당 밖 높은 기둥 위에 우뚝 서 있는 유스티니아누스 대제의 웅대한 기마 조각상[86]이 시야 가득 들어왔다. 태양이 떠오르는 동쪽을 향하여 금방이라도 박차를 가하며 말을 달릴 것 같은 모습이었다. 행선지는 페르시아 국경 부근이 분명하여 보였다. 대제의 기운이 나에게 전하여진 걸까. 불끈 힘이 솟는 느낌이다.

적은 수의 병력으로 대규모 적군을 상대하느라 지휘관과 병사들 모두 잠시도 쉴 틈이 없다. 육군과 해군의 분리 배치 또한 무의미하다. 상황에 따라 융통성 있게 적의 화력이 집중되는 곳으로 그때그때 병력을 이동하여 가면서 운용할 수밖에 없는 실정이다.

그러다 보니 이따금 부대 편성 등을 놓고 지휘관들 간에 의견이 엇갈려 마찰이 빚어지는 경우가 있다. 주스티니아니와 루카스 노타라스도 대포 이동 문제로 갈등을 일으켰다. 주스티니아니는 노타라스 휘하에 있는 포들을 적의 집중 포화를 받고 있는 중앙 성벽(메소테이키온) 쪽으로 이동 배치해줄 것을 요청하였다. 그러나 노타라스는 적 함대의 금각만 진입으로 바다 쪽 성벽도 위험에 노출돼 있다면서 강하게 거부하였

---

86 하기아 소피아 남서쪽 아우구스테이온 광장의 원기둥 위에 성당의 돔과 비슷한 50미터 높이로 우뚝 솟아 있던 청동 기마상. 비잔티움 제국 전성기의 힘을 상징하며 기독교 세계의 수호자 역할을 하던 기념물이다. 말 잔등 위의 유스티니아누스는 "아킬레우스와 같은 복장"(6세기 비잔티움 역사가 프로코피우스의 증언)을 하고 있었으며 왼손에 지구 모양의 둥근 공을 들고 오른손은 동쪽을 가리키고 있었다. 이 공을 이슬람에서는 세계의 권력과 '부(富)'를 상징하는 빨간 사과로 간주했다. 정복 이후 메흐메드 2세는 점성술사들의 조언을 받아들여 기마상을 철거해 상당 기간 광장에 방치했다. 그 뒤 16세기 초 제련소 용광로 속으로 보내졌다(목격자인 프랑스 학자 피에르 질에 따르면 유스티니아누스의 코와 말 말굽은 재어보니 둘 다 23센티미터였다고 한다). 그리고 얼마 지나지 않아 아우구스테이온 광장에 남아 있던 원기둥마저 붕괴돼버렸다.

다. 보다 못한 내가 중재에 나서 두 사람을 진정시키고 노타라스에게 대포 이동을 지시하였다. 소의가 아닌 대의를 놓고 벌어진 의견 충돌이려니 생각하였지만, 조금 기분이 언짢았다.

사람들 마음은 오늘 날씨처럼이나 궂고 흐린 모양이다. 신경이 극도로 날카로워진 장병들 간에 반목이나 알력이 생기지 않도록 유념하여야겠다.

주님 앞에 모든 것을 내려놓지 못하는 저희를 용서하소서.

술탄의 비망록

황제여, 부디 허황된 꿈에서 깨어나라. 동상이몽이란 바로 이를 두고 하는 말이 아니겠는가. 우리 튀르크 민족에게 비잔티움 도시 어딘가에 있다는 붉은 사과(크즐 엘마: Kızıl Elma)는 선지자 무함마드 시대로부터의 갈망이고 숙원이었노라. 세계의 권력과 부를 상징하는 붉은 사과, 그 쟁취야말로 신의 명령이요 지하드(성전)의 최종 목표이다.

기마상 위의 유스티니아누스가 십자가와 함께 왼손에 들고 있는 공은 우주를 의미하는 바, 그것이 붉은 사과가 아니고 무엇이더냐. 유스티니아누스가 동쪽을 바라보며 서 있는 것은 해 뜨는 곳에서 오는 귀인을 맞이하기 위함이니라. 이미 도성에는 동쪽에서 온 군대에 의해 이 도시가 무너지고 접수되리라는 소문이 널리 퍼져 있지 않더냐. 나는 결단코 성을 무너뜨리고 유스티니아누스의 손에 들린 붉은 사과를 넘겨받을 것이다. 그리하여 온 세계에 붉은 사과나무를 심어나갈 것이다.

붉은 사과나무의 전설은 나뿐만 아니라 우리 병사들 모두가 알고 있다. 나를 따라온 이슬람 학자와 신앙인들도 풍요와 권력의 상징으로 자주 예시하곤 하였다. 그 사과를 여기저기서 마음껏 딸 수 있는 곳, 그곳이 바로 이 도시가 아니더냐. 사랑하는 나의 아이들아, 조금만 더 힘을 내어라! 입 안 가득 붉은 사과를 베어 물 날이 얼마 남지 않았도다.

샘터 뒤편 언덕에 세워두었던 대포들을 금각만 부교 쪽으로 이동 배치하였다. 부교에서 멀지 않은 위치에 있는 베네치아 경비선 몇 척을 제외하고는 배들이 모두 아크로폴리스 아래 방재 구역 안에 있는 작은 항구로 옮겨 감으로써 적함의 공격을 받을 일도 없어졌기 때문이다. 이 대포들로는 궁성 성벽의 오르막길이 시작되는 지점을 공격할 계획이다.

이 성벽은 황궁을 감싸고 있으며 저 안에서 황제가 잠을 잔다(황제는 전쟁이 발발하자 지휘 본부를 이곳에서 취약 지역인 중앙 성벽 쪽으로 옮기고 성 로마누스 교회를 숙소로 사용하였다). 사실상 해자가 없는 한 겹 성벽이어서 얼핏 함락하기가 수월한 취약 지점처럼 보인다. 그러나 전혀 그렇지 않다. 지형 자체가 울퉁불퉁해 대포 설치 및 이동이 쉽지 않고, 지대가 높고 경사가 가팔라 낮은 곳에서 높은 곳으로 발포해야 하므로 명중률이 낮고 타격 강도가 떨어진다. 반면에 우리 군사들은 적에게 고스란히 노출된 위치에 있게 되는 만큼 적의 공격으로부터 대단히 불리한 지역이다. 또 설사 이곳을 뚫고 들어간다 하여도 전투 공간이 협소하여 자칫하면 그 안에서 적들에게 포위된 채 몰살당할 위험성이 있다. 황궁이 거기에 자리 잡고 있는 것은 그런 이점 때문일 것이다.

이번에는 정말로 궁전 성벽을 완전히 박살내고야 말겠다는 각오였다. 그러나 오늘도 우르반의 거포는 제대로 작동이 되지 않았다. 며칠 전 그렇게 단단히 일렀건만, 아무래도 지형과 지반이 대포를 설치하기에는 무리인 모양이다. 나는 중소형 대포 여러 발로 겁을 주고는 이 대포들을 모두 리쿠스 계곡 쪽으로 다시 옮기도록 지시하였다.

5월 15일(화)

황제의 일기

오늘은 전투가 소강상태였다. 어젯밤만 하여도 궁성과 내가 머무는 중앙 성벽 쪽을 그토록 열심히 때려대더니만 오랜만에 포성이 잠잠하다. 육상과 해상 양쪽 모두 아직은 이렇다 할 교전이 없었다.

5월엔 드문 비가 요즘엔 자주 온다. 오늘은 소나기가 제법 내렸다. 하늘도 우리 편이다. 적의 화기가 손발이 묶였다. 파괴된 성벽을 보수하고 메워진 해자를 다시 파는 일로 하루를 보내었다.

오랜만에 하기아 소피아^{야코드3}를 찾아갔다. 일부러 주일을 피하여서 갔다. 절박함이 나의 발길을 대성당으로 이끌었다. '성스러운 지혜'에 기대고 싶은 마음이었다. 기둥머리에 새겨진 테오도라 황후의 이름자를 보면서 용기를 얻고 싶었다. 그리하여 긴급 확대회의를 오늘은 여기에서 소집하였다.

사각 건물 위에 원형 지붕을 얹은 이 성당은 '하늘은 둥글고 땅은 네모나다'는 그리스도교의 우주관을 웅변하고 있다. 성당 안은 적막하였다. 교회 통합 선언 이후 대부분의 신도가 발길을 끊은 탓이다.

참 곡절도 많았던 대성당이다. 몇 차례의 화재와 숱한 지진, 두 번에 걸친 성상 파괴 운동, 제4차 십자군의 강탈에도 불구하고 의연한 모습을 잃지 않고 있는 이 주님의 전당이 부디 난국을 헤쳐나갈 성스러운 지혜를 내려주시기를……

나는 나르텍스 정중앙에 있는 황제의 문(Imperial Gate)으로 들어섰다. 황제의 문 위로 예수의 발밑에 무릎을 꿇고 엎드려 구원을 청하는 비굴한 모습의 '현자(賢者)' 레오 6세⁸⁷의 모자이크가 눈에 들어왔다. 이상하다, 평소에는 중앙에 있는 예수의 눈길과 인사를 하였는데 오늘따라 레오 6세의 눈이 내 눈과 마주친다. 그 눈이 나를 비웃듯이 내려다보고 있는 것만 같다. 나는 얼른 그리스도가 왼손에 들고 있는 책에 새겨진 명문을 속으로 되뇌며 애써 생각을 지웠다.

"평화가 그대와 함께하기를……. '나는 세상의 빛이니라.'"(요한복음 8장 12절)

나는 앱스(Apse: 지성소 제단 뒤편에 돌출해 있는 반원형 벽면) 위의 성모와 아기 예수에게 성호를 그으며 인사를 드렸다. 내 간절한 심정이 성모 마리아께 전달되기를 기원하면서……. 오, 성모여!

나는 테오도라 황후의 모노그램이 있는 본당 남쪽 홀 중앙 기둥 앞에서 걸음을 멈추었다. 하얀 대리석에 새겨진 아칸서스 나뭇잎들이 산들바람에 군무를 추듯이 테오도라의 모노그램을 향해 인사를 하고 있다. 그 앞에서 내가 고개를 숙이자 아칸서스 잎들도 일제히 답례를 보낸다. 나는 기둥을 붙잡고 살아 있는 이에게 하듯이 마음속으로 하소연하였다.

"며칠 전 꿈속에 나타났던 이가 정녕 당신이었다면, 황후여, 당신이 목숨으로 지킨 제국의 위기를 당신도 알고 계시지 않습니까. 그 용기와 지혜와 힘을 나에게 빌려주실 수는 없는가요."

황제석은 지성소를 바라보며 동남쪽 중앙부에 있다. 녹색과 붉은색

---

87 Leo VI. 비잔티움 제국 황제(재위 886~912년). 박학다식하여 '현자(Sophotatos)'라고 불렸으나 네 번의 결혼으로 논쟁을 불러일으켰다. 교회법상 황제는 두 번까지만 결혼이 허용됐으나 세 번째 아내마저 후사 없이 숨지자 레오 6세는 정부와의 사이에서 훗날 콘스탄티누스 7세가 된 아들을 얻었다. 총대주교 니콜라우스 1세는 불법적인 상속자는 인정해주되, 정부와 네 번째로 결혼하려는 황제의 부도덕한 행위는 용서하지 않았다. 하기아 소피아 출입도 금지시켰다. 그러자 레오 6세는 총대주교를 축출하고 로마 교황에게 용서를 구한 뒤 정부와 비밀 결혼식을 올렸다. 그가 죽은 뒤에 총대주교는 복위되었으나, 레오 6세는 '현자'에서 '비굴한 군주'로 전락해 후세에까지 지탄의 대상이 되었다.

석판이 대리석 바닥에 크고 작은 동그라미를 그리고 있다. 이곳은 비잔티움 황제의 대관식이 거행되는 곳이다. 제국의 신민들은 여기를 '세계의 중심'[88]이라고 믿고 있다. 하기아 소피아 건립 이래 역대 황제들은 모두 여기서 성대하고 호화롭게 대관식을 치렀다. 유일무이하게 나만 예외로 하고 말이다. 그러나 비록 신의 대리인인 총대주교가 씌워주는 왕관을 받지는 못하였지만 나 역시도 이 지상의 중심에 와서 예배를 드리는 데 더 깊은 의미를 둔다.

내가 착석하자 나를 수행한 경호 부대가 질서정연하게 나이브(Nave: 본당 넓은 예배 보는 곳) 바깥 아일(Aisle: 측랑) 양쪽에 자리 잡았다. 경호원들은 남서쪽 '용사들의 대기실'보다는 북서쪽을 더 선호한다. 남동쪽에 자리한 주군인 나와 가까운 남서쪽보다는 그곳이 아무래도 신경이 덜 쓰이는데다가 바로 여기에는 '성 조지의 기적의 기둥(소망의 기둥)'이 있기 때문이다. 치유력을 지녔다는 이 돌기둥의 효험은 유스티니아누스 황제 때로부터 기원한다. 몹쓸 편두통을 앓던 황제가 이 기둥에 머리를 대고는 씻은 듯이 병을 고친 이래로 사람들은 기둥에 구멍을 내어 손가락을 집어넣고 소원을 빌면 병마가 치유되고 원하는 것이 이루어진다고 믿고 있다. 내가 예배를 보는 동안 경호원들은 서로 눈짓을 해가며 기둥으로 차례차례 다가가서는 엄지손가락을 구멍에 넣고 돌리면서 소리 없이 소

---

88 '우주의 배꼽(Navel of Universe)'이라고도 한다. 비잔티움 황제는 신을 대리해 세상을 통치한다는 믿음에서 비롯되었다. '하늘과 땅이 만나는 지점'이 곧 '우주의 배꼽(세계의 중심)'이란 것이 고대인들의 철학적 사유였다. 모세 시대에는 시내산, 구약 시대에는 예루살렘, 고대 그리스는 델포이 신전, 창세기에는 에덴동산, 이슬람은 메카의 카바 신전을 바로 그곳이라 생각했다. 비잔티움 제국과 콘스탄티노플의 상징인 하기아 소피아는 이미 고대 그리스 시대에 신전 터였고, 콘스탄티노플의 첫 번째 언덕 위에 건설되었기에 그러한 상징으로 더욱 적합했다. 녹색과 붉은색의 둥근 대리석 바닥은 '오푸스 알렉산드리눔(Opus Alexandrinum)'이라 지칭하는데, 이는 헬레니즘 문화의 총체적 정수를 의미한다.

원을 빌곤 하였다.

간단한 예식을 마친 후 대성당 안에서 확대 비상 대책 회의를 주재하였다. 모든 사령관과 장군 그리고 귀족들이 한데 모여 머리를 맞대었다. 백성들과 군인들의 사기를 높일 방안을 논의하였다. 곤궁을 겪고 있는 식량 문제 해결책도 모색하였다. 그러나 뾰족한 묘안은 나오지 않았다. 이런 식의 공격이 지속된다면 멸망이 멀지 않다는 비관론이 대놓고 나온다. 참으로 답답한 노릇이다.

노타라스 대공이 침묵 끝에 입을 열었다.

"연초부터 튀르크와 싸우느라 5개월이 지났습니다. 하느님의 도우심과 자비로우심이 우리에게 있다면 저들을 상대로 5개월 아니 그 이상도 버틸 수 있습니다. 그러나 주님의 도우심이 임하지 않더라도 우리가 가야 할 길은 명백합니다. 우리 모두 한날한시에 다 같이 죽고 성벽도 도성도 같은 운명을 맞게 합시다!"

자포자기의 심정 속에 어떤 결기가 내비친다. 나 또한 비감하고도 비장한 어조로 무겁게 마무리 발언을 하였다.

"하느님을 끝까지 믿고 섬기는 자에게는 반드시 주님의 도움이 임하실 것이다. 남은 모든 수단을 총동원하여 야만족 이교도로부터 이 나라를 지키자. 나는 목숨을 바칠 각오가 되어 있다. 그대들도 나를 따르라!"

대책 회의를 마친 나는 곧장 나이브를 통하여 황제의 문으로 나가지 않고 북서쪽으로 발길을 돌리었다. 그러자 회의 참석자들이 의아해하며 길을 비키고, 경호원들은 화급해졌다. 방금까지 기적의 기둥 앞에서 소원을 빌던 그들은 재빨리 진열을 갖추었다. 나는 다만 말없이 눈짓으로만 경호원들이 동요하지 않도록 하고는 곧바로 2층 갤러리로 향하였다. 성 조지의 기둥에는 전혀 관심조차도 없다는 듯이…….

복도는 어두웠다. 그러나 걷기에는 전혀 지장이 없었다. 계단 대신 소리가 나지 않도록 설계된 나선형 경사로이다. 나는 사제들이 다니는 북동쪽이 아닌 일반 부녀자들이 다니는 북서쪽 통로를 택하여 남서쪽 2층 갤러리 한가운데로 갔다. 교회 의식이 한눈에 내려다보이는 이곳에는 황후석이 있었다. 얼마나 오래 비어 있는 자리인가. 거듭된 상처(喪妻)로 외톨이가 된 지도 벌써 11년째……. 프란체스가 새 황후를 구하려고 동분서주하였지만 별무소득이다. 나 역시도 여성을 잊은 지 오래다.

정중앙 앱스는 예루살렘을 향하고 있다. 나는 앱스 위에 금은보석으로 모자이크된 성모 마리아와 아기 예수를 뚫어지게 응시하였다. 멀리 떨어진 위치라서 그런지 아기 예수의 머리가 더욱 작게 보여 신앙적 위엄이 반감되는 모자이크이다.

발길을 동남쪽 갤러리로 옮기었다. 나로선 극히 이례적인 일이다. 대리석 이중문, 소위 천국과 지옥의 문으로 불리는 이 문 안 남쪽 갤러리는 전체가 황족 전용 예배 구간이다.

회의를 마친 내가 황궁으로 가기 전 갤러리를 찾은 이유는 바로 이곳에 있는 디시스(간칭: Deesis, Deisis. 예수를 가운데에 두고 그 좌우에서 성모와 세례 요한이 예수를 향해 고개를 약간 숙이고 있는 모자이크 그림)를 보기 위하여서이다. 콘스탄티노플에는 수많은 디시스가 있지만 나는 경외심으로 가득 찬 이 그림을 제일 좋아한다. 세례 요한에게서는 겸손과 헌신을, 성모 마리아로부터는 평화와 자애로움을 느낄 수 있는 살아 있는 모자이크다. 무엇보다도 내가 여기 올 때마다 예수 그리스도가 나에게 응답을 준다. 어떤 위치에서 보든 예수의 눈빛과 마주 보게 제작된 비잔티움식 모자이크지만 나는 그 정중앙에 섰다. 왼손에 성경을 들고 오른손으로 축복을 내리며 정교회의 십자가 후광에 감싸인 그리스도가 나를 지

그시 바라본다.

"나의 주 예수 그리스도여, 이 제국을 야만으로부터 지켜주소서! 간절히 청하오니 저희에게 자비를 베푸소서. 불쌍한 제국의 신민들이 그리스도 안에서 생명을 부지할 수 있도록, 성부와 성령을 의지할 수 있도록……."

나의 간구는 끝이 없다. 기도가 아니다. 차라리 처절함에서 우러나온 애원이다. 무슨 말, 어떤 언어와 몸짓, 그 이상이다. 나와 제국은 여기서 끝이 나는가. 설마……. 그 숱한 역정을 겪어내었는데……. 정제되지 않은 말들이 간신히 이어진다.

"성모여, 세례 요한이여! 구원을, 적으로부터 이 백성의 목숨을……."

예수는 말이 없다. 응답이 없다.

그런데 어느 순간, 그리스도의 표정이 변한다. 그의 눈에 갑자기 슬픔이 가득 고인다. '비애'[89], 어찌하여 이런 단어가 떠오르는 것일까. 모자이크의 황금빛이 하얗게 변하면서 사방으로 흩어진다. 머릿속이 하얘진다. 어지럽다. 정신을 가다듬어야겠다.

갑자기 성당 안팎이 소란하고 부산하다. 적들의 대포 공격이 또다시 시작된 모양이다. 서둘러 각자의 위치로 돌아가야 한다. "자기 위치를 사수하라!" 나는 주님께 경배하고 앞장서서 하기아 소피아를 나왔다.

주님, 당신의 자녀들이 사탄의 대포와 칼날 아래 죽어가고 있습니다. 자비를 베푸소서.

---

89 여기서는 터키어 '후준(Hüzün)'에 가까운 뜻으로 이 단어를 썼다. 미켈란젤로의 걸작 「피에타 (Pieta)」의 상징 의미인 '연민, 장엄한 슬픔, 평온한 죽음과 구원'과도 통하는 말이다. 오르한 파묵 에세이 『이스탄불』을 번역한 이난아 교수는 'Hüzün'을 "비애, 깊은 슬픔, 침울, 우울, 우수, 음울 등으로 표현할 수 있으며 우리의 '한(恨)'과도 정서적 맥락이 닿아 있다"고 해석했다.

비가 온다. 발포 준비를 하는 도중 소나기가 퍼부었다. 대포와 화약·포환이 비에 젖지 않도록 차일을 쳤지만 별반 소용이 없다. 눅눅하다. 이런 상황에서는 더 이상 대포에 화약을 장전하지 못한다. 병사들의 쑥덕거림이 있는 듯하다. 딴생각을 못하게끔 하여야겠다.

대포가 쉬는 틈을 타 포격 장치를 손보게 하였다. 각종 장비를 점검하고, 총검 등 개인 화기를 연마하여 날을 세우도록 일렀다. 군화와 갑옷을 비롯한 의복도 수선하게 하였다.

물밑 작업은 여전히 표시 안 나게 진행하고 있다. 땅굴 파기, 두더지 작전 말이다. 어디 그뿐인가. 가용한 모든 수단을 총동원할 것이다. 네가 죽는가 내가 죽는가, 어디 한번 붙어보자. 나는 선지자의 계시를 이행하는 사람이다.

비가 그치자마자 대포를 리쿠스 계곡의 성벽 중앙부 지역에 집중 배치할 수 있도록 땅 고르기 작업을 하라고 지시하였다. 경사진 계곡 때문에 지대가 낮은 지역이다. 산자락에 배치한 우리 대포의 위치가 사실상 성벽이나 망루보다 높아 위에서 아래를 바라보며 효과적인 공격을 할 수 있는 비잔티움의 아킬레스건이다. 게다가 도성 밖에서 시내로 이어지는 물길이 나 있어 해자를 깊이 파기도 곤란한 곳이다.

대포와 폭약을 옮기던 중 병사의 실수로 폭약 장치가 터졌다. 요란한 소리와 함께 뿌연 연기가 하늘로 치솟았다. 놀란 그리스인들은 황제에게 대포 공격이 시작되었다고 보고하였겠지? 하기아 소피아를 허둥지둥 빠져나오는 황제와 신하들의 모습이 떠올랐다. 기분이 유쾌해져 웃으면서 비망록을 덮었다.

5월 16일(수)

술탄이 지하에 갱도를 파서 성벽 밑을 뚫고 침투하거나, 성벽 바로 밑에서 화약을 폭발시켜 버팀목과 함께 성벽을 무너뜨린 다음 도성으로 진입하는 전술을 택하리라는 것은 우리도 이미 예상하였던 바이다. 트레비사노와 주스티니아니는 포위전이 시작되자마자 작전 회의 석상에서 그런 가능성을 내비치었다. 그러나 이전에도 그와 유사한 외세의 침투 시도가 있었지만 이 지역은 워낙 지하에 암반이 많을 뿐만 아니라 깊숙한 해자가 가로막고 있어 번번이 실패한 작전으로 막을 내리곤 하였다. 게다가 오스만 군대에는 갱도를 팔 수 있는 기술자가 없다고 판단하였기에 큰 걱정은 하지 않고 있었다. 바예지드 1세와 무라드 2세도 비슷한 작전을 시도하였지만 무위로 끝나지 않았던가.

그러나 웬걸, 은밀하게 땅굴을 파고 있는 적들의 모습이 우리 수비대원의 눈에 적발되었다. 들키지 않으려고 적들은 주로 밤중에 두더지처럼 작업하였지만 땅에서 퍼낸 흙이 해자 메우는 데 사용하는 것치고는 뭔가 이상하여 눈 밝은 우리 수비병들이 놓칠 리가 없었다.

비상사태의 책임자인 루카스 노타라스는 굴착 작업에 일가견을 갖고 있는 독일인 공병 요한 그란트(Johann Grant)를 불러 대항 갱도를 파라고 명령하였다. 그는 주스티니아니 휘하의 제노바 부대 소속으로 그리스 화탄을 관리하는 임무까지 맡고 있었다. 원래는 스코틀랜드 사람인데 독일 루르(Ruhr) 지역에서 광산업에 종사하여 독일인으로 불리는 경험이 많은 공병이다.

이 반(反) 굴착 작업은 적들이 눈치 못 채도록 극비리에 진행되었다.

그란트는 차출된 병사들을 지휘하여 적들의 반대 방향에서 땅굴을 파들어가기 시작하였다. 마침내 적들이 파 들어온 갱도와 맞닿는 순간, 그리스 화탄으로 갱도를 떠받치고 있던 그 안의 버팀목들을 불태워버렸다. 그 바람에 땅굴 천장이 무너져 내리면서 여러 명의 적이 흙더미 속에 매몰되었다. 그야말로 생매장이었다.

그란트는 눈과 귀가 밝은 이 분야의 일인자로서 손색이 없었다. 기술력과 안목 모두 최고였다. 노련한 그는 틈만 나면 성벽 위에 올라가 육안으로 그리고 귀로 도성 밖의 지면 상태를 살피었다. 침투가 예상되는 칼리가리아 성문 주변 성벽 바로 뒤에는 속이 빈 커다란 독들을 뒤엎어놓은 다음 그 위에 물을 가득 채운 작은 독을 얹었다. 대포가 발사를 멈춘 한밤중에는 땅속 작은 진동까지 빈 독들이 잡아내어 전하여준다. 낮에는 큰 독 위의 작은 항아리에 담긴 물이 수면에 만드는 미세한 떨림으로 굴착 작업을 진행 중인 적들의 위치를 알아낸다. 그러다가 수상쩍은 지점이 포착되면 즉시 그곳에서 시작되는 갱도의 경로를 면밀히 추측하여 역방향으로 땅굴을 파들어 간다. 쳐들어오는 적을 마중 나가는 것이다. 그의 예감과 판단은 정확했다. 한 치의 어긋남도 없이 땅굴을 맞뚫어 적들을 화형 혹은 압사시켰다. 때로는 갱도에 유독성 연기를 피워 적군을 질식사시키는가 하면 해자를 채우려고 마련해둔 저수조의 물을 갱도에 들이부어 물바다를 만듦으로써 적들을 수장시켰다. 한 치 앞이 안 보이는 어둠 속에서 피와 살이 튀는 백병전도 벌어졌다.

나는 감격하여 흙으로 범벅된 군복을 입은 그란트를 부둥켜안았다. 짙은 땀 냄새를 통하여 사나이의 우정과 의리를 확인할 수 있었다. 주군의 파격적인 행위에 잠시 얼떨떨한 표정이던 그의 눈에서 눈물이 글썽이는 것을 나는 애써 못 본 척하였다.

오, 다시금 희망이 보이도다. 태양은 지하에서도 떠오르는구나.

주님, 감사합니다. 적의 간교한 수법을 막아내도록 지혜 주심을 찬양하고 경배하나이다.

술탄의 비망록

아뿔싸, 적들이 두더지 작전을 눈치채버렸다. 땅굴 작업을 성공시키려고 갱도에서 먼 쪽을 공격하여 이목을 분산시키거나 때로는 작업장 바로 위 성벽에 포환을 집중 발사시켜 적들로 하여금 정신 못 차리도록 만들게도 하였다. 작업장 입구는 나무(판자)로 가리거나 흙을 쌓아 방패막이로 삼았다. 그런데 한순간의 실수나 방심, 우연찮은 노출이 적들에게 빌미를 준 것 같다. 이왕 알아차렸으니 더욱더 대대적으로 작업하여야겠다. 수적 우위를 최대한 이용하여 적들을 지치게 만들고 땅굴에서 파낸 흙으로 해자를 메워나간다면 일석이조가 아니겠는가. 그렇다 하더라도 성과가 빨리 나지 않아 아쉽다. 적진에 그처럼 뛰어난 기술자(요한 그란트)가 있는 줄은 정말 몰랐다. 갱도를 파던 우리 병사들이 그야말로 화공(火攻)을 받은 두더지 새끼들처럼 까맣게 타 죽거나 연기에 숨이 막혀 죽었다.

그리스 화탄(43쪽 각주 8 참고)의 위력이 만만치 않다. 해상 전투에서도 그 요상한 인화성 병기 때문에 피해가 막심하였건만, 땅굴 전투에서까지 맹활약할 줄은 미처 몰랐다.

일단 방사되면 물로도 이 불을 끌 수가 없다. 끄기는 고사하고, 부채질이라도 한 듯 불길이 더욱더 격렬해지면서 발화 범위만 확산될 뿐이다. 엄청난 양의 모래를 쏟아부어야만 겨우 진화된다.

해전에서 이 화탄에 맞은 배는 맹렬한 불길에 휩싸여 목숨을 건지려면 배를 포기하고 물로 뛰어드는 수밖에 달리 방법이 없다. 그나마 바다에까지 불이 번져 있으면 꼼짝없이 화장(火葬) 겸 수장(水葬)을 당해야만 한다.

그동안 그리스 화탄의 비밀을 캐내려고 무진 애를 썼다. 화탄을 발사하다가 포로로 잡혀 온 적의 포병을 협박하고 회유도 해보았으나 전혀 소득이 없었다. 제원이며 제조 방법 모두 극비에 부쳐져 일개 병사를 닦달하여본들 나올 정보가 없었기 때문이다. 한 병사는 칼날이 목에 닿기 직전 이런 말을 남기었다.

"황제를 잡아서 물어보시오. 그 비밀은 황제밖에는 아무도 모르오. 하늘의 천사가 콘스탄티누스 대제에게 제조 비법을 전수한 이래 역대 황제들끼리만 대대로 물려 독점해온 극비 사항이란 말이오."

그래도 그 방면에 밝은 부하들에게 일러 단편적인 정보들을 취합하여 최대한 연구해보라고 지시는 하였으나 현재까지 성과가 미미하다. 참으로 답답한 노릇이다. 똑같은 병기는 아니더라도 최소한 대항 화기나 방어 무기, 그도 아니면 소화(消火) 장비라도 개발해내어야 할 터인데……

신은 때로 시련도 주시는 법. 이 시련의 의미를 곰곰 성찰해보아야겠다. 인샤—알라!

5월 17일(목)

황제의 일기

적 함대의 소형 선박들이 디플로키온에서 내려와 금각만 방어 사슬 부근을 얼씬거리며 정탐을 하다가 가는 일이 잦아졌다. 어제도 그랬고, 오늘도 그리하였다. 이틀 동안 화살 1발 날리지 않고 우리 쪽을 기웃거리다가 그냥 돌아가곤 하였다. 그사이 해로도 익히고 항해술도 배우고 또 요령도 생겼는지 우리 해군의 공격을 용케도 피해간다. 보초병을 늘리고, 경계와 경비 태세를 한층 더 강화해야겠다.

나는 벼랑 끝에 선 심경일 때마다 습관처럼 외곤 하는 성경 말씀 몇 구절을 나지막이 읊조렸다.

"나는 못 듣는 자같이 듣지 아니하고 말 못하는 자같이 입을 열지 아니하오니…… 내 원수가 활발하며 강하고 부당하게 나를 미워하는 자가 많으며……."[시편 38편 13절, 19절-(스)프란체스 비망록(확장본)]

술탄의 비망록

벌써 여섯 번째이다. 땅굴 작전에서 연거푸 여섯 번씩이나 실패를 맛보았다. 그러나 좌절이란 단어는 나의 사전에 없다. 지금 이 순간에도 여러 개의 땅굴이 동시다발적으로 성벽을 향하여 낮은 포복으로 기어가고 있다. 성공하면 지하를 통한 도성 진입이 가능해진다. 그게 아니어도 성벽 밑에서 화약을 폭발시키면 성이 무너지거나 지반을 약화시켜 포격으로 성을 쉽게 무너뜨리는 부수 효과를 낼 수 있다. 그게 여의치 않더라도 도성을 함락시킬 또 다른 방법은 얼마든지 있다.

일부 병사들이 불평불만을 품고 있음을 알고 있다. 용서치 않겠다. 정의의 전쟁에 참가하여 위대한 이슬람 전사가 되는 영광을 거역하는 자는 구제받을 수 없다.

간구하면 이루어지고 집중하면 길이 나오는 법! 나는 잠시도 쉬지 않고 한순간도 마음의 고삐를 놓지 않으면서 오직 승리만을 바라보며 앞장서 나가겠노라! 황제여, 기대하라! 곧 듣도 보도 못한 신종 무기가 너희를 경악시키고 제국을 공포에 떨게 하리라.

알라께서 섬광 같은 깨우침을 주셨다.

"믿는 자들이여, 너희가 적을 만날 때 확고부동하고 알라를 염원하라. 그리하면 너희가 승리하리라."(꾸란 제8장 안팔 45절)

5월 18일(금)

황제의 일기

괴물이 등장하였다. 사다리 구조를 지닌 거대한 공성용 탑이다. 후방 어딘가에서 만들어져 밤중에 소리 없이 메소테이키온 쪽 해자 부근까지 운반하여 온 모양이다. 망루를 지킨 병사들조차 전혀 눈치를 못 채었다. 여러 개의 튼튼한 바퀴들이 그 큰 몸체를 이동시키고 있었다. 해자를 메우고 그 위에 도로를 낸다면 금방이라도 성벽 앞까지 돌진하여 올 기세였다. 그야말로 움직이는 참호 겸 요새요, 병기고 겸 발사대였다. 해군 선의(船醫)인 바르바로조차 이것들이 불과 4시간 만에 만들어졌다고 떠드니 도성 시민과 군사들은 얼마나 놀랐을지 짐작이 가고도 남는다.

그런 탑들이 전방 여기저기에 우뚝우뚝 서 있거나 먹이를 찾는 공룡처럼 해자 주변을 어슬렁거리고 있었다. 그중 성 로마누스 문을 정면으로 마주 보고 서 있는 탑이 규모가 가장 컸다.

두꺼운 목재를 조립하여 만든 이 공성탑은 외성벽에 늘어선 성탑들보다 키가 더 높았다. 성벽을 넘어갈 때 성곽 위에 걸쳐놓고 다리 역할을 하게 할 사다리까지 준비되어 있었다. 소가죽과 양가죽, 낙타가죽 등으로 몇 겹씩이나 외부를 둘러싸 안은 보이지 않았지만 탑 내부에 계단이 설치된 것이 분명하였다. 목제 탑 상층부에서 발사된 화살이 방책을 지키는 우리 수비병들 머리 위로 쏟아져 내렸기 때문이다.

그래도 나무 탑이 아닌가. 우리 병사들은 불화살을 날려 이 거대한 목재 괴물을 화형시키려고 하였으나 뜻대로 되지 않았다. 물 적신 짐승 가죽을 입힌 외벽에 그물망을 치고 반죽한 진흙더미를 덧발라 나무를 보호하는 방어막 역할을 해주었기 때문이다. 다행히도 그리스 화탄이 효력을 발휘하였다. 그러나 공성탑이 사정거리에서 벗어나자 그마저 무용지물이었다.

주께서는 하늘 아래 새로운 것이 없다 하셨습니다. 극복하지 못할 시련은 주지 않는다 하셨습니다. 부족한 저에게 저 괴수를 무너뜨릴 지혜를 주옵소서.

"사람이 감당할 시험밖에는 너희에게 당한 것이 없나니 오직 하나님은 미쁘사 너희가 감당치 못할 시험 당함을 허락하지 아니하시고 시험 당할 즈음에 또한 피할 길을 내사 너희로 능히 감당하게 하시느니라."(고린도전서 10장 13절)

술탄의 비망록

성공이다! 비잔티움 황제와 지휘관들 그리고 병사들이 밤사이에 진군하여 온 공성탑을 목격하고는 괴물을 마주친 양 놀라 까무러쳤다는 보고를 들었다. 이 탑들은 우리의 기술력과 역량이 결집된 야심작, 다목적 병기이다. 공격은 물론 우리 병사들을 수월하게 전진시키고 땅굴 파기와 해자 메우기 등에도 활용할 계획이다.

우리 대포가 파괴한 성벽과 석탑에서 떨어져 내린 돌 파편들은 해자를 덮어버리기에 더없이 좋은 재료였다. 할 수만 있다면 적들의 시체로 해자를 메우고픈 심정이었다. 적들은 해자 중간중간에 물을 가두기 위하여 보를 설치해두었는데, 우리는 이를 역이용하여 보와 보 사이의 해자를 메워나갔다. 이제 그 작업이 거의 완료되었다.

나는 도성 공격의 가장 큰 장애물인 해자가 메워지자 곧바로 그 위를 가로지를 견고한 도로를 내는 작업에 들어갔다. 공성탑이 그 작업 수행의 보호막이 되어주었다. 말하자면 쏟아지는 적의 화살을 막아주는 우산 같은 역할이었다. 우리 병사들은 해자 주변에 우뚝우뚝 세워진 공성탑의 엄호를 받으며 하루 내내 작업을 계속하였다. 울퉁불퉁한 바닥을 평평하게 다지고 그 위에 나무판자를 깔았다.

적군 역시 격렬하게 저항하며 화살과 돌 따위를 날려 보내었지만 역부족이었다. 우리 쪽에서 날아가는 화살과 포환이 압도적으로 많았다. 메워진 해자에 길을 내는 작업을 마무리한 다음 도로의 강도를 시험하려고 둑길 쪽으로 공성탑을 서서히 움직여보았다. 그런대로 만족스러웠다.

나는 무모하고 어리석은 욕심을 부리지 않았다. 너비 20미터, 깊이 10내지 15미터, 길이만도 5킬로미터(궁성 쪽 1.5킬로미터가량 구간엔 해자가 없음)에 이르는 육지 성벽 해자 전체를 메우고 그 위에 도로를 내는 일은 병력이 많은 우리로서도 엄두를 못 낼 작업이었다. 그리하여 나는 전략적으로 병사들과 공성탑을 조금이라도 더 신속하고 수월하게 성벽에 접근시키려고 핵심 지역의 해자를 선택하여 지표면과 같은 높이의 통행로를 내는 일에 집중한 것이다. 이 작업은 거대한 공성탑의 등장으로 가속도가 붙었다. 이제 해자를 덮고 낸 도로를 통과하여 성벽을 돌파할 일만 남았다.

"알라는 인간에게 지탱할 수 없는 그 이상의 짐을 주지 않으시도다. 인간은 그가 행한 선의 보상을 받으며 그가 저지른 악의 대가를 받느니라. 당신은 저희의 보호자이시니 불신자(비무슬림)들로부터 승리케 하여

주옵소서."(꾸란 제2장 바까라 286절)

5월 19일(토)

적들이 점점 더 가까이 오고 있다. 중과부적이다. 우리 병사들은 지칠 대로 지쳐 있다. 이 전쟁의 끝은 어디인가.

10세기 정교회 수도사 에피파니오스가 스승인 안드레아(Saint Andrew) 성인에게 던졌다는 질문이 불현듯 머리를 스치었다.

"이 세계의 종말이 언제 어떻게 올 것인지 부디 말하여주십시오. 끝이 다가왔다는 것을, 문전에 서 있다는 것을 인간이 어떻게 알 것이며, 종말을 알리는 신호는 무엇인지 말해주십시오. '신(新) 예루살렘'[90]이라 불리는 이 도시의 운명은 어떻게 될 것인지, 이곳에 세워져 있는 성스러운 교회들과 추앙받는 성상들, 성인들의 유물과 서적들은 또 어떻게 될 것인지 부디 알려주십시오."

신이시여, 종말이 진정 다가오는 것이옵니까. 이 연약한 몸으로 어찌 종말을 감당할 수 있겠나이까. 주님, 굽어살피소서.

---

90 '신 로마'가 콘스탄티노플의 정치적·문화적 자부심을 표현한 용어라면 '신 예루살렘'은 종교적·신앙적 자부심을 일컫는 말이다. 예루살렘은 크리스천들에게는 예수가 십자가에 못 박힌 장소였고, 유대교인들에게는 다윗과 솔로몬의 도시였으며, 무슬림들에게는 이슬람 초기 시대의 키블라(Qiblah: 예배하는 방향)였다. 모두에게 각별하게 거룩한 도시였던 만큼 예루살렘의 역사는 파란만장했다. 기독교 세력과 이슬람 세력 사이에 지키고 점유하려는 소유권 다툼이 치열했다. 7세기 초반까지 기독교 국가인 비잔티움 제국의 영토였던 예루살렘은 그 뒤 십자군이 되찾았던 12세기 80여 년(1099~1187년)을 제외한 나머지 날들은 페르시아와 아랍, 그리고 콘스탄티노플을 정복한 오스만 제국 등 이슬람 국가들의 지도 안에 있었다.

술탄의 비망록

참으로 나약하도다, 황제여! 그대 같은 군주들이 통치하는 한 비잔티움 제국은 미래가 없다. 멸망할 수밖에 없는 나라다.

이런 판국에 세상의 종말 운운하며 감상적인 정서에 함몰되어 있다니, 역대 황제들에게 부끄럽지도 않은가. 나라면 수도사의 죽는소리를 끌어안고 번민할 시간에, 저 마케도니아 왕조[91]의 아홉 번째 황제였던 바실리우스 2세의 묘비명을 가슴에 새길 것이다. 그는 내가 잘 아는, 아니 존경하는 너희 제국 황제이기도 하였다.

"신께서 나를 돌아보시고 세상을 지배하는 황제로 삼으신 이후, 나의 창검은 하루도 휴식할 날이 없었노라. 나는 평생을 한시도 쉬지 못하며, 서방과 동방을 가리지 않고 용맹무쌍하게 원정하고 정복하였노라. 그리하여 제2의 로마를 온전히 지켜내었노라."

왕조는 다르지만 바실리우스 2세는 그대와는 비교할 수조차 없는 비잔티움 제국의 영웅이었다. 그는 묘비명에 값하는 황제의 인생을 살다 갔다. 그의 인생은 전쟁으로 점철되어 있었다. 그는 진정한 무사였고 승부사였다. 오직 창검이 맞부딪치는 소리와 비릿한 피비린내만이 그의 청각과 후각을 일깨우는 원초적 본능이었다.

비잔티움 제국의 역사를 통틀어 안팎의 위기에 적극적으로 맞서고 이를 타개하여나갔던 이들을 꼽자면 그래도 마케도니아 왕조의 황제들이었다. 시조인 바실리우스 1세는 비천한 마구간지기 출신이었으나 담

---

91 비잔티움 왕조는 헤라클리우스 황제(610년)부터 칭호가 라틴어식인 '아우구스투스(Augustus)'에서 그리스어식인 '바실레우스(Basileus)'로 바뀌기 시작했다. 이후 이사우리아–아모리아–마케도니아–두카스–콤네누스–앙겔루스–라스카리스–팔라이올로구스 등의 왕조로 이어진다 (440~444쪽 연표 1 참고).

대한 정신과 출중한 실력으로 황제의 자리까지 올랐다. 그 후계자들 또한 최소한 제국의 안녕을 수호하는 군사 지도자로서 손색이 없었다. 그 중에서도 가장 발군은 바로 보기 드문 무골이었으며, 비잔티움 역사상 가장 오랜 통치 기간(976년부터 1025년까지 49년간 재위)을 갖고 있는 바실리우스 2세였다.

황제, 그대도 익히 알고 있으리라, 바실리우스 2세의 별칭이 '불가록토누스(불가리아족의 학살자)'라는 것을. 당시 불가리아는 흑해에서 아드리아 해까지 발칸 반도의 대부분을 장악한 대국으로서 걸핏하면 비잔티움 제국을 침공하였다. 바실리우스는 처절한 패배를 겪으면서도 결코 포기하지 않았다. 반드시 불가리아를 쓰러뜨리겠노라고 거듭 맹세하였다.

바실리우스는 봄에 출정하여 여름에 전투하고 겨울이 오기 전 귀환하던 기존의 방식을 뛰어넘었다. 눈보라가 치거나 혹한이 쳐들어와도 아랑곳없이 전진하고 전투하는 강력한 군대를 길러내었다.

그리하여 마침내 1014년, 바실리우스는 클레이디온 전투에서 불가리아 군대를 완파하고 대승을 거두었다. 전승에 따르면, 그는 이 전투로 잡은 포로 1만 5000명의 눈을 모두 뽑아버리되, 100명당 1명꼴로 한쪽 눈만 남겨 그들로 하여금 눈먼 동료 병사들을 인솔하여 본토로 돌아가게끔 했다고 한다. 오, 상상만으로도 장엄하도다. 150명의 외눈박이 병사들이 인도하여 가는 1만 5000여 장님 군사들의 무리……. 악명이 자자하였던 '불가록토누스'는 그때 붙은 별칭인 것이다. 결국 불가리아 황제 사무엘은 그 충격으로 사망하고 말았다.

나의 말뚝 처형에 비잔티움 군사와 백성들이 기겁을 한다는 소문을 들었다. 그러나 이는 너희 조상 바실리우스가 내린 형벌보다는 아마도 부드러운 것이 아닌가.

바실리우스 2세는 또한 제국을 경제적·군사적으로 반석 위에 올려놓은 훌륭한 지도자였다. 그러나 안타깝게도 평생 여자를 모르고 살아 자식을 남기지 않은 것이 그의 가장 큰 실책이었다. 달리 후계자가 없었기에 이름뿐이던 공동 황제 콘스탄티누스 8세(재위 1025~1028년)가 형인 바실리우스의 뒤를 이어 비잔티움 제국 단독 황제의 자리에 올랐다. 그 뒤로 제국의 입지가 점점 축소되어갔던 것은 황제, 그대 역시도 모르지 않으리라.

그러고 보면 콘스탄티누스 8세와 콘스탄티누스 11세, 이 두 사람은 이름이 동일하다. 황제여, 어떠한가, 불길하지 않은가.

우주만물의 창조자이신 알라여, 당신의 뜻대로 썩은 물을 가려내고 예언자의 도시에 새 물을 들이려 합니다. 인샤─알라!

5월 20일(일)

황제의 일기

아침 일찍 팜마카리스토스(Pammakaristos: '행복이 넘치는'이란 뜻) 교회[92] [QR코드 31]를 방문, 성찬 예배를 드렸다. 해자가 관건이다. 해자 위로 길을 내어 성벽에 접

---

[92] 12세기에 세워진 이 교회는 정복 이후 1456년부터 1586년까지 정교회 총대주교구 역할을 하다가 1591년 무라드 3세에 의해 모스크로 개조되었다. 그루지아와 아제르바이잔 정복을 기념해 페티예 자미(정복의 모스크)로 불렸으며, 1960년대 초반 미국 비잔티움 연구소에 의해 복원돼 현재 반은 모스크, 반은 박물관으로 쓰고 있다. 앱스의 반원형 천장에는 예수 그리스도, 성단소 왼쪽 벽에는 성모 마리아, 오른쪽 벽에는 세례 요한의 모자이크가 있다. 그 위의 둥근 천장에는 대천사들이 그려져 있으며, 열일곱 성자가 곳곳에 묘사되어 있다. 14세기 초에 만들어진 모자이크 성화들이다.

근하고 도성으로 진입하려는 술탄의 의도를 확실하게 안 이상 절대로 수수방관하여서는 아니 된다. 나는 결사대를 조직하여 성 밖으로 나가 공성탑을 파괴하고 해자를 복원시키도록 하였다. 지원자가 예상외로 많았다. 페게 문 일대 방어를 책임진 제노바인 마우리지오 카타네오(Maurizio Cattaneo)가 진두지휘를 맡았다. 고마운 일이다.

밤을 기다려 구름 속에 얼굴을 숨긴 달이 중천을 넘어갈 무렵 은밀하게 작전이 개시되었다. 외성벽 밖으로 나간 우리 측 결사대는 쥐도 새도 모르게 각자 맡은 구역으로 조용히 흩어졌다. 제일 높은 공성탑이 위치한 로마누스 문 앞에 해자를 메워 거의 완성 단계인 적들의 통행로에 구덩이를 파고 폭약을 장치한 다음 불을 댕기었다. 어마어마한 폭음과 동시에 불기둥이 하늘로 치솟았다. 예기치 못한 기습에 놀란 적들이 허둥지둥할 때 용감한 결사대는 공성탑까지 진격하여 도화선에 불을 붙인 채 그리스 화탄을 장착한 술통을 탑 쪽으로 굴려 보내었다. 불화살이 공성탑 쪽으로 불을 뿜었다. 화살 공격을 막으려고 씌워두었던 소가죽·양가죽이 불길을 거세게 빨아들였다. 묻어두었던 화약이 터지자 통행로뿐만 아니라 해자 가까이에 붙어 서 있던 다른 공성탑까지 덩달아 무너져버렸다. 쓰러진 공성탑은 곧바로 불길에 휩싸였다. 망외의 소득이다. 오, 나의 영용한 용사들이여! 그대들 불굴의 투지가 이 성을 사수하노라.

같은 시각, 폭음과 불기둥이 중앙 성벽과 황궁 근처 칼리가리아 문 앞쪽에 세워둔 공성탑에서 잇달아 터져나왔다. 허를 찌른 습격으로 오스만 병사들이 불에 타 죽거나 갑옷에 불이 붙은 채 허둥지둥 달아났다. 설마하니 우리가 공격하여 오리라고는 생각도 못 한 모양이다.

어린 술탄이여, 그대의 호령에 병사들이 겉으로만 복종한다는 것을 이제야 알겠는가. 중요한 최신 무기를 이렇게 방치하다니! 그대의 지시가 없으면 움직이지 않는 꼭두각시 같은 군대로는 우리 천년 역사의 비잔티움을 결코 당할 수 없다. 소수지만 정예인 우리 병사들은 자발적 작전으로 그대의 공성탑을 박살내었다. 그대 부하들이라면 이런 묘책을 감히 상상이나 해내겠는가.

오늘 밤은 눈을 좀 붙여야겠다.

주여, 감사합니다. 적 그리스도를 물리치는 지혜와 용기를 주시니 경배하나이다. 이 시련을 극복하여 '행복이 넘치는' 신민들이 되게 하여주시리라 믿사옵니다.

술탄의 비망록

아깝도다. 공성탑이 화염에 휩싸여 날아가버렸다. 주변 경계를 소홀히 한 탓이다. 병사들이 모두 지쳐 있다. 기강과 체계를 더욱 다잡아야겠다.

세 지역에서 모두 5개의 공성탑이 불타거나 부서졌다. 미욱한 황제여, 너무 들떠 기뻐하지 마라. 잠깐의 기쁨 뒤에 긴 고통이 잇따르도록 하여주겠노라. 불탄 공성탑은 새로 만들면 되고, 부서진 공성탑은 수리하면 그만이다. 며칠 후면 그대가 벌린 입을 다물지 못할 일이 벌어지고야 말 것이다.

덥다. 지중해의 태양이 하늘 한복판에서 이글거릴 때면 벌써 여름이 왔는가 싶다. 전장에 동원된 화기들도 열기를 보탠다. 발포를 마친 대포에 찬물을 끼얹으면 달구어진 금속이 식는 소리와 함께 뜨거운 수증기가 안개처럼 피어오른다. 더위를 먹고 쓰러지는 병사들, 말들이 생기기 시작하였다. 그렇다고 옷차림을 간편히 할 수도 없다. 몸이 지치면 마음도 덩달아 지치는 법. 병사들 사기가 요즘 들어 부쩍 저하된 느낌이다.

5월도 열하루밖에 남지 않았건만, 적들의 저항은 완강하다. 반면에 우리는 식량과 식수, 위생 문제가 심각하다. 불평불만을 토로하며 탈영하는 병사들에 대한 보고가 들어온다. 전쟁은 시간과의 싸움이기도 하다. 이 고통스런 상황을 오래 끌고 가서는 아니 된다. 사기 진작책을 강구하여야겠다.

용병술의 기본은 당근과 채찍이다. 그 둘을 절묘하게 섞어 시기적절하게 행사하는 일이 중요하다. 급료를 받는 직업 군인들인 경우에는 더욱더 그러하다.

나는 술탄 즉위 초창기, 옛 수도 부르사를 방문하였다가 겪었던 황당한 일을 떠올렸다. 그곳에 주둔하고 있던 예니체리들이 무장을 한 채 갑자기 내 앞으로 달려 나와서는 파디샤(술탄) 첫 행차의 관례임을 내세우며 급료 인상을 요구하는 것이 아닌가. 그전에 미리 야전 경험이 풍부한 노령의 투라한 베이와 나의 스승 사하벳딘(Şahabeddin)으로부터 그들의 요구 사항을 귀띔받기는 하였으나 막상 닥치고 보니 당혹스러웠다. 나의 신변 보호까지 맡은 예니체리들의 기강과 위계질서가 이렇게 해이하고 문란해서야 무슨 전투를 하겠는가. 이들은 재차 자신들의 요구를 주장하였다. 나는 치밀어 오르는 분노를 애써 가라앉히고 그들에게 동전 주머니를 던져주었다. 우선은 겔리볼루를 건너 수도로 돌아가는 일이 급하였으므로 일단 예니체리들의 무례를 묵인하여주기로 한 것이다.

그로부터 며칠 후 나는 소속 부대원들의 항명을 방치한 사령관 카잔즈 도안(Kazancı Dogan)을 호출, 혹독한 질책과 함께 귀싸대기를 후려쳤다. 당장 그의 직위를 박탈하고 아마시아로 추방한 뒤 내가 어린 왕자 시절 총독으로 있던 무스타파 베이를 후임으로 앉혔다. 아울러 몇몇 지휘관을 소집하여 부하 장병들의 기강 해이를 꾸짖고, 관리 소홀의 책임을 물어 처벌하였다. 더 이상의 무질서와 하극상이 발생하지 않도록 예니체리 부대를 재편성하였다. 소속 부대별로 움직이던 군대를 모두 나의 직접 명령을 받도록 만들고 대대적인 인사이동을 단행하였다. 그제야 병사들과 지휘관들의 기강이 바로 섰다. 주군을 두려워할 줄 알게 되었다. 아무렴, 예니체리를 비롯한 모든 병사는 나의 직속 부대이다. 술탄을 위하여 살고 술탄을 위하여 죽는 것이 마땅하다.

그런 의미에서 우마이야 왕조의 지야드[93]는 생각의 단서를 던져준다. 지야드는 야간 통행 금지령을 내리면서 위반자는 교수형에 처한다고 하였다. 법 집행 초기에 베두인(Bedouin: 사막의 유목민) 1명이 낙타 젖을 팔려고 새벽에 도시로 들어오다가 적발되었다. 지야드는 통금 발령 사실을 몰랐다는 사내의 말을 믿었으나 즉각 목에 밧줄을 걸라 하였다. 그러자 통금령이 시행되던 첫날에는 밤중에 바스라 요새 성문 주위를 얼쩡대던 사람이 700여 명이었으나 둘째 날에는 50여 명으로 줄고, 셋째 날에는 개미새끼 1마리 얼씬거리지 않았다. 법 집행이란 그렇게 해야 하는 것이다.

지휘관은 병사들의 성욕도 다스리고 이용할 줄 알아야 한다. 전쟁에서 성욕은 극복의 대상이면서 또한 전투 수행의 촉진제이다.

장졸들 모두 오래 성에 굶주렸다. 십자군 원정에는 창녀는 물론 귀부인들까지 동행하였지만, 오스만 군대에는 여자가 없다. 술탄의 막사에도 시중드는 여종 하나 두지 않는다. 이제는 끓어오르는 욕정을 참거나 혼자서 해결하기에도 지쳐 장병들 막사에서 동성애의 조짐이 보인다고 한다. 그 일로 갈등을 빚거나 불미스런 일이 안 생기도록 주의를 주었다.

---

93 Ziyad Ibn Abihi(?~673년). 우마이야 왕조의 유명한 연설가. 오늘날의 이라크 지역인 바스라의 총독으로 철권 정치를 펼쳤다. 아버지가 누구인지 아무도 몰랐으므로 사생아임을 풍자해 '그 아비의 아들 지야드'란 뜻으로 '지야드 이븐 아비히'라 불렀다. 당대의 칼리프 무아위야 1세의 이복형제라는 설도 있었지만, 무아위야는 그런 소문에 아랑곳하지 않고 그를 자신의 충복으로 삼았다.

도성의 성벽 너머에 여인들이 있다. 때로는 폭발할 것 같은 성욕이 삼중 성벽을 무너뜨린다.

전지전능하신 알라여, 저에게 다른 예지를 내리시려고 공성탑 몇 개가 무너지고 적들을 오만하게 만드신 줄로 압니다.

5월 21일(월)

황제의 일기

아침이 되자마자 적들은 어젯밤 손실에 대한 분풀이라도 하듯이 포격을 해대었다. 그러고는 1시간쯤 지나 그물을 던져 포환을 수거하여 갔다. 성벽과 방책 뒤에서 포성이 멈출 때까지 꼼짝 않고 있던 우리 군은 곧바로 후속 조치에 들어갔다. 기습 폭격의 성공으로 적들이 공성탑을 후퇴시킨 자리에 해자를 복원하는 작업을 하고, 손상된 방책도 손을 보았다. 어젯밤 불타는 공성탑과 함께 적들이 갈팡질팡하는 틈을 타 우리 병사들은 수면을 반납한 채 주스티니아니의 지휘 아래 카리시오스 문 주변 성벽과 성탑을 임시로 복구시켰다.

밤사이에 적들의 공성탑은 멀찌감치 물러나 있었다. 지난밤의 기습으로 숯덩이가 된 공성탑은 들판에 고꾸라져 있었다. 우리가 괴물을 흉물로 만들어버린 것이다.

사나흘 전과 마찬가지로 오스만 해군 주함대가 디플로키온(이중열주)에서 아래쪽으로 항해하며 쇠밧줄 안쪽 방재 구역을 향하여 시위를 벌였다. 전 함대가 북과 트럼펫을 울리며 다가왔다. 거기에 대항하여 마치 경계경보라도 발령하듯이 도성 안의 교회들은 일제히 종을 울리기 시작하였다. 그러나 적함들은 다만 그뿐, 더 이상은 이렇다 할 발포나 작은 공격조차 시도하지 않은 채 방재 구역 위아래를 오락가락하다가는 자신들의 정박지로 되돌아갔다. 우리를 시험해보려는 것일까. 불안하다. 불안감을 조성시키려는 교묘한 심리전인가.

술탄의 비망록

의미 없는 행동이란 없다, 특히 전쟁에서는.

며칠을 두고 우리 함대를 금각만 방재 구역 쪽으로 내려보내었다. 공격할 듯 말 듯 변죽만 울리며 방재 구역 위아래를 서성거리다가 그냥 되돌아오기를 몇 번이나 되풀이하였다. 방재 구역 내 적들의 동태를 살피고, 적을 긴장시키고, 우리 병사들의 담력을 기르는 실전 훈련이다. 이런 행동을 반복하다 보면 어느 순간 적은 방심할 것이다. 그때 우리는 인정사정 두지 않고 적들을 격파할 것이다.

또 한 수 가르쳐주겠다. 장졸들이 전쟁에서 겁먹지 않도록 하는 방법을 아는가. 그중 하나는 겁먹을 시간을 주지 않는 것이다. 천막 치고 걷고 다시 치고 다시 걷기, 말똥 치우기와 말똥을 말려 연료로 쓰기, 우물 파기와 배수로 내기 등등 할 일은 주변에 널려 있다. 피곤에 지쳐 딴생각을 못 하도록 정신없이 돌리는 것이다.

확실하다, 황제는 서서히 무너지고 있다. 그러나 어젯밤 공성탑 일부가 불탄 것을 빌미 삼아 할릴 파샤 일당이 또 철수론을 영내에 은근히 퍼뜨린다고 한다. 외부의 적보다 내부의 적을 더 경계하여야 한다. 군사들이 동요치 않도록 이슬람 랍비와 점성술사까지 동원하여 정복의 정당성을 높이고 승전에 대한 신념을 불어넣도록 하였다. 할릴, 며칠만 기다려라.

오, 신이시여! 선지자의 예언 실현이 왜 이리도 더디고 힘드나이까. 그러나 반드시 해낼 것인즉, 알라여, 지켜보아주시옵소서.

"너희 이전에 떠난 선조들에게 있었던 그러한 시련 없이 너희가 천국에 들어가리라 생각하느뇨."(꾸란 제2장 바까라 214절)

5월 22일(화)

황제의 일기

긴장, 초조, 조바심, 두려움, 절망감, 자포자기……, 이런 나약하고 불순한 감정들이 도성 안을 유령처럼 배회하고 있다. 신에 대한 믿음도 흔들리고 있다. 하늘마저도 이 제국을 버리려 하는가. 이런 때일수록 더욱 굳세고 의연하여야 하건만 때로는 내 마음도 동요하고 있음을 느낀다.

불길한 예언이 서늘하게 가슴을 스치고 지나간다. 백성들은 또다시 오래된 예언을 입에 올린다고 들었다.

"문을 연 이가 문을 닫느니라."

그전까지는 애써 입 밖으로 내보내기를 삼가고 두려워하였던 미신 혹은 옛 전언(傳言)들이 그럴듯한 사실처럼 각색되고 포장되어 항간에 오르내리기 시작하였다.

"비잔티움 제국은 창건 황제와 이름이 똑같은 황제의 치세 기간에 멸망한다더라……."

나는 세차게 머리를 흔들었다.

그러나 백성들 마음 또한 충분히 헤아릴 수 있다. 그들이 의지할 대상이라고는 이제 신밖에 없지 않은가. 하지만 절대자와 초자연적인 기적에 의지하려는 사람은 미신에도 마음이 흔들리는 법. 악귀를 쫓는다는 호신부나 엔콜피온(Encolpion: 예수나 성모 마리아 상이 담긴 목걸이용 작은 성상)을 몸에 지니고 다니는 사람들이 많아졌다.

제국의 역사가 천년을 훌쩍 넘게 이어지는 동안 지금까지 숱한 신화와 전설, 주술과 미신이 탄생하였다. 그것들이 한꺼번에 튀어나와 범람하며 도성 시민들의 심리를 암호처럼 지배하고 잠식하기 시작하였다. 심지어는 "제국을 창건한 콘스탄티누스 대제 입상(立像)의 한쪽 손끝이 동쪽을 가리키고 있는 것은 동방(아나톨리아)에서 오는 이에 의하여 제국이 멸망함을 뜻한다"면서 군중을 미혹시키는 자들까지 있다는 말을 들었다. 나는 쓴웃음을 지을 수밖에 없었다.

그러나……. 내 이름도 그렇지만, 건국 황제의 모후와 내 어머니 이름이 둘 다 헬레나(Helena)인 것은 이 무슨 조화 속인가. 콘스탄티누스 대제와 나 콘스탄티누스 11세는 헬레나, 같은 이름의 어머니를 두고 있다. 지금까지 제국의 역사를 통틀어 단 한 번도 없었던 일이다. 아, 이는 우연인가, 아니면 필연인가. 5년 전 형님(요안네스 8세)이 후사 없이 돌아가셨을 때, 나의 모친이 나를 지명하는 대신 황제가 되고 싶어 했던 나의 동생 데메트리오스에게 권좌를 주었더라면 이런 장난 같은 운명을 막을 수도 있었단 말인가. 나의 나머지 세 형들은 왜 나보다 먼저 죽었단 말인가.

그러고 보니 콘스탄티누스 대제가 콘스탄티노플을 제국의 새로운 수도로 삼아 재건국한 날은 330년 5월 11일이었고, 지금 역시도 5월이다. 혹시 건국과 망국도 5월, 같은 달에 이루어지는 것은 아닐까? 도시의 탄생과 소멸이 모두 5월로 운명 지어져 있다면……? 갑자기 그런 불길한 예감이 머리를 스치면서 나도 모르게 혼잣말이 입 밖으로 새어나왔다.

"헬레나의 아들 콘스탄티누스가 5월에 이 도시를 세웠듯이, 헬레나의 아들 콘스탄티누스가 통치하는 이 도시는 이제 불과 며칠밖에 남지 않은 5월에 사라지는 것인가."

떨쳐버리려고 아무리 애를 써도 자꾸만 그 불길한 공식[94]이 머릿속에서 떠나지 않았다. 시간의 순환성과 대칭성에 대하여 비잔티움 사람들이 오래전부터 가져왔던 관념이 오늘따라 예사롭지 않게 느껴졌다.

보름을 이틀 앞두고 둥그스름해진 달이 교교한 빛을 대지에 흩뿌리고 있다. 한밤중에 콘스탄티누스의 기둥을 보려고 광장으로 나갔다.^{QR코드 32} 340여 년 전까지 기둥 위에는 아폴론의 형상을 한 콘스탄티누스 대제의 조각상이 우뚝 서 있었다. 이 조각상은 1106년 폭풍으로 파괴되었는데, 그로부터 50년쯤 지나 마누엘 1세 콤네누스 황제가 기둥머리를 벽돌 띠로 대체하고 맨 꼭대기에 대형 십자가를 세웠다(정복 이후 제거됨). 나는 달빛이 흘러내린 십자가를 보면서 이 천년 제국을 이어갈 수 있도록 힘을 달라고 기원하였다.

콘스탄티누스 대제여, 콘스탄티노플은 일찍이 당신이 대제국의 새로운 수도를 트로이아(Troia: 호메로스의 '일리아스' 무대인 소아시아 에게 해 입구에 있는 전설과 역사의 도시)로 정하려 할 때 신께서 왕림하사 손수 이끌어주신 도시, 칼케돈(Chalcedon: 콘스탄티노플 맞은편 아시아 쪽 도시)에서 당신이 어디에 궁전을 지을까를 고민하고 있을 때 독수리들이 날아와 인부들의 연장이며 건축 자재들을 보스포러스 해협 어귀까지 옮겨준 상서로운 도시가 아닙니까. 똑같은 이름의 황제가 된 것이 운명이라면, 왜 당신의 이름 아래에는 영광이 함께하건만, 어찌하여 나에게는 온갖 시련

---

94 이 전쟁 기록에서 권위를 인정받고 있으며 임브로스(Imbros: 에게 해에 있으며 차낙칼레 주에 속한 터키에서 가장 큰 섬) 영주를 지낸 당대의 역사학자 크리토불로스는 도시의 긴 역사에서 우연찮게 겹치는 이름에 대해 불가사의하게 생각하며 다음과 같은 글을 남겼다.
"행운의 황제이자 헬레나의 아들인 콘스탄티누스가 도시를 세운 뒤 제국은 최고의 행복과 번영을 누렸다. 그러나 비운의 황제이자 헬레나의 아들인 콘스탄티누스 치하에서 도시는 정복당하고 백성들은 노예와 불행의 늪으로 빠져들었다."

이 쫓아다니는가요. 그 은총의 힘으로 이 도시를 지켜주소서. 부디 당신
만큼은 아니 될지라도 불행한 황제로 생애를 마치지 않도록 도움을 청
하나이다.

오늘 밤은 잠이 오지 않을 것 같다. 꿈에 어머니가 찾아오시면 좋으련
만……. 3년 전 3월 23일에 세상을 떠나신 당신, 헬레나 황태후의 손을
잡고서 바람 앞의 등불 같은 이 위태로운 난국을 어떻게 타개하여나갔
으면 좋을는지를 여쭙고 싶은 심정이다. 오, 주여! 저는 아무 힘도 없습
니다. 오직 주님만 믿사옵나이다.

술탄의 비망록　　황제의 일기를 읽고 나니 나도 갑자기 1449년 9월에
세상을 뜨신 어머니(휴마 하툰)가 그립다. 길지 않은
한평생을 늘 아들 곁에서 머무셨던 당신……. 부르사
에 있는 무라디예 자미(무라드 술탄의 모스크)에 안치한 어머니는 아버지
(무라드 2세) 묘소에서 100여 걸음쯤 되는 곳에 누워 계시다. 비문에는
이런 글귀가 새겨져 있다.

"신에게 찬양을! 신이시여, 그의 왕궁을 보존하소서. 선지자와 동명이
인(106쪽 각주 36 참고)인 그녀 아들의 간절한 요청으로…… 신이시여, 그
를 축복하고 맞이하소서. 고귀한 군주, 메흐메드 첼레비(Çelebi: 왕자, 현
자)의 권위의 끈을 영원히 조이시고, 정하여진 그날까지 그의 권능에 대
한 지원을 강화하여주소서. 모든 여왕 가운데 여왕이신 어머니, 그녀
묘소의 흙들도 향기로울지어다."

어머니는 지하에서, 그리고 천상에서까지 이 아들을 축원하고 계신
것이다.

1326년부터 1365년까지 39년간 제국의 수도 역할을 한 부르사에는

제국의 시조이신 오스만 가지를 비롯하여 많은 선조들, 그리고 부모님의 묘소가 있다.QR코드33 선친은 특히 부르사에 애착이 크셔서 생전에 아랍어로 된 유언장[95]을 남기셨다. 할릴·사루자·이스하크, 3명의 대신들이 증인으로 등재되어 있는 이 문서의 내용은 대략 다음과 같다.

"내가 죽으면 그대들은 부르사의 내 모스크에서 멀지 않은 나의 아들 알라앗딘(Alaeddin)의 묘지 옆에 나를 매장하라. 호화로운 비석은 세우지 마라. 지붕도 덮지 마라. 내 무덤 위로 신이 내미는 은총의 손길처럼, 구원의 속삭임처럼 비와 눈이 떨어져 내리도록 하라. 내 근처에 다른 누구를 묻지 마라. 시신은 목요일에 도착, 금요일에 흙에 묻히도록 하라."

어머니와 함께 소년기 5년가량을 머물고 술탄 자리에서 물러나 또 5년 동안 산작(Sancak: 지사, 총독)을 지낸 마니사는 그림같이 아름다운 전원풍의 목가적인 도시였다. 전망이 탁 트인 테라스에서 깊은 계곡을 거느리고 솟아오른 산등성이를 따라 도시 전체가 한눈에 내려다보였다. 초록빛 나무들 위로 수많은 모스크들의 둥근 돔이 보이고 고깔모자를 쓴 첨탑들이 하늘을 찌르고 있었다.

어머니야말로 마음의 고향이다. 선지자 무함마드께서도 "세상에서 가장 고귀한 존재가 무엇입니까?"라고 묻는 제자들의 질문에 "첫째도 둘째도 셋째도 어머니이시다"라고 대답하시지 않았는가.

내 어머니는 이슬람으로 개종하지 않은 기독교인이셨다. 그래서인지 내 종교관은 관용적[96]이다. 기독교인들에 대하여서도 적대감은 없다.

---

95 이 유언장은 1446년 8월 1일 군사 재판관 몰라 휴스레브가 배석한 가운데 부르사에서 작성되고, 9월 초에 공식적으로 발표되었다. 다르다넬스 해협을 건너 수도 에디르네로 가기 전, 무라드 2세는 유언과 증인을 남길 필요성을 느꼈던 것 같다. 그 직후 무라드는 술탄의 권좌로 복귀하고 메흐메드는 다시 왕자의 자리로 내려온다. 메흐메드를 술탄의 자리에서 퇴위시키는 것이 생명을 담보로 할 수도 있는 위험한 일이라고 생각했던 것은 아닐까.

100년 전 술탄 오르한께서도 비잔티움 제국 요안네스 6세 황제의 딸과 혼인하셨고, 그분 역시 그리스 정교 신앙을 지켰다. 물론 요안네스 6세는 당시 요안네스 5세와의 내전에 우리 오스만의 지원을 끌어들일 목적으로 딸을 시집보냈지만 말이다. 나의 혈관 속으로도 비잔티움의 피가 흐르고 있으며, 어차피 이슬람교와 기독교는 한 뿌리에서 나와 아브라함을 같은 조상으로 하고 있다. 다만, 예수는 선지자 중 한 사람이요, 최상의 인격체일 뿐이다. 사람의 아들인 예수에게 그들이 알라와 동등한 신격(神格) 지위를 부여하고, 죽은 자가 다시 살아났다고 하는 것만큼은 동의할 수도 없고 이해할 수도 없다. 꾸란 112장(이클라쓰)에도 분명하게 나와 있다.

"일러 가로되 알라는 단 한 분이시고 알라는 영원하시며 성자와 성부도 두지 않으셨으며 그분과 대등한 것 세상에 없노라."(1~4절)

내 어머니를 생각해서라도 예수교를 탄압하지 않으련다. 다른 종교들도 인정하련다. 그러나 이슬람의 절대적 지위에 도전하는 그 어떤 행위도 용납지 않을 것이다. 무슬림 중심의 세계를 구축하는 것, 그것이 나에게 부여된 또 하나의 사명이다.

알라여, 저에게 힘을 주소서.

---

96 메흐메드 2세를 승계한 아들 바예지드 2세(재위 1481~1512년)의 술회("아버지는 진정한 무슬림이 아니었다")로 미루어 메흐메드의 이슬람 신앙은 그리 독실하지는 않았던 것 같다. 어렸을 적 그는 꾸란과 함께 어머니로부터 기독교적 영향을 받았으며, 소년기 페르시아 탁발승(시아파)에게 잠시 경도되었듯이(163~164쪽 참고) 종교에 대한 편협성을 갖고 있지 않았다. 콘스탄티노플 정복 후에는 하기아 소피아 등 일부를 모스크로 개조했지만, 교회를 파괴하지는 않았고 기존 교회로서의 역할을 인정했다. 겐나디오스를 총대주교로 임명, 그리스 정교도들을 안심시켰다. 동시에 아르메니아(Armenia) 정교회, 유대교 등도 유지시켰다. 그러나 그의 사후에 세월이 흐르면서 교회들은 점차 자미(모스크)로 바뀌고, 기독교인들 숫자는 줄어들어 미미해졌다.

5월 23일(수)

찌는 듯한 여름 날씨인가 싶더니 오늘따라 잔뜩 흐리다. 곳에 따라 소나기도 뿌릴 것 같다.

동 틀 무렵 쌍돛 범선이 돌아왔다. 떠난 지 20일 만이다. 그동안 나를 비롯한 도성 주민 모두가 이제나저제나 마르마라 바다를 바라보며 구원군 함대를 거느린 쌍돛 범선의 귀환을 얼마나 애타게 기다렸던가. 그러나 바라던 희소식은 실려 있지 않았다.

에게 해와 주변 섬들을 샅샅이 뒤지며 수소문도 하였지만 끝내 베네치아 함대를 찾지 못하고 함대가 곧 나타날 조짐조차 전혀 발견되지 않자 더 이상의 수색은 시간 낭비라고 생각한 쌍돛 범선 선장은 선원들에게 어찌하여야 좋을지를 물었고, 자체 토론 끝에 그들은 만장일치로 복귀를 결심하였다고 한다.

"저희들 모두 죽든 살든 주군에게로 돌아가 탐색 결과를 보고하는 것이 신하된 자들의 도리요 의무라고 믿었사옵니다. 그리하여 뱃머리를 북쪽으로 돌렸사옵니다."

때마침 궁성 안을 때리는 소낙비와 함께 뜨거운 눈물이 가슴에서 치밀어 올라 두 눈을 적시고 뺨으로 흘러내렸다. 오, 나의 충성스러운 무명의 용사들이여(어느 문헌에도 이들의 이름이 기록돼 있지 않은 점이 아쉽다)! 그대들은 이미 적군의 말발굽에 짓밟혔을는지도 모를 제국의 수도 콘스탄티노플로 삼엄한 포위망을 뚫고서 죽음을 무릅쓴 채 다시 돌아왔구나. 마지막 순간을 도성 안에서 황제 그리고 가족들과 함께하는 길을 택하였구나. 고맙고 또 장하도다. 그대들 같은 용사들이 있는 한 제국은 무너지지 않을 것이다. 천년 제국을 수호해온 삼중 성벽과 성모 마리아가 우리를 굳건히 지켜줄 것이다.

오, 주여! 이들과 더불어 죽을 수 있다는 것도 은총이 아니겠습니까.

술탄의 비망록

20일 전 오스만 배로 위장한 비잔티움의 쌍돛 범선이 특수 임무를 띠고 출항하였을 때 그것을 눈앞에서 놓친 함대 지휘관을 짐짓 꾸짖었는데 오늘 새벽 그 배가 다시 마르마라 해에 나타났다. 이번에도 오스만 군복과 깃발로 위장하고 있었다. 그러나 피골이 상접한 몰골과 입고 갔던 옷 그대로인 채 해풍과 파도에 시달린 모습이라니……! 차라리 우리가 잡기보다 도성 안으로 비보를 안고 가게 하는 편이 더 나을 것 같았다.

여러 가지 정보들을 종합해본 결과 서방 국가들의 개입이나 지원이 아예 없거나 지지부진하리란 사실은 이미 간파하고 있었다. 술탄이 되자마자 유럽 각국에 풀어놓았던 스파이들이 전해온 첩보가 그런 결론을 내리게 하여주었다. 내심 철군을 바라는 할릴 빼고는 모두가 그렇게 알고 있다.

아울러 나는 육로로 지원군을 보낼 수 있는 유일한 기독교도 국가인 헝가리와도 유리한 조건을 내걸고 동맹을 맺음으로써 예방 조치를 해놓았다. 세르비아는 오히려 기마 부대를 보내어 우리 군의 선봉에 서고 있다.

흑해 쪽 어떤 나라도 해상 나들목 어귀를 장악한 루멜리 히사르의 대포알이 있는 한 감히 보스포러스를 건너올 생각을 못할 것이다. 백문이 불여일견! 돌아온 병사들의 꼬락서니가 모든 것을 설명하여주리라. 도성 시민들의 시름은 더욱 깊어지겠지. 내일부터 황제에게 항복을 권유하는 비잔티움 조정 대신들의 목소리에도 힘이 실릴 것이다. 반면에 군사들의 사기는 더욱 떨어질 터이고…….

그렇지만 황제여, 그대는 참으로 애국심에 불타는 충성스러운 용사들을 두었구나. 적국의 병사들이지만 그 기개와 군주를 향한 일편단심만큼은 높이 평가하고 싶도다.

알라여, 당신을 대리하여 이 성에 오스만의 깃발을 나부낄 날이 다가오고 있나이다.

5월 24일(목)

황제의 일기

어제 우리 공병들이 블라케나 궁성 근처 성벽 밑을 목적지로 삼아 땅굴을 파 들어오고 있던 여러 명의 적을 생포하였다. 장교 1명도 포함되어 있었는데, 그는 고문에 못 이겨 자신들이 파놓은 다른 땅굴들의 위치를 죄다 실토하였다.

나는 그러나 자기 진영의 기밀을 자백한 그들을 풀어주거나 살려두지 않았다. 모두 참수하여 머리를 오스만 진영 쪽 성벽 아래로 내던지라고 엄중히 명하였다. 적의 간담을 서늘하게 하면서 우리 병사들로 하여금 만약 적에게 포로로 잡히더라도 절대로 우리 군의 전략이나 전술, 군사 기밀 등을 노출시켜서는 안 된다는 강력한 경고의 메시지가 담긴 엄벌이었다.

나는 그란트를 시켜 포로들이 발설한 그 땅굴들 하나하나를 낱낱이 찾아내어서는 모조리 파괴하도록 명령하였다. 마지막에 발견된 땅굴은 목재 공성탑으로 입구가 교묘하게 가려져 있었지만 비참한 최후를 피할 수 없었다. 적발하고 또 박살낸 땅굴이 모두 14개이다. 이제 적들은 감히 갱도를 팔 엄두조차 내지 못하리라.

그러나 결과는 절반의 승리에 불과하다. 적들은 오늘도 칼리가리아 문에 대포와 불화살로 공격을 퍼부었지만 용감한 우리 병사들이 잘 막아주었다. 해상과 육상과 지하에서 끊임없이 벌어진 적들의 다면 공격을 막아내느라 우리 병사들은 과도하게 체력을 소모하였다. 격전에 비하면 사망자 수는 신기할 정도로 적지만 부상자가 많이 발생하였다. 약품은 이미 바닥났고, 병사들은 모두 기진맥진, 녹초가 되어 있는 상태이다. 식량 배급이 원활하지 않아 피골이 상접한 병사들의 얼굴을 바로 못쳐다볼 지경이다. 무기, 특히 탄약과 화약 공급이 제대로 되지 않는 것도 심각한 문제가 아닐 수 없다. 비장의 병기인 그리스 화탄을 만들 재료도 동이 나고 있다.

시민들의 동요 또한 심상치 않다. 그 어려운 상황에서도 이 황제만 믿고 잘들 따라주던 그들이었다. 그러나 쌍돛 범선이 가져온 비보는 이미 도성 안에 파다하게 퍼져버렸다. 서방에서 원군과 구호품이 오지 않는한 희망이 없다는 말을 아녀자들까지 입에 올리기 시작하였다.

수비는 또 다른 의미의 고립이었다. 방어 기간이 길어질수록 입지가 점점 좁아지는 느낌이다. 적진에 반란이 일어나거나 혹독한 전염병이라도 번지기를 내심 기원하였다. 원군은 정녕 오지 않는가.

이제 믿을 곳은 하나뿐이다. 나는 잠을 잘 수가 없었다. 새벽 일찍 프란체스를 오라 하여 그만 대동하고 외출하였다. 놀라 눈이 휘둥그레진 시종들에게는 금각만 입구에서 마르마라까지 경계병들을 격려 순시한다고 해두었다. 이제는 황제의 거동도 비밀에 부쳐야 한다.

금각만을 따라 한참을 내려가다가 대궁전 방향으로 발길을 돌렸다. 콘스탄티누스 대황제가 짓고 유스티니아누스 대제가 복원한 황궁, 역대 황제들의 향연과 제국의 열정이 솟아나던 곳은 이제 폐허나 다름없이 되어버렸다. 황궁 주위는 관목과 덤불로 숲을 이루고, 도로는 내려앉고, 대리석 기둥들은 무너졌다. 그나마 유일하게 형체가 남은 곳은 부콜레온 궁[97]뿐이다. QR코드34 바다로 향한 황제 전용문이 있어 여차하면 마르마라 해로 탈출도 가능하다. 바닷물이 드나드는 황궁 입구에 버티고 선 쌍사자는 여전히 늠름하고 믿음직스럽다.

놀라서 뛰어나온 경계병과 수비대장을 격려하고 돌아섰다. 경호차 뒤따라오는 수비병들에게 경계 위치를 떠나지 못하도록 하고는 다시 관목 숲 사이로 들어갔다. 이제야 아나톨리아 쪽 동녘 하늘에서 여명이 비친다.

덤불을 헤치고 한참을 더 가자 2개의 큰 바위틈으로 표 안 나게 숨어 있는 동굴의 쪽문이 나타났다. 조용히 문을 두드렸다. 아직 깨지 않았을 줄 알았는데 밤을 새워 작업한 듯 꼽추 노인이 곧바로 문을 열어주었다. 조상 대대로 비장의 병기인 그리스 화탄을 제조해온 집안이다. 며칠 전 우리 진영으로 화탄을 보급하러 나갔던 외아들이 적의 화살에 맞아 숨지는 가슴 아픈 일을 겪은 노인에게 깊은 애도를 표하고, 요즘 사정이

---

97 Boukoleon Palace. 현재 대궁전 흔적이 유일하게 남아 있는 마르마라 해변에 위치한 비잔티움 제국의 궁전 일부. 대궁전은 지금의 블루 모스크(술탄 아흐메드 자미)를 중심으로 동쪽으로는 하기아 소피아, 서쪽으로는 히포드롬, 남쪽으로는 포시즌 호텔 정원 아래까지 걸쳐 있었다. 7세기에 궁전이 확장되면서 해안 성벽까지 연장되고 황제 전용 항구 역할도 겸하게 된 곳이 이곳이다. 10세기까지는 이 궁전에서 황실 결혼식이 열렸다. 십자군 점령 이후 라틴 왕국(1204~1261년) 왕들도 이곳을 주요 숙소로 삼았다. 1261년 콘스탄티노플 수복 후 10년간 비잔티움 황제들이 거처로 쓰다가 테오도시우스 성벽과 블라케나 성벽이 맞닿는 포르피로게니투스 궁(텍푸르 사라이)으로 옮겨갔다. 부콜레온(Boukoleon)이란 이름은 이 궁전 입구를 지키고 있는 황소(Bull)와 사자(Lion)를 닮은 1쌍의 동물 조각상(현재 고고학 박물관 소장)에서 유래했다고 전해진다. 대궁전 터에서 발굴된 비잔티움 시대의 화려한 모자이크들은 현재 톱 카프 궁전 안의 모자이크 박물관에 보존되어 있다. 서기 1000년 바실리우스 2세가 지켜보는 가운데 이 궁전 앞 마르마라 바다에서 그리스 화탄 시험 발사를 했다고 한다.

어떠한지를 물어보았다.

"이제 불과 30여 발 만들 분량밖에는 남지가 않았사옵니다. 마지막 1개의 화탄은 이 동굴을 태우려고 따로 챙겨두었사옵니다. 만약 성벽이 무너져 이교도들이 여기까지 쳐들어온다면 가업으로 이어온 제조 비법을 적들이 결코 알 수 없도록 모든 것들을 불태워버리겠사옵니다. 저 또한 불길 속에서 생을 마치겠사옵니다."

나는 노인의 굽은 등을 어루만지며 위로를 해주고는 동굴을 나왔다. 돌아오는 발걸음이 몹시도 무거웠다.

신이시여, 이토록 가혹한 형벌이 또 어디 있사옵니까. 나와 이 제국이 사라져야 합니까. 그것이 정녕 당신의 뜻이나이까.

술탄의 비망록

참으로 통탄할 노릇이다. 땅굴을 뚫던 놈들이 적에게 생포되어 작업 중이던 갱도에 대한 모든 정보를 발설하여버렸다. 찢어 죽일 놈들! 그러고도 호의호식은커녕 적의 칼날에 참수되어 잘린 목이 성벽 아래로 패대기쳐졌다.

만약 살아서 돌아왔더라도 능지처참을 면치 못하였을 놈들이다. 갈가리 찢긴 시신은 짐승들 우리에 던져져 똥오줌 속에서 뒹굴다가 야수의 먹이가 되었을 것이다.

오후에 각 군 지휘관들을 호출하여 역정보에 당하지 말 것을 장병들에게 재차 숙지시키라고 엄중히 지시하였다. 황제가 보낸 첩자들이 "베네치아 해군의 도착이 임박하고 헝가리 기병대가 말을 달려 콘스탄티노플로 오고 있다"는 등 헛소문을 퍼뜨려 우리 군사들을 기죽이고 동요를 일으키려는 기미가 감지된 까닭이다.

아무 소득 없이 돌아온 쌍돛 범선의 충격파를 최소화하려고 저들은 역정보를 흘리고 있다. 저 간교한 할릴도 여기에 편승해 거짓을 사실인 양 부추기고 있을 것이다. 차라리 잘되었다. 20여 일간 원군을 찾아온 지중해를 헤매고 다녔으나 개미 새끼 한 마리 발견 못 한 쌍돛 범선의 실상을 밝히고, 전 장병에게 저들이 고립무원이라는 사실을 각인시키고, 할릴 같은 퇴각론자들의 입에 재갈을 물리게 되었다.

밤에는 우리 군사들의 사기를 높이면서 적들도 위축시킬 겸 심리전의 일환으로 축제 분위기를 연출하였다. 군악대로 하여금 신나는 행진곡풍 음악을 연주하여 병사들의 흥을 돋우게 하였다.

신이시여, 진작 사라졌어야 할 늙고 병든 도시가 이렇게 오래 발버둥치도록 내버려두시렵니까. 성전(聖戰: Holy War)이요, 정전(正戰: Just War)인 이 전쟁을 이토록 힘겹게 치르게 하는 것이 정녕 신의 뜻이나이까.

5월 25일(금)

황제의 일기

초여름. 전쟁의 포연 속에서도 도성의 정원과 교회 담장, 민가의 울타리에는 장미꽃이 탐스럽게 피어났다. 그 향기가 애잔하게 코끝으로 스며든다. 어찌 이리 비애스러운가.

어젯밤 콘스탄티노플의 하늘에는 보름달이 떴다. 예로부터 전해오는 말에 의하면 제국은 달이 차 있는 동안에는 절대로 함락되거나 멸망하지 않는다고 하였다. 적과의 땅굴 싸움에서 연거푸 승리하였을 때만 하여도 살이 통통 오르고 있을 달을 생각하며 기분이 흐뭇하였다. 병사들 또한 사기가 고양되어 있었다.

어제는 마침내 달이 꽉 차 떠오르는 보름날. 도성 시민들은 빨리 해가 지고 땅거미가 내리기를 기다렸다. 공기는 투명하도록 깨끗하고, 하늘에는 구름 한 조각 없는 아름다운 밤이었다.

그러나 어제의 만월은 여느 날과는 분명 달랐다. 우연찮게도 보름달이 뜬 지난밤, 맑은 하늘에 월식(月蝕)이 일어났다. 둥근달이 점차 사그라져 초승달로 변하더니 마침내는 3시간 동안이나 달을 완전히 가리는 바람에 도시는 암흑천지로 변하였다. 쌍돛 범선이 가져온 절망적인 소식으로 가뜩이나 불안하던 차에 예기치 못하였던 월식까지 겹치자 도성 시민들의 마음은 한껏 위축되었다. 신이 제국을 버리려는 불길한 징조라는 생각이 백성들 가슴을 짓눌렀다.

"아니다. 그렇지 않다. 이는 반복되는 단순한 자연 현상일 뿐이다. 달은 차면 기울고, 기울면 다시 차는 법이다."

나는 고개를 세차게 내저으며 애써 그런 혼잣말로 불안스러운 마음을 잠재웠다. 다행히 달도 차츰차츰 커져 새벽녘에는 보름달의 모습을 되찾았다.

적들은 오늘 로마누스 성문을 집중 포격하였다. 성문이 반쯤 부서졌다. 계속된 포격으로 중앙 성벽 곳곳도 허물어져 성벽 위에서 백병전이 벌어졌다. 우리 용감한 병사들은 적의 침입을 한 치도 허용하지 않았다. 혈투 끝에 적은 물러났지만 우리 병사들은 무너진 성벽과 파괴된 성문을 보수하느라 잠시도 쉴 틈이 없다. 그 와중에 밤늦게 큰 화재가 났다. 밤이 대낮같이 밝아지고 지독한 타는 냄새와 연기가 내 막사까지 스며들어 왔다. 다행히 병사들이 쓰레기를 소각하다가 발생한 화재라 한다. 피곤한 병사들이 잠시 방심하였나 보다. 마음이 뒤숭숭해진다. 월식 탓인가.

오늘도 일기가 길어진다. 희망의 언어로 일기장을 채울 수 있으면 좋으련만 그러지 못하는 현실이 가슴 아프다. 그래도 나는 써야 한다.

오늘은 아침나절부터 도성 시민들이 성모에게 마지막 간청을 드리려고 모여들었다. 나는 그 현장에 없었지만 프란체스를 통하여 자초지종을 낱낱이 전해 듣고는 마음이 무거워졌다.

독실한 신도들이 코라 교회에서 떼어낸 성모 마리아와 아기 예수가 그려진 호데게트리아^{야코드 8} 성화상을 어깨에 메고 도시의 거리 곳곳을 누비고 다녔다. 하늘은 잔뜩 찌푸렸지만 행진하기에는 좋은 날씨이다. 성벽 방어군 말고는 너나 할 것 없이 그 행렬에 동참하였다. 행렬은 전통적인 관습에 따라 가파르고 좁은 길을 내려갔다. 맨 앞에는 십자가를 든 사람이 서고, 향료를 흔드는 사제장, 평신도 남자, 평신도 여자, 맨발로 걷는 아이들 순서로 그 뒤를 따랐다. 선창자가 거룩한 노래로 사람들을 인도하였다. 모든 시민들은 영혼의 보호를 간구하며 반복적으로 간절하게 부르짖었다.

"전지전능하신 분이시여! 당신은 이 도시를 구하고 계십니까? 우리의 팔과 우리의 성벽과 우리의 방패와 우리의 장군을 성모 앞에 바치렵니다. 당신은 정녕 제국의 황제와 백성들을 위하여 싸우고 계십니까?"

이러한 행렬의 정확한 진로는 성화상 자체에서 발산되는 힘에 의하여 지시되고 행하여진다. 게다가 지금 이들이 메고 있는 성화상은 길의 인도자이신 호데게트리아가 아닌가. 그런데 어찌하여 그러한 일이 일어났단 말인가.

행렬이 천천히 엄숙하게 움직여 시내 중심부에 이르렀을 때였다. 돌연 성화상을 진 사람이 발을 헛디뎠는지 뒤뚱거리면서 호데게트리아 성화상이 흙바닥으로 떨어져버렸다. 놀란 사람들이 몰려왔고 조심스럽게 들어 올리려 하였지만 성화상은 꿈쩍도 하지 않았다. 납덩이처럼 무겁고 단단한 데다가 돌 틈에 끼였는지 아무리 애를 써도 들어 올릴 수가 없었다. 모두 손을 모아 간절히 기도하고 여럿이 조심스레 힘의 균형을 맞춘 후에야 제자리에 올려놓을 수 있었다. 길을 인도하는 성모 성화상이 까닭 없이 땅에 떨어져 변고를 일으키자 사람들 마음은 형언할 수 없이 착잡하고 무거워졌다.

흉조는 여기서 그치지 않았다. 다시 행진을 시작하려는데 이번에는 또 난데없이 하늘을 찢어발길 듯 뇌성벽력이 몰아치더니 우박까지 섞인 폭우가 도심을 강타하기 시작하였다. 몸을 지탱하기조차 힘든 뇌우였다. 어찌나 세차게 퍼붓던지 거리는 삽시간에 물바다로 변하였다. 행진은 중단되었다. 군중은 앞을 다투어 아이들을 품에 안고 비를 피할 곳을 찾아 뿔뿔이 흩어졌다. 성모 마리아는 끝내 그들의 기도에 응답을 주지 않으셨다.

도성 안에서는 이를 두고 분분한 해석이 나돌았다. 성화상의 기적과 성모의 초자연적인 능력에 의지하여 제국의 수호를 간구하려 하였는데 찬양과 기도가 부족하여 그런 응답을 내리신 것이라며 눈물로 참회하는 신자들도 많았다. 이 일을 계기로, 만약에 최악의 사태가 벌어지더라도 그것이 신의 뜻이라면 달게 받아들여야 하는 게 아닌가 하는, 체념과 순응이 뒤섞인 운명론이 고개를 들기 시작하였다.

나 역시도 한동안 기도를 잊을 만큼 큰 충격을 받았다. 사도행전과 누가복음의 저자인 성(聖) 누가가 그린 호데게트리아 성화는 5세기 중엽 콘스탄티노플로 모셔온 이래 위기의 순간마다 제국을 지킨 수호신 역할을 하였다. 626년 아바르족과 페르시아인들의 성벽 포위로부터, 718년 아라비아인들의 도성 공격으로부터 콘스탄티노플을 구할 수 있었던 것도 이 호데게트리아의 은혜로운 인도하심 덕분이었다. 제국의 황제들이 승리의 행진을 할 때, 미카엘 8세가 1261년 8월 15일 수도를 탈환하여 들어올 때도 호데게트리아 성화상은 영광의 순간을 함께하였었다.

오, 사랑과 은혜의 화신이신 성모 마리아시여! 1422년 메흐메드 2세의 아버지인 무라드 2세가 도성을 포위 공격하였을 때도 성모께서 직접 발현하사 적을 무찌를 수 있게 하지 않으셨나이까. 자줏빛 옷을 입은 성모께서 외성벽 난간을 걷는 신비로운 기적에 저희는 환호하고 찬송하며 용기를 얻었고, 적들은 공포감에 휩싸였습니다. 도시는 해방되었습니다.

"보름달이 떠 있는 동안은 도시는 절대로 함락되지 않는다"고 하였는데 월식으로 달이 가려 초승달로 변하였습니다. 설마 이 도시가 튀르크에게 잠식당한다는 의미는 아니겠지요? 참회하고 회개하겠나이다. 전지전능하신 주여, 한 점의 결점도 없으신 성모 마리아여! 정녕 이 도시를 외면하고 버리시렵니까. 가엾고 어여삐 여기사 아름다움 그 자체, 섬세함과 웅장함의 대명사, 전 세계 모든 도시들의 여왕인, 당신의 도시 콘스탄티노플을 구원하여주옵소서.

술탄의 비망록

역시나 황제는 어제의 월식을 보면서 두려움에 사로잡혔구나. 비잔티움 시민들과 병사들 또한 마찬가지였구나.

반면에 우리 오스만 진영은 축제 분위기였다. 지구의 그림자가 점점 달을 잠식하여 동그랗던 달이 초승달 모양으로 변하였을 때는 북을 치면서 환호성을 질렀다. 나는 모든 학자와 성직자들로 하여금 이 상황을 전 병사들에게 알리도록 하였다. 문득 오스만의 깃발이 콘스탄티노플의 하늘 위에서 나부끼는 영감을 받았기 때문이다.

제국의 깃발에 그려진 초승달은 무엇을 상징하는가. 생성과 확장이다. 우리는 초승달이 반달로, 반달이 보름달로 바뀌어가듯이 제국의 영토를 확대하여 나아갈 것이다.

승리는 우리의 것. 콘스탄티노플 하늘에 오스만의 깃발을 휘날릴 날이 멀지 않았도다.

성모 마리아의 발현을 간구하는 황제야말로 미신에 의존하고 있다. 1422년 성모의 출현도 기실은 수비군을 도우려고 성벽에 나타난 어느 용감한 비잔티움 여인의 모습을 그렇게 착각한 것일 수도 있다. 그때는 지금보다 훨씬 더 많은 여인들이 성벽에 직접 와서 지원하지 않았던가. 무릇 신도 지킬 의지와 굳건한 믿음을 가진 백성에게 강림하는 법이거늘……. 빈약한 경제를 탓하며 허황된 미신에 기대어 국방을 돌보지 않고 전쟁 준비를 소홀히 한 대가를 이번에야말로 톡톡히 치르게 하리라.

나는 예언자의 언행록인 하디스의 전언을 다시금 되새겨보았다. 병사들에게도 누누이 강조하는 진리요, 경구이다. 이 전쟁에서는 특히 기도처럼 늘 가슴에 각인하여야 할 희망과 예지의 언어이기도 하다.

"콘스탄티노플을 상대로 하는 성스러운 전쟁에서 다음을 반드시 믿고 기억하라. 무슬림의 3분의 1은 알라께서 용서할 수 없는 자들로서 패배할 것이고, 3분의 1은 경이로운 순교자로 삼아 전사할 것이며, 나머지 3분의 1은 승리하게 될 것이다."

5월 26일(토)

언제나처럼 적들은 또 포격을 가하여 왔다. 늘 그래 왔듯이 우리 병사들은 열성을 다 바쳐 도성을 방어하였다. 전투가 일상화되면서 성벽 수리 역시 일과처럼 되어버렸다.

거듭되는 흉조로도 부족한 것일까. 오늘은 이른 아침부터 앞뒤 분간조차 못할 만큼 짙은 안개가 온 도시를 뒤덮었다. 5월의 콘스탄티노플에서는 좀처럼 볼 수 없는 현상이었다. 요즘 들어 더욱 변화무쌍해진 날씨가 도성 백성들로 하여금 구구한 억측을 자아내게 만든다.

"주 예수 그리스도와 성모 마리아 님이 이 도시를 떠나는 것을 숨기시려고 제철이 아닌데도 짙은 안개가 끼는 것은 아닐까."

안개가 도시를 점령하자 백성들은 마치 거룩한 존재가 도시를 떠나면서 구름 속에 자신의 모습을 감추려는 것처럼 불안해하였다. 그들은 '적그리스도'의 도래를 예고한 종말론을 상기하며 가슴을 쓸어내렸다.

이상한 현상은 일몰 이후에도 일어났다. 밤안개가 걷힌 뒤 수상쩍은 빛 한줄기가 하기아 소피아 돔 언저리에서 어른거렸다. 도성 시민들은 불길한 예감에 사로잡혀 그 빛을 바라보았다. 불빛은 성당 꼭대기에 세워진 거대한 금박 십자가까지 비추다가 사라졌다. 이는 무엇을 의미하는 징조인가. 길조보다는 흉조일 수밖에 없다는 생각이 내 마음을 동요시켰다. 아, '땅 위에 세운 하늘나라'로 우러름을 받던 대성당의 운명은 어찌 될 것인가.

도성이 무슬림들에게 함락된다면 대성당은 십자군 시절과는 비교조차 할 수 없을 만큼 이교도들의 발길에 무자비하게 짓밟히고 말 것이다.

십자가와 모자이크 역시 땅바닥에 내동댕이쳐질 것이다. 그런 일만은 막아내야 한다.

얼마 후 성벽 감시병들이 오스만 진영 너머 저 멀리에서 어른거리는 또 다른 불빛을 목격하였다는 보고가 들어왔다. 일부 병사들은 한순간 그것이 포위된 콘스탄티노플을 구조하기 위하여 진군해 오는 헝가리의 섭정 야노슈 후냐디 군대의 횃불일 거라면서 기대에 부풀었다고 한다.

그러나 군대는 오지 않았다. 그리고 그 이상한 불빛의 정체는 곧 밝혀졌다. 카니발이라도 벌이는 것일까. 한 지점에서부터 발화되어 성 외곽 전체, 해상으로까지 삽시간에 번져나간 그 불빛들은 오스만 진영에서 피워 올린 등불·촛불·횃불·모닥불·화톳불 등 온갖 종류 불꽃들의 몸부림이었다. 또한 소리 없는 아우성이었다.

금각만 방재 구역 안에서도 웃지 못할 해프닝이 벌어졌다고 한다. 보초를 서던 병사가 꾸벅꾸벅 졸다가 깨어나서는 오스만 함대 전체가 불에 타고 있는 줄 착각하고 기쁨에 겨워 동료들을 깨웠다가 실상을 알고는 그 불길이 순식간에 성벽까지 달려와 도시를 집어삼키는 상상을 하며 놀라 까무러쳤다는 것이다.

잠시 후 군악대의 요상한 음악과 함께 웅성웅성 주문을 외우는 듯한 소리가 들려왔다. 이교도들의 종교의식인가. 마치 광신도들의 울부짖음 같은 그 소리를 들으면서 나는 마음이 착잡하여졌다.

그런 어느 순간, 소리와 불빛이 약속이나 한 듯 사라지고 꺼졌다. 자정 즈음해서였다. 사위는 단숨에 고요하고 캄캄하여졌다. 을씨년스러웠다. 정적과 암흑이 합작하여 협박하고 우롱하는 기분이었다.

비관과 염세가 도성 안을 잠식하고 있다. 병사와 시민들 모두 잠을 못 이루겠구나. 아무래도 오늘 밤은 말 잔등 위에서 보내야 할 것 같다. 나는 도성을 순시하며 방위 태세를 점검하고 병사들을 격려하기 위하여 말 위에 올라탔다.

주님, 이제는 더 이상 바라지 않겠나이다. 주님 뜻대로 하옵소서. 이 불쌍한 황제는 맡은 소임을 끝까지 다할 뿐이옵니다.

술탄의 비망록

나 역시도 저녁 늦게 하기아 소피아 돔의 십자가 위에 올라앉았다는 그 신비스러운 불빛에 관한 소식을 보고받았다. 마르마라 해와 금각만 쪽 해상 방위를 하던 해군들이 너나없이 보았다는 것이다. 배 위에 있던 병사들은 일순 술렁거렸다. 소문은 삽시간에 전 육상 병력에게도 전파되었다. 나는 막사에 있는 천문학자와 점성술사들을 불러 해석을 들었다. 그들의 한결같은 대답이 나를 흡족하게 하였다.

"폐하, 이는 분명 길조이옵니다. 이러한 현상은 곧 진정한 신앙의 빛, 이슬람의 빛이 그 성스러운 건물을 비추게 될 것임을 암시하는 징조임에 틀림이 없사옵니다."

그들은 내 마음을 꿰뚫고 있었다. 캄캄한 바다와 육지에서 우리를 인도하는 별들을 연구하는 그들은 신이 허락하신 성스러운 직업을 가진 사람들이다. 그리하여 나는 그들과 천체를 관측하며 미래를 논하고 제국의 운명을 전망하는 일을 즐겨 하고 있다.

그나저나 콘스탄티누스 11세는 참으로 고지식하고 융통성이 모자란 군주가 아닐 수 없다. 백성들이 걱정하는 짙은 안개는 신이 그들로부터 떠나려는 것이 아니라, 빗발치는 포격으로 인한 포연일 뿐이라고 왜 둘러대지 못하는가. 또한 일정 부분 그게 사실 아닌가. 나라면 그 자욱한 안개는 종교적 의미와는 전혀 무관한, 다만 총과 포에서 뿜어져 나온 연기의 집합체라는 말로 백성들을 안심시켰을 것이다.

너희 그리스인들이 존경하는 페리클레스[98]의 일화가 생각난다. 원정 함대가 일식(日蝕)을 만나 겁을 먹고 출항을 미루려 하자 그는 말 한마디로 선장과 선원들의 마음을 돌려놓았다. 그는 지도자의 조건으로 '식견'과 '설명력(설득력)'을 첫째·둘째로 꼽았다. 무릇 다스리는 자라면 다스림을 받는 자들이 믿고 따라올 수 있도록 만들어야 한다. 페리클레스와 나는 통치 방식 등 모든 면이 다르지만 딱 하나 통하는 것이 있다. 즉 다수가 원하는 일이라도 옳지 않으면 하지 않고, 다수가 반대해도 해야 할 일이라면 반드시 수행하여왔다는 점이다. 우리 둘 다 풍부한 식견을 쌓았다. 그는 설명과 설득에 의존하지만 나는 그 모든 것에 더하여 힘과 기(技)를 바탕으로 국정을 끌고 간다. 무릇 지도자라면 그런 신념과 배포가 있어야 하는 법이다.

밤중에 나는 야영 막사마다 불이란 불을 있는 대로 밝혀 주위를 대낮같이 환하게 하라고 지시하였다. 성벽 위의 비잔티움 병사들이 우리 군사들의 표정까지 알아볼 수 있을 정도로 목재들을 모아 기름을 붓고 거대하게 화톳불을 지폈다. 붉은색과 황금색 비단으로 치장한 나의 막사는 온갖 촛불과 횃불들로 그 정점을 이루게 하였다. 타지도 않은 유성 하나가 통째로 지상에 떨어져 내린 듯 천막 자체를 온통 불빛으로 수놓

---

98 고대 그리스 민주주의 시대의 정치가, 웅변가, 장군(BC 495?~BC 429년). 아테네 원정 함대가 출항하려던 직전, 일식이 발생했다. 두려움에 사로잡힌 선장이 불길한 징조라며 출항을 미루자 페리클레스는 그의 외투로 선장의 눈을 가리며 "이것이 무서운가? 불길한가?" 하고 물었다. 선장이 "그렇지 않다"고 하자 촌철살인의 한마디를 던졌다. "일식이 이것과 무슨 차이인가? 다만 일식을 일으키는 태양이 내 외투보다 더 크다는 것 말고는 말이다!" 용기를 얻은 선장과 선원들은 돛을 올려 항구를 떠났고 원정은 승리했다. 페리클레스는 지도자의 자격으로 식견·설명력·애국심·청렴성 등 4가지를 꼽았다.

아 타오르는 거대한 불덩어리처럼 보이도록 만들었다. 마르마라 해와 금각만 그리고 보스포러스 해협에 주둔한 함대들에도 등불·촛불·횃불 등을 밝히도록 하였다. 밤하늘의 별들이 모두 바다로 투신하여 반짝이고 있는 것 같았다.

나는 군악대를 동원하여 오스만 전통 음악을 연주하면서 모두 땅에 엎드려 알라에게 전쟁의 승리를 기원하도록 지시하였다. 그러다가는 어느 순간 중간에서 딱 멈추게 하였다. 동시에 모든 불도 일제히 끄게 하였다. 이 모두가 우리 병사들로 하여금 일체감과 단합을 과시하게 함으로써 비잔티움 병사들을 겁 먹이기 위한 심리 전술의 일환이었다. 공포의 도가니란 바로 이런 상황을 두고 하는 말이다.

유일신 알라여, 알라는 위대하도다.

5월 27일(일)

황제의 일기

오늘은 모든 성인의 대축일인 만성절(萬聖節, Feast of All Saints)이다. 금각만 수비 상태를 점검하고 적들의 동태도 살필 겸 아침 일찍 이레네 성당[99]을 찾아갔다. 적들은 금각만 입구에 대포를 배치하고 활쏘기 연습을 하고 있었다. 성당 안은 분위기가 썰렁하고 피폐한 모습이었다. 내 어머니(헬레나:

---

99 Saint Irene. 유스티니아누스가 니카 폭동으로 잿더미가 된 성당을 재건축했다. 아프로디테 신전 자리에 세워진 이레네는 하기아 소피아가 건립되기 전까지 동방 정교회의 총본산이었다. '성스러운 평화'란 뜻을 지닌 이 성당은 정복 이후 전리품과 무기 보관소로 쓰이다가 1846년 오스만 제국 최초의 박물관으로 재탄생되었다. 1970년대 이후로는 콘서트 홀로 사용되고 있다. 정복된 뒤에도 모스크로 개조되지 않아 비잔티움 건축 양식이 고스란히 남아 있다.

Helena)도 생전에 이곳을 자주 찾으셨다. 나는 성찬 예배를 드리면서 하늘의 평화가 지상에 임하기를 기도드렸다.

오늘 적들의 거포에서 발사된 3발의 직격탄이 중앙 성벽 일부를 무너뜨리고 외성탑 2개를 크게 파손시켰다. 로마누스 성문을 지키는 대탑도 크게 부서졌다. 무너진 성탑과 성벽을 보수하려 하였으나 여의치 않았다. 이 지점으로 끊임없이 대포알과 화살이 쏟아지고 소규모 병력의 직접 공격이 이어졌기 때문이다. 설상가상으로 주스티니아니가 포탄 파편에 부상을 입었다. 그러나 그는 응급 처치만 받고 곧바로 복귀하여 모두에게 감동과 용기를 주었다. 장하고 감사하도다, 제노바의 무장이여! 어떤 포탄과 창검도 그대의 강건함과 용감무쌍을 뚫지 못하리라. 나는 예비군을 총동원하여 적의 공격으로 상황이 더 안 좋아진 로마누스 성문 일대를 지키도록 하였다.

오후에 성직자들과 대신들이 찾아와서는 나약한 발언을 늘어놓으며 나를 설득하려고 들었다. 벌써 여러 차례 귀가 아프도록 들었던 말들이다.

"황제 폐하, 이제라도 생각을 바꾸시옵소서. 제국의 앞날이 풍전등화이옵니다. 불온한 예언들이 현실로 다가오고 불길한 징조들도 거듭되고 있사옵니다. 도시를 떠나야 포위를 풀겠다는 적들의 의지는 확고부동하옵니다. 항복은 절대 안 하더라도, 탈출과 망명이 가능할 때 콘스탄티노플을 벗어나 펠로폰네소스 같은 안전지대에서 동맹군들을 규합하고 병력을 재정비하여 도성을 다시 탈환할 시기를 노리심이 마땅하신 줄 아옵니다. 모레아(펠로폰네소스 반도 일대)를 분할 통치하고 있는 폐하의 두 동생 분(데메트리오스와 토마스)들도 충심으로 폐하를 도울 것이고, 술탄과 갈등 관계에 있는 알바니아의 스칸데르베그[100]도 힘을 보탤 것이 분명하옵니다. 발칸 반도와 서유럽의 모든 동조자들이 오스만 타도의 깃발 아래 모여들 것이옵니다. 그뿐만 아니라 오스만 제국의 조정에는 할릴 찬다를르 파샤처럼 사려 깊고 비잔티움 제국의 존립에 우호적인 대신들도 적지 않사옵니다. 내분과 내란도 기대할 수 있사옵니다. 그런 전쟁 반대론자들이 술탄의 조정에 있는 한 우리에게는 아직 희망이 있사옵니다."

나는 정신이 혼미하여짐을 느끼면서 말이 나오지 않았다. 얼마 후에야 가까스로 입을 열어 말을 이어나갔다. 눈물이 앞을 가리었다.

"그대들의 뜻을 내 모르는 바 아니고 나 역시 갈등과 번뇌가 깊지만, 이는 윤리적으로나 신앙적으로나 합당치 않도다. 내 어찌 천년 제국과 백성들과 주님의 교회를 버리고 이 도시를 떠나겠는가. 주께서는 거룩한 교회와 위대한 도시를 보호하기 위하여 유스티니아누스 황제 때에 찬연한 빛을 주셨다. 그러나 이게 웬일인가. 지난밤에 그 빛은 하늘로 올라가버렸다. 이는 주님의 은혜와 긍휼과 관대함이 우리를 떠났다는 것을 의미하노라. 오, 신이시여! 정녕 이 도시를 이교도들의 손아귀에 넘겨주려는 것이옵니까. 저희의 지은 죄가 깊사옵니다. 그러나 간구하노니 주님, 이 도시를 구해주소서. 당신의 제국이 야만의 말발굽에 짓밟

---

100 Skanderbeg(1405~1468년). 알바니아의 군주, 민족 영웅. 터키인들은 기독교인에서 무슬림이 된 그를 그를 '알렉산더 대왕의 아들'을 뜻하는 '이스켄데르(Iskender)'란 이름으로 부른다. 중부 알바니아 영주의 아들로 태어난 그는 1423년 형제들과 함께 오스만 제국에 인질로 끌려가 이슬람교로 개종, 무라드 2세 치하에서 20년 동안을 억류돼 있었다. 그러나 1443년 11월, 300여 명의 알바니아인을 이끌고 오스만 제국에 저항하는 반란을 일으켜 다시금 기독교로 개종한 뒤 본명을 되찾았다. 그러고는 교황과 손을 잡고 베네치아, 나폴리 등과 동맹을 맺어 알바니아 북부 지역을 통일했다. 1448년 제2차 코소보 전투를 비롯해 1451년, 1457년, 1461년 전쟁에서 오스만 군대를 잇달아 격파했다. 이로써 알바니아는 1443년부터 1468년까지 25년 동안 독립을 유지했다. 하지만 그가 죽고 나서 1479년 오스만에 재정복당한 뒤 1912년 독립할 때까지 알바니아는 오스만 튀르크 제국의 지배를 받게 된다.

히지 않도록 굽어살피소서."

시야가 아득하게 흐려져왔다. 한참 후에 눈을 떠보니 향냄새가 가득한 가운데 나는 황궁의 침대 위에 누워 있었고, 근심 어린 시선들이 나를 지켜보고 있었다.

심신을 추스른 나는 성직자들과 신하들을 불러 다시금 나의 의지를 확고하게 밝히고 내 뜻에 따를 것을 명령하였다.

"짐은 절대로 콘스탄티노플에서 한 발짝도 벗어나지 않겠노라. 해와 달과 별이 머리 위에 있는 한 그림자조차도 이 도시를 떠나지 않으리라. 그러니 더 이상 패자의 언어, 자포자기의 심정으로 제국과 짐의 명예를 수치스럽게 더럽히지 말라. 이후로 불평불만을 퍼뜨리는 자들은 엄중히 다스려 죄를 묻겠다. 절망과 나약함에 빠지지 말 것이며, 싸움에서 절대로 물러서지 말지어다. 다들 명심하여라. 설령 목숨을 잃는다 하여도 주님께서 우리의 순교를 갸륵히 여기사 너그러이 용서하여주실 것이다. 이승에서의 생에 연연하지 말고 우리에게 약속된 영생을 생각하라. 신께 부여받은 권한과 의무로 다시금 굳게 맹세하노니, 나는 이 위대한 제국의 수도에서 그대들과 운명을 함께할 것이다. 주께서 이 도시를 주셨듯이, 거두어가심 또한 주님의 의지이시다. 이 도시가 무너지는 날, 나 또한 제국의 기둥을 끌어안고 기꺼이 무너질 것이다."

오, 나의 주님! 주님의 날에 기쁜 소식 드리지 못함을 용서하소서. 주님 뵈옵는 날까지 부끄럽지 않게 살다 가겠나이다.

술탄의 비망록

도성 안으로 들여보냈던 이스마일 함자[101]가 돌아왔다. 이제 그만 항복하고 무조건 성문을 열라는 메시지[102]를 황제에게 전하도록 보낸 사자였다. 나로서는 마지막 기회를 준 셈이었다.

"폐하, 황제는 요지부동이옵니다. 그러나 심신이 완전히 쇠약하여 기진맥진한 상태이옵니다. 졸도까지 하였다고 들었사옵니다. 또한 대신들은 두려움에 떨고 있는 기색이 역력하였사옵니다. 마음은 이미 도성을 떠난 듯싶었사옵니다."

이로써 비잔티움 내부 정세와 분위기는 명약관화해졌다. 도성 함락의 때가 왔음을 직감하였다. 그러고는 일전에 신하들을 채근하고 독려하기 위하여 했던 말을 되풀이하였다.

---

101 Ismail Hamza. 그리스인의 아들로서 일찍이 이슬람으로 개종한 젊은 귀족. 본명은 '알렉산더'이다. 찰코콘딜레스에 따르면, 술탄은 그를 황제에게 항복을 압박하는 사절로 보냈다. 비잔티움 궁정에 친구를 둔 이스마일은 아직 늦지 않았다며 최선을 다해 그들을 설득하려 했으나, 황제의 완강한 뜻을 확인하고는 비잔티움 사절과 함께 술탄의 궁정으로 돌아왔다. 메흐메드는 황제가 수용할 수 없는 양자택일[매년 10만 베잔트(Bezant: 비잔티움 금화)의 막대한 조공을 바치든가, 아니면 도성을 버리고 떠나라]을 하라며 사절을 돌려보냈고, 평화 협상은 결렬되었다. 이는 마지막 총공격의 명분과 정당성을 얻고자 했던 술탄이 내심 바라던 바였다. 메흐메드는 자신의 처남이기도 한 이스마일을 시노프(Sinop: 터키 북부 흑해 연안에 위치한 도시. 그리스어로는 Sinope)의 영주로 임명했지만 1461년 군대를 보내 시노프를 점령, 직할하고 이스마일은 다른 곳으로 부임한다.

102 두카스에 따르면 요지는 이렇다.
"총공격 준비는 끝났다. 우리의 오랜 계획, 신의 과업을 완성시킬 때가 온 것이다. 도시를 포기하고 당신 부하들과 소유물을 가지고 당신이 원하는 어느 곳으로든 가거라. 남은 사람들은 절대로 해를 입지 않을 것이다. 만약 거부하고 저항을 선택한다면 당신 생명과 모든 소유물을 잃을 것이다. 주민들은 생포되어 뿔뿔이 흩어지게 될 것이다."
이에 대한 황제의 답변은 다음과 같다.
"당신 아버지는 나의 부모를 어버이처럼 존경하고 이 도시를 조국처럼 생각하였다. 우리가 고난에 처하였을 때 우리를 구출하였다. 우리에게서 부당하게 빼앗은 요새와 땅이나 잘 지켜라. 연공을 더 올릴 터이니 평화롭게 떠나다오. 당신은 승리를 확신하는가? 나와 이 도시에 사는 어느 누구도 도시를 넘겨줄 권한이 없다. 구차하게 사느니 기꺼이 죽겠다는 것이 우리 모두의 결의이다."

"그대들은 한 해 동안 바칠 충성을 한 달에, 한 달 동안 할 일들을 하루 만에 한다는 각오로 전쟁에 임하라."

이제 총력전을 펼쳐야 할 때가 왔다고 나는 판단하였다. 총공격이 미루어지자 할릴 파샤가 일부 동요하는 무리들을 꼬드긴다는 소문도 있다. 이제 더는 망설일 때가 아니다.

황제와 마찬가지로 나 역시 어제 지휘관들을 소집하여 작전 회의를 열었다. 단 한 번도 전쟁을 지지한 적이 없는 할릴 파샤는 늘 그러했듯이 부정확한 정보와 여러 가지 가당치도 않은 이유를 들어가며 포위전을 포기할 것을 주장하였다. 베네치아 함대가 이미 키오스 섬에 당도[103] 하였다는 둥, 헝가리 군이 도나우 강을 건너 원군으로 올는지도 모른다는 둥…….

황제가 수용할 만한 조건을 제시하여 새로 협상을 하자는 말 같지 않은 제안도 또다시 되풀이하였다. 주둔이 길어지면서 향수가 깊어지고 우리 군의 사기가 저하돼가고 있으며, 전쟁은 안녕과 평화가 아닌 재앙을 가져올 뿐이라는 말 또한 빠뜨리지 않았다.

일각에서는 내심 할릴의 의견에 동조하는 분위기도 감지되었다. 음흉하고 간교하고 소심하고 비굴하고 나약한 인간들 같으니라고……! 가슴에서 피가 솟구쳤다. 나는 애써 분노를 가라앉혔다.

분위기를 반전시킨 것은 그리스인 개종자 자아노스 파샤였다. 할릴을

---

[103] 이는 사실 비교적 정확한 정보였다. 교황이 물자를 지원한 베네치아 갤리선들은 자코모 로레단(Giacomo Loredan) 제독의 지휘 아래 뒤늦게 키오스 섬에 도착, 순풍이 불어오기만을 기다리고 있었다. 그러던 차에 이들은 며칠 후 콘스탄티노플을 탈출해 온 갈라타의 제노바 선원들로부터 도성 함락 소식을 전해 듣고 이미 때가 늦었음을 알게 되었다. 로레단은 즉각 베네치아 본국으로 쾌속선을 급파한 뒤 함대를 에게 해 너머 칼키스(Khalkís)로 이동 시킨 다음 본국의 후속 조치를 기다렸다.

싫어하고 할릴과 대척점에 있는 그는 자리를 박차고 일어나 격한 어조로 할릴을 반격하였다.

"폐하, 이미 다 이긴 전쟁이옵니다. 여기서 물러난다는 것은 어리석고 수치스러운 일이옵니다. 지금 도성 안은 쇠약해질 대로 쇠약해져 있고, 전의는 완전 상실한 상태입니다. 계속된 포격으로 성벽도 무너지기 직전입니다. 서방 국가들의 연합군 지원은 적진에서 퍼뜨린 낭설일 뿐, 유럽 군주들은 지금 내분에 휩싸여 제 앞가림하기도 바쁘다고 하옵니다. 오스만군에 맞설 연합군 조직은 엄두조차 못 낼 것이옵니다. 또 지금 밀라노와 전쟁 중인 베네치아가 설령 함대를 보낸다 한들 우리와는 수적으로 상대가 안 될 것이고, 바다를 벗어난 육지에서는 오합지졸들이나 다름없사옵니다. 헝가리의 섭정 후냐디 역시도 협약을 파기하면서까지 무모한 행동을 할 리가 만무하옵니다. 만에 하나 원군이 온다고 칩시다. 그럴수록 그들이 오기 전에 이 전쟁을 끝장내야 하는 것이 이치에 맞지 않사옵니까. 게다가 요 며칠 사이 숱한 흉조가 연거푸 일어나 비잔티움 제국의 멸망을 예고하였사옵니다. 그 모두가 우리에게는 길조였사옵니다. 폐하, 철군에 대한 생각 따위는 머리에서 아예 지우고, 오로지 공격에 매진하여야 하옵니다. 더 늦기 전에 도성을 하루빨리 함락시켜야 하옵니다. 소신, 부족하오나 목숨을 걸고 앞장서겠나이다."

젊은 무장들은 대부분 자아노스 파샤의 패기만만한 발언을 환호와 박수로 지지하였다. 특히 바쉬 보주크 부대의 장수는 당장에라도 달려나가 적진을 종횡무진할 기세였다. 좌중의 분위기는 단숨에 돌변하였다.

역시 자아노스다. 나는 그에게 병사들이 무엇을 원하는가를 알아보고 오라고 지시하였다. 잠시 후 자아노스는 내심 내가 듣고 싶어 하던 답변을 가지고 돌아왔다.

"장병들 모두 준비와 각오가 철저하게 되어 있사옵니다. 다들 하나같이 주군께서 즉각적인 공격 명령을 내리시기만을 목이 타게 기다리고 있사옵니다."

기다렸다는 듯이 나는 못을 박았다.

"길은 정하여졌다. 총공격을 준비하라! 드디어 기회가 왔다. 나보다 더 적은 병력으로 세계를 정복한 알렉산더 대왕과 견주어 내가 무엇이 부족하더냐. 나의 아버지와 할아버지는 이 도시를 정복하기 위하여 군대와 무기 그리고 전쟁 물자를 지금처럼 총동원한 적이 있었던가. 자아노스! 총공격 시간에 맞춰 모든 군대가 즉각 출동하도록 준비시켜라. 적의 구원군이 오지 못하도록 페라(갈라타) 주변에 경호대를 배치하라. 이 모든 준비 작업을 신속히, 철두철미하게 하라."

"이 시각 이후 우리의 위대한 성전(聖戰)에 반대하는 자는 한 사람도 없을 것이다. 만약 딴소리를 하는 자가 있다면 그자의 말이 끝나기 전에 목이 먼저 달아나리라."

막사 안은 다시금 환호와 결의로 넘쳐났다. 감히 아무도 이의를 제기하거나 반대 의사를 표명하지 못하였다. 할릴만이 의기소침해진 표정으로 나의 눈치를 살피었다. 나의 강렬한 눈빛에 그는 짐짓 고개를 숙이었다.

할릴, 너는 나의 술탄 권한이 강화되는 것을 원치 않고 있다. 콘스탄티노플 함락은 오스만 튀르크를 단일한 강성 체제로 만드는 것. 그러면 너 같은 세습 귀족들의 역할과 위치가 축소된다. 너는 주군과 제국의 발전보다는 너 자신, 네 가문의 입지만 생각한다.

총공격을 이틀 앞둔 오늘, 나는 다시금 대신들과 각 군 지휘관들을 막사로 불러들여 일장 연설(연설문 전문은 부록 I-4 참고)을 하였다. 나는 일찍이 콘스탄티노플로 원정을 떠나기 두세 달 전에도 오스만 제국의 수도인 에디르네에서 각료와 지휘관들을 모두 참석시킨 디반(Divan: 국무회의)을 열어 정복의 당위성과 의미를 설파(연설문 전문은 QR코드 35 참고)한 바 있는데, 오늘의 훈시는 그 연장선상에 있었다.

나는 우선 오스만 군대의 정신 무장을 새롭게 하기 위한 각성제 같은 경구들과 함께 격려와 용기를 불어넣어 주었다. 그런 다음 각자의 능력과 위치에 합당한 임무를 부여하고 세부적인 작전 명령을 내리었다. 부하들에게도 나의 지령을 하달하라고 지시하였다. 아울러 병사들의 사기 고양과 전투 의지를 불태우기 위하여 도성이 함락되면 무슬림의 전통에 따라 사흘 동안 재물과 노예 등 전리품들을 약탈할 기회를 주겠노라고 재차 약속하였다. 일찍이 예언자 무함마드께서도 624년 메카 군대를 물리치고 메디나에서의 정치적 입지를 강화한 바드르(Badr) 전투에서 적과 교전할 무슬림 병사들에게 승전의 대가로 전리품을, 전사자들에게는 천국행을 약조하지 않았던가. 마지막 말을 나는 이렇게 마무리지었다.

"거듭 강조하건대 그대들 앞에는 현생의 전리품과 내세의 낙원이 기다리고 있다. 그러나 만약 탈영하는 자가 있다면 비록 그가 새의 날개를 가졌다 할지라도 내 응징의 칼날보다는 빠르지 못할 것이다. 자, 이제 모두 그대들의 병사들 곁으로 돌아가 음식을 먹고 적당한 휴식을 취하며 곧 있을 공격 명령에 대비하도록 하라."

지휘관들을 보내놓고는 나도 빨간 망토에 흑마를 타고 전군을 순시하며 총공격이 임박하였음을 알려주었다. 두 달 가까이 끌어온 공방전으로 심신이 피폐해져 인내의 한계점에 도달하여 있던 병사들은 가뭄 끝의 단비처럼 반가워하였다. 12명의 전령들이 부지런히 막사를 돌며 전리품에 대한 약속 등 귀가 솔깃해지는 소식을 전하였다.

해가 지자 데르비쉬(Dervish: 극도의 금욕 생활을 서약한 이슬람 수도승)들

332

이 막사 앞에서 불꽃을 환하게 피우고 수피 춤을 추었다. 오른손은 하늘, 왼손은 땅을 향한 채 천천히 원을 그리며 빙글빙글 돌기 시작하였다. 그들의 움직임이 빨라질수록 불꽃들의 춤사위도 너울너울 현란함을 더하여갔다. 그들의 하얀 옷 위에 두른 길고 검은 스카프들도 허공에서 군무를 추었다. 데르비쉬들은 춤추는 자들과 노래하는 자들이 따로 있다. 노래하던 데르비쉬들이 주문처럼 예언을 외기 시작하였다.

"알라를 위하여 싸우다 죽는 자는 천국의 강이나 정원을 맴도는 독수리 등 위에 태워져 하늘로 올라가리라. 아름답고 검은 눈을 가진 처녀의 달 안에서 영원한 젊음으로 세월을 보내리라."

병사들은 기도와 환호로 답하였다. 메카를 향하여 "라 일라하 일랄라(알라 이외에 다른 신은 없다)"를 소리 높여 몇 번이고 외쳤다.

"알라는 위대하도다. 알라는 위대하도다. 알라 이외에 다른 신은 없고, 무함마드는 그분의 사도이다!"

현세와 내세의 달콤한 약속에 고무된 무슬림 대군이 내지른 환호성은 도성 안의 적들과 시민들은 물론 두고 온 가족들이 있는 아나톨리아 연안에까지 들릴 정도로 우렁차게 밤공기를 가르며 퍼져나갔다. 알라께서도 듣고 계셨을 것이다.

분주하였던 하루를 마감하고 잠자리에 들자 가슴 깊은 곳으로부터 세찬 분수처럼 확신이 솟구쳤다. 도시는 함락된다, 함락되고야 만다. 정복하고야 말 것이다. 일찍이 선지자 무함마드도 이렇게 예언하지 않았던가.

"콘스탄티노플은 반드시 정복될 것이다. 그 위업을 이루는 군주와 군사들에게 무릇 영광이 있을진저."

드디어 그 복된 날, 영광의 날이 눈앞으로 다가왔다. 지금까지 이 도시를 차지하기 위하여 얼마나 많은 선조들이 고결한 피를 흘렸던가. 묘비와 봉분도 없이 적지에서 몸을 묻은 순국의 선열들 앞에 승전보를 바칠 날이 멀지 않았다.

알라의 이름 받들어 맹세하노니 오늘의 이 맹세는 기필코 지키겠나이다. 이슬람 가지로서 지하드를 완수할 용사들을 주시니 알라께 영광 바칠 그날이 임박하였나이다. 기뻐하소서. 아민(Âmin: 진실로 그러하게 될지어다).

5월 28일(월)

황제의 일기

오늘따라 종소리가 왜 이리도 간절하게 심금을 두드리는 것일까. 도성 시민들은 크고 작은 종소리를 가슴에 안고 황금 모자이크가 수많은 등불과 촛불 속에서 빛나고 있는 하기아 소피아(277~282쪽 참고)^{QR코드3}로 모여들었다. 작년 12월 12일 동서 교회 연합 미사가 치러진 이래로 처음 있는 일이다. 지난 5개월여간 로마 교회와의 통합을 반대하여온 신자들은 더럽혀진 성직자들이 예배를 집전하는 '이교도의 제단'이라며 애써 발길을 끊어 이곳에는 적막과 어둠과 먼지만이 가득했었다.

하지만 상황이 얼마나 급박하였던지 이날만큼은 모두가 한마음으로 성모 마리아에게 간청을 드리면서 기적이 일어나기만을 갈망하였다. 숱한 지진을 겪으면서도 무너지지 않았던 대성당이 전쟁으로부터도 자신들을 지켜줄 거라고 믿으며 서로 위로하였다.

오래된 책에 실려 있는 성당 건축에 얽힌 이야기들도 예배당 안을 휘젓고 다녔다. 유스티니아누스 황제가 노아의 방주에 쓰였던 목재로 성당 문을 만들었다더라. 성당이 무너지지 않도록 천사가 내려와 공사를 감독하였다더라. 삼위일체를 기리기 위하여 후진에 삼중창을 냈다더라……

성벽을 지키는 병사들을 제외하고 움직일 수 있는 사람은 모두 이 절박한 기도회에 참석하였다. 장엄하면서도 비장한 분위기였다.

일부 신도들은 교회 종소리가 울려 퍼지는 가운데 하루 온종일 코라 교회의 호데게트리아(길을 인도하는 성모)와 블라케나 성모 마리아 교회에 있는 성모상(블라케르니티사)을 앞세우고 성유물을 어깨에 짊어진 채 성곽을 따라 돌았다. 그러다가 파손이 심한 성벽과 위험 지대를 만나면 멈추어 서서 성모를 통하여 그곳의 안녕과 축복을 기원하였다. 국적을 불문하고 종파도 초월한 채 다들 소리 높여 찬송가를 부르면서 "끼리에 엘레이손, 크리스테 엘레이손"[104]을 복창하였다.

그러나 모두가 한마음으로 애타게 나라의 운명을 걱정하는 이 판국에도 끝까지 정신 못 차리고 추악한 이기심을 드러내는 불쌍한 인간들을 보았다. 다른 사람도 아닌 나의 신민인 그리스인들이어서 충격이 더욱 크다. 무기며 성벽 보수에 필요한 장비 등을 옮기는 일을 두고 베네치아 지원군에게 돈이 적다고 투정을 부렸다. 아예 현금을 받기 전에는 수레를 한 바퀴도 움직일 수 없다고 버틴 자들도 바로 그들이었다. 겨우 달래고 품삯을 올려 베네치아 진영까지 가져갔다. 더군다나 식량난을 틈타 매점매석으로 돈을 벌려는 기회주의자들까지 있다니 참으로 가슴 아프다. 이 모든 것이 내 부덕의 소치인가. 하늘 보기가 부끄럽고 개탄

---

104 Kyrie Eleison, Christe Eleison. 신의 자비를 구하는 기도. "주님, 자비를 베푸소서. 그리스도 님, 자비를 베푸소서"란 뜻으로 성찬 예배 전에 기도나 찬송으로 불린다.

스럽기 짝이 없다. 국가의 운명이 바람 앞의 촛불이거늘, 대관절 나라가 망하면 돈이고 목숨이고 무슨 의미와 가치가 있겠는가. 그런 자들은 곧 다가올 하늘나라 심판의 날이 두렵지도 않다는 말인가.

나는 각료 회의를 마친 다음 저녁 늦게 아라비아 말을 타고 하기아 소피아로 갔다. 대신들과 군 지휘관들도 대동하였다. 말에서 내리면서 나는 문득 내가 종부성사(終傅聖事, Extreme Unction: 죽음에 임박하여 하느님께 의탁하는 의식)를 받으러 온 듯한 느낌에 사로잡혔다. 옷깃을 여미고 의관을 정제하였다.

대성당의 본당은 이미 나의 사랑하는 신민들로 가득 차 있었다. 통합파와 분리파를 막론하고 모든 사제가 한 지붕 아래 나란히 서 있었다. 추기경 이시도로스와 추기경의 권위를 인정하려 하지 않던 주교들도 이날만은 자리를 함께하였다. 라틴구의 베네치아 거류민들과 갈라타의 일부 제노바인들도 나와 있었다. 동서 교회의 통합이 이루어진 감격스러운 순간이었다. 다만 동서 교회 통합을 맹렬히 반대하며 수도원에 은거 중인 게오르기오스 스콜라리오스 겐나디오스의 모습만은 보이지 않았다.

내가 앞으로 걸어나가자 다들 자리에서 일어나 정중히 예의를 표하였다. 나는 거기 모인 모든 이들과 함께 콘스탄티노플의 평화를 간구하는 예배를 드렸다. 저 높은 돔 위에서는 판토크라토르(전능자) 주 예수, 앱스 위의 중간 돔에서는 아기 예수를 안은 성모가 내려다보고 있었다. 남북 좌우편 위에서는 성서에 나오는 사도와 성인들, 역대 황제와 황후들이 우리를 측은한 눈빛으로 응시하였다.

나는 제국의 군대와 백성들, 그리고 제노바와 베네치아 등 콘스탄티노플에 거주하는 서방 기독교인들을 향하여 어쩌면 마지막이라는 심정으로 긴 연설(연설문 전문은 부록 I-5 참고)을 하였다. 요지는 이러하였다.

노예로 구차한 삶을 연명하기보다 죽음을 각오하고 싸워야 할 4가지 이유가 있다. 신앙과 조국, 군주와 가족이다. 이 4가지 이유 중 단 하나를 위하여서라도 싸울 기회가 주어진다면 얼마나 복되고 크나큰 영광인가. 우리는 저 위대한 고대 그리스·로마 영웅의 후손들이다. 적들은 우리를 포위한 채 콘스탄티누스 대제가 세우고 성모 마리아께 봉헌한 이 도시를 집어삼키려고 용의 아가리를 벌리고 있다. 들판의 한 떨기 장미와도 같던 이 거룩한 도시를 지금 야만인들의 노예, 이교도들의 속국으로 만들려 하고 있다. 우리의 교회를 이교도의 사원이나 마구간으로 만들려 하고 있다. 그대들의 사랑과 헌신이 필요하다. 주님은 나의 희망이시니, 우리가 지은 죄로 인하여 이 난국을 맞았으나, 진심을 다하여 나의 명령에 따른다면 이 어려움으로부터 반드시 구원받을 것이다.

나는 조용하면서도 분명한 어조로 마치 고해성사를 하듯이 그들 모두에게 말하였다.

"지난날 나의 허물을 진심으로 사과하노라. 나로 인하여 마음의 고통을 받은 사람이 있다면 부디 용서하기를……."

나의 한 마디 한 마디에 장내는 온통 눈물바다를 이루었다. 신도들은 한마음 한뜻으로 주님의 평화가 함께하기를 빌었다. 나는 실내를 천천히 돌면서 백성들 손을 잡고 눈을 마주치며 비감한 심정으로 작별 인사를 나누었다. 내 눈에서 굴러 내린 눈물이 차가운 대리석 바닥을 때렸다. 그때였다. 내 등 뒤로 뜨거운 함성이 솟아올랐다.

"가자, 황제와 함께! 죽자, 제국과 신앙을 위하여!"

절규와 함성이 뒤섞이고 눈물과 결기가 얽혀서 하기아 소피아의 넓고 높은 공간을 가득 메웠다. 수천수만 방울의 눈물이 바닥을 적시고, 서로가 서로를 부둥켜안았다. 참석한 모든 이들이 일어나 주군과 제국을 위하여 목숨과 가정을 기꺼이 바치겠노라고 천명하였다. 우리는 모두 하나가 되었다. 죽으면 죽으리라. 이것이 정녕 주님의 뜻이라면……

나의 연설에 감응한 베네치아 구역에서 이런 성명서를 발표하였다고 나중에 들었다.

"스스로를 베네치아 사람이라 부르는 이들은 무엇보다도 신에 대한 사랑을 보이자. 도시의 안녕과 기독교인들의 명예를 위하여 모두가 육지 쪽 성벽으로 나가자. 가서 각자의 위치를 끝까지 사수하자. 그 자리에서 기꺼이 죽기를 두려워하지 말자."

하기아 소피아를 나왔을 때 날은 이미 어두워져 있었다. 나와 함께 고해성사를 하고 영성체를 모신 대신들과 장군들은 서둘러 각자의 수비 위치로 돌아갔다.

신하들과 헤어진 나는 어둠 속에서도 빛나는 새하얀 발목을 가진 말을 타고 밤길을 달려 황궁으로 왔다. 궁중 식구들을 불러 모아 차례차례 손을 맞잡고 대성당에서와 똑같은 마지막 작별 의식을 치렀다. 살아생전 그들에게 저지른 과오를 사과하고 불친절한 일이 있었다면 용서를 청하였다.[105]

자, 이로써 모든 것을 비우고 내려놓았다. 이제 말을 달려 전장으로 나아가리라.

주님께 모든 것을 맡기나니, 하늘이든 땅이든 가라 하시는 그곳으로

---

[105] 이 장면을 목격한 프란체스는 "누가 이 궁궐의 눈물과 신음을 표현할 수 있으랴. 목석으로 된 인간이라 할지라도 울지 않을 수 없으리"라는 소회를 남겼다.

가겠나이다. 주님 뜻대로 하옵소서.

술탄의 비망록

드디어 내일이다. 아니, 오늘 밤이 새기 전이다. 날이 밝으면 그토록 갈망하였던 콘스탄티노플 도성 안에서 식사를 하고, 대성당에서 알라를 영접하고, 황제의 궁 안에서 잠을 자게 될 것이다.

나는 지난밤, 월요일인 오늘을 휴식과 속죄의 날로 정하고 다음날 있을 최후의 공격에 대비하여 만반의 준비를 갖추라고 지시하였다. 하루 동안 금식을 하면서 또 나마즈[106]를 철저히 지키도록 당부하였다. 속을 비움으로써 의식을 명료하게 하고, 기도와 간구로 신의 은총에 기대기 위하여서였다. 선지자 무함마드도 "신앙심의 절반은 인내이고, 인내의 절반은 금식"이라고 하지 않았던가.

나는 군종 이슬람 성직자들과 아나톨리아 일대에서 몰려온 탁발승들에게도 임무를 부여하였다.

"꾸란과 하디스가 전하는 예언들을 병사들에게 상기시키도록 하라. 내일의 전투는 일찍이 선지자께서 말씀하신 예언을 실현하는 성전임을 마음에 새기도록 하라. 무릇 순교란 우리 선조들이 처음 콘스탄티노플을 포위 공격하였을 때 숨진 예언자들의 발자취를 따르는 것, 그것이 얼마나 숭고하고 신성한 행위인가를 설파하라. 신이 참된 믿음을 가진 이들을 인도하여 앞장서 달려 나가도록 손을 내미실 것임을 예시하라. 신의 은총으로 천국이 순교자들을 반겨 맞을 것임을, 그곳에서 영생을 얻

---

106 Namaz. 이슬람식 예배법. 무슬림들의 5가지 의무[신앙 고백, 기도(예배), 적선, 금식, 성지 순례] 중 하나이다. 무슬림들은 해 뜰 무렵(파즈르), 점심때(주흐르), 일몰 1시간 30분 전(아스르), 해질 무렵(마그립), 잠들기 전(이샤), 그렇게 하루 다섯 번씩 기도를 한다.

을 것임을 찬양과 기도로써 확신하게 하라."

풍요로운 삶과 기쁨에 찬 죽음이라는 쌍둥이 메시지를 강화시키는 군악대의 나팔소리가 전군에 울려 퍼졌다. 병사들의 감정이 고조되기 시작하였다. 누군가가 울부짖듯이 큰소리로 기도의 말을 쏟아내었다.

"무함마드의 백성들이여! 우리에게는 곧 금은보화가 쏟아지고, 기독교인들의 턱수염으로 개들의 목걸이와 줄을 만들고, 그들과 가족들을 노예로 부리거나 팔게 될 날이 올 것이다.[107] 그러니 선한 마음을 품고 무함마드의 사랑 아래에서 기꺼이 죽을 준비가 되어 있어야 한다. 내일의 전투는 선지자의 예언을 실현하기 위한 성전이다. 알라 이외에 다른 신은 없다. 죽는 것도 사는 것도 알라를 위하여!"

감동의 도가니였다. 영적인 희열감이 물결처럼 가슴으로 밀려들었다. 병사들은 창검을 높이 치켜 올리고 함성을 내지르며 호응하였다. 서로 부둥켜안고서 우는가 하면, 결연한 표정으로 가족에게 남길 유서를 쓰는 병사들 모습도 눈에 띄었다.

거사를 앞두고 갈라타의 제노바인들 또한 단속하여놓을 필요가 있었다. 나는 거류민 대표들을 불러 엄포를 놓았다.

"경고하노라. 너희는 엄정중립을 지키기로 약조하였다. 전쟁 중이든 전쟁이 끝나고 난 다음이든 갈라타 시민들 중 만약 어느 누구라도 그 약속을 어기고 비잔티움에 도움을 주는 행위를 하는 자가 있다면 가차없이 처형당하리라."

나는 갈라타 사람들에 대하여서는 큰 걱정을 하지 않았다. 향후 자기

---

107 이 표현은 베네치아 군의관 바르바로의 기록. 그러나 오스만 진영의 발언이라기보다는 불안과 적대감에 휩싸인 도성 시민들이 한 말일 수도 있다.

들 이권에 부합하고, 자치구를 보장받고, 교역과 통상을 할 수 있는 환경만 주어진다면 이미 판이 기울어진 상황에서 콘스탄티노플을 위하여 싸울 인간들이 아닌 것이다. 생존과 이득을 위해서라면 신앙도, 친구도 버릴 수 있는 자들이 바로 그들, 제노바인들이다.

일몰 후 금식을 멈춘 우리 군사들은 등불 아래서 카잔(Kazan: 솥 혹은 큰 냄비)을 가운데에 두고 둘러앉아 저녁 식사를 하였다. 전투를 앞둔 공동 식사는 병사들 간의 연대감과 희생정신을 일깨우는 데 더할 나위 없이 좋은 기폭제이다. 게다가 오늘 저녁은 도성 밖에서의 마지막 식사가 아닌가.

지금은 한밤중. 가만히 귀를 기울이자 고요한 가운데 무언가가 육중하면서도 조심스럽게 움직이는 소리가 들린다. 배들이, 대포들이, 공성탑들이, 성벽용 사다리들이, 각종 무기와 전투 장비 그리고 우리 병사들이 성벽 가까이로 숨을 죽이며 이동하고 있는 소리이다.

곧 날이 바뀐다. 시대가 바뀐다. 제국이, 군주가 바뀐다. 그리하여 마침내 신이 바뀐다.

l453년 5월 29일(화)

황제의 일기

예감이 불길하다. 요 며칠 사이 대대적인 총공격에 대한 소문이 돌아 보초병들 수를 늘리고 전군에 경계 태세 강화 명령을 내리었다. 적들의 움직임이 심상치 않다. 술탄 진영의 각료 회의 내용이 담긴 비밀 서신이 화살에 매달려 성벽 너머로 날아왔다. 이자들은 지금 곧 시작할 태세이다. 대포며 전투 장비들이 속속 성곽 근처로 이동하여 오고 있다.

첩보는 진작 입수하였다. 적국의 총리대신이지만 미워할 수 없는 친구, 할릴 찬다를르 파샤로부터도 이틀 전 최후통첩이나 다름없는 전갈을 받았다.

오늘은 제국이 문을 닫을 수도 있는 날. 내일이면 나는 이미 지상에 없는 인물이고, 어쩌면 이것이 비잔티움 제국 황제의 이름으로 쓰는 마지막 일기가 되는지도 모른다. 그리하여 오늘은 하루를 마감하면서가 아니라 하루를 시작하면서 일기장을 펼쳤다.

어제와 오늘, 한숨도 자지 않았다. 앞으로 긴긴 잠을 잘 것 같은 예감이 든다.

어젯밤 황궁에서 나온 나는 다시 말에 올라 프란체스 한 사람만을 대동하고 육지 성벽을 따라 내려가며 부하들을 격려하고 일일이 최종 점검을 하였다. 내성벽으로 통하는 성문들이 잘 잠겼는지까지 확인하고 났을 때는 자정이 가까워져 있었다. 곧 날이 바뀐다.

나는 황궁으로 돌아가다가 칼리가리아 문 근처에서 말을 내렸다. 그런 다음 프란체스를 두고 홀로 블라케나 성벽 맨 바깥쪽 모퉁이에 있는 탑으로 올라갔다. 마누엘 콤네누스 성벽 중에서 가장 높아 육지 성벽은 물론 금각만이 한눈에 내려다보이는 신성한 성탑이었다.

저녁나절 한때 억수로 퍼부었던 소나기는 그치고, 구름과 달이 하늘에서 숨바꼭질하고 있었다. 비잔티움 제국 깃발과 베네치아 공화국 깃발이 희미한 달빛 아래 펄럭이고 있었다. 쌍두 독수리의 눈빛이 매섭게 반짝였다. 산마르코의 사자도 날카롭게 갈기를 곤두세우고 있었다.

나는 탑 꼭대기에 망연히 서서 어둠에 잠긴 도성 안팎을 오래도록 바라보았다. 내가 그토록 사랑하였던 나의 도시와 작별할 시간이 정녕 이렇게 다가오는 것인가. 헤아려보니 황제로서 제국을 통치한 지 4년 4개월여가 지나 있었다. 온갖 회한이 가슴으로 밀물져왔다.

도성 밖 어둠 속에서 괴물들이 움직이고 있다. 메워진 해자 앞에서 적들이 전열을 정비하고 있다. 그들 뒤편의 막사는 어느새 모두 비워져 있다. 금각만 부교를 건너오는 불빛들이 깜빡거린다. 금각만 외해와 보스포러스, 마르마라 바다에도 불빛들이 켜졌을 것이다. 벌판과 계곡 여기저기서 성벽 쪽으로 접근하는 소리가 들린다. 조용하지만 내 귀에는 크게 들린다. 그들의 움직임도 어렴풋이 시야에 잡힌다. 바퀴 달린 괴물 공성탑들이 성벽으로 조용히 접근하고 있다. 그 뒤에는 대포들이 은폐되어 있다. 성벽 앞으로 옮겨놓은 사다리만도 수천 개는 족히 될 것 같다. 모양새로 보건대 리쿠스 계곡이 있는 중앙의 메소테이키온 성벽에 화력을 집중할 것 같다. 폭풍 전야의 고요함과 소리 없이 진군하는 야만군의 모습이 내 심장 박동 수를 크게 높인다. 거대한 공포가 도성 안팎을 감싸고 있는 듯하다. 우리 병사들도 지금 눈을 부릅뜨고 팽팽한 긴장감 속에서 숨죽여 적들의 동태를 지켜보고 있으리라.

프란체스를 조용히 불렀다. 나는 처음으로 내 일기장의 존재를 그에게 알렸다. 내가 왜 일기를 적었는지, 그 기록을 어디에 놓아둘 것이지, 향후 어떤 식의 보관과 처리를 원하는지를 이야기해주었다.

"거듭 강조하건대 이는 경(卿)과 나만이 아는 비밀이다. 만약 내가 죽더라도 경은 반드시 살아남아야 한다. 이제부터 나와 함께 있어서는 아니 된다. 가거라."

프란체스의 근심 어린 눈빛을 외면하며 나는 성벽 아래로 걸어 내려와 말에 올랐다. 프란체스, 그와 나는 그렇게 헤어졌다.

세상사 마음먹기에 달렸다지만, 아무리 애를 쓰고 혼신의 힘을 쏟아부어도 안되는 일이 있다. 주님께서 왜 이토록 가혹한 시련과 고통을 주시는지 잠시 원망스러웠던 적도 있었다. 그러나 모든 잘못과 책임은 나에게로 귀결된다. 설혹 운명의 신이 내 편을 들지 않더라도 나는 원망하거나 탓하지 않겠다. 절대로 회피하거나 도망치려 하지 않겠다. 구차하게 목숨을 부지하느니 장렬하게 죽는 길을 택하겠다. 지켜야 할 가치를 끝까지 지키다가 죽은 사람으로 남겠다. 어제도 그리고 오늘도, 내가 할 수 있는 건 오로지 마지막 순간까지 불굴의 투지와 신에 대한 믿음으로 최선을 다하는 일뿐이다. 신께서 나로 하여금 제국을 위하여, 영원하신 나의 주님을 위하여 순교할 수 있는 축복을 주신 것이다.

"현재의 고난은 장차 우리에게 나타날 영광과 비교할 수 없도다."(로마서 8장 18절)

자, 이제 전장으로 달려 나가야 할 시간이다. 첫 포성이 황궁을 뒤흔들었다.

오, 야훼 하느님이시여! 적들의 말발굽 소리를 듣고 계시나이까. 마지막으로 간절히 청하옵건대, 성모 마리아여, 이교도들의 창검으로부터 당신의 이 거룩한 제국을 지켜주도록 주님께 빌어주소서. 모든 것을 주님께 맡기고 바치오니 저희를 불쌍히 여기사 당신 품 안에 거두어주소서. 아멘.

이 전란 중의 일기는 나의 충직한 신하이며 사려 깊은 친구이기도 한 프란체스를 통하여 후대에 전하여질 것이다. 나는 죽고 제국은 사라져도 이 기록은 영원히 남아 있기를 기원하며…….

술탄의 비망록

황제의 일기는 여기서 끝이다. 더 이상은 한 줄도 이어지지 않는다. 아니, 이어질 수가 없다.

그런데 왜일까, 제국을 결국 멸망으로 몰고 간 비잔티움 마지막 황제의 일기를 읽어나가면서 이 사나이가 점점 더 친근하게 다가온 것은……. 미련하고, 어리석고, 유약하고, 편협하고, 우유부단하고, 자기 중심적이고, 무모하고, 맹목적이고, 비현실적이고, 고집이 센 이 사나이의 모습에서 언뜻언뜻 나의 자화상이 스쳐 지나간 것은……. 때로는 가증스럽고 분노가 치밀다가도, 때로는 측은하고 연민스럽고, 또 때로는 고결하고 경건하게도 느껴지는 이 감정은 도대체 어찌 된 연유에서일까.

콘스탄티노플 정복 이후 처음 며칠간, 나는 극도의 흥분 상태였다. 마침내 철옹성을 무너뜨리고 필생의 과업을 성취하였다는 감격과 희열감에 도취되어 첫날과 둘째 날을 보내었다. 황제가 왜 그토록 자기 자신과 제국을 극한 상황으로 몰고 갔는지에 대하여서도 도무지 이해할 수가 없었다.

그러나 프란체스를 통하여 황제의 일기장을 손에 넣고, 또 앉은자리에서 끝까지 읽고 난 순간, 나는 미지의 세계에 눈을 뜬 느낌이었다. 지난 열 며칠 동안 황제의 일기에 덧붙이는 비망록을 적어나가면서 그 느낌은 더욱더 구체적으로 다가왔다. 나로 하여금 이러한 계기를 마련하여준 황제에게 때때로 기껍고 감사한 마음이 들었다. 미처 내가 보지 못하고 생각지 못하였던 이 전쟁의 또 다른 의미와 정복 이후의 통치 계획을 재정립하여주는 시간을 나에게 주었기 때문이다.

황제여, 인정하노니 그대는 최선을 다하였노라. 당당하게 패배하였노라. 승자의 아량으로 적선 삼아 하는 말이 결코 아니다. 진정 그대는 제국의 황제로서 부끄럽지 않았노라. 솔선수범을 보였노라. 군주로서 존엄을 갖추었으며 또한 떳떳하였노라. 군인으로서도 훌륭하였노라. 내 군대의 10분의 1에도 못 미치는 병력으로 놀랄 만큼 오랫동안 도성을 사수하였노라. 이 도시는 그럴 만한 가치가 충분하도다. 그리하여 나 또한 이 도시를 그토록 열망하고 탐하였노라.

그러나 이 도시의 정복은 나에게 끝이 아니다. 새로운 시작이다. 세계 제국 건설을 위한 첫걸음이요, 시금석이다. 나 이후에도 오스만의 꿈을 이어받은 술탄들에 의해 정복 과업은 계속될 것이다.

이 도시는 두 대륙과 두 바다를 하나로 묶어 연결하는 구심점이요, 중심축이다. 나는 이 도시를 육지와 바다 가림 없이 제국의 영토를 넓혀나가기 위한 본거지로 삼을 것이다. 오스만 제국 수도이면서 세계의 수도, 종교와 인종과 국경을 초월한 도시로 새롭게 탄생시킬 것이다. 이민 장려 정책을 통하여 종교와 민족, 언어와 국적 구분 없이 양질의 인간들이 평화롭게 모여 사는 정치·경제·군사·행정·법률·교통·건축·교육·문화·예술 등 모든 분야의 핵심 도시로 만들 것이다. 그리하여 풍요롭고 활기 넘치는 도시, 지상의 천국 이스탄불로 거듭 태어나게 할 것이다.

거듭 말하거니와 황제여, 내 이름을 걸고 약속하겠노라. 알라와 선지자 무함마드, 꾸란과 나의 검에 걸고 맹세하겠노라. 비록 자발적인 항복으로 그대의 도시를 차지하지는 않았으나 나는 이 도시를 발전시킬 것이다. 200여 년 전 십자군이 저지른 만행을 되풀이하지 않을 것이다. 창조를 위한 파괴를 할 뿐이다. 피폐한 이 도시를 융성시켜 각양각색 문화와 문명이 만발한 세계의 수도로 새롭게 발돋움하도록 만들 것이다.

정복된 나라의 백성들은 그 순간부터 나의 신민이다. 나의 충직한 종으로서 나의 보살핌을 받을 것이다. 출신 성분은 중요하지 않다. 그들에게 법의 테두리 안에서 신앙, 전통과 관습, 경제적 기득권을 보장하는 것은 오스만의 법칙이며 이슬람의 오랜 전통이다. 학문과 지식, 문화와 예술 역시도 당연히 존중받고 계승, 발전시켜 나갈 수 있을 것이다. 나에 대한 복종과 납부한 세금[108]에 대한 대가로 나는 그들을 보살피고 보호할 것이다. 평민은 물론 가장 비천한 노예에게도 신분 상승의 희망과 가능성을 열어놓을 것이다.

정복은 단절이 아닌 계승이고 융합이다. 혁명적 발전을 가져올 최선의 길이다. 정복 대열에서 많은 희생이 따랐다. 숭고한 희생에 걸맞게 이 도시를 발전시키고 융성한 제국을 이루어나갈 것이다. 거듭 말하거니와 교회와 수도원은 비잔티움 백성들의 소유이다. 예배와 기도와 성경 읽기도 허용하겠다. 다만 그리스 정교회를 대표하는 하기아 소피아만은 모스크로 전환(84쪽 참고), 알라에 대한 상징적 예의를 표할 것이다. 나머지 교회들은 보전하되 종을 울리지 말고, 교회를 새로 짓거나 수리하지만 않으면 된다. 자의로 개종하는 자 말고는 기독교인을 무슬림으로 만들려고 강압하지 않을 것이다. 그러니 황제여, 마음을 놓으라. 부디 편히 잠들라.

나는 나의 의지를 더욱 확고하게 다지는 의미에서 꾸란의 한 구절을 가만히 암송하여보았다.

---

108 이슬람은 정권의 필요에 의해 무력이나 강제 개종이 아닌 조세 제도와 포용 정책으로 피정복민들을 다스렸다. 그들의 종교와 문화, 재산 등을 보호해주는 대가로 무슬림보다 다소 많은 세금을 내야 했다. 물론 비잔티움 시대에 비하면 훨씬 적은 세금이었다. 이를 '지즈야(Jizyah: 인두세)'라고 불렸다. 나중에는 세금도 적게 내고 더 많은 자유와 평등이 보장되는 이슬람으로의 자발적 개종이 증가하기 시작, 정부가 대량 개종을 막기 위한 개종 금지 백서까지 발효했을 정도였다. 왜냐하면 국가 재정 문제도 있지만, 근본적으로는 이교도들이 존재해야 무슬림들이 그들의 '절대 주인'으로 군림할 수 있기 때문이다. 사회 구조상 노예제를 유지해야 했으나 무슬림은 노예가 될 수 없었다. 그래서 하렘에 거주하는 여성들은 거의 모두가 기독교인들이었다.

"종교에는 어떠한 강요도 따르지 않나니 진리는 암흑 속에서부터 구별되느니라."(꾸란 제2장 바까라 256절)

나의 비망록도 이로써 끝이 났다. 자, 이제 프란체스를 만나야 할 시간이다.

"메흐메드 2세의 정복 전쟁은 이후로도 계속되었고
정복자 사후 150년이 지나도록 이 나라는
유럽·중동·아프리카에서 가장 강력한 제국이었다.
그리고 제1차 세계대전이 끝나고 나서도 존속되었다.
오늘날의 터키 공화국이 그 나라이다.
오스만 제국으로부터 독립하였거나
국토를 회복한 나라는 모두 46개국에 이른다."

에필로그

"왜 나는 그곳에 있었는가."

　1600년, 그 긴긴 세월 동안 비잔티움과 오스만, 두 제국의 수도로서 영광과 오욕, 흥망성쇠를 온몸으로 겪으며 그 명맥을 이어온 세계 역사상 가장 이야깃거리가 풍부한 도시. 살아온 사람들과 거쳐간 사람들의 사연이 씨줄과 날줄로 엮여 형형색색의 아름다움을 자아내는 도시. 기독교와 이슬람, 서양과 동양, 과거와 현재, 클래식과 모던이 하모니를 이루어 함께 숨 쉬는 도시……. 인류 문명의 퇴적층이면서 동서양의 교차로인 이스탄불은 민족·인종·지역·종교·언어·문화가 얽히고설킨 곳이다. 실크로드의 종점이자 기점이기도 하다.

　이 도시는 처음 방문한 순간부터 내 눈과 마음을 단숨에 사로잡았다. 이스탄불의 전신은 비잔티움 제국의 수도였던 콘스탄티노플. 현재의 이스탄불과 과거의 콘스탄티노플이 같은 시간, 같은 공간에서 사이좋게 어깨동무하고 있는 도시가 바로 내가 개념 짓고 명명한 이스탄티노플 (Istanbul+Constantinople=Istantinople)이다. 이스탄티노플은 한 도시 안에 두 제국이 공존하고 있다. 서로 다른 문화가 절묘한 앙상블을 이루며 이방인의 발길을 매혹하고 있다.

2009년 1월, 국회의장 시절 첫 방문한 이래로 이 도시에 열 번 가까이 다녀왔다. 1453년 5월 29일, 콘스탄티노플이 함락됨으로써 비잔티움 제국이 무너지고 그 자리에 오스만 제국이 세워진 기념비적인 사건에 매료되었기 때문이다.

지금은 이스탄불 시의 일부에 지나지 않지만 과거 콘스탄티노플 도성 전체를 에워쌌던 성벽이 아직도 그 위용을 자랑하고 있다. 해자와 외성벽·내성벽으로 이루어진 이 오래된 삼중 성벽에 나만큼 깊은 관심을 갖고 자주 찾은 사람은 아마 흔치 않으리라. 마치 병정놀이하는 아이처럼 성벽의 앞과 뒤를 가로지르고 위아래를 오르내리며 포탄 자국과 혈흔을 더듬었다. 총공격을 독려하는 오스만 술탄 메흐메드 2세의 우렁찬 목소리와 사생결단의 각오로 성을 지키려는 비잔티움 황제 콘스탄티누스 11세의 발자국을 찾아다니느라 하루해가 어떻게 저무는지를 몰랐다. 성벽 너머로 가만히 귀를 기울이면 그날의 함성, 그날의 비명이 들려오는 것 같았다. 무너진 성벽 더미에서, 울타리 가득 덩굴장미가 피어난 작은 모스크에서 두 제국의 실체를 감지했다. 어느 순간 두 제국이 사라진 것이 아니라 장엄한 교향곡처럼 심금을 두드리는 거대한 울림으로 동시에 다가왔다.

1453년 콘스탄티노플 함락 전쟁은 지상전·지하전·해상전·공중전·유격전·심리전·첩보전·외교전 등 사용 가능한 모든 전략과 전술이 총동원된 드라마틱한 전쟁이었다. 지키려는 자와 빼앗으려는 자의 사생결단 처절한 몸부림이었다.

또한 신기술을 활용한 첨단 무기들의 격전장이기도 했다. 이 공성전

이후 대포 기술이 비약적으로 발전하고 성곽 축조 기법에 획기적인 변화가 일어났다.

이 전쟁에 대해 이미 오스만과 비잔티움, 그리고 서구의 사가들이 시대를 달리하며 수많은 저작물을 남겼다. 그러나 관점의 차이인지, 의도적인 왜곡인지, 아니면 착각과 혼돈 때문이었는지 같은 사건을 두고도 팩트(史實과 事實)가 서로 충돌하고 어긋나는 부분이 적지 않았다. 실체가 모호하고, 앞뒤가 맞지 않고, 모순되는 기록들을 산더미처럼 쌓아놓고 밤새도록 씨름해야 했다. 병력 규모 및 전사자 수, 사건 발생 날짜, 생몰연대 등의 불일치는 6세기 전 일이니 그렇다 치자. 하지만 동일한 사건인데도 같은 진영에서조차 견해와 기록이 제각각인 경우에는 어느 쪽을 텍스트로 삼아야 할지 고민한 적도 여러 번이었다.

그것은 어쩌면 옛 성벽을 복원하는 작업과 닮아 있었다. 허물어진 채로 남아 있는 성벽은 그 자체가 팩트다. 하지만 사라진 성벽이나 성탑은 어떤 모습으로 되살릴 것인가? 유네스코 예산 지원으로 복원된 이 웅장한 삼중 성곽의 모습을 볼 때마다 감탄보다는 안타까운 마음이 앞섰다. 차라리 무너진 그대로 두었더라면…….

외국인인 나는 문화적·지리적·언어적 한계를 극복하기 위해 현장에 머물며 시대를 거슬러 올라가기를 반복했다. 전문가들을 찾아가 인터뷰를 했고, 그들이 괴로워할 정도로 미주알고주알 묻고 따졌다. 서울에 와서도 이스탄불에 있는 사람들과 끊임없이 이메일을 주고받았다. 몸은 서울에 있지만 마음은 삼중 성벽을 걷고 아야 소피아를 감상하고 있었다.

시종일관 내 마음을 지배한 두 글자는 '진실'이었다. 고통스러워도, 혼란스러워도 '진실'을 피해가서는 안 된다는 신조만큼은 흔들리지 않았다. 그야말로 미궁에 빠진 듯 불가피한 상황에서만 최소한의 상상력을 동원해 길을 내었다. 그러다 보니 '일기'와 '비망록'에 있는 숱한 문장들은 황제와 술탄이 직접 말했거나 말한 것으로 전해지거나, 또는 그 당시 기록자들의 표현을 그대로 쓰거나 원용한 부분이 상당하다. 그러나 가독성을 감안해 특별한 몇 군데만 출전을 밝힐 수밖에 없었다.

20년 정치 경험은 자산이면서 한계였다. 유연성을 길러준 반면 통찰력은 무뎌졌다. 그리하여 본격적인 집필을 앞두고 이스탄불로 향했다. 그동안의 방문 중 가장 긴 47일로 여정을 잡았다. 끝장을 보려는 심정이었다.

그러나 웬걸, 출구를 찾으려고 이스탄불에 갔다가 훨씬 더 복잡한 미로에 갇혀 헤매게 된 기분이었다. 보스포러스 수심이 20미터인 줄 알고 잠수했다가 100미터까지 내려갔는데도 바닥에 닿지 않을 때 느끼는 아득함이랄까. 그만큼 깊고 넓고 무궁무진했다.

그러나 어느 순간부터 전에는 안 들리던 것들이 들리게 되었다. 안 보이던 것들이 보이게 되었다. 미처 못 느꼈던 것들에 대해서도 느낌이 오기 시작했다.

콘스탄티노플 정복 전쟁은 영화로 치면 초대형 블록버스터다. 이 책이 세상에 나오기까지 이메일 질의응답으로 물음표를 지워준 비잔티움과 이슬람 연구의 권위자 존 프릴리[109] 교수, 두 차례의 장시간 인터뷰에 기꺼이 응해준 이 분야 터키 사학계의 석학 페리둔 에메젠(Feridun Emecen) 교수를 비롯한 수많은 학자·교수·전문가들에게 감사드린다. 그 밖에도 일일이 언급하기 숨찰 만큼 많은 분이 통역·안내·자료 보완·교정 등을 도와주었다. 제대로 예의를 갖추려면 몇 페이지로도 모자랄 것 같아 초판에선 말미에 간략히 거명하는 것으로 양해를 구했었다(개정판에선 그나마 일일이 언급을 못해 미안한 마음이다).

책과 자료 또한 마찬가지다. 몇 권 안 되는 국내 출판 도서는 물론 영어와 터키어, 오스만어 저작물까지 수많은 관련 자료들을 수집하고 섭렵했다. 내가 잠시 방문교수로 적을 둔 보아지치 대학교와 이스탄불의 여러 대학, 연구소 등은 단골 출입처였다. 새로운 자료의 홍수 속에서 즐거운 비명(?)을 지르며 책 속에 파묻혔다. 어떤 책은 읽고 또 읽고 밑줄까지 그어가며 열심히 읽었다. 그 과정에서 많은 분이 번역의 수고를 아끼지 않았다. 참고 문헌은 말미에 덧붙였다.

고맙고 또 감사하다.

전쟁터에서 죽어간 수많은 병사와 시민들의 영전에 노란 튤립[110][QR코드 36] 한 송이씩을 바치고 싶다. 무엇보다 승패를 뛰어넘어 최선을 다한 두 제국의 리더인 술탄과 황제에게 존경의 뜻을 전하고 싶다.

이 책의 주인공인 술탄 메흐메드 2세는 터키인들에게는 영웅 중의 영웅으로 추앙받는 인물이다. 우리나라로 치면 세종대왕이나 이순신 장

---

109 John Freely. 1960년 뉴욕 대학교를 졸업하고 터키 이스탄불에 있는 보스포러스(보아지치) 대학교에서 물리학을 가르쳤다. 이스탄불을 비롯해 런던·보스턴·아테네·베네치아 등 여러 도시에서 거주한 '세계 시민'으로서 마지막 정주지를 그가 가장 사랑하는 도시 이스탄불로 정했다. 『위대한 터키』, 『클래식 터키』, 『이스탄불을 거닐며』, 『아테네를 거닐며』, 『베네치아를 거닐며』 등 도시의 역사와 문화를 기록한 책 20여 권을 집필했다. 특히 1996년에 출간된 『이스탄불, 유럽과 아시아를 품은 제국의 도시(Istanbul, the Imperial City)』는 이스탄불에 대한 필독서로 지구촌 곳곳에서 널리 읽혀온 존 프릴리의 대표작이다. 로맨스 코미디 〈노팅 힐〉에서 서점 주인 휴 그랜트가 손님으로 찾아온 줄리아 로버츠에게 터키에 관심 있다면 꼭 추천하고 싶은 책이라면서 권하는 페이퍼백이 바로 이 책이다.

110 Yellow Tulip. 5월 17일 탄생화로서 꽃말은 '사랑의 표시'. 튤립의 학명인 'Tulipa'의 어원은 '토르파'인데 원산지인 터키(아나톨리아 지역)의 터번과 꽃 모양이 닮아 붙여진 이름이다. 노란 튤립은 슬픈 전설을 갖고 있다. 아름다운 소녀에게 세 청년이 동시에 청혼했다. 왕자는 왕관을, 기사는 보검을, 재산가는 황금을 약속했다. 소녀가 응답을 주지 않자 세 청년은 떠나고, 소녀는 병들어 죽었다. 청년들이 소녀를 묻은 자리에서 노란 튤립이 피어났다. 그래서 꽃송이는 왕관, 잎은 칼 모양, 빛깔은 황금색이라고 한다. 해마다 4월이면 이스탄불에선 랄레(Lale: 튤립) 축제가 펼쳐진다.

군에 해당한다. 그러나 터키에선 국민 영웅이지만 그 당시 유럽에선 악마요, 사탄의 아들[111]로 지탄받은 인물이기도 하다.

반면에 상대적으로 관심권에서 벗어난 또 한 사람의 주인공이 있다. 비잔티움 제국의 마지막 황제 콘스탄티누스 11세다. 당시 유럽인들로서는 기억조차 하기 싫은 치욕의 전쟁[112]이지만, 패배를 뻔히 알면서도 끝내 항복을 거부하고 무너지는 제국의 기둥과 함께 성벽을 수의(壽衣)로 삼은 비운의 사나이……. 황제는 무덤조차 없다. 하지만 내 가슴엔 묘비가 세워져 있다.

책에 등장하는 주요 인물 모두를 나는 사랑했다. 그들 각자의 논리와 사생관, 신념을 충실히 이해하려고 밤새워 생각하고 또 숙고했다.

역사는 승자의 기록이지만 패자의 기록도 함께 쓰려 했다. 때로는 술탄의 눈으로, 또 때로는 황제의 가슴으로 560년 전 그날을 보려고, 또 느끼려고 애를 썼다. 떨리는 마음으로 술탄과 황제, 그들의 내면으로 들

---

111 치욕스런 패배가 그런 인식을 심어주었다. 그리하여 1481년 5월 3일, 메흐메드 2세가 마흔 아홉 살을 일기로 숨을 거두었을 때 유럽은 횃불을 높이 올리고 불꽃을 날리며 축하했고, 교회는 신에게 감사 기도를 드리는 신자들로 가득 찼다고 한다.

112 콘스탄티노플 함락은 1453년 6월 9일, 크레타 피난선에 의해 베네치아 해군 제독 로레단의 귀에 처음 들어갔다. 이 소식은 그가 급파한 쾌속선에 의해 본국의 원로원에 보고돼 함락 한 달 뒤인 6월 29일부터 서방 기독교 세계에 본격적으로 전파되기 시작했다. 교황의 귀에는 7월 8일에나 전해졌다. 청천벽력 같은 소식이었다. 누구도 예상 못했던 일이라서 충격파는 더욱 거세졌다. 동방의 이슬람 세력으로부터 서유럽을 지켜주던 방파제가 한순간에 무너져버린 것이다. 크레타 중부 아가라토스(Agarathos) 수도원의 한 필경사는 이 비보를 "이보다 더 끔찍하고 무시무시한 사건은 과거에도 없었고, 앞으로도 없을 것이다"라고 문서에 기록했다. 이는 특히 고대 그리스·로마를 자기들 세계의 모태라고 여겨온 당시의 서유럽인들에게는 형언할 수 없는 쓰라린 충격이었다. 그 모태가 이교도들의 손에 의해 처참하게 잘리고 끊긴 것이다. 콘스탄티노플은 후대에 올수록 그리스화되었지만 스스로를 (동)로마 제국, 제2로마, 신로마라고 불렀다. 로마 제국 원년을 아우구스투스(Augustus: 옥타비아누스)가 황제로 등극한 기원전 27년을 기준 삼는다면, 그들에게 콘스탄티노플 함락은 고대 서양 최대의 제국을 일구었던 로마, 그 1480년간의 사직이 무너져 내린 엄청난 대사건이었다.

어가 그들과의 진지한 대화를 시도했다. 1인2역을 맡은 배우처럼 두 인물의 감정과 사고 사이를 오고 가기를 반복했다. 세계사를 바꾼 이 역사적 사건이 (제3자이기 때문에 오히려 더 객관적 시각을 유지할 수 있는) 한국의 한 아마추어 연구자에 의해 의미 있는 종소리로 울려 퍼지기를 바라면서……

4월과 5월의 이스탄불, 그러니까 '이스탄티노플'에서 나와 함께한 바람과 햇살, 비와 안개도 이 책을 쓰는 데 한몫을 거들었다. 베르디 오페라 「리골레토」에 나오는 '여자의 마음'만큼이나 참으로 변덕스러운 날씨였다.

탈고(脫稿)와 탈고(脫苦)는 같은 말이었다. 70의 나이와 삼복더위는 이중고였다. 피를 찍어 잉크로 쓰듯 심혈을 기울였지만, 능력이 모자라고 공부가 짧은 탓에 미흡한 점이 많을 줄로 안다. 여러 문헌의 비교 분석을 통해 나름대로 적지 않은 오류를 발견하고 바로잡았다고 내심 자부하지만, 여전히 부족하다는 마음을 금할 수가 없다.

우연찮게도 내가 이스탄불에 장기간 체류했던 2012년은 1453년과 요일이 일치했다. 예컨대 1453년 5월 29일과 2012년 5월 29일은 둘 다 화요일이었다.

뿐만이 아니다. 1453년 5월 29일이 콘스탄티노플 최후의 날이었다면, 2012년 5월 29일은 대한민국 18대 국회의 마지막 날로서 나의 20년 의정 활동을 마감한 날이었다. 그 마지막 날을 이스탄불에서 보냈다. 도성 안에서 가장 높아 콘스탄티노플 시민들이 '첫 번째 언덕'이라 지칭하던 옛 비잔티움의 아래쪽 언덕바지에 올라 보스포러스를 바라보며 이런 혼잣말을 바람에 날려 보냈다.

"비잔티움이 끝나면 오스만이 오듯이, 역사라는 무대는 시대의 옷을 갈아입으며 계속되는 것……."

보스포러스 바다 위의 저 구름이나 대륙의 다른 한 끝에 있는 한반도 상공의 구름이나 별반 다르지 않다. 폭풍우를 몰아칠 때도, 해갈의 단비를 내려줄 때도 있다. 한국은 비잔티움처럼 과거로 침잠할 것인가, 오스만처럼 융기할 것인가…….

유장하고 도도한 역사의 흐름 위에 한갓 진실의 꽃잎 한 장 띄우는 심정으로 책 한 권 내밀었던 것이 4년 전이다. 또 한 번의 산고 끝에 새 책과 다름없는 전면 개정판을 세상에 내놓는다. 독자 여러분의 뜨거운 관심과 질책을 기다린다.

필자의 나이와 능력 부족으로 시간이 많이 걸렸다. 초판 때와 마찬가지로 조병도 전 보좌관이 모든 수고를 아끼지 않았고 꼼꼼한 교열을 봐준 이제영 장로와 이보영 비서의 도움도 컸다. 새로운 서적·자료를 번역·통역해준 터키의 정은경 박사, 이화천·이경숙 선생, 한국의 박성아·추연진 학생에게도 지면을 빌려 감사 인사를 드린다. 때로는 이스탄불에서, 보통은 서울에서 밤늦게까지 작업하는 나를 염려와 배려로 지켜준 아내에게 사랑을 담아 고마운 마음을 전한다.

이스탄티노플이여, 영원하라.

테오도시우스의 삼중 성벽 구조도

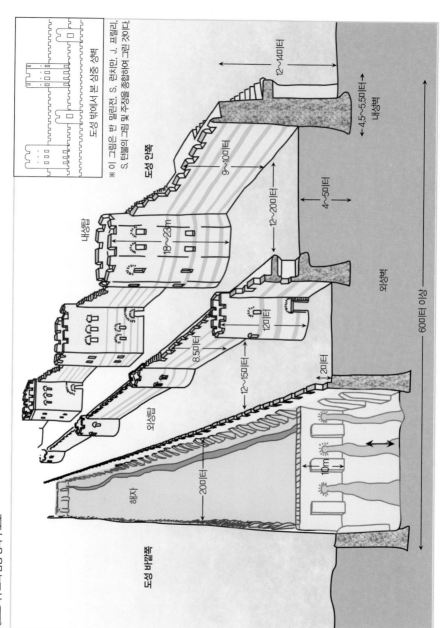

도성 밖에서 본 삼중 성벽

※ 이 그림은 반 밀린젠, S. 런치먼, J. 프릴리, S. 턴블의 그림 및 추정을 종합하여 그린 것이다.

도성 안쪽

도성 바깥쪽

내성탑

외성탑

해자

내성벽

외성벽

9~10미터

18~23m

12~20미터

12미터

8.5미터

12~15미터

20미터

10m

2미터

4~5미터

4.5~5.5미터 ← 내성벽

외성벽

600미터 이상

12~14미터

▲ 부콜레온 황궁으로 통하는 바다 쪽 수문의 원형 복원도. 부콜레온(Boukoleon)이란 이름은 이 궁전을 지키고 있는 황소(Bull)와 사자(Lion)를 닮은 동물 조각상(붉은 사각형 안)에서 유래했다고 전해진다.(관련 내용 312쪽 각주 97)^{QR코드 34}

▲ 보스포러스 해협 유람선 위에서 바라본 해 질 녘 루멜리 히사르의 전경. 아름답고 장엄하다. 1453년 전쟁의 전초 기지 역할을 했던 이곳은 지금 박물관과 옥외 콘서트장으로 변신했다.(관련 내용 부록 Ⅱ-2)^{QR코드 13}

▲ 60마리 황소가 끄는 수레에 초대형 대포를 싣고 콘스탄티노플로 향하는 오스만 군사들. 백마 탄 술탄의 양 옆에서 총을 든 예니체리가 호위하고 있다. 말발굽에 짓밟히고 있는 들꽃들이 곧 닥칠 비잔티움 시민들의 운명을 암시하는 듯하다. 파우스토 조나로의 1903년 작품. 돌마바흐체 궁전 소장(관련 내용 113쪽)

▲ 베네치아 화파를 대표하는 궁정 화가 젠틸레 벨리니가 그린 술탄 메흐메드 2세의 초상. 죽기 5개월 전 그림으로 병색 짙은 모습은 많이 감추어졌다. 윗입술까지 내려온 매부리코가 강한 인상을 풍긴다. 70×52센티미터(1480년). 영국 런던 내셔널 갤러리 소장(관련 내용 436쪽)

▲ 원근감을 무시하고 그린 금각만의 옛 모습. 입구에 굵은 방어 철책을 설치해놓았다. 보기에도 견고한 이 쇠사슬 때문에 술탄의 배들은 금각만으로 진입을 하지 못한다.(관련 내용 417~419쪽)QR코드 12

▼ 오스만 함대가 고작 4척뿐인 적의 배에게 고전을 면치 못하자 속이 탄 술탄은 직접 말을 몰고 바다로 뛰어들었다. 관복이 물에 젖는 줄도 모른 채 고래고래 고함을 질러댔다.(관련 내용 188~189쪽)QR코드 21

▲ 배를 끌고 갈라타 언덕을 넘어 금각만으로 진입하려는 술탄의 함대. 콘스탄티노플 정복의 분수령이 된 기상천외하고
도 획기적인 작전이었다.(관련 내용 197~198쪽, 부록 Ⅱ-3)^{QR코드 23}

▲ 궁전과 성벽 너머로 펼쳐진 바다를 놓아두고 이 대형 선박들은 왜 산(언덕)을 넘어가는 걸까. 술탄 함대의 금각만 진입
장면 등 전쟁 당시 상황을 리얼하게 묘사한 옛 그림.(관련 내용 198~199쪽, 부록 Ⅱ-3)^{QR코드 23}

▲ 1402년 티무르와의 앙카라 전투에서 완패한 메흐메드 2세의 증조부 바예지드 1세는 포로가 되어 감옥에 갇혔다. 수감된 바예지드를 만나러 가는 티무르를 그린 상상도이다. 폴란드 출신 작가 첼레보스키 작품(1878년). 크라코브 국립박물관(폴란드) 소장.(관련 내용 116~117쪽)

▼ 1444년 바르나 전투의 한 장면. 말 위의 터번 쓴 이는 메흐메드 2세의 아버지 무라드 2세. 백마와 함께 쓰러져 숨진 헝가리 왕 블라디슬라브 3세는 머리가 창끝에 꽂히는 수모를 당했다. 첼레보스키 작품(1865~1875년). 뤼유 국립미술관(우크라이나) 소장.(관련 내용 172, 263쪽)[QR코드 14]

▲ (왼쪽) '길을 인도하는 성모'라는 뜻을 지닌 호데게트리아 이콘(성화상).(관련 내용 237쪽 각주 81)^QR코드 8

▶ (오른쪽 위) 교회(하기아 소피아)에서 모스크(아야 소피아)로 바뀌며 돔 위의 십자가가 사라진 모습.(관련 내용 84쪽)

▶ (오른쪽 아래) 콘스탄티누스는 도시(오른쪽)를, 유스티니아누스는 교회(왼쪽)를 성모에게 봉헌하는 모자이크화.^QR코드 3

▲ 박물관으로 거듭난 아야 소피아(하기아 소피아). 기독교와 이슬람, 서양과 동양, 콘스탄티노플과 이스탄불, 과거와 현재가 한 건물 안에서 화해와 공존의 메시지를 던지고 있다.(관련 내용 277~282쪽)^QR코드 3

▲ 예니체리 군악대(메흐테르: Mehter)의 공연 모습(군사박물관). 지축을 뒤흔드는 우렁찬 악기 소리로 오스만 병사들의 사기를 북돋우면서 비잔티움 병사들을 주눅 들게 한 심리전의 수단으로 활용되었다.(관련 내용 210쪽)

▲ 비잔티움 중기 양식이 남아 있는 반지하 석조 교회. 이곳에서 본 아름다운 대리석 묘관들이 한순간 영감처럼 이 책의 소재인 '황제의 일기' 모티브를 제공했다.(관련 내용 372~373쪽)^{QR코드 37}

부록 I
역사의 진실과 흐름

마 르 마 라 만

수도교

테오도시우스 항구

마 르 마 라 해

- 빨간색 : 술탄 메흐메드의 공격 진영
- 파란색 : 콘스탄티누스 황제 방어 진영
- ───── : 군사의 배치 및 이동 경로
- ------ : 퇴각 경로
- ▬▬▬ : 육지 성벽
- ●●●● : 해안 성벽

- Ⓐ 술탄 메흐메드 진영
- Ⓑ 콘스탄티누스 황제
- Ⓒ 블라케나 궁전
- Ⓓ 쇠사슬 방재 구역
- Ⓔ 금각만 부교
- Ⓕ 술탄 함대의 갈라타 언덕 이동 경로
- Ⓖ 리쿠스 강

* 이 전략 배치도는 당대 전기 작가들의 회상과 후대의 C. 미자토비치(1892년), E. 피어스(1903년), S. 런치만(1965년),
D. 니콜(2008년), F. 에메젠(2012년)의 견해를 종합하여 정리했다.

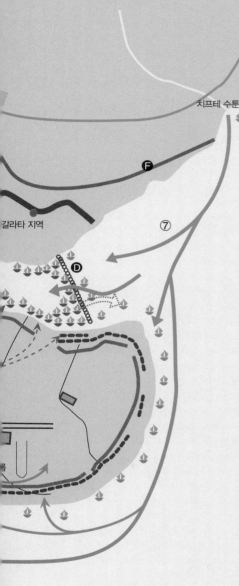

치프테 수툰

F

갈라타 지역

⑦

D

N
W   E
S

지도로 보는 최후의 공성전(1453년 5월 29일)

공방전의 전개(시간순)

① 아잡과 바쉬 보주크를 선발대로 내세워 육지 성벽 전체에 대한 1차 총공격 시작. 방어군 결사 항전. 방책과 성벽에서 치열한 접전(새벽 2시경.)

② 이스하크 파샤의 아나톨리아군과 카라자 파샤의 유럽군이 비정규군에 이어 2차 공격. 특히 중앙 성벽(메소테이키온)에 집중.

③ 비잔티움 황제와 주스티니아니가 지휘하는 3000명의 중앙 부대, 리쿠스 계곡 좌우에 배치.

④ 금각만 부교를 건너온 자아노스 파샤 부대, 금각만 해안 성벽과 블라케나 성벽을 공격. 베네치아 병사들과 공방전.

⑤ 카라자 파샤 부대, 중앙 성벽 좌측에서 금각만까지 성벽 무너진 틈새(임시 방책)로 진입 시도.

⑥ 이스하크 파샤와 마흐무드 베이, 중앙 성벽 우측에서 마르마라 해안까지 공격.

⑦ 함자 베이의 오스만 해군들, 대포·화살·총으로 마르마라 해와 금각만 해안 성벽 공격. 성벽에 사다리 설치 시도.

⑧ 비잔티움에 망명한 오르한 왕자의 튀르크군, 테오도시우스 항구 근처에서 오스만 해군과 교전.

⑨ 예니체리의 총공격 개시. 정규군과 비정규군 뒤따르며 모든 전선에서 치열한 격전. 황제는 성벽을 누비며 총력 방어.

⑩ 대포와 쇠뇌가 성벽을 때리는 가운데 오스만군 성벽 기어오르기 시작. 어둠 속에서 무시무시한 백병전.

⑪ 황궁 성벽 모서리 비상문(케르코 포르타) 통해 오스만군 진입. 비잔티움군이 격퇴시킴.

⑫ 용병대장 주스티니아니 치명상. 황제의 만류를 뿌리치고 쪽문을 통해 배를 타고 금각만 건너편으로 도피. 방어군 심한 동요.

⑬ 성벽과 성벽 사이에서 사생결단의 혈투. 술탄이 재차 큰 상금을 약속하며 돌격 명령. 하산이 지휘하는 예니체리 결사대, 성탑까지 진격했으나 모두 전사.

⑭ 톱 카프 쪽 성벽과 성문이 동시다발적으로 뚫리면서 오스만군 도성 안으로 진입.

⑮ 황궁(텍푸르 사라이) 장악. 방어군 피살·포로·도주.

⑯ 마르마라 해와 가까운 육지 성벽 지키던 방어군을 오스만군이 뒤에서 공격.

⑰ 리쿠스 계곡 쪽으로 달려간 황제, 때가 늦었음을 알고 적진으로 뛰어들어 전사.

⑱ 금각만 성벽 방어탑에서 저항하던 크레타 선원들도 무장해제. 금각만에 주둔해 있던 해군들, 플라테리아 문 등으로 진입해 약탈. 금각만 성문을 주민들이 자발적으로 열어 제베알리 베이 부대 무혈 입성.

⑲ 마르마라 해에 있던 해군들은 옛 황궁으로 쳐들어감.

⑳ 술탄, 오후에 에디르네 카프 통해 입성.

정복 이후 비잔티움 교회들의 운명

정복 이후 100개 가까운 건축물들이 모스크로 전환되었다. 메흐메드 2세 때
보다 그의 아들 바예지드 2세, 그리고 후대로 갈수록 단계적으로 확대·강화
되었다. 현재 모스크로 바뀐 교회는 모두 42개로 확인되었다. 이 중 18개는
부서지고 24개가 남아 있다. 소수의 교회들은 동방 정교나 아르메니아 주민
들을 위한 교회로 존속되기도 했다.(이스탄불 고고학 박물관 자료를 참고해 정리.)

● **모스크로 바뀐 비잔티움 교회**

① 아젬 아야 메스지디(찰코프라테이아 바
실리카)
* 원래의 앱스만 남아 있음.
② 아메드 파샤 메스지디(트룰로의 세례
요한 교회)
③ 아티크 무스타파 파샤 자미(하기아 태
클라 교회)
④ 아야 소피아(하기아 소피아 교회)(84쪽
참고)QR코드 3
* 공화국 초기부터 박물관이 됨.
⑤ 보드룸 자미(미렐레이션 수도원 교회)
⑥ 에세(이사) 카프스 메스지디
* 건물 구조만 제랄드 파샤 병원 지역에
폐허로 서 있음.
⑦ 에스키 이마레트 자미(성 사비어 판테
포테스 교회)
* 종교 목적으로 사용.
⑧ 페나리 이사 자미(콘스탄티누스 립스의
수도원 교회)
⑨ 페티예 자미(성 마리아 팜마카리스토스
교회)(295쪽 각주 92 참고)
* 예배당 일부는 모스크로 사용, 일부는
아야 소피아 박물관 관리하에 박물관으로
사용.
⑩ 궐 자미(성 유페미아와 피터 교회-성녀
테오도시아 성당)(73쪽 각주 23 참고)

⑪ 임라호르 일리야드 베이 자미(스투디온
의 세례 요한 교회)(245쪽 각주 82 참고)
* 아야 소피아 박물관 관할.
⑫ 카렌다 하네 자미(성 사비오 아카탈렙
토스 수도원 교회)
⑬ 카리예 자미(코라의 성 사비오 수도원
교회)(72쪽 참고)QR코드 7
* 아야 소피아 박물관 관할.
⑭ 카슴 아야 메스지디
⑮ 케펠리 메스지디
⑯ 코자 무스타파 파샤 자미(크레이 세이
의 성 앤드류 수도원 교회)
⑰ 큐축 아야 소피아 자미(성 세르기우스
와 바쿠스 교회)(184쪽 각주 63 참고)
⑱ 마나스트 메스지디(성 메나도라의 테오
토코스 교회)
⑲ 베파 킬리세 자미(성 테오도르 교회)
⑳ 산작타르 하이레딘 메스지디
㉑ 쉐이흐 쉴레이만 메스지디
㉒ 제이렉 킬리세 자미(성 그리스도 판토
크라토르 남 수도원 교회)
* 삼중 교회 중 남쪽 부분을 모스크로
사용.
㉓ 아랍 자미(성 바울과 도메니코 교회)
㉔ 예르알트 자미
* 갈라타의 탑 지하 부분을 모스크로 사용.

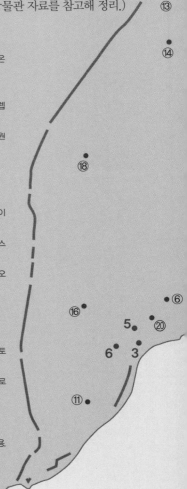

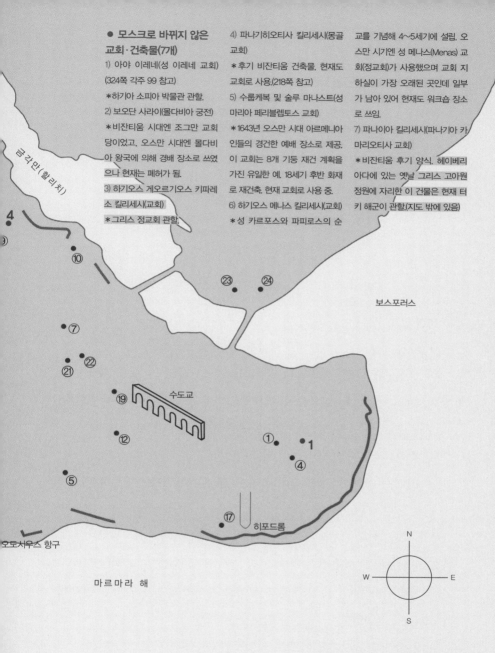

● 모스크로 바뀌지 않은
교회·건축물(7개)
1) 아야 이레네(성 이레네 교회)
(324쪽 각주 99 참고)
*하기아 소피아 박물관 관할.
2) 보오단 사라이(몰다비아 궁전)
*비잔티움 시대엔 조그만 교회
당이었고, 오스만 시대엔 몰다비
아 왕국에 의해 경배 장소로 쓰였
으나 현재는 폐허가 됨.
3) 하기오스 게오르기오스 키파레
소 킬리세시(교회)
*그리스 정교회 관할.

4) 파나기히오티사 킬리세시(몽골
교회)
*후기 비잔티움 건축물, 현재도
교회로 사용.(218쪽 참고)
5) 수룸케복 및 술루 마나스트(성
마리아 페리블렙토스 교회)
*1643년 오스만 시대 아르메니아
인들의 경건한 예배 장소로 제공.
이 교회는 8개 기둥 재건 계획을
가진 유일한 예. 18세기 후반 화재
로 재건축. 현재 교회로 사용 중.
6) 하기오스 메나스 킬리세시(교회)
*성 카르포스와 파피로스의 순

교를 기념해 4~5세기에 설립. 오
스만 시기엔 성 메나스(Menas) 교
회(정교회)가 사용했으며 교회 지
하실이 가장 오래된 곳인데 일부
가 남아 있어 현재도 워크숍 장소
로 쓰임.
7) 파나이아 킬리세시(파나기아 카
마리오티사 교회)
*비잔티움 후기 양식. 헤이베리
아다에 있는 옛날 그리스 고아원
정원에 자리한 이 건물은 현재 터
키 해군이 관할(지도 밖에 있음)

금각만(할리치)

보스포러스

수도교

히포드롬

오도서우스 항구

마르마라 해

N
W E
S

* 교회에서 모스크로 바뀌었지만 폐허가 되어 더 이상 사용되지 않는 18개 건물은 생략했다. 다만 박물관 측은 이 도
시에서 하기아 소피아 다음으로 큰 성 사도 대성당 터에 파티 자미(술탄 메흐메드 2세 모스크)를 건립했는데 목록
에서 빠졌다. 1461년 대지진으로 교회가 전파된 자리에 완전히 새로운 모스크를 지었기 때문이 아닐까 추측해본다.

[부록 Ⅰ-3]
어떤 성벽이기에 천년을 버텼는가

*성벽에 대한 설명은 반 밀린전(Alexander van Millingen), 존 프릴리, 그리고 턴불(Stephen Turnbull)의 저작에 주로 의존했으며, 서로 견해가 다른 부분은 의견을 수렴하고 현장에서 관측한 필자의 판단을 덧붙여 정리했다. 여기서는 지면 관계상 육지 쪽 성벽만 간략히 언급한다(성벽에 대한 추가 정보는 별지와 화보 및 사진 설명을 곁들인 QR코드 11, 17, 30, 34 참고).

용어 정리

- 황궁(황제 거소): 포르피로게니투스(텍푸르 사라이 궁).
- 궁성(궁성 지역): 블라케나 궁(아이반 사라이) 또는 이곳과 황궁(포르
  피로게니투스 궁)을 포함하여 부름. 또 이곳을 보호하는 마누엘 콤네
  누스·레오·헤라클리우스 성벽 안쪽을 모두 통칭하기도 한다.[부록 Ⅰ
  -3 중 블라케나 궁 및 성문(375~380쪽) 참고]
- 리쿠스 강: 터키에선 바이람 파샤 강(계곡)이라고도 했으나 편의상
  리쿠스 강(계곡)으로 통칭한다.

서기 413년 축조된 이 성곽은 건설 당시 황제 이름을 따 '테오도시우
스의 성벽'이라 했다. 축성 책임자는 어린 황제의 섭정을 맡았던 안테미
우스(Anthemius)였다.

초기 비잔티움 시대에 아크로폴리스 언덕을 중심으로 있었던 성①이
비좁아 세르비우스 성②를 거쳐, 콘스탄티누스 대제가 이곳으로 수도를
옮기면서 더욱 확장해 쌓은 것이 콘스탄티누스의 성벽③이었다.(① ② ③

은 앞 화보 4~5쪽 '양군 병력 배치도가 담긴 콘스탄티노플 평면도'에 표시) 그러나 100년 세월이 흐르면서 도시의 팽창과 외적의 침입에 대비해 좀 더 견고한 성이 필요해졌다. 그리하여 콘스탄티누스 성벽보다 도시의 반경이 약 1.5킬로미터 확장된 테오도시우스의 성벽을 쌓게 되었다. 이것이 그 유명한 '삼중 성벽'이다.

콘스탄티노플은 남쪽·동쪽은 마르마라 해로, 북쪽은 금각만(금각만, 할리치)으로 둘러싸여 있고, 서쪽만 육지인 트라키아(터키의 유럽 쪽 지역)로 이어진다. 테오도시우스 성벽은 육지 성벽 전체와 바다·만 쪽의 콘스탄티누스 성벽의 연결점까지를 일컫는데, 도시 전체를 둘러싸고 있는 성벽을 통칭하기도 한다. 성벽은 금각만 쪽이 5.6킬로미터, 마르마라 해안 쪽이 8.8킬로미터, 육지 쪽이 6.5킬로미터로 전체 길이는 약 20.9킬로미터이다.

바다와 만 쪽에 있는 두 해안 성벽은 외겹(한 겹)인데 반해 육지 쪽 성벽은 해자·외성·내성으로 이루어진 이른바 삼중 성벽이다. 이것이 천년 이상 수많은 외침을 막아온 철옹성이다. 지금은 성벽과 성문 사이로 자동차와 사람이 다니는 길이 나 있다. 560년 전, 한쪽은 이 문들을 지키기 위해 죽어갔고, 또 한쪽은 돌파하기 위해 목숨을 던졌다. 모든 문에는 저마다 한 편의 드라마 같은 피어린 역사가 있다. 그리스어·라틴어로 된 명문들이 성벽과 성문의 역사를 아프게 증언한다. 문자를 모르는 길손이라도 누구나 가슴이 뭉클해진다. 두 제국의 역사가 명문보다 더 깊이 성곽 곳곳에 아로새겨져 있어 이중으로 된 성문 앞뒤 쪽을 왔다 갔다 하는 것만으로도 충분히 역사 속으로 빨려들게 하기 때문이다.

447년 지진이 발생해 육지 성탑 57개가 무너지고 성벽이 파괴되었다. 때마침 훈족의 아틸라(Attila The Hun)가 그의 황금족(Golden Horde)을 이끌고 마케도니아 방면에서 비잔티움군을 격퇴하고 콘스탄티노플로 향했다. 주민 총동원령이 내려지고 동부 총독인 콘스탄티누스가 총감독을 맡아 성채 복구 작업이 급속히 이루어졌다. 파괴된 성벽과 성탑들이 모두 복원되고 해자도 완성되었다. 지금도 레기움 문(메블라나 카프)에서는 다음과 같은 명문(銘文)을 읽을 수 있다.

"테오도시우스의 명에 의해 콘스탄티누스는 강력한 성벽을 두 달 안에 세웠다. 팔라스(Pallas: 아테네)의 여신도 이렇게 강한 성채를 이토록 빨리 짓지는 못할 것이다."

콘스탄티노플로 진군하던 아틸라는 말의 머리를 서로마로 돌렸다. 192개의 성탑(내·외성탑 각 96개)이 있고, 도시로 진입하려면 해자(물)·외성·내성 등 모두 58~63미터에 이르는 삼중의 저지선을 통과해야 했기 때문이다.

주재료는 직육면체로 다듬은 돌과 벽돌, 접착력이 강한 비잔티움 모르타르가 사용되었다(앞 화보 1쪽 참고).

(1) 내성벽(Inner Wall)

내성벽은 도시의 중심 성채이자 최후의 보루로서 지금도 그 위용을 자랑한다. 현재 지면을 기준 삼더라도 바깥쪽에선 9.3미터이며, 도시 안쪽 기준으로는 13.2미터 높이이다.(그 당시보다 지금이 2~3미터 가량 지면이 솟았기 때문에 현재 보이는 모습보다 훨씬 더 높았다.) 두께는 아래쪽이 4.7미터 이상이며 꼭대기 부분은 4.1미터 정도여서 웬만한 대포알로는 뚫을 수 없었다. 이 성벽을 뚫기 위해 메흐메드 2세는 최신형 대포를 개발했고, 황제는 이 성벽을 믿고 끝까지 저항한다.

성안쪽에 있는 계단을 통해서만 성벽 위로 오르내릴 수 있으며, 일정한 간격으로 흉벽이 설치되어 있어 신체 노출을 최소화하면서 적을 향해 총과 활을 쏠 수 있다.

(2) 내성탑(Inner Wall Tower)

성벽의 심장 겸 두뇌 역할을 한다. 내성에는 모두 96개의 방어탑이 있고 높이는 18~23미터이다. 성탑 사이의 간격은 50~60미터. 76개 성탑은 사각형이고 나머지 20개는 다변형(육각~팔각 성탑)인데 5~10미터가량 성벽보다 앞으로 튀어나와 있다.

성탑은 2층 구조(3개만 3층 구조)로 되어 있으며 아래층과 위층은 막혀 있다. 역시 도시 안쪽에서만 진입이 가능하며 아래층은 창고·숙소·감옥 등으로 쓰이고, 위층은 방어용으로 설계되었다. 2층 성탑 안에는 보통 8개의 총안(銃眼: 총구멍, 활 구멍)이 있는데 앞으로 2개, 양옆으로 각 3개씩이다. 성탑 꼭대기는 흉벽으로 감싸고, 바닥은 평평해 투석기(Mangonel)나 그리스 화탄 발사 장치를 설치할 수 있다. 5월 29일 내성벽과 내성탑이 뚫리면서 비잔티움군은 최후를 맞이했다.

(3) 통로(페리볼로스: Peribolos)

내성벽과 외성벽 사이, 그리고 외성벽과 해자 사이에는 통로가 이중으로 설치돼 있는데 내·외 성벽 사이를 페리볼로스라 한다[가끔은 테라스라고도 불렀다. 페리볼로스와 구별하여 외성벽과 해자 사이 통로를 파라테이키온(Parateichion)이라고도 한다. 어떤 책은 위치가 뒤바뀐 경우도 있다]. 통로의 폭은 15~20미터, 내성 쪽에서 보면 높이 5미터 정도로 쌓아 다졌다. 길은 평평하며 군마(軍馬)의 이동이 가능하다.

(4) 외성벽, 외성탑(Outer Wall, Outer Wall Tower)

외성벽은 2미터 두께에 8.5미터 높이(내성벽 쪽에선 3.5미터)이며 역시 96개의 방어탑이 있다. 삼각 편대를 이루듯 내성탑 사이사이에 외성탑을 배치해 방어의 효율성을 높였다. 외성탑은 폭 5미터에 평균 높이 12미터로 사각형 또는 반원형(초승달 모양)이다.

1422년 무라드 2세의 포위전 및 1453년 정복 전쟁 당시 가장 치열한 전투가 이 외성벽을 중심으로 전개되었다. 현재 외성벽은 대부분 붕괴되어 흔적만 남았지만, 유네스코 문화유산 지정 이후 복구 작업이 진행되고 있다.

(5) 해자(Moat)

해자는 10미터 깊이에 폭 20미터로 설계되어 있으며 위기가 닥치면 그 안에 물을 채웠다. 물은 도성 쪽에서 관을 통해 흘려보냈다. 일정한 간격을 두고 보를 설치, 물이 경사면을 따라 흘러내리는 것을 방지했고, 평시에는 해자 위에 나무다리가 놓여 있어 시내로 진입이 가능했다. 해자 안쪽 끝에는 성벽 역할을 겸한 2미터 높이의 흉벽이 설치돼 있어 접근하기가 쉽지 않았다. 육지 성벽 중 해자가 없는 블라케나 성벽 쪽은 정복 전쟁 직전 베네치아 해군이 임시 해자 공사를 한 적이 있다.

(6) 대리석 탑

해안 성벽과 육지 성벽을 이어주는 곳에 있는 인상적인 구조물. 높이 30미터이며 아래쪽 반은 대리석이다. 콘스탄티노플 성벽 어디에도 이런 대리석 성탑은 없다(황제 전용 출입문인 황금문 같은 경우만 대리석을 사용). 마르마라 바다를 조망할 수 있어 제국의 바다 전각 또는 성으로 사용했을 가능성도 있다. 후기에는 요새 주둔군 거주지로도 사용했다. 방파제 흔적으로 미루어 제한된 항구 역할도 했던 것으로 보인다(최근 들어 본격 연구가 진행되고 있다).

(7) 성문(Gate)

육지 성벽에는 10개의 성문과 3~4개의 작은 문이 있다. 10개의 성문 중 5개는 일반인이 다니는 시민문·공공문이며 5개는 군사용 문이었다. 내·외성에 모두 문이 있는 이중문이고, 문 옆으로는 좌우에 성탑(대탑)이 튀어나와 있어 경계 및 방어용으로 쓰였다.

1) 황금문(알튼 카프, Porta Aurea)

마르마라 해에서 북쪽으로 7~8번째 방어탑 사이에 위치. 바다와 가깝고 지면은 해발 14미터로 매우 낮은 지역이다. 2개의 커다란 대리석 탑이 위용을 자랑한다. 황금문이란 명칭은 원래 황제 전용문에 금칠을 했던 데서 유래되었다. 테오도시우스의 성벽이 생기기 이전인 테오도시우스 1세 때(390년) 건설되었다. 3개의 아치형(중앙 대문 및 좌우측 문) 문으로 출입했으며, 황금문 위에는 도시의 번영과 행운을 상징하는 4마리의 청동 코끼리가 있었다.

전쟁에서 승리한 황제들만이 이 문을 통해 화려한 개선식을 하였다. 헤라클리우스(629년, 페르시아전), 콘스탄티누스 5세, 바실리우스 1세 및 2세(불가리아전), 요안네스 1세 치미세스(러시아전), 테오필로스와 그의 아들 미카엘 3세(아랍전), 미카엘 8세 팔라이올로구스(1261년, 라틴 왕국 축출) 등이 백마가 끄는 황금마차에 황금빛 예복과 왕관을 쓰고 도성으로 들어갔다. 패망 전 마지막 2세기 동안은 봉쇄된 채 사용되지 않았다

(230쪽 각주 80 참고^{QR코드2}).

2) 제2군문(벨그라드 카프)

황금문에서 북쪽으로 12~13번째 방어탑 사이에 있다. 데우테론 (Deuteron)이란 군사 숙영지가 도성 안에 바로 붙어 있었다. 군사문 중 가장 아름다웠으며 황금문의 용도 제한으로 시민문으로 쓰이기도 했다.

3) 페게 문(실리브리 카프)

제2군문에서 다시 13~14번째 방어탑 사이에 있다. 실리브리아 문이었으나 성 밖 1킬로미터쯤에 있는 성모 마리아(조도코스) 교회에서 치유력이 있는 성수가 나온 이래 페게(Spring: 샘물) 교회, 페게 성문이라 불리게 되었다. 사이프러스 숲이 울창한 이 교회 주변은 여름이면 황제와 귀족들이 즐겨 찾는 명소였다. 또한 비잔티움 정부의 주요 고관, 교회의 고위 성직자들이 이 교회당 안 또는 교회 묘지에 매장되었다. 1422년 무라드 2세 포위전 당시에는 일부 훼손된 채 술탄의 막사로 쓰였지만, 1453년 정복전쟁 때는 완전 초토화되었다.

현재 교회는 그리스 정교회 소속이며, 18세기 때 신축한 것이다. 지금도 맑은 샘에서 물고기가 헤엄치고 있어 터키어로 발르클르 교회(발르크: 물고기)라 부른다. 페게 문은 라틴 왕국을 몰아내는 데 결정적 역할을 했으며, 정복 전쟁 때도 격전이 치러졌던 곳이다. 페게 문 왼쪽 서북 방향 통로(페리볼로스)로 50미터쯤 가면 한쪽 면이 내성벽과 붙어 있는 반(半)지하 조그만 건물이 나타난다. 비잔티움 중기 양식이 그대로 남아 있는 교회당(채플)이다. 페게 문을 통해 운구한 시신을 조도코스 교회에 안장하기 전 이곳에서 절차를 밟았던 것으로 보인다. 이 반지하 교회의

아름다운 대리석 묘관들이 이 책의 소재인 '황제의 일기' 모티브를 제공했다.^{QR코드37}

4) 제3군문

폐게 문에서 북쪽으로 3~4번째 방어탑 사이에 있다. 안쪽으로 C자 형으로 굽어 있어 '시그마(Σ) 성문'이라고도 하는데, 이 성을 쌓은 테오도시우스 2세 황제의 동상이 14세기까지 C자 형 공간 안에 세워져 있었다. 덕분에 공격군이 성벽에 에워싸이는 꼴이 되어 수비하기에는 유리한 형태였고, 폐게 문에서 가까워 황제가 폐게 문으로 나갈 때 군인들의 대기 장소로 쓰였다. 현재는 봉쇄되어 있다.

5) 레기움 문(예니 메블레비하네 카프, 메블라나 문)

제3군문에서 북쪽으로 9~10번째 성탑 사이에 있다. 육지 쪽으로 상당히 올라와서 지면은 해발 54미터이다. 이 성을 쌓은 적색파 서커스단의 이름을 따 붉은 문(로우시우: Rhousiou)이라고도 부른다. 터키 이름은 정복 후 데르비쉬 수도승 그룹인 메블레비가 이곳에서 거주해 그런 이름이 붙여졌다(성문에 새겨진 명문은 122쪽에서 설명).

6) 제4군문

레기움 문에서 북쪽으로 9~10번째 성탑 사이에 있다. 치열한 전투가 치러졌던 곳 중 하나다. 현재는 봉쇄되어 있으며, 이 문에서 톱 카프로 가는 두 번째 성탑을 중심으로 트람바이(전차)가 다니는 밀렛 자데시(시민로)라는 큰길이 나 있다.

7) 로마누스 문(톱 카프)

로마누스 문에서 북쪽의 카리시오스 문까지를 비잔티움 시대에는 메소테이키온(Mesoteichion: 중앙 성벽)이라 불렀다. 성벽이 리쿠스 계곡으로 내려가기 때문에 이곳이 가장 취약했고, 그로 인해 가장 전투가 치열했던 곳이다. 성벽과 성탑도 가장 많이 파괴되었다. 수년 내 복구가 되면 전쟁의 흔적을 더 이상 볼 수 없을 것 같다. 성 로마누스 문 또는 로마누스 시민문으로도 불린다.

메스테이키온은 다시 리쿠스 강을 중심으로 로마누스 문까지의 왼쪽은 박카투레우스 성벽, 카리시오스 문까지의 오른쪽은 미리안드리온 성벽이라 한다. 전자는 황제, 후자는 주스티니아니가 방어 책임을 맡아 싸웠다.

제4군문에서 5~6번째 성탑 사이에 있다. 지면은 해발 68미터로 카리시오스 문(76미터)과 함께 가장 지대가 높다. 정복 전쟁의 승리를 가져온 문으로 기념 동판이 새겨져 있으며, 톱 카프(대포알이 통과한 문)로 유명세를 타고 있다.

8) 제5군문(펨프톤 문)

바탄대로와 리쿠스 강(해발 34미터)을 지나 다시 조금 더 올라가면 2~3번째 성탑 사이에 있다. 톱 카프에서부터 11~12번째 성탑 사이다. 펨프톤 문이라고도 한다. 당시 집시들이 살았으며, 지금도 환경이 깨끗하진 않지만 방문할 때마다 개선된 모습이다. 치열한 공방이 있었던 곳이며, 터키인들은 마지막 전투를 기리기 위해 '휘줌 카프(Hücum Kapi: 총공격의 문, the Gate of Assault)'라고 부른다. 리쿠스 강이 도시로 들어가는 바카투레아(Bacaturea) 성탑에서 톱 카프까지는 메소테이키온 성벽 중에서도 가장 취약한 곳이다. 비잔티움 최후의 황제는 이곳에 사령부를 두고 끝까지 저항했다.

8번째 성탑에 최후의 황제 때 복원했다는 명문 기록이 있다.

9) 카리시오스 문(에디르네 카프)

6번째 언덕 꼭대기 10~11번째 성탑 사이에 위치, 전체 육지 성벽 중 가장 높다. 해발 76미터. 성 밖에 공동묘지가 있어 폴리안드리오(Polyan-driou: 공동묘지) 문이라고 불렸다. 정복 당일(1453년 5월 29일) 메흐메드 2세가 이 성문을 통해 입성했다. 그 사실을 기념하는 동판이 성문 옆에 붙어 있다.

10) 나무 서커스 소문(케르코 포르타, Porta Xylokerkon)

이 지역 성벽 바깥에 있던 승마 팀 이름을 따서 지은 원형 나무 문. 테오도시우스 성벽은 카리시오스 문에서 640미터쯤 더 북쪽으로 진행된다. 마지막 성탑 바로 옆에 있고 앞으로 튀어나온 마누엘 콤네누스 성벽에 가려진 문이라서 비상용으로 쓰였고, 적을 기습 공격할 때 이용했다. 공방전 마지막 날 이 문이 잠시 열려 무방비 상태였을 때 예니체리가 들이닥쳐 도성 진입을 시도함으로써 격전을 치른 곳이다(48~49쪽 참고).

11) 블라케나 궁(아이반 사라이) 및 성문

① 포르피로게니투스 궁(텍푸르 사라이)

터키명 '텍푸르 사라이'(Tekfur Sarayi: 황궁, 제후궁)로 더 많이 알려진 곳. 블라케나 궁의 별관(부속 건물)이다. 남아 있는 3개 비잔티움 궁성(대궁전, 부콜레온 궁) 중 상태가 가장 양호하다. 1세기 전, 반 밀린전에 의해 13~15세기 황제의 거소였던 포르피로게니투스(Porphyrogenitus: 자줏빛 대리석 방에서 태어난: 황제가 될 사람) 궁으로 확인되었다. 라틴 왕국으로부터 수도를 탈환(1261년)한 뒤로 황실 주거소로 삼았다. 비잔티움 최후 황제도 여기에 머물렀다.(정복 후에는 옛 아크로폴리스 자리에 톱 카프 궁전을 지어 술탄이 정사를 보고 숙소로 사용함으로써 이 궁은 기능을 상실했다.)

테오도시우스 성벽이 끝나면서 블라케나 성벽과 만나는 지점에 요새처럼 자리해 있다. 1453년 정복 전쟁 때 외성벽이 광범위하게 손상되었으며, 그 뒤 술탄의 야생 동물 사육장(16~17세기), 도자기 공장(18세기) 등 다목적으로 사용되었다. 3층 구조인 이 궁전은 천장과 마루 등은 모두 사라졌지만 아치형 창문과 붉은 벽돌, 흰 대리석이 기하학적으로 아름답게 조화를 이루고 있다. 동쪽에 발코니의 흔적이 있다. 후기 비잔티움 건축 양식이 온전한 형태로 남아 있는 세계적으로 드문 건물이다. 2015년 지붕·유리창 등을 수리·복원했다.

② 마누엘 콤네누스 성벽

궁전 밖은 테오도시우스 성벽이 끝나면서 바로 마누엘 콤네누스(재위 1143~1180년) 성벽으로 연결된다. 한 겹이고 해자도 없지만 테오도시우스 성벽·성탑보다 더 높고 더 두껍고 튼튼하다. 성탑 사이 거리는 더 가깝다. 외부가 막힌 커다란 아치로 이루어진 요새형 성벽은 테오도시우스 성벽보다 더 아름답다. 9개의 탑과 공용문인 칼리가리아 문(에으리 카프)이 있다.

최후의 공격이 있기 바로 전날 밤(5월 28일) 황제는 이 성탑 위에 올라가 오스만군이 대공세를 위해 성벽으로 접근해 오는 모습을 지켜보았다.

③ 칼리가리아 문(Egri Kapı: 에으리 카프)

마누엘 콤네누스 성벽의 유일한 문이다. 터키어로 에으리 카프란 '굽은 문'이란 뜻으로 성문 밖 가까이에 있는 무덤들을 피하려고 좁은 길을 약간 우회해서 만들었기 때문에 그런 이름이 붙었다. 아랍의 첫 번째 포위전(668년) 때 전사한 이슬람 영웅들이 양국의 휴전 협정에 따라 이 근처에 묻혔다. 에으리 카프를 지나 성탑 3개까지가 마누엘 콤네누스 성벽이다. 4번째 성탑부터는 블라케나 테라스가 되는 옹벽과 마주치며, 4개의 성탑은 앞의 것보다 질이 떨어진다. 2·3번째 성탑 사이에 은빛 호수 문이 있다. 성탑과 아네마스 감옥(이삭 엥겔로스)을 지나면 또 다른 이름의 성벽이 나온다.

④ 아네마스 감옥(Prison Anemas)

알렉시오스 1세 콤네누스(재위 1081~1118년)에게 반기를 들었다가 투옥된 미카엘 아네마스(Michael Anemas) 장군의 이름에서 따온 감옥이다. 아네마스가 처음 투옥된 이래 4명의 비잔티움 황제가 여기에 감금되었다.

블라케나 외곽에 위치하며 마누엘 콤네누스 성벽이 끝나고 조금 튀어나온 부분이 감옥 동쪽의 구조물이다. 외부 구조는 지면에서 23미터로 높고, 두께는 11~20미터이다. 하나의 성벽에 2개의 직사각형 성탑이 병렬한 형태이다. 이 쌍둥이 탑은 거대한 버트레스(Buttress: 지지대)로 지탱되는데 지상 8미터나 되며 성탑 앞으로 6.5~9미터 튀어나와 있다.

2개의 성탑은 유사성에도 불구하고 건설 시기는 달랐다. 남쪽 탑은 이례적으로 사각형 2층탑이다. 내부 장식, 넓은 2층, 넓은 창, 서쪽으로 향한 발코니 등이 요새 겸 숙소용 성탑임을 말해준다. 이삭 엥겔로스(Isacc

Angelos, 재위 1185~1195년, 1203~1204년)가 세운 성탑과 일치한다. 폐허가
된 교회에서 나온 재료를 사용했다.

반면에 아네마스 성탑인 북탑은 전형적인 비잔티움 후기 건축 양식인
대리석과 벽돌 배치를 보여준다.

⑤ 헤라클리우스·레오 성벽

헤라클리우스 황제가 627년 아바르와 페르시아 침략에 대응해 내부
성벽을 세웠다. 그중 3개의 팔각형 방어탑이 가장 아름답다.

여기에 더하여 813년 불가리아 왕 크룸의 위협에 맞서 레오 5세는 취
약한 이 지역에 4개의 방어탑을 갖춘 외성벽을 지었다. 레오는 크룸에게
협상을 제의, 비무장 회동을 갖자고 하면서 3명의 궁수를 숨겨두었다.
크룸은 기습으로 부상당한 채 불가리아로 돌아가 복수를 벼르다가 이
듬해 죽고 말았다.

레오 성벽은 뒤쪽에 있는 헤라클리우스의 내성벽보다 얇고 열악했다.
성문도 블라케나 문 하나뿐이다. 레오 성벽은 헤라클리우스 성벽 24미터
서쪽 앞으로 나와 80미터를 나란히 가다가 금각만 입구에서 본 성벽과
합류하는 가장 짧은 성벽이다. 성벽 방위력을 높이기 위해 4개의 작은 성
탑을 측면에 세우고 낮은 곳엔 수많은 총안 구멍(Loopholes)을 뚫었다.

⑥ 블라케나 궁(아이반 사라이)

아나스타시우스(Anastasius) 황제(재위 491~518년)가 황실 거소로 쓰려
고 지은 궁. '아이반 사라이(Ayvan Saray: 페르시아어 Iwan+Saray: 베란다가
있는 궁궐)'라고도 부른다. 육지 성벽 바로 안, 금각만 쪽으로 내려가는
언덕 위 블라케나[어원은 다뉴브 강 하류 지역에 살던 블라크(Vlach, Blach)가

개척한 땅이란 데서 연유] 지역에 자리했다.

4~11세기까지는 도성 안 대궁전의 별궁 내지 연회장으로 블라케나 궁이 가끔 사용되었다. 제4차 십자군의 난입으로 대궁전은 심하게 훼손되어 그들이 세운 라틴 왕국은 그 남쪽의 부콜레온 궁을 황실로 사용했다.

블라케나 궁 일대에선 1453년 전쟁 때 치열한 접전이 있었다. 현재 궁전의 상부 구조로는 남아 있는 것이 없다. 유적은 성벽 안쪽에 지어졌던 광범위한 하부 구조와 토대뿐이다.

• 블라케나 궁 쪽 성문은 왜 늦게 지었는가

엄밀히 말하면 테오도시우스 삼중 성벽은 케르코 포르타 문에서 끝난다. 그다음부터는 다른 성벽(마누엘 콤네누스·헤라클리우스 레오 성벽)이다. 마누엘 콤네누스는 12세기, 헤라클리우스 및 레오는 7~9세기 성벽으로 그전에는 이 지역에 성벽이 없었다. 레오 1세가 지은 성모 마리아 교회에 성모의 외투와 허리띠가 있고 성수가 나와 성모가 지켜준다는 믿음이 강했기 때문이다. 황제의 대관식 축하연이 열리기도 했다. 그러나 점차 외적의 침략이 잦아지자 성 밖의 성모 유품들은 그때마다 성안으로 들여놓아야 했다. 결국 성을 쌓았지만 해자를 만들 수 없어 마누엘 콤네누스 성벽은 높고 두껍게 쌓았고, 그 아래쪽은 이중 성벽으로 구축했다. 그러나 지도를 자세히 보면 테오도시우스 성벽과 직선거리로 금각만으로 향하는 점선이 있다. 이 선 밖으로 블라케나 궁전이 축성되었으며, 이 점선은 본래의 옛 테오도시우스 성벽 끝자리라고 볼 수 있다. 테오도시우스 성벽 앞쪽으로 있던 포르피로게니투스 궁, 블라케나 궁, 성모 마리아 교회가 이렇게 하여 모두 성안으로 들어오게 된 것이다. 참고로 헤라클리우스 성벽은 금각만 쪽에서 아이반 사라이 문(나무

문)과 만난 후 테오필로스 성벽(829~842년 축성)과 이어진다.

•성벽의 특징과 영향

해자, 외성·내성을 모두 돌파하려면 너비만 60미터 이상이다. 성벽의 두께와 높이 등은 당시로서는 상상을 초월했다. 천년 이상을 수십 번의 외침과 대포 공격에도 견뎌낸 그야말로 철옹성이었다.

총 가용 군사 7000~8000명으로 54일간이나 격전을 치르며 버틴 것도 성벽 덕분이었고, 8만~15만에 이르는 오스만 군대가 빨리 함락시키지 못한 것 또한 성벽 탓이었다. 특히 성탑은 내성·외성 간 상호 입체적 협력이 가능하도록 설계되었다. 성탑 안의 총안은 안에서는 밖을 조준 사격할 수 있는 반면, 밖에서는 안이 노출되지 않는다. 획기적인 발명품이었던 우르반의 위력적인 대포도 내성벽과 내성탑 일부를 파괴하는 데 그쳤다.

이 성은 당시 모든 성의 전범이 되어 적국인 오스만 튀르크는 물론 서구 열강들이 모방 도입했다. 13세기 영국 왕 에드워드 1세가 지은 웨일즈의 카나번(Caernarfon) 성 등이 그 대표적인 예다.

마지막 공격을 독려하는 술탄의 연설문(1453년 5월 27일)

*1453년 5월 27일 총공격을 앞두고 주요 참모와 지휘관, 수행한 학자와 종교인들 앞에서 긴 연설을 했다. 술탄의 연설문은 여러 버전이 존재한다. 이 글은 그중 터키어판 『Istanbul'un Fetih Günlüğü(이스탄불 정복 일지·김종일 박사 초역)』와 크리토불로스의 책(『History of Mehmed the Conqueror』)에 수록된 연설문(영문판)을 대조해가며 한글 번역판으로 만든 것이다.

중요한 전투를 눈앞에 둔 그대들, 이 전쟁에서 나와 운명을 함께하는 전우들이여!

내가 여러분을 소집한 이유는 그대들의 부족함과 나태함을 질타하기 위함이 아니다. 사생결단의 각오로 싸워야 하는 이번 전투 기간 보여준 그대들의 용맹함을 격려하고 치하하기 위함이다. 그대들 중 온갖 노력과 희생을 감내하는 이들이 누구인지 나는 익히 알고 있다. 더 나아가 전우들을 격려하고 용기를 북돋우는 이들 또한 누구인지 너무나 잘 알고 있다.

나는 여러분에게 2가지를 상기시키려 한다. 첫째, 그대들이 지금 이 자리에 존재하는 것은 알라께서 그대들에게 심어주신 용맹심의 은총 덕분이라는 사실. 둘째, 그대들 앞에 놓인 은총이 명예와 부귀영화를 가져다주고, 최선의 노력만이 가장 소중한 성과를 획득하게 할 것이라는 사실이다.

콘스탄티노플은 각양각색의 재물로 가득 찬 보물 창고 같은 도시이다. 왕족과 귀족과 교회가 금은보화 등 값진 물건들을 소유하고 있다.•

그 모든 것들이 여러분의 차지가 될 것이다.

 콘스탄티노플에 없는 것이 무엇이랴. 나는 명성이 자자한 로마의 옛 수도이자 전 세계가 부러워하고 열망하는 이 도시와 더불어 노예로 부릴 수많은 여자와 남자를 여러분에게 전리품으로 주겠다. 그대들은 이 도시의 주인으로서 살아생전 누릴 수 있는 지상의 모든 축복을 만끽하게 될 것이다. 후손들에게도 축복이 내릴 것이다. 세계의 중심인 이 도시를 손에 넣는다면 이는 그대들의 명예와 자랑이요, 이 도시의 명성을 익히 아는 세계만방에 그대들의 용맹스러운 이름을 떨치게 될 것이다.

 비잔티움 제국은 오래전부터 우리를 향한 적대감을 드러내며 기회만 있으면 우리 제국에 악행을 일삼아왔다. 우리가 가진 것을 노리거나 우리의 불운과 불행에 기대어 살면서 틈만 나면 우리에게 해를 끼쳐왔다. 이 도시를 정복하는 것이야말로 우리에게 가장 가치 있고 유익한 일이 아니겠는가. 그래야 삶이 평화롭고 안락하며, 대문을 활짝 열어두어도 우리 재산이 안전할 것이다.

 저 도시를 손에 넣는 것은 만만한 일이 아니다. 성벽을 무너뜨리기는 매우 힘들고 또 거대한 위험이 도사리고 있다. 하지만 우리는 이미 성벽의 상당 부분을 파괴하고 해자도 메웠다. 가볍게 무장한 기마 부대라도 손쉽게 도성 안으로 진입할 수 있게 된 것이다. 이제 손에 넣기 힘든 성이 아니라, 말을 타고도 들어갈 수 있는 평원을 그대들에게 넘기노라.

 적들은 수적으로 열세할 뿐만 아니라 대부분 무장도 하지 않았으며 전투 경험조차 없는 인간들이다.** 저 도시에서 도망쳐 온 자들이 준 정

---

* 마지막 공격을 독려하기 위해 전리품을 마음껏 갖게 할 것임을 강조한다. 이 몇 달 전 에디르네 연설OR코드 35에서 "백성들이 나라에 등을 돌리고 오랜 전쟁으로 궁핍…… 잡초가 우거지고, 건물들은 무너지고……"라고 한 것과는 대조적이다.

보에 따르면 망루 하나를 병사 2~3명이 지키고 있으며, 심지어는 병사 1명이 3~4개의 흉벽을 맡고 있다고 한다.••• 이런 자들이 우리 같은 거대한 부대를 어찌 당해내겠는가.

또 우리는 교대 근무제가 있어 휴식과 수면이 보장된다. 반면에 적들은 물 한 모금 마실 시간조차 빠듯하다.

이제부터는 지금까지처럼 일시적인 원거리 공격이나 습격이 아니라, 밤낮없이 한시도 멈추지 않고 총공격을 가할 것이다. 목표를 달성하지 못하는 한 이 전쟁은 끝날 수도, 멈출 수도 없다. 따라서 적들은 계속되는 전투로 인한 굶주림과 수면 부족으로 기진맥진하여 결국 항복할 수밖에 없을 것이다.

그나마 무너져가는 성벽을 지키는 주스티니아니의 제노바 병사들은 잘 무장되어 있고 전투 경험도 있어 방어 능력이 뛰어나지만, 그것도 성곽 뒤에 숨어 있을 때만 해당되는 이야기일 뿐 부족하고 불충분하기는 마찬가지다. 생각해보라. 그들이 제정신이 있는 자들이라면 자신에게 전혀 이익도 없는데 타인과 타국을 위한 일에 죽음마저 불사하려 하겠는가. 적들은 대부분 전투에서 목숨이 다할 때까지 싸우기보다는 전리품을 챙겨 돌아가려고 여기저기에서 모여든 용병들이다. 지금까지는 우리가 간격을 두고 공격하였으므로 앞으로도 그럴 거라고 믿으며 참고 견뎌왔을 따름이다.

그러나 사방에서 맹렬한 포격이 시작되고 죽음이 그들 눈앞에 도사리

•• 황제의 연설(389쪽 •)과 대비된다. 결전을 앞둔 병사들에게 적(비잔티움군)에 대한 두려움을 없애고 용기를 북돋는 것은 지휘관의 통상적인 태도다.

••• 오스만군의 사기를 고양시키려고 한 말이지만 사실이기도 하다.

게 되면, 이자들은 무기를 내던지고 뒤도 안 돌아보고 내뺄 것이 분명하다. 설사 저항하는 자들이 있다 한들 즉각 제압당하고 말 것이다.

거듭 강조하건대 승리의 기운은 우리에게로 기울었다. 우리는 단지 이름만 남아 있는 허울뿐인 이 도시를 함락할 것이다. 보다시피 이 도시는 빈틈없는 투망에 갇힌 물고기처럼 바다와 육지로부터 단절되고 포위되었다. 절대로 우리 손아귀에서 벗어날 수 없다.

용기를 가져라. 지휘관들은 병사들의 사기를 충전시켜라. 장병들에게 전쟁의 승리는 다음 3가지 요인에 달려 있음을 각인시켜라. 싸우고자 하는 의지, 무엇이 영예롭고 영예롭지 못한가에 대한 투철한 인식, 상명하복이 그것들이다.

복종이란 무엇인가. 각자가 맡은 자리를 지키면서 명령에 따라 묵묵히 행동하는 것이다. 침묵이 필요할 때는 조용히 움직이고, 소리 지르며 고함쳐야 할 때가 오면 그에 걸맞게 행동하면 된다. 그 밖에 다른 일들에 있어서도 조직적이고 질서정연한 행동이 성공과 승리의 원천임을 명심하라.

이제 그대 지휘관들의 용맹함을 드러내어 과거의 경험을 살려 전투에 임하고, 이 위대한 성전의 의미를 상기하라. 나 또한 항상 전선의 맨 앞에 서서 그대들보다 먼저 행동하고 그대들과 더불어 싸울 것이며 그대들이 어떻게 책임을 완수하는지를 직접 지켜보겠노라.

자, 이제 각자 자신의 부대와 막사로 돌아가 저녁을 먹고 쉬어라. 여러분의 부하들에게 나의 명령을 전하라. 내일 아침 기상과 함께 모두가 저마다 맡은 위치에 정확하게 집결하라. 우리가 나눈 전략과 전투 준비가 적들에게 새나가거나 적들로 하여금 눈치 채지 못하게끔 하라. 부대를 정렬한 후 고요히 정적 속에서 대기하라. 전투를 알리는 나팔 소리가 들리고 출격 신호가 떨어지면 지체 없이 행동하라.

함자 베이!

그대는 바다와 마주한 성벽 앞으로 전함을 이동시키되 병력 중 일부는 화살이 미치는 사정거리 안에 배치시켜라. 화살 부대, 포병 부대, 소총 부대가 요새를 향하여 집중 사격하도록 명령하라. 누구도 감히 머리를 들어 올리거나 대항할 기회조차 주지 않을 만큼 맹렬하여야 한다. 전함들은 여러 방향에서 성벽으로 접근하여 사다리를 세우고 병사들이 사다리를 타고 성벽을 오르도록 만들어라. 그대의 용맹함과 능력을 한껏 발휘하여 영웅적 면모를 보여라.

자아노스 파샤!

그대는 다리를 신속하게 건너 금각만 안쪽 성벽을 맹렬하게 공격하라. 금각만 항구에 있는 배들이 즉각 지원에 나설 수 있도록 하라.

카라자 베이!

그대는 장병들과 함께 해자를 건너 성벽으로 접근하라. 그런 다음 성벽 꼭대기까지 올라가 사나이답게 싸워 물리침으로써 전우들의 본보기가 되어라.

이스하크 파샤와 마흐무드 파샤여!

그대들 또한 각자 부대를 이끌고 해자를 건넌 다음 사다리를 타고 성벽으로 올라가라. 화살 부대, 포병 부대, 소총 부대는 성벽을 넘어가는 우리 병사들을 저지하는 적군을 맹렬히 사격하여 꼼짝 못하게 하라.

마지막으로 할릴 파샤와 사루자 파샤여!

그대들도 부대를 이끌고 리쿠스 계곡 좌우에서 전투태세를 갖추어라. 나의 지휘에 따라 성벽을 무너뜨리고 성안으로 들어가 주스티니아니의 병사들을 무력화시켜라. 또한 우리 병사들이 도시로 들어갈 때 그대들

두 사람은 대항하는 적들을 양쪽에서 맹렬하게 공격함으로써 절대 틈을 내어주지 말라.

거듭 강조하건대 그대들 앞에는 현생의 전리품과 내세의 낙원이 기다리고 있다. 그러나 만약 탈영을 시도하는 자가 있다면 비록 그가 새의 날개를 가졌다 할지라도 내 응징의 칼날보다는 빠르지 못할 것이다.

자, 이제 모두 각자의 병사들 곁으로 돌아가라. 행운을 빈다. 먹고 마시고 쉬면서 곧 있을 공격 명령에 대비하도록 하라.

결사 항전을 호소하는 황제의 연설문(1453년 5월 28일)

*1453년 5월 28일 황제가 여러 조신, 장군들 앞에서 한 이 최후의 연설문은 터키어판 『Istanbul'un Fetih Günlüğü(이스탄불 정복 일지)』와 프란체스의 책 『The Fall of the Byzantine Empire』(영문판, 확장본)에 실린 글을 모두 참고해 본문에 충실한 번역을 했다. 영역자(M. Philippides)에 의하면 이 연설문은 레오나르드 대주교의 보고서에 있는 황제의 짧은 연설을 풀어 쓴 것이라고 한다.

비잔티움 귀족들과 최고 사령관 및 장군과 용감한 군사들, 그리고 친애하는 나의 경건한 백성들이여!

이제 때가 도래하였다. 신앙의 적인 이교도들이 모든 수단과 방법을 동원하여 우리를 더욱더 곤경에 빠뜨리고 있다. 독을 뿜어내는 독사처럼, 입에 거품을 물고 포효하는 사자처럼 우리를 집어삼키려고 바다에서, 또 육지에서 우리를 맹렬하게 공격하고 있다. 따라서 지금까지 그래왔듯이 우리의 모든 지혜와 용기를 결집하여 이교도들과 맞서 용맹스럽게 싸워 '도시 중의 여왕'인 우리의 고귀한 제국을 지켜낼 그대들을 격려하노라.

전 세계를 통틀어 첫손 꼽히는 찬란한 영광의 도시와 나의 신민들을 그대들에게 맡긴다. 우리의 아내와 아이들이 노예가 되는 것을 막기 위하여서라도 죽는 순간까지 우리는 싸워야 한다. 4가지 이유를 들겠다. 신앙을 위하여, 조국을 위하여, 하느님의 대리자인 황제를 위하여, 가족과 벗들을 위하여 우리는 싸우는 것이다. 나의 형제들이여, 만약 이 중단 하나를 위하여서라도 싸울 기회가 주어진다면 얼마나 크나큰 영광인가. 이 4가지 가치를 지키기 위하여 죽음을 불사하고 싸울 기회를 또 언제, 어디에서 갖겠는가.

첫째는 신앙이다. 하느님께서 적에게 승리를 허락하신다면 이는 우리가 지은 죄로 말미암음이다. 신앙은 그 무엇보다도 중요하다. 인간이 영혼을 잃는다면 온 세상을 얻는다 한들 무슨 유익이 있겠는가. 둘째, 영광스러운 조국과 자유를 잃지 않기 위하여 싸우는 것이다. 셋째, 우리가 전쟁에서 지면 한때 찬란했던 우리의 명예는 수치와 모멸감 속에 사라지고, 이교도 폭군들에게 넘어가게 되므로 우리는 싸워야 한다. 넷째, 사랑하는 자녀와 아내들, 그리고 혈육과 벗들을 약탈로부터 지키기 위하여 우리는 결사 항전해야 한다.

악의에 찬 술탄은 50여 일간 모든 전투 수단을 동원해 우리를 포위하였으며 이 포위망은 밤낮없이 지속되고 있다. 다행히 아직까지 성벽이 우리를 보호하고 있으니, 이는 우리 주 예수 그리스도의 은총으로 말미암음이다. 형제들이여, 포탄의 파편들이 성벽 일부를 무너뜨렸으나 겁내지 말라. 여러분은 최선을 다하여 무너진 성벽을 보수하였다.

우리의 희망은 전지전능하신 하느님에 대한 믿음에서 싹튼다. 적들이 무기와 기마, 병력의 머릿수에 의존할 때 우리는 전능하신 하느님이 우리에게 허락하신 능력에 의존한다. 이교도들은 언제나 그랬듯이 거대한 폭력을 이용하여 우리를 죽이려 하고, 우리 병력을 약화시켜 비정하게 공격할 것이다. 끝도 없는 굉음으로 우리를 공포로 몰아넣으려 할 것이다. 우리는 이런 허상에 속지 말아야 한다.

곧 공격이 시작되면 모래알처럼 많은 돌·화살·창들이 빗발치겠지만, 이따위 것들은 우리를 해치지 못한다. 우리 병력은 소수지만 여러분은 숱한 전쟁을 통하여 얻은 최고의 전투력으로 무장한 정예 중의 정예 병사들이기에 나는 희망을 잃지 않는다. 전투가 시작되면 머리를 단단히 방패로 보호하고, 검을 든 손에 긴장을 늦추지 말라. 투구를 쓰고 철갑옷을 둘러 다른 병기들과 함께 전투에 임하라. 적들에게는 이런 병기가 없다.* 또한 여러분은 성벽 안에서 안전을 보장받지만, 적들은 아무런 보호막과 보호구도 없이** 성벽을 향하여 전진하여야 한다. 그러니 병사들이여, 하느님을 위하여 전투태세를 갖추고 가슴에 용기를 품어라.

카르타고의 명장 한니발이 지휘한 코끼리 부대를 본받아라. 적은 수의 코끼리들이 그 어마어마한 로마의 기마 부대를 기겁하고 도망치게 만들지 않았는가. 생각이 없는 동물들도 할 수 있는 일을 동물의 지배자인 우리가 못할 것이 없다. 적들은 돼지만도 못한 놈들이다. 마치 야생돼지를 사냥하듯이 달려드는 적들에게 화살과 창을 날리고, 봉과 검을 휘둘러라. 그들의 싸움 상대가 무지한 동물이 아니라 동물의 지배자인, 저 위대한 고대 그리스·로마 영웅의 후계자들이란 사실을 상기시켜라.

이교도인 술탄은 아무런 명분 없이 평화를 깨뜨렸으며, 아무런 고려 없이 상호 간 체결하였던 맹세를 어겼다. 보스포루스 해협에 요새를 구축하고 불법과 폭력을 일삼았다. 논과 밭을 망치고 농작물을 약탈하고 집들을 무너뜨리고 교회와 건물을 불태웠다. 기독교 형제들을 살해하거나 포로로 만들고 있다.

적들은 가엾고 어리석은 갈라타 사람들을 상대로 마치 그들이 친구인 것처럼 행세하였다. 일부 갈라타인들은 농부의 아들이 "이 가엾은 존재여!"라고 말하면서 달팽이를 구워 먹어버린 우화를 잊고 그들의 기

<hr>

* 술탄의 연설(382쪽 **, 383쪽 ***)과 대비된다.
** 비정규군인 아잡과 바쉬 보주크를 지칭한다.

만 전략에 말려들고 말았다.*

적들은 콘스탄티누스 대제가 세우고 주인으로서 지켰으며, 흠결 없는 신을 잉태하신 영원하신 성모 마리아님께 봉헌한 이 도시를 집어삼키려고 아가리를 벌리고 있다. 이놈들은 한때 들판의 한 떨기 장미와도 같았던 이 영화로운 도시를 억류하려고 한다. 전 세계를 지배하였던 이 거룩한 도시를 자신들의 노예, 이교도들의 속국으로 만들려고 한다. 성 삼위일체를 경배하고 신성한 주님께 감사 기도를 드리는 곳, 주님의 뜻으로 예수 그리스도께서 오셨음을 전하는 천사들의 음성이 울려 퍼지는 우리의 교회를 그들의 종교와 그들의 선지자들을 섬기는 사원이나 마구간으로 만들려 하고 있다.

오, 나의 형제들이여, 그리고 군사들이여!

여러분의 명예와 자유로운 삶이 영원에 이르도록 이 위태로운 상황을 슬기롭게 헤아리고 판단하라.

고귀하고 고결한 베네치아인들이여! 친애하는 기독교 형제들이여!

그대들은 지금까지 수많은 하갈**의 후손들(무슬림) 앞에서 얼마나 숱한 위험을 무릅써왔는가. 전쟁 경험이 많은 그대들, 번개를 뿜어내는 듯한 검과 무력으로 수많은 적을 무찔러 그들이 흘린 피가 강을 이루게 한 그대들이 이 도시를 지킬 것이다. 그대들은 이 도시를 제2의 조국, 제2의 어머니로 여기고 있다. 그러하니 이 난국에 다시 한번 신앙의 동지로

● 이 우화는 현대판 '악어의 눈물'과 맥락이 닿아 있다. 상황 설정은 다르지만 우리의 전래 동화 '떡장수 할머니를 잡아먹은 호랑이' 얘기를 연상시키기도 한다.

●● Hagar. 구약 창세기에 나오는 아브라함의 첩. 애굽(이집트) 사람으로 원래는 아브라함의 아내 사라의 시녀였으나, 사라가 나이가 들어 아기를 갖지 못하게 되자 아브라함과 동침하여 이스마일을 낳았다. 아랍 무슬림들은 자신들이 이스마일의 자손이라고 믿는다.

서, 의기투합한 형제로서 여러분의 의무를 다하여주기를 부탁하노라.

제노바의 명예롭고 정의로운 사나이들이여!

지금 위험에 처한 이 도시는 내 것만이 아닌 그대들의 것, 우리 모두의 도시이다. 그대들은 수많은 시간 동안 진심을 다하여 이 도시를 지원하였으며 적들로부터 이 도시를 구원해내었다. 지금 다시 예수 그리스도를 향한 그대들의 사랑을 보여줄 때가 왔노라. 용기와 충심으로 우리 주님을 도울 시간이 다가왔노라.

그대들에게 더 많은 말을 전할 시간이 없다. 나의 왕좌와 제국은 그대들 손에 달려 있다. 그대들의 사랑과 헌신이 필요하다. 바라건대 모두 자신의 상황과 계급과 직분에 따라 행동하라. 하느님은 나의 희망이시니, 우리가 지은 죄로 인하여 이 난국을 맞았으나, 진심을 다하여 나의 명령에 따른다면 이 어려움으로부터 반드시 구원받을 것이다. 또한 하늘에서 다이아몬드로 장식된 순교자의 관을 얻을 것이며, 이 세상에서는 영원히 영예로운 이름으로 기억될 것임을 잊지 말지어다.

오, 나의 형제들이여, 그리고 전우들이여!

새벽까지 모든 준비를 마치도록 하라. 하느님의 은총과 능력뿐만 아니라 우리의 모든 희망인 성 삼위일체의 도움으로 우리 땅에서 적들이 비참한 모습으로 쫓겨날 때까지 혼신의 힘을 다하여 투쟁하자. 🦅

최후의 순간, 결단의 시기에 보인 리더십
(술탄의 고뇌와 황제의 최후)

악셈세틴이 술탄에게 보낸 편지(1453년 4월 20일)

*4월 20일 해전(183~192쪽 참고)의 참패로 중대 귀로에 선 술탄에게 악셈세틴이 보낸 편지이다. 패전 직후 소집된 긴급 전략 회의에서 할릴 파샤를 중심으로 한 강력한 철군 요구(평화 협정 체결)를 격렬한 내부 논쟁 끝에 억누르고 가뜩이나 마음이 울적하고 심란해져 있을 술탄에게 신하로서 이런 간언을 하기란 쉽지 않았을 것이다. 종교 지도자의 시각이지만 이슬람의 정복 전쟁에 대한 이해의 한 단초를 제공한다. 리더십, 군대 규율, 이슬람의 전쟁관 등을 언급하고 있다. 오스만어로 된 편지 원본을 페리둔 교수가 현대 터키어로 풀어 쓴 것을 이화천 선생이 한국어로 재번역했다.

이 사건(비잔티움 배들을 놓친 사건)은 모두 우리 해군 지휘관과 병사들 탓이며 이로 인해 너무나도 큰 좌절감을 안겨주었습니다. 우리에게 절호의 기회가 왔음에도 불구하고 이 기회를 놓쳐 오히려 불리한 입장에 처하게 됐습니다. 이교도들(비무슬림들)이 기뻐하게 되고 안도의 한숨을 쉬고 그들의 사기를 높여주다니요. 이는 주군(메흐메드 2세)이 이 사건에 대해 충분히 심사숙고하지 않았고 군대를 제대로 통제하지도 지휘하지도 못하고 명령을 이행시키는 데에 있어서 권위가 부족했음을 말해줍니다. 이 외에도 나(나의 기도와 설교)를 믿고 따르지 않았던 이들의 영향 때문에도 그렇습니다. 지금은 마음을 해이하게 하고 방관할 때가 아닙니다. 당장 사건의 진상을 조사하여 책임자들이 누구인지 먼저 알아내야 할 때입니다. 그리하여 그 책임자를 엄벌에 처하고 직책도 박탈해야 합니다. 그리하지 않으면 성벽을 공격하거나 해자를 메울 때 다른 모든 병사들이 즉각즉각 행동을 취하지 않을 것입니다. 주군께서도 아시다시피 대부분의 병사들은 자원해서가 아니라 억지로 시켜서 하는 사람들입니다. 알라(Allah)를 위해서 기꺼이 목숨을 바칠 자는 아주 적습니다. 이들은 자기들에게 득이 되고 탈취할 노략품들이 있을 때에만 불길에라도 뛰어들 사람들입니다.

이 순간 술탄께 청하노니 당신의 권위를 보여주시고 명령을 하달하셔서 직접 전군을 지휘하소서. 그리고 털끝만큼의 자비도 없이 냉정하고 냉혹한 자들을 옆에 두셔서 난폭하고 무자비하게 행동을 취하게 하소서. 이러한 처사는 종교 법칙에서도 허용하는 일입니다. 위대하신 알라께서는 "선지자여, 불신자와 위선자들에게 신성한 전쟁을 선포해 대항하라. 지옥이 그들의 안식처요 종말은 저주스러우리라"(꾸란 제9장 타우바 73절)고 말씀하십니다. 제가 좌절 속에 빠져 있을 때 갑자기 묘한 상황이 일어났습니다. 꾸란을 폈더니 선지자(무함마드) 혈통인 자페르 에스 사득(Cafer es-Sadık)이 가리키는 구절이 눈에 띄었습니다. "알라는 남자든 여자든 위선자와 불신자는 모두 영원히 불의 지옥에 던져질 것이라 약속하셨다. 그들에겐 알라의 저주가 있으리니 계속되는 정신적 고통에서 헤어나지 못할 것이다."(꾸란 제9장 타우바 68절)

그리하여 이제는 맹렬하게 일을 하실 필요가 있습니다. 더욱 애쓰셔서 결과가 실망스럽고 모욕스럽지 않게 마무리지어지길 바랍니다. 알라의 도우심과 보호하심으로 신성한 승리를 거둘 것입니다. 실제로도 이 모든 것은 알라의 것입니다. 모든 것이 그분께 속한 것이고 그분으로부터 오지만 우리에게 주어진 일들은 최선을 다함으로써 부족한 점이 없도록 해야 할 것입니다. 선지자 무함마드와 뜻을 같이한 자들의 길은 이래야 합니다. 그래도 큰 슬픔에서 벗어나지 못해 꾸란을 읽고 잤습니다. 많은 은혜와 좋은 소식들로 저를 채워주시고 오랫동안 이처럼 못난 저에게 큰 위로를 주신 알라께 감사를 돌립니다. 이 말들은 우리가 알고 있는 (종교적) 성인들에게는 불필요한 말이겠지만, 이 모두가 선지자를 사랑함으로 인하여 일어나는 일들입니다.

크리토불로스가 기록한 황제의 최후(1453년 5월 29일)

*1453년 5월 29일 황제의 마지막 순간을 크리토불로스는 이렇게 기록했다. 임브로스 섬의 영주로서 술탄의 편에 선 참전자이기도 했던 그는 메흐메드 2세에 대해 동시대의 다른 어떤 작가보다도 호의적인 필치를 구사했다. 그런 만큼 콘스탄티누스 11세에 대한 이 기록은 퍽 이례적이다. 그토록 술탄을 찬양하는 글을 썼는데도 정작 술탄은 달가워하지 않고 이 책의 출판을 금지시킨 것은 크리토불로스가 황제의 최후를 의연하게 묘사한 것도 이유가 아니었을까 생각해본다. 이 글은 앞서 언급한 크리토불로스의 책(『정복자 메흐메드 2세의 역사』 영역판) 해당 부분(§273~275)을 전재한 것이다.

황제는 전사했다. 그는 현명했으며 사생활은 검소했다. 매우 부지런한 성품에 신중하고 후덕했다. 고도로 훈련된 총명한 군주였다.

정치든 행정이든 그만큼 출중한 사람도 드물 것이다. 그는 과업을 빨리 인지하고 신속하게 처리한다. 연설은 기품이 넘친다. 영리한 사고로 공적인 문제들을 소신껏 완수해낸다.

상황 판단도 아주 정확하다. 어떤 이는 그를 페리클레스*(Pericles: 고대 그리스 민주주의 시대 최고의 정치 지도자)에 견주기도 한다. 미래에 관해 언제나 올바른 방향을 제시하며 놀랄 만한 추진력으로 조국을 위해 무엇을 하고 그의 신민에게 어떻게 봉사할지를 아는 까닭이다. 그러므로 도성이 명백히 위협받고 있는 절박한 상황에서 항복하여 목숨을 연명

할 수도 있었고, 또 많은 이들이 항복하여 철수(술탄이 제시한 모레아 지역
으로 피신)하기를 간청했는데도 단호히 거부했다. 오히려 조국의 신민들
과 함께 죽는 길을 택했다. 나라가 함락되어 백성들이 잔혹하게 살해되
거나 노예가 되거나 불명예스럽게 끌려가는 것을 보기보다 장엄한 전사
를 선택했다. 무너진 성벽을 넘어 적들(오스만군)이 물밀 듯이 쳐들어오
자 그는 울부짖으며 마지막 말을 던진다.

"도시가 함락되었다. 더는 살아서 무엇하랴."

그러고는 말을 몰아 적들의 한가운데로 달려 들어간다. 그의 몸은 조
각이 났다. 그는 훌륭한 군주였고 공동선(共同善)의 수호자였다. 그러나
황제의 일생은 불행했으며 그의 종말은 두 배로 더 불행했다.

• 본문 323쪽 및 각주 98 참고.

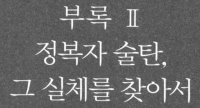

부록 II
정복자 술탄,
그 실체를 찾아서

준비된 정복자 메흐메드 2세

    1432년 3월 30일 일요일 이른 새벽, 메흐메드 2세는 오스만 제국 수도인 에디르네(Edirne: 옛 지명 아드리아노플)의 황궁에서 술탄 무라드 2세의 셋째 왕자로 태어났다. 평소와 다름없이 꾸란을 읽고 있다가 득남 소식을 들은 술탄은 그 기쁨을 이렇게 표현했다고 한다.

    "모함메드(Mohammed; Muhammad)라는 이름의 장미가 무라드의 정원에 활짝 피어났도다."

    전해오는 이야기에 따르면, 그해엔 상서로운 일들이 꼬리를 물었다. 예컨대 말들은 잇따라 쌍둥이를 출산했고, 나뭇가지가 휘도록 열매가 많이 달렸고, 콘스탄티노플 상공엔 한낮에 혜성이 출현했다고 한다.

    메흐메드의 어머니 휴마 하툰(Hüma Hatun)은 에디르네 궁전 술탄의 하렘에서 시중을 들던 노예 출신 여성으로 알려졌지만, 정확한 신원이나 신분은 베일에 가려져 있다. 페르시아 전설에 등장하는 낙원의 새 '후마(Huma)'를 연상시키는 휴마 하툰이란 이름조차도 진위가 불분명하다. 어떤 종교 문서에는 하툰 빈트 압둘라(Hatun Bint Abdullah: 귀부인, 압둘라의 딸)로 표기해놓았다. 이슬람으로 개종한 사람 이름에 흔히 붙는 '압둘라'란 호칭으로 미루어 그녀는 튀르크족이나 무슬림 출신은 아니었던 것으로 추정된다. 태생이 무슬림인 사람은 노예가 될 수 없었던 사회 제도 또한 그러한 추측에 힘을 보태준다.

그러나 훗날 일부 16세기 문헌 속의 그녀는 메흐메드의 체면을 생각해서인지 고귀한 프랑크족 공주 출신으로 둔갑해 있다. 그녀가 에스텔라(Estella)라는 이름의 이탈리아 여성이었다는 전언도 있다. 스텔라(Stella)는 '별'이란 뜻을 지닌 라틴어로, 여기에서 파생된 에스더(Esther)는 당시 유대인들 사이에서 관습적으로 사용되던 이름이다. 구약성서 속의 에스더는 자기 종족을 학살로부터 구한 유대 여인으로 페르시아 왕 크세르크세스 1세의 두 번째 부인이다. 메흐메드 2세의 어머니가 유대인이었음을 내비쳐 어떤 상징적인 효과를 얻으려 했던 걸까. 하지만 무엇이 진실인지는 알 수 없다.

메흐메드는 유년기를 에디르네의 궁 안에 있는 하렘에서 모친과 독실하고 자존심이 강하며 헌신적인 유모 다예 하툰[113]의 보살핌 속에서 조용하게 보냈다.

1434년 여름, 두 돌이 지난 메흐메드는 어머니와 유모를 따라 아나톨리아의 아마시아로 주거지를 옮겼다. 이 도시는 1404년 봄, 그의 아버지 무라드 2세가 태어난 곳이었다. 메흐메드가 아마시아에 도착할 무렵 그의 이복형인 아흐메드(Ahmed)가 이 지역 총독으로 임명되었다. 아마시아는 아흐메드(1420년생)의 출생지이기도 했다. 당시에는 술탄들이 민중

---

[113] Daye Hatun. 평생을 두고 메흐메드에게 헌신적이었던 유모. 훈디 하툰(Hundi Hatun)으로도 불렸다. 메흐메드의 성장기 그의 생모와 함께 유모 역시 중요한 역할을 한 것으로 보인다. 이슬람에서 모유는 신성함의 상징으로 같은 유모의 젖을 빨았던 남녀는 아무런 혈연관계가 없어도 혼인이 철저하게 금지된다. 훗날 다예 하툰은 술탄의 배려로 큰 부자가 되었으며, 정복 이후 몇 개의 모스크도 하사받았다. 메흐메드보다 5년 뒤인 1486년, 이스탄불에서 사망했다.

봉기나 군부 반란에 대비한 보호 장치로 아들이나 왕위 승계자 후보를 수도에서 떨어진 소아시아 지역으로 보내 교육을 받게 하던 관습이 있었다. 술탄이 신뢰하는 고위 관료의 감독하에 그 지방 총독으로 임명되는 것도 흔히 있는 일이었다.

1437년, 맏형 아흐메드가 열일곱 살 나이로 갑자기 사망했다. 총독직은 술탄의 명에 따라 메흐메드에게 이양되었다. 졸지에 그는 죽은 형을 대신해 다섯 살 어린 나이로 아마시아 총독의 자리에 올랐다. 또 다른 이복형 알라앗딘 알리(Alaeddin Ali)는 차남에서 장남이 되어 이즈미르 동북쪽에 위치한 마니사 총독으로 보내졌다.

일곱 살 때인 1439년 늦은 봄, 메흐메드는 형 알라앗딘과 함께 술탄의 호출을 받고 상경해 여느 무슬림 소년들처럼 할례[114] 의식을 치렀다. 이 날 에디르네 궁정에서는 성대한 축하 잔치가 베풀어졌다. 같은 날 무라드 2세의 딸 중 한 공주도 술탄의 처남인 이브라힘 베이(Ibrahim Bey)의 아들과 결혼, 할례식과 함께 경축되었다.

축하연이 끝나갈 무렵 무라드 2세는 돌연 메흐메드와 알라앗딘의 자리를 서로 바꾸어 발령을 냈다. 즉 메흐메드는 마니사, 알라앗딘은 아마시아 총독으로 가게 되었다. 이때부터 1444년 8월 무라드 2세의 양위로 술탄의 자리에 오르기까지 약 5년간은 메흐메드 2세에게 본격적인 제왕 수업기였다. 그는 훌륭한 스승들 밑에서 다양한 학문을 습득하며 마니

---

114 割禮. Circumcision. 정결한 심신으로 신과 대면하기 위해 신체 중 가장 더럽혀지기 쉬운 부분이라고 여긴 생식기의 표피를 일부 절단, 질병을 막고 청결을 유지하려던 이슬람의 오랜 전통이자 관습. 많은 친지의 관심과 축복 속에서 마취 없이 간단한 수술로 할례식을 치렀다. 바빌로니아인, 아시리아인을 제외한 셈족(Semites) 계통의 모든 종족 및 이집트인들도 할례를 시행했다. 구약성서 창세기 17장에는 하느님과 맺은 언약의 징표로 인식, 아브라함의 자손은 누구나 할례를 받아야 한다고 기록되어 있다.

사 총독 시절을 보냈다.(부록 Ⅱ-4 참고)

　1443년 12월, 메흐메드보다 다섯 살 위인 알라앗딘 알리 왕자가 사냥을 나갔다가 말에서 떨어져 사망[115]했다. 알리 왕자의 후임(아마시아 총독)으로는 마흐무드 파샤가 임명되었다.

　내연녀에게서 얻은 두 아들보다 튀르크멘 공주였던 정실부인 하디스 하툰과의 사이에서 태어난 알라앗딘을 누구보다도 총애했던 무라드 2세는 깊은 슬픔에 잠겨 지냈다. 무라드는 자신의 내세를 위해 준비해두었던 부르사의 묘지에 아들을 묻었다. 두 형의 죽음으로 메흐메드는 한동안 무라드 2세의 유일한 아들이자 왕세자로 남게 되었다(이 책의 두 주인공 메흐메드 2세와 콘스탄티누스 11세는 장자가 아닌데도 형들의 죽음으로 권좌를 승계했다. 참으로 묘한 운명이다).

　1444년 5월, 제국이 안정기에 접어들자 고요하고 평화로운 삶 속에서 명상과 공부로 소일하기를 원했던 무라드는 마니사에 있던 메흐메드를 에디르네로 불러들였다. 그러고는 그해 8월, 대신들의 만류를 뿌리치고 당시 열두 살이었던 아들에게 왕권을 물려준 다음 은퇴를 선언하고 부르사를 경유해 마니사로 떠났다. 이스하크 파샤와 함자 베이가 그를 수행했다. 어린 아들의 후견인 역할을 할 특별고문으로는 총리대신 할릴 찬다를르 파샤와 군사 재판관인 몰라(Molla: 이슬람법과 교리에 정통한 사람을 일컫는 경칭) 휴스레브(Mevlana Hüsrev)를 임명, 뒷일을 부탁했다. 오스만 역사상 처음으로, 또한 유일하게 살아생전 아들에게 왕좌를 양위

---

115 이 죽음에도 이설이 존재한다. 알라앗딘 알리 왕자를 따라 아마시아로 온 그의 고문관 카라 히지르 파샤(Kara Hizir Pasha)가 밤중에 궁전으로 잠입해 침대에서 잠자던 왕자를 목 졸라 죽이고, 각기 생후 18개월과 6개월인 왕자의 두 아들까지 살해하고 살인의 동기도 밝혀지지 않은 채 처형당했다는 내용이다. 메흐메드에게 후계자의 길을 열어주려고 그랬다는 추측도 있지만 근거는 없다.

한 사례였다.

이름이 새겨진 동전 주조와 금요 기도회에서의 거명(擧名)은 술탄만이 누릴 수 있는 2가지 중요한 특권이었다. 메흐메드 2세는 승계 이후 매주 행해지는 기도에서 이름이 불려지고, 그의 이름이 선명하게 새겨진 동화와 은화가 발행된 것으로 미루어 술탄으로서의 강력한 실권을 갖고 있었던 것으로 보인다.

그러나 12세 소년에게 주어진 최고 권력자의 길은 순탄치 않았다. 즉위 직후 메흐메드에게는 곧바로 시련이 닥쳤다. 어리고 경험이 부족한 술탄의 등장을 발칸 반도에서 튀르크족을 몰아낼 절호의 기회라고 여긴 유럽은 무라드 2세와 맺은 평화 조약을 파기하고 헝가리를 주축으로 한 십자군의 기치 아래 다뉴브 강 남쪽 지역으로 진군해 들어왔다. 거의 동시에 유럽에 위치한 오스만 제국의 수도 에디르네에서는 종교 문제로 인한 반란과 큰 화재가 발생해 주민들이 아나톨리아로 이주하는 등 혼란 상황이 지속되었다.

당황한 정부 각료들은 총리대신 할릴 찬다를르 파샤가 중심축이 되어 마니사에 있던 무라드 2세에게 복위를 요청하는 서한을 보냈다. 그들에게 메흐메드 2세는 아직 거만하고 고집 센 소년 지도자에 불과할 뿐이었다. 유럽 연합군의 진격 앞에 군 지휘권을 불안한 12세 소년에게 맡기기보다는 노련한 무라드가 쥐기를 모두가 원했다. 이때 메흐메드는 무라드에게 다음과 같은 당돌한 서신을 쓴 것으로 전해진다.

"아버지, 당신이 술탄이시거든, 돌아와 당신의 군대를 이끌어주소서. 만약 자식인 저를 술탄이라 하신다면, 제국의 술탄으로서 당신에게 명하노니 돌아와 저의 군대를 이끌어주소서."

이 편지의 발신인은 메흐메드지만 그 내용은 할릴 파샤의 의중을 담고 있어 할릴이 어린 주군에게 은근히 압력을 가해 쓴 서간이라는 주장도 제기되고 있다. 역으로 십자군 위기를 기회로 바꾸어 자신의 능력을 입증하고 인정받기 위해 부친의 왕권 복귀를 원하지 않은 메흐메드가 무례하고 불손한 편지로 무라드를 진노케 해 그가 움직이지 않도록 일부러 그런 편지를 써 보냈다는 반론도 일부 존재한다.

1444년 10월 20일, 에디르네로 귀환한 무라드 2세는 자신이 직접 군대를 이끌고 흑해 연안 도시 바르나로 가 격전 끝에 십자군을 전멸시키다시피 하는 큰 승리를 거두었다. 헝가리 왕 블라디슬라브는 처참하게 죽고(뒤 화보 6쪽 참고), 야노슈 후냐디 장군은 몇몇 부하들과 함께 간신히 왈라키아에 도착한 뒤 서둘러 본국으로 향했다. 그러나 후냐디 역시 그에게 해묵은 원한이 있던 블라드 체페슈[116] 백작의 포로가 되어 한동안 감옥에 갇혀 있다가 풀려나는 수모를 겪었다. 오스만군에게 엄청난 적개심을 품고 있어 생포한 튀르크 병사들에게 가혹한 말뚝(꼬챙이) 처형을 내리기로 악명 높았던 블라드 백작이 술탄의 적인 후냐디를 모욕한 사실이 아이러니하다. 적과 동지는 고정적이지도, 영원하지도 않은 것인가.

---

116 Vlad Ţepeş(1431~1476년). 15세기 왈라키아 공국(도나우 강 하류에 있었던 나라로 1859년 몰다비아와 합병해 루마니아가 됨)의 백작. 1476년 오스만군과의 싸움에서 전사한 그의 머리는 소금에 절여져 햇볕에 말려질 정도로 생전에 오스만 제국과 불화가 깊었다. 튀르크인들을 말뚝으로 처형한 현장에서 귀족들과 태연히 식사를 즐길 만큼 악명이 높았기 때문이다. '체페슈'는 루마니아어로 '가시' 혹은 '꼬챙이'라는 뜻. 그가 오스만 제국에서 16년간 인질 생활을 하며 배웠던 방식, 즉 꼬챙이를 즐겨 처형 도구로 사용했던 데서 그런 호칭을 얻었다. 그러나 그는 체페슈보다는 '드라쿨레아(Drăculea)'라는 이름으로 더 많이 불렸으며, 자신도 그 별명이 마음에 들었는지 서명에 '블라드 드라쿨레아'라고 쓰곤 했다. 1897년 아일랜드 소설가 브람 스토커가 그를 피를 빨아 먹는 드라큘라(Blood Dracula)로 재탄생시켰다. 이후 드라큘라 백작은 수많은 영화와 소설을 통해 흡혈귀의 대명사가 되었다. 그러나 오늘날 그는 헝가리와 오스만 튀르크라는 강대국 사이에서 약소국 왈라키아 공국을 지켜낸 영웅으로 재평가받고 있다.

이로써 오스만 제국은 발칸 지역에서의 통치권을 새롭게 정립하고, 콘스탄티노플에 대한 정복 가능성을 더욱 높여놓았다. 그러나 바르나 원정에서 돌아온 무라드는 왕권 복귀를 거부하고 다시 마니사로 떠났다.

이 일을 계기로 무라드는 어린 아들에게 제위를 넘긴 것을 후회했지만 겉으로는 내색하지 않았다. 오랜 경륜을 지닌 무라드의 눈에 메흐메드의 정치력과 외교력은 아직 미숙해 보였다. 군대와 민간의 여론도 그다지 좋지 않았다. 섭정을 해야겠다는 생각이 들 정도였다. 항간에서는 에디르네에 있는 메흐메드를 '유럽의 술탄', 마니사에 은거중인 무라드를 '아시아의 술탄'이라 칭하기도 했다. 메흐메드의 국정 운영 능력에 의구심을 품고 있던 할릴 찬다를르 파샤를 비롯한 중신들의 무라드 복귀를 위한 물밑 움직임도 바빠지기 시작했다. 특히 할릴 파샤는 자신의 입지와 영향력이 점점 축소되어가고 있다는 사실에 위기감을 느끼고 있었다.

그리하여 메흐메드 2세 통치 2년 만인 1446년 8월, 무라드 2세가 다시 술탄의 자리에 앉았다. 일설에는 무라드의 에디르네 도착일에 맞추어 할릴 파샤가 메흐메드를 사냥터로 내보내 사냥을 마치고 돌아왔을 때는 이미 무라드가 근위 기병들의 환호 속에 술탄의 자리에 앉아 있었다는 설도 있다. 열두 살에 술탄직 승계와 열네 살에 권좌 축출 등을 겪으며 메흐메드는 권력의 위태로움과 비정한 속성을 뼛속 깊이 새기게 되었다.

재위 2년 만에 파디샤(Padişah: 황제, 왕)에서 첼레비(Çelebi: 왕자, 현자)로 신분이 환원된 메흐메드는 두 번째로 마니사 총독으로 부임했다. 사루자 파샤(Saruja Pasha)가 그를 수행했다.

이때부터 메흐메드는 자신을 왕좌에서 밀어내려 한 할릴 찬다를르 파샤에 대해 확고한 불신과 불쾌감 그리고 적개심을 갖게 되었다. 족장 이브라힘의 딸인 계모가 장차 아들을 출산하면 자신을 배제한 채 그를 무라드의 후계자로 삼으려는 저의가 있는 게 아닌가 하고 의심하기도 했다. 2년 전인 1444년, 바르나 전투 이후 무라드 2세가 마니사로 돌아간 뒤 곧바로 부르사에서 발생했던 예니체리의 봉기 또한 자신을 폐위시키고 충성파들을 제거한 다음 무라드 2세를 복귀시키려고 할릴 파샤가 조장한 반란이라는 확신을 굳히게 되었다.

메흐메드는 상처를 입고 마니사로 돌아갔다. 그러나 그 상처가 그를 성장시켰다. 그는 좌절과 시련의 시간을 도전과 단련의 기회로 승화시켰다. 총독으로서의 통치 임무를 소홀히 하지 않았으며, 제국의 영토 확장에 큰 공을 세웠다. 알바니아 원정과 코소보 전투와 악차히사르(Akcahisar) 전투 등에 무라드 2세와 함께 참전, 전쟁을 승리로 이끌며 전략과 전술을 터득했다.

마니사 통치 기간 동안 메흐메드는 독자적으로 군사를 움직인 것으로 보인다. 그는 티노스·미코노스 같은 섬들을 공격해 베네치아 본국까지 긴장시켰다고 한다. 1449년 3월, 네그로폰트(Negropont)에서 베네치아 원로원으로 보낸 보고서는 그와 관련해 다음과 같이 기술되어 있다.

"지난 3년 동안 튀르크족들은 계속해서 인명을 살상하는가 하면, 노예사냥을 일삼고 가축들을 약탈하면서 이 섬에 막대한 손실을 끼쳤다. 해적들은 아나톨리아에 거주하는 술탄의 아들, 메흐메드의 승인 아래 그 같은 만행을 저지르고 있으며 베네치아와도 전쟁 중이라고 주장하고 있다."

이런 일련의 군사 행동을 통해 메흐메드는 장래 술탄으로서의 예행연습과 더불어 세계 정복이라는 원대한 꿈의 초석을 놓고 있었는지도 모른다.

1451년 2월 3일, 술탄 무라드 2세가 에디르네에서 갑자기 사망[117]했다. 메흐메드는 총리대신 할릴 찬다를르 파샤가 특별 전령 편에 보내온 밀봉 서신을 통해 사후 7일 만에야 그 소식을 전해 들었다. 편지에는 술탄의 서거를 주변국들이 알기 전에 페가수스(Pegasus: 그리스 신화에 나오는 날개 달린 말)를 탄 듯 빨리 수도로 복귀해야 한다고 쓰여 있었다.

메흐메드는 "나와 뜻을 같이할 자들은 나를 따르라"며 추종자들을 규합해 아라비아산 준마에 올라 서둘러 마니사를 떠났다. 무장한 호위병들과 함께였다. 마니사에서 수도 에디르네까지는 약 500킬로미터. 그는 정식으로 술탄의 자리에 즉위하기 위해 후속 부대의 도착을 기다리며 아시아 지역 끄트머리인 차낙칼레에서 다르다넬스 해협을 건너 유럽쪽에 있는 도시 겔리볼루(갈리폴리)에서 이틀간 머물렀다. ^{QR코드 38} 비밀 유지가 중요했다.

메흐메드는 민중의 동요를 막고 반대 세력에게 공격의 빌미를 주지 않으려고 해협을 건너 겔리볼루에 당도하기 전까지는 무라드의 서거 사실을 주변에 철저히 숨겼다. 아직도 바다는 이탈리아(제노바·베네치아)가 장

---

117 술탄 무라드 2세의 급사 원인은 '과음으로 인한 뇌졸중'으로도 알려져 있지만, 여러 오스만 문헌은 그와 관련해 이렇게 전하고 있다. 이스하크 파샤 등과 함께 사냥을 나갔던 무라드가 에디르네로 돌아오며 다리를 건너고 있을 때 한 수도승이 그에게 다가와 말했다. "폐하, 죄를 고백하십시오. 영면의 순간이 임박한 것 같습니다." 무라드는 그 말에 갑자기 의욕을 잃고 공포에 사로잡혔다. 더욱이나 그 수도승이 50년 전 왕위를 참칭한 가짜 무스타파 소동이 일어났을 때 형제들 가운데 메흐메드 1세가 권좌에 오를 것임을 예언한 셰이크 부하리의 제자임을 알고 난 뒤로는 수도승의 말을 바꿀 수 없는 운명, 곧 신의 뜻으로 받아들였다. 그리하여 바로 궁으로 돌아와 갑자기 아프기 시작하더니 온갖 치료에도 불구하고 숨을 거두었다고 한다.
한편 두카스는 무라드 2세의 죽음을 이렇게 전하고 있다. 소수의 수행원만 데리고 섬으로 가 휴식을 취하던 술탄은 연회 이후 몸이 안 좋아 궁으로 복귀해 사흘을 앓다가 죽었다. 섬으로 떠나기 전 그는 악령이 찾아와 오른손 엄지손가락에 낀 금반지를 다른 손가락들로 옮겨 끼더니 마지막 순간 새끼손가락에서 반지를 빼내 사라지는 꿈을 꾸었다. 점술가들은 이를 무라드 통치의 종막으로 해석했다.

악하고 있었기 때문이다.

2월 18일, 메흐메드가 에디르네에 도착하자 대재상을 비롯한 모든 고관대작과 종교 지도자들이 말을 타고 성문에서 약 5킬로미터 떨어진 곳까지 마중을 나와 말에서 내린 뒤 메흐메드를 영접했다. 수많은 평민들도 호기심 가득한 눈빛을 하고 연도에 모여들어 있었다. 동방 유목민의 장례 풍속이 아직 남아 있는 그들은 길 위에 멈춰선 채 하늘이 떠나갈 듯 대성통곡을 하며 무라드 2세의 죽음을 애도했다. 그런 다음 새로운 주군의 손에 입을 맞추어 복종과 충성을 맹세했다.

메흐메드는 두 번째로 술탄의 자리에 올랐다. 4년 6개월 만이다. 그의 나이 만 열아홉 살이 채 되기 전이었다.

궁궐에 도착한 메흐메드는 시조인 오스만 가지의 검을 차고서 문무 고위 관료들을 궁정의 홀로 불러들였다. 그는 불안하고 초조한 마음으로 멀찍이 떨어져 서 있던 대신들을 평상시처럼 술탄 가까이 오게 했다. 메흐메드는 자신을 술탄 자리에서 물러나도록 물밑 공작을 주도했던 할릴 찬다를르 파샤를 대재상으로 유임시켰다. 무라드 2세의 절친한 친구였던 부재상 이스하크 파샤는 아나톨리아 지사로 임명, 술탄의 시신을 장지인 부르사의 능묘까지 모시고 가도록 지시했다. 중요한 자리였지만 또한 그의 동료인 대재상 할릴로부터 격리시키기 위해서였다. 할릴과 이스하크는 부름을 받고 뛰어가 술탄의 손등에 입을 맞추었다. 측근인 사루자 파샤와 선대 술탄이 좌천시킨 자아노스 파샤는 수도로 불러들여 재상보 자리에 앉혔다.

둘 다 무라드 2세에게 전적으로 충성을 바쳤지만 할릴과는 그다지 친하지 않았다. 재미있는 것은 마니사에서의 왕세자 시절 메흐메드와 가장 가까운 거리에 있었던 두 사람의 운명이다. 메흐메드는 자신의 아타 베이(왕세자의 스승)였던 사하벳딘 파샤를 일약 디반(장관급 이상의 국무회의)의 멤버로 파격 승진을 시킨 반면, 아나톨리아 지사였던 우즈구롤루는 바로 해임시켰다. 전자는 믿을 수 있었으나 후자는 그의 감시자였기 때문이다. 조직의 안정과 친정 체제 구축을 동시에 노린 조각(組閣)이었다.

하렘의 여인들에게도 이 사건은 혁명이나 마찬가지였다. 이브라힘 베이의 딸이자 부왕의 미망인인 젊은 계모 할리마 하툰은 무라드 2세의 사망에 조의를 표하고 메흐메드의 즉위를 경축했다. 그러나 군주권이란 나눠 가질 수 없는 절대 권력이었다. 메흐메드가 생전에 부왕의 총애를 받았던 계모를 웃으면서 정중히 맞고 있는 동안 그의 시종 알리 베이는 급히 하렘으로 달려가 그녀의 아들이자 메흐메드의 이복동생인 아흐메드를 목욕탕 욕조 안에서 목을 졸라 죽였다. 14년 전에 사망한 메흐메드의 이복형 아흐메드와 구별하기 위해 '큐축(작은) 아흐메드(Küçük Ahmet)'라는 별칭으로 불리던 생후 8개월 된 아이였다. 술탄 즉위 직후 '형제 살해'[118]는 이 사건을 계기로 그 뒤 오랫동안 오스만 제국의 관례로 굳어졌다. 메흐메드 2세는 왕권 강화를 통한 강력한 중앙 권력 확립만

---

[118] 그 시초는 메흐메드 2세의 증조부인 바예지드 1세가 친동생 야쿱을 죽이며 술탄의 자리를 승계한 사건으로부터 비롯되었다. 바예지드 사후 10여 년 동안 형제간의 처절한 내전 끝에 메흐메드 1세가 권좌에 앉는 등 오스만의 왕위 등극에는 피비린내가 풍겼다. 형제 살해 제도는 심각한 내전을 유발하는 왕위 쟁탈전을 미연에 방지하기 위한 일종의 고육책이기도 했다. 오스만 제국 13대 술탄 메흐메드 3세는 스물아홉 살 때인 1595년, 등극하자마자 무려 열아홉 명의 형제를 살해했다. 이 무자비한 전통은 1603년, 메흐메드 3세가 사망함으로써 단절되었다. 대신 장남 아흐메드 1세가 술탄이 된 후 유일한 동생 무스타파를 격리 수용시켰다. 이후로 술탄이 되지 못한 형제는 '새장'이란 뜻을 지닌 궁궐 안 '카페스'란 방에서 외부와 격리된 채 살아야 했다. 여인들과의 접촉도 금지돼 있었다. 카페스에 39년간 갇혀 살다가 마흔여섯 살에 왕위에 오른 쉴레이만(Süleyman) 2세는 그 뒤로도 여성들에게 관심을 두지 않아 오스만 역사상 유일하게 톱 카프 궁전에 자신의 하렘을 만들지 않았다고 한다.

이 오스만 제국을 유지·확장시키는 길이라고 믿었다. 제국이 그것을 필요로 한다면 혈육의 목숨 또한 예외가 될 수 없었다. 그리하여 그는 이른바 '형제 살해에 관한 법률(Fratricide Law)'을 제정, 다음과 같은 칙령으로 공표했다.

"내 아들 중 누구라도 술탄의 왕좌를 물려받게 되면 그는 즉시 세계 질서 유지와 확립을 위하여 자신의 형제들을 죽여야만 한다. 대다수 종교 지도자 및 법률학자들이 이 절차를 승인하고 허용하였다. 따라서 이후 예외 없이 행동에 옮기도록 명하노라."

아들을 잃은 계모는 결국 메흐메드의 반강압적 주선으로 이스하크 파샤와 재혼해 아나톨리아로 떠났다.

또 다른 계모, 세르비아에서 온 무라드의 기독교도 미망인 마라는 할리마 하툰과는 달리 특별 대우했다. 그녀에게는 많은 선물과 시종들을 딸려 친정으로 돌려보냈다. 마라의 친정아버지인 세르비아의 전제 군주 브란코비치와의 관계 개선을 위한 포석이었다. 마라가 브란코비치의 사망 이후 오스만 제국으로 돌아와 테살로니카 동남쪽 예제보[Jezevo, Eziova: 지금의 다프니(Daphni)]에 머물러 살다가 수도원에서 생애를 마친 걸 보면 그녀는 의붓아들 메흐메드와 그 뒤로도 줄곧 우호적인 관계였던 모양이다. 실제로 마라는 정복 이후 신임 총대주교 임명 문제 등에 개입하고 영향력을 행사하기도 했다.

즉위와 동시에 술탄 메흐메드 2세는 궁내 기강을 다잡았다. 여흥(餘興)을 비롯한 불요불급한 경비와 시설 그리고 인원을 대폭 감축했다. 국익을 가장 우선순위에 두었다. 또한 주변 국가들과 휴전 협정 및 평화 조약을 맺는 등 콘스탄티노플 정복을 위한 사전 정지 작업에 나섰다. 우방국들과의 친교를 강화하는 한편 적대국들에도 유화의 몸짓을 보냄으

메흐메드 2세의 술탄 즉위식(1451년, 19세). 동양 유목민의 유습을 그대로 보여준다(1584년 작, 작자 미상). 이스탄불 톱 카프 궁전박물관 소장.

로써 정복에 걸림돌이 될 만한 요인들을 하나하나씩 순차적으로 제거해나갔다.

무서운 열정이고 집념이었다. 술탄의 머릿속은 콘스탄티노플 정복으로 완전 정복되어 있었다. 그의 마음속 또한 그 도시에 대한 지배 욕망이 송두리째 지배하고 있었다.

정복의 전초기지 루멜리 히사르

    술탄 메흐메드 2세가 루멜리 히사르(Rumeli Hisarı: 유럽의 성채)^{QR코드 13}의 축조를 공식적으로 언급한 것은 1452년 2월, 동족으로서 중동부 아나톨리아의 지배권을 놓고 맞서왔던 카라만과의 전투를 치르고 복귀하던 도중 보스포러스 해협을 지나면서였다. 메흐메드는 면밀한 관찰과 조사·분석을 통해 진작부터 이 지점을 해상 장악을 위한 전략적 요충지로 낙점해두고 있었다. 그는 할릴 찬다를르 파샤에게 아나돌루 히사르 맞은편에 새로운 요새를 구축하라고 지시했다. 자아노스 파샤에게는 숙련공들 및 인부들과 함께 그곳에 남아 축성을 위한 기초 작업을 하도록 명령했다. 일부 학자들은 이미 술탄 즉위 직후인 1451년 가을부터 측량 기사들이 부지를 조사하고, 석수들이 요새 건축에 필요한 석재를 모으는 등 사전 작업이 시작됐다고 주장한다.

    루멜리 히사르 축성을 앞두고 술탄은 외교적 예방 조치 차원에서 형식적으로나마 비잔티움 황제에게 공사 계획을 통보했다. 황제는 그곳이 제노바인들의 영역이라면서 공사를 즉각 중단하라고 반박했다. 그러나 술탄은 그렇다면 비잔티움 제국의 땅이 아니므로 굳이 황제의 허가를 얻을 필요가 없는 게 아니냐면서 공사를 강행했다. 심지어는 요새가 생김으로써 해적들이 해협 일대에서 자취를 감춘다면 이는 비잔티움 제국에도 이득이라고 억지를 부렸다.

루멜리 히사르는 온전히 술탄 메흐메드 2세의 작품이었다. 술탄은 착안부터 입지 선정, 지형 탐사, 세부적인 설계 및 공사 감독까지 적극적으로 관여했고 자주 현장에 나와 인부들을 독려했다. 술탄은 성을 크게 세 권역으로 나누어 바닷가 성탑은 할릴 찬다를르 파샤, 남쪽 성탑은 자아노스 파샤, 북쪽 성탑은 사루자 파샤 등 3명의 중신이 각각 영역을 분담해 책임지고 공사하도록 지시했다. 성탑의 이름도 축성한 신하의 이름을 따서 붙이겠노라고 말했다. 경쟁심을 유발해 공사의 완성도와 진척 속도를 높이기 위해서였다. 그러니 세 사람 모두 전력투구할 수밖에 없었다. 심지어는 솔선수범하는 모습을 보이려고 감독을 맡은 자신들도 직접 석회를 주조하고 목재와 석재를 운반했다. 동원된 인원만도 엄청났다. 각각 2명의 보조원을 둔 2000명의 숙련공과 수많은 일꾼들이 밤낮을 가리지 않고 작업에 매달렸다. 그 결과 성은 속전속결로 지어졌다. 착공(4월 15일)부터 준공(8월 31일)까지 고작 넉 달 반이 걸렸다.

아나돌루 히사르(아시아의 성채)도 보강 공사를 했다. 이 요새는 메흐메드 2세의 증조부인 술탄 바예지드 1세가 1395년, 비잔티움 황제 마누엘 2세의 승인 아래 아시아 쪽 연안에 방어를 주목적으로 축조했다. 메흐메드는 여기에 망루와 성탑을 새로 세웠다.

이로써 루멜리 히사르와 아나돌루 히사르는 각각 보스포러스 해협에서 가장 폭이 좁은(660미터에 불과) 서쪽과 동쪽 연안에 서로 마주 보고 서 있게 되었다. 그러나 규모나 완성도 면에서는 나중 것이 먼저 것과 비교가 되지 않을 만큼 엄청났다. 마치 증손자와 증조할아버지, 두 술탄이 품고 있던 야망의 크기와 국력의 차이를 상징하는 듯이.

두 요새의 등장은 비잔티움 제국으로서는 재앙에 가까웠다. 보스포러스 해협이 루멜리 히사르와 아나돌루 히사르, 2개의 거센 손아귀에 의해 목을 움켜잡힌 형국이 되고 말았기 때문이다. 반면에 술탄은 두 바다(흑해와 지중해)와 두 대륙(유럽과 아시아)을 마음대로 여닫을 수 있는 마법의 열쇠 하나를 손에 넣게 되었다. 해협은 이제 술탄이 처음 명명한 '보아즈 케센(목구멍의 칼날)'이란 이름값을 단단히 하게 될 터였다.

술탄은 마주 보고 있는 2개의 성채에 군대와 대포를 배치함으로써 해협에 대한 완전한 통제권을 거머쥐었다. 비잔티움 제국은 해상 교통로가 막혀 관세 수입이 끊기고 흑해 지방에서 오던 식량을 비롯한 보급품마저 차단되었다. 술탄은 콘스탄티노플 공략을 위한 강력한 교두보를 갖게 되었다.

요새를 짓는 과정에서 그 주변에 살고 있던 비잔티움 시골 주민들이 많은 피해를 입었다. 인부들은 멀쩡한 건물을 부수어 건축 자재로 쓰는가 하면, 곡식과 가축을 약탈했다. 채마밭의 푸성귀는 기병대의 말들과 수레를 끄는 소들이 싹이 돋기가 무섭게 먹어치워버렸다. 저항하는 주민은 살해되었다. 이미 무너졌거나 폐허가 된 교회는 물론이고 그리스 정교회 수도원도 아무런 양해 없이 파괴되어 요새 구축에 필요한 석재로 쓰였다.

양민 집단 학살 소식을 전해 들은 콘스탄티누스 황제는 항의의 뜻으로 도성 안에 있던 600명가량의 튀르크인을 붙잡아 감금했다. 그중에는 우연찮게 콘스탄티노플을 방문했다가 구금된 에디르네 궁에서 온 내시들도 있었다. 내시들은 황제에게 눈물로 호소했고, 곧 이 모두가 부질없는 짓임을 깨달은 황제는 그들을 모두 석방했다. 그 대신 사절에게 선물을 들려 보내 최소한 현장 근처 촌락 주민들에게만은 해를 입히지 말아 달라고 요청했다.[119] 술탄은 그마저도 무시해버리고 사신들을 감옥에 가두거나 목을 잘랐다. 사실상의 전쟁 개시였다(동시대 역사가 두카스와 투르순 베이는 이 사건을 메흐메드 2세의 비잔티움에 대한 공식 선전포고로 간주하고 있다).

요새가 완공되자 술탄 메흐메드 2세는 마치 대규모 시위 혹은 전쟁의 예행연습이라도 하듯이 콘스탄티노플에서 불과 0.3킬로미터도 되지 않는 지점까지 5만의 군사를 이끌고 와서는 높은 언덕 위에 올라가 도성의 지형지물을 면밀히 관찰했다. 비잔티움 시민들은 불길한 예감에 사로잡혀 몸을 떨었다. 대규모 천막까지 치고 심리적 압박을 가하던 술탄은 사흘이 지나서야 군대를 인솔해 에디르네로 돌아갔다.

그날 이후 콘스탄티노플에는 밤잠을 못 이루는 사람들이 많아졌다. 황제는 성문을 굳게 닫아걸고 도성 출입을 엄격히 통제하도록 지시했다. 교외의 거주민들을 수확한 곡식들과 함께 도성 안으로 이주시켰다.

남북 250미터, 동서 125미터(총면적 31,250㎡) 길이에 성탑 높이 21~28미터, 두께 5.7~7미터, 지름 23.3~27미터의 석벽으로 둘러싸인 루멜리 히사르는 보기에도 장엄하고 위압적이었다. 성채의 우뚝 솟은 주탑들에는 오스만 깃발이 나부꼈다. 술탄은 약속대로 각 성탑에 지휘 책임자의

---

119 두카스에 따르면, 황제가 사신을 통해 술탄에게 전달한 메시지는 다음과 같다. "우리와 맺었던 맹약도, 나의 호소도 당신의 생각을 바꾸진 못하는구려. 그렇다면 원하는 대로 하시오. 나는 신의 뜻 안에서 피난처를 찾겠소. 만약 주님의 뜻이 이 도시를 당신 손안에 넘겨주는 것이라면 누가 거역하겠소. 그러나 만약 주님께서 당신 마음 안에 평화가 꽃피게 하신다면 나는 기쁘게 받아들이겠소. 이제 우리의 조약과 맹세는 휴짓조각이 되었소. 나는 이제 내 도시의 문을 닫아걸고 내 백성들을 목숨 걸고 지킬 것이오. 판관이신 주님께서 공정한 판결문을 내리실 때까지…."

이름을 붙여주었다. 사루자 파샤(북), 할릴 파샤(바닷가 중앙, 나중에 정복자 술탄 성탑으로 변경), 자아노스 파샤(남) 성탑이라고. 3개의 큰 성탑과 9개의 작은 탑은 모두 공격과 수비에 유리한 구조로 연결돼 있었다.

활이나 화승총을 쏘기 위해 만든 네모난 총안(銃眼)은 안쪽이 넓은 반면 바깥쪽에서는 안이 잘 안 보인다. 공격해 오는 적을 효과적으로 타격할 수 있다. 앞으로 정복해야 할 콘스탄티노플의 테오도시우스 성벽 총안과 같은 구조였다. 요소요소에는 사정거리가 건너편 해안에까지 이르는 대포들이 설치되었다. 가장 큰 대포는 바다 전체를 관장하기 좋은 성벽 아래 해변에 두었다. 바다를 향해 열린 성문들에도 중간 정도 크기의 대포들을 배치했다. 포문은 사각지대 없이 다방면으로 열려 있었다. 동시다발적으로 발포한다면 인근 바다 전면이 포탄으로 뒤덮일 정도였다.

해협은 물살이 매우 빠르고 거셌다. 대포알이 배를 스치기만 해도 요동을 칠 것 같았다. 큰 대포알이라면 배 근처에만 떨어져도 선박이 전복될 것처럼 보였다.

술탄은 보스포러스 해협을 통과하는 모든 선박들은 국적을 불문하고 루멜리 히사르 앞에 정박해 조사를 받은 다음 통행료를 지불하고 운항을 하도록 명령했다. 만약 이를 어기거나 무시하는 선박이 있다면 지체 없이 대포를 쏘아 격침시키겠노라고 엄포를 놓았다.

1452년 11월 10일, 흑해 연안 카파에서 출항한 2척의 베네치아 갤리선이 정지 명령을 거부했다가 대포의 공격을 받았다. 1척은 대포알이 비켜 지나갔고, 다른 1척은 돛을 내리는 척하며 시간을 벌다가 빠른 물살을 이용해 대포의 조준 거리에서 벗어나 콘스탄티노플 항구로 도망쳤다.

그로부터 16일 후 흑해에서 온 베네치아의 곡물선이 경고를 무시한 채 해협을 벗어나려다가 대형 포탄에 맞아 침몰했다. 포로로 잡힌 30명의 선원은 모두 참수되었고,[120] 선장 안토니오 리조(Antonio Rizzo)는 말뚝에 찔려 죽었다. 시체는 길바닥에 버려져 이를 본 주민들이 황제에게 급보를 전하게 만들었다. 비잔티움 제국에 원조용으로 가져가던 밀과 보리가 담긴 자루들도 배와 함께 바다 깊숙이 가라앉고 말았다.

동포의 처참한 죽음으로 미노토 대사를 비롯한 베네치아인들은 술탄에 대해 적개심을 갖게 되어 이 전쟁에서 적극적으로 싸우는 계기가 되었다. 물론 지중해 해상 무역의 우월적 지위를 위협하는 오스만의 세력 확장을 저지해야 할 필요성이 그 내면에 도사리고 있었다.

'칼날'이 겨냥한 것은 역시 비잔티움의 목줄이었다. 보급로는 차단되고, 보스포러스 해협은 삽시간에 공포의 바닷길로 변해버렸다. 콘스탄티노플에 대한 전면 공격의 시간이 다가오고 있었다.

120 전원 살해당했다는 두카스의 목격담과 달리 바르바로는 일부 선원은 콘스탄티노플로 돌려보냈다고 주장한다. 비잔티움 시민들에게 술탄의 확고한 결의를 보여주는 한편, 도성 안에 있는 베네치아 사람들에게 경고와 협박의 메시지를 보냈다는 것이다.

쇠사슬은 어디에 설치했고, 배들은 어떻게 언덕을 넘었나

(1) 쇠사슬 설치와 관련한 의문점들

금각만(Golden Horn, Haliç) 입구 바다를 가로질러 설치된 방재 구역 쇠사슬은 아주 오래전부터 콘스탄티노플 방어에 핵심적인 역할을 해왔다. 716년 이슬람 해군의 침입을 저지했는가 하면, 917년 러시아 왕자 올레그(Oleg)도 이 장애물 때문에 도성 진입에 실패했다.

그러나 제4차 십자군은 1203년 7월 17일 쇠사슬의 시작 지점인 갈라타 탑을 기습 공격, 철쇄(鐵鎖)를 끊고 전함 20척을 침몰시켰다. 방재 구역을 장악하고 금각만 성벽까지 무너뜨리면서 이듬해에는 도성 진입에 성공했다. 그 뼈아픈 교훈을 살려 이번에는 갈라타 성벽을 바깥으로 확장하고 쇠사슬은 적이 쉽게 성벽을 침투할 수 없는 성벽 안쪽에 설치했다. 제노바인들의 적극적인 협조와 기술력으로 구축한 이 방재 구역의 관리 책임 및 지휘권은 제노바 출신 공병 바르톨로메오 솔리고(Bartolomeo Soligo)에게 맡겨졌다. 쇠밧줄이 연결된 양쪽 끝은 금각만 입구 유게니우스 성문 근처 켄테나리오스 탑(현재 시르케지 지역, 사라이 부르누 조금 못 미친 지점)과 갈라타 성채 카스텔리온(현재 카라쿄이 지역의 예르알트 자미 자리)이었다. 쇠밧줄 끄트머리는 성탑 망루 안쪽에 깊숙이 박아두어 임의로 풀거나 끊을 수 없도록 해놓았다. 양쪽 탑 사이의 거리는 550~600미터였다.^{QR코드 12}

쇠사슬은 1200~1300개의 누운 8자(∞) 모양 굵은 쇠고리들로 연결돼 있었다. 어떤 고리들은 누운 S자(∽) 모양이었는데 이는 비상시 출입을 쉽게 하기 위한 특별 장치였을 가능성이 높다. 고리 하나의 길이는 50센티미터, 무게는 14~15킬로그램, 전체 무게는 17~18톤에 달했다. 현재 남아 있는 185~190미터의 쇠밧줄은 군사 박물관, 해군 박물관 등 이스탄불 4개 박물관에 분산 보관되어 있다. 나머지는 정복 이후 다양한 목적으로 사용되었거나 일부는 해저로 가라앉았을 것이다.

연결 고리 중간중간에는 일정한 간격을 두고 통나무를 엮은 부유목(浮游木)을 띄워 쇠사슬이 수면에 잠길 듯 말 듯 떠 있는 상태였으므로 쇠사슬 일부가 절단되더라도 전체적으로 풀어지거나 끊어지는 일은 없었다. 또한 이 부유목들은 큰 배가 드나들기 힘들 만큼 좁은 간격으로 배치돼 있었다.(니콜로 바르바로는 "방재 구역은 크고 둥근 나무 그루터기와 대형 쇠갈고리, 그리고 굵은 쇠사슬로 연결돼 있다"고 기록해놓았다.)

함대가 이동할 때는 캡스턴(Capstan) 방식으로 쇠사슬을 감고 풀며 여닫았고, 개별 배들이 통과할 때는 중간중간에 설치된 누운 S자(∽) 모양 고리를 열고 거는 방식으로 통제했을 것으로 추정된다.

콘스탄티노플 함락 당일 바르바로 일행을 태운 배는 쇠사슬을 끊고 금각만 밖으로 탈출한다. 그런데 왜 그 막강한 술탄의 군대는 방재 구역을 뚫지 못했을까? 해상에서 쇠사슬 파괴가 불가능했다면 제4차 십자군이 그랬던 것처럼 육상의 갈라타 탑 쪽으로 접근해 수비병을 제압하고 끊을 수도 있지 않았을까?

술탄의 해군이 방재 구역 돌파에 실패한 것은 쇠사슬 주변에 비잔티움 연합 함선들이 포진해 있었기 때문이다. 그들은 접근해 오는 오스만 함대보다 크고 성능 좋은 배 위에서 화살과 그리스 화탄을 날리며 진입을 막았다. 양쪽 탑 주변 역시 병사들이 철통같이 수비를 하고 있어 육상으로의 접근 또한 쉽지 않았다. 후방에서 갈라타의 쇠사슬 연결 지점을 공격하는 것도 쉽지 않았을 뿐더러 거류구의 엄정중립에 따른 상호 규정을 위반하는 행위이기도 했다.

술탄은 4월 20일 해전 패배 이후 갈라타 언덕을 넘어 함대를 이동시키지만 쇠사슬을 끊으려는 시도를 계속했다. 함대 사령부는 여전히 치프테 수툰(Çifte Sütun)에 있어 작전 수립과 실행을 일원화하려면 쇠밧줄을 뚫어야 했기 때문이다. 또 설사 사슬을 뚫지 못하더라도 그런 지속적인 공격은 비잔티움 해군을 위축시키고 발을 묶어놓는 효과가 있어 중단할 이유가 없었다.

갈라타 쪽 연결점은 고정돼 있었고, 개폐와 조정은 콘스탄티노플 쪽 연결 지점에서 관리했다. 캡스턴을 돌려 풀고 감음으로써 통제를 했다. 예컨대 캡스턴을 풀면 바다 밑으로 쇠사슬이 가라앉아 배들이 통과하고, 팽팽하게 당기면 쇠사슬이 위로 떠올라 바리케이드처럼 배들의 진입을 막는 그런 시스템이었다. 그러나 이 작업은 굉장히 힘이 들어 상당한 시간이 소요됐다고 한다.

쇠사슬은 동서고금 해상 전투의 역사에 간간이 등장한다. 멀리는 로마와 자웅을 겨루었던 카르타고의 항구에 구축돼 있던 쇠밧줄을 비롯해, 정복 전쟁 후인 1522년 오스만 제국의 술탄 쉴레이만 1세가 성 요한 기사단(몰타 기사단)과 에게 해의 로도스 섬에서 6개월간 공방전을 벌였을 때도 항구 어귀에 쇠사슬이 설치돼 있었다고 한다.

(2) 배가 육지로 간 경로는?

1453년 정복 전쟁의 중요한 쟁점 중 하나는 갈라타 언덕을 넘어 금각만으로 진입한 술탄 함대의 이동 경로이다. 술탄은 방재 구역 쇠사슬 때문에 금각만 진입이 좌절되자 역발상으로 난관을 돌파했다. 이 작전에 성공함으로써 술탄은 해상 주도권을 쥐게 되었음은 물론 육지와 바다에 걸쳐 전면적으로 콘스탄티노플을 포위 공격할 수 있게 되었다.

술탄 함대의 육상 이동 경로에 대해서는 몇 가지 가설이 존재한다. 가령 두카스는 이례적으로 배들이 만의 깊숙한 안쪽에 있는 에윱 자미 반대쪽 항구에 정박했다고까지 주장한다. 그러나 아직 확정된 설은 없다. 그중 대체로 많은 이들이 거론하거나 설득력을 얻고 있는 견해는 다음 두 가지이다.

첫째는 술탄의 비망록(4월 22일, 197쪽)에 채택한 '돌마바흐체(옛 지명 치프테 수툰)→카슴파샤' 루트이다. 즉 당시 오스만 해군 본부가 있던 치프테 수툰(디플로키온)에서 금각만으로 함대를 이동시켰다는 주장이다.

둘째는 '톱하네(Tophane: '대포 공장'이란 뜻)→카슴파샤' 루트. 그러니까 보스포루스 해협의 갈라타 지역과 가까운 곳에서 금각만으로 이동했다는 의견이다. 상세하게는 톱하네→훔바라치 언덕(Humbaraci Yokuşu)→아스말르 메스지드(Asmalı Mescid)→테페바쉬(Tepebaşi)→카슴파샤 계곡으로 내려갔다는 견해다.

이를 각각 '돌마바흐체 루트'(약 3.4킬로미터)와 '톱하네 루트'(약 1.7킬로미터)라고 부른다. 출발지가 다를 뿐 도착지(카슴파샤, 그림의 ④)는 두 의견이 일치한다. 이 두 주장을 포함, 배의 출발지라고 주장하는 곳을 원거리 순으로 보면 베식타쉬-돌마바흐체-살리 바자르-톱하네 사이 해안의 어떤 지점이라는 데에는 대부분 동의하고 있다.

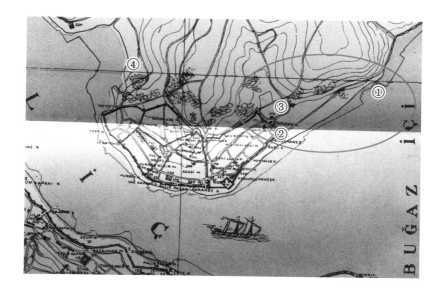

　전자인 돌마바흐체 출발설(그림의 ①)은 바르바로, 두카스 등이 남긴 기록에 근거를 두고 있다. 19~20세기 학자인 반 밀린전 교수와 모르트만 박사도 이 의견에 동조한다. 모르트만 박사는 그 이유를 이렇게 설명했다. "만약 가까운 톱하네 길을 택한다면 방재 구역을 지키고 있는 기독교 선단의 눈에 쉽게 띄었을 것이고, 또 선박을 옮기다가 발각될 경우 이를 막아낼 충분한 포병 부대가 없었기 때문이다."

　후자인 톱하네 출발설(그림의 ②)을 주장하는 동시대인들은 레오나르드, 크리토불로스 등이다. 100년 전의 피어스, 50년 전의 런치만이 쓴 책들도 톱하네에서 카슴파샤까지를 이동 경로로 제시하고 있다. 최근 자료인 『İstanbul'un Fetih Günlüğü(이스탄불 함락 일지)』(2010년 개정판) 역시 톱하네 루트에 한 표를 던지고 있다. 이들이 톱하네 루트를 주장하는 가장 큰 이유는 물리적으로 짧은 거리이기 때문이다. 가까운 길(약 1.7킬로미터)을 놔두고 멀리 돌아갈(돌마바흐체 설: 약 3.4킬로미터) 이유가 없다는 거다. 게다가 넘어야 할 언덕 높이도 돌마바흐체 길보다 30미터 정도 낮다.

나 역시도 배들의 정확한 이동 경로가 궁금해 2010년 여름, 만 이틀을 지도 몇 장을 들고 갈라타 지역을 얼마나 헤매 다녔는지 모른다. 내가 읽은 책들은 물론 이스탄불 현지에서 만난 어떤 학자와 전문가도 그루트를 자신 있게 얘기해주는 이가 없다. 이를테면 페리둔 교수는 여러 학설들을 권위 있게 해석하면서 상당히 먼 이동 거리(옥메다니 출발)까지 소개했다. 바르바로의 기록에 따르면 비잔티움 측은 갈라타 탑 등을 통해 오스만 해군의 움직임을 지속적으로 파악하고 있었으므로 술탄이 관측 가능한 근거리 경로를 택하지 않았을 거라는 이유에서다. 그래서 나는 혹시 어딘가에 아직 남아 있을지도 모를 배를 끌고 간 자국이라도 찾으려는 심정으로 이틀 내내 발품을 팔았지만, 숱한 지진 등으로 지각 변동이 일어나고 도시 계획으로 길들도 많이 바뀐 그 지역에서 560년 전 배가 지나간 흔적을 찾기란 난망한 일이었다.

나는 당시 지형 등을 참작해 하나의 가능성으로 조심스레 기존의 학자들과는 조금 다른 루트(그림의 ③)를 제시하고자 한다. 출발지는 돌마바흐체지만 이동 경로는 톱하네 근처로 와서 카슴파샤로 갔을 거란 의견이다. 1453년 당시와 근접한 지도를 분석해보면 치프테 수툰에서 톱하네까지는 낮은 해안선이 존재했다.^{QR코드 23} 돌마바흐체(치프테 수툰 입구)에서는 곧바로 배를 끌고 가파른 능선을 넘어가기가 쉽지 않다. 해군 기지에 있는 배들이 굳이 바다로 톱하네까지 가서 다시 육지로 오른다는 것도 여러 가지로 문제가 많다(195쪽에서 간략히 설명했듯이 배를 육지로 옮기려면 선착장 등 시설물을 설치하고 선박 상륙을 보호하기 위한 포병 등 여러 장치와 장비를 준비해야 한다).

그러므로 앞의 2가지 설의 난관과 약점을 보완하는 최선의 방법은 함대 사령부에서 배들을 끌고 평평한 육로를 따라가다가 톱하네 못 미처서 갈라타 언덕 쪽으로 오르는 경로가 거리상으로나 물리적으로나 가장 안전하고 합리적인 코스이다. 돌마바흐체부터 톱하네까지는 술탄의 군대가 이미 길을 닦고 왕래를 했으므로 별도의 도로 정비 작업 없이 기름칠한 목제 궤도만 깔면 되는 상황이었다. 또 해군 기지가 돌마바흐체에 있어 물자 공급과 선박 운반 장비를 준비하기에는 그곳이 훨씬 환경이 좋았다. 지도에 나타난 등고선, 그리고 술탄의 성격과 당시 전황으로 유추해도 그랬을 가능성이 높다는 것이 나의 조심스러운 주장이다.

또 하나, 포위전의 목격자였던 투르순 베이는 이 작전의 실행 날짜와 관련해 기존의 문헌들과는 다른 기록을 남겼다. 그는 함대가 갈라타 언덕을 넘은 사건이 오스만 해군의 패전(1453년 4월 20일)보다 먼저 발생했다고 기술했다. 이는 아마도 그 기발한 작전 계획이 술탄의 머릿속에선 진작부터 싹트고 있었으며 준비 또한 사전에 진행되고 있었음을 시사하는 것으로 해석된다.

심지어 루멜리 히사르 건축에 참여했던 세르비아 광부들은 술탄이 이미 그 당시에 공사 현장 인근 숲에서 30척의 배를 만들어 산등성이를 오르는 도로를 닦은 다음 배들을 기름칠한 목재 위에 돛을 편 상태로 올려 바다로 진입시키는 훈련을 했다는 증언까지 하고 있다. 마치 예행연습이라도 하듯이 말이다.

'역사적 사실이란 정확한 진실이 확인될 때까지만 유효'하다고 했던가. 그런 의미에서 진실 규명은 미래에 맡기면서 내 견해를 포함한 이 모든 의견과 주장들에 나름대로 의미를 두고 싶다.

술탄의 스승들

메흐메드 2세는 유년기에 매우 활동적이고 거침없는 성격의 소유자였다. 처음에는 공부나 독서보다 전쟁 분야에 매료되어 아버지인 술탄 무라드 2세가 보낸 개인 교수들의 가르침에 따르려 하지 않았다. 꾸란을 읽고 암송하는 일조차 등한시했다. 고집불통 왕자의 예측 불가능한 변덕에 시달리다 선생이 먼저 포기해버리기 일쑤였다. 그래서 무라드는 학식이 깊으면서 엄격하고 위엄 있기로 평판이 자자한 몰라 규라니[121]에게 마니사에 머물러 있던 아들의 교육을 맡겼다. 무라드는 규라니의 손에 회초리를 쥐어주며 왕자를 엄하게 다스려달라고 당부했다.

메흐메드는 첫 만남부터 규라니를 당돌하게 대했다. 규라니는 회초리

---

121 Molla Gürani. 카이로에서 법학과 꾸란을 공부한 저명한 회교 전문 율법학자. 부르사(Bursa)의 메드레세(Medreses: 법학 대학 기능을 겸하던 이슬람 신학교)에서 강의를 하다가 술탄 무라드 2세의 간청에 의해 마니사로 불려가 메흐메드 2세의 개인 교수 역할을 맡았다. 한두 차례 불화도 겪었지만, 메흐메드가 먼저 "스승과 나는 부자지간 같은 관계"라면서 화해를 요청했다. 정복 이후 메흐메드는 그를 중용하는 등 끝까지 스승에게 제자로서의 예를 갖추었다. 그리고 스승에 대한 존경의 표시로 정교회 성당 중 하나를 개조해 '몰라 규라니 자미'(이스탄불 베파 지구에 위치)라 명명했다.[QR코드 10]

를 들어 보이며 단호하게 말했다.

"부왕께서 당신 교육을 내게 맡기셨소. 이 회초리는 술탄이 내리신 스승으로서의 권위를 상징하오. 만약 내 말을 거역하고 공부를 소홀히 한다면 이 회초리가 왕자를 징계할 것이오."

메흐메드가 가소롭다는 듯이 비웃음을 보이자 규라니는 가차 없이 꾸짖으며 회초리를 휘둘렀다. 이 매질 이후 메흐메드는 태도가 달라졌다. 다른 스승들에게서는 느낄 수 없었던 카리스마가 어린 왕자의 마음을 뒤흔들었다. 메흐메드는 꾸란을 항상 곁에 두게 되었고, 차츰 다양한 학문의 세계에 눈을 떠가기 시작했다. 규라니는 메흐메드가 경외감을 갖고 진심으로 받아들인 첫 스승이었다.

이상은 이슬람 종교학자 타쉬쾨퓰뤼자데(Taşköprülüzade)가 쓴 전기에 나오는 내용인데, 메흐메드 2세 관련 많은 책들에 비슷한 일화가 등장한다. 몰라 규라니와 메흐메드 2세 간의 사제 관계가 실제로 이랬는지는 확인할 수 없지만, 몰라 규라니는 양심에 어긋나는 일과는 타협하지 않는 대학자로서의 면모를 지녔을 가능성이 높다. 그는 아첨할 줄을 몰랐다. 술탄 앞에서 절대로 허리를 굽히지 않았다. 남들처럼 술탄의 손에 입맞춤을 하지도 않았다. 권좌에 오른 메흐메드가 그에게 재상 자리를 제안했을 때 사양한 것도 세상사에 초연한 그의 이런 성품을 뒷받침해준다. 그는 항상 있는 그대로의 진실만을 이야기하는 학자였다.

이런 선문답 같은 에피소드도 전해지고 있다. 어느 날 규라니와 함께 식사를 하던 메흐메드는 장난기가 발동해 이렇게 말했다.

"사부께서는 항상 내게 금기를 지켜라 하시면서 지금 금지된 음식을 들고 계십니다."

"내 앞에 있는 것은 허가된 음식이오."

잠시 후 메흐메드는 스승 모르게 접시를 자기 것과 바꾸어놓고는 농담을 이어나갔다.

"사부께서는 분명 금지된 음식을 먹고 계십니다."

"그렇지 않소이다. 그대 앞에는 금지된 음식이 없었고, 내 앞에는 허가된 음식이 없었소. 그러므로 그대가 접시를 바꾸어놓은 것이 틀림없구려."

규라니가 임종 직전 남긴 유언도 과연 그다웠다.

"술탄(메흐메드의 아들 바예지드 2세)에게 장례식에 와줄 것과 내 빚을 좀 갚아달라고 전해주시오."

바예지드 2세는 규라니의 장례식에 참석하고, 그가 남긴 부채를 국고로 갚아주었다. 장례식 날 특히 여성들과 아이들의 애도의 물결이 도성 안에 넘쳐흘렀다.

뛰어난 법률학자 겸 이슬람 종교 지도자였던 메블라나 휴스레브 가 규라니의 뒤를 이어 메흐메드 2세의 개인 교수를 맡았다. 휴스레브는 겸손하고 품위 있는 학자였다. 손수 자기 공부방을 청소하고 아궁이에 불을 때고 촛불을 켰다. 메흐메드가 마니사로 좌천되었을 때 많은 사람들이 등을 돌렸지만, 그는 한 번 맺은 인연은 영원해야 한다면서 변함없이 지조를 지켰다. 메흐메드는 그 말을 오래도록 기억했다. 휴스레브는 정복 전쟁 때도 할릴 찬다를르 파샤의 대척점에 서서 메흐메드의 버팀목이 돼주었다.

마니사 궁에서 보낸 5년(14~19세)은 메흐메드 2세에게 위대한 교육 기간이었다. 정치 경험이 풍부한 카삽−자데 마흐무드 베이(Kasap-zade Mahmud Bey)와 니샨즈 이브라힘 베이(Nishanjı Ibrahim Bey)는 마니사 궁에 비서로 파견되어 권좌에서 밀려나 좌절과 실의에 빠져 있던 메흐메드 2세에게 장차 군주로서의 지도력과 통찰력을 길러주었다. 마흐무드의 아버지는 부르사 지사였고, 이브라힘은 개종자로서 훗날 국무 회의(디반)의 참석자가 되었다. 대포 전문가인 사루자 파샤에게서는 관련 지식과 군사학을 전수받았다. 왕세자 시절 스승(아타베이)이었던 사하벳딘 파샤는 늘 가까이에 있으면서 메흐메드 2세의 학구열을 해소해주었다. 앙코나에서 온 여행가 치리아코(Cyriacus d'Ancona: 127쪽 각주 46 참고)로부터는 서양의 윤리와 관습, 기독교 국가들의 동향과 정세 등을 귀동냥한 것으로 전해진다.

호자자데(Hocazade)도 메흐메드에게 큰 영향력을 미친 스승 중 하나였다. 메흐메드는 딜레마에 빠진 사람들이 그를 찾아와 고민을 털어놓으면 "상식을 갖고 있는 호자자데에게 가서 물어보거라"라고 말하곤 했다. 어느 날은 이런 질문을 신하에게 던졌다.

"그대는 호자자데를 어떻게 평가하는가?"

"동방에서도, 또한 서방에서도 감히 그와 대적할 자가 없다고 생각하옵나이다, 폐하."

그러자 메흐메드가 한마디 덧붙여 말했다.

"동서양뿐이냐. 세상의 중심인 중양(中洋), 이 아랍의 지성계에서도 그와 맞설 자가 아무도 없도다."

메흐메드는 특히 이슬람 신비주의 학자인 악솀세틴을 좋아해 언제나 그를 곁에 두고 싶어 했다. 그는 종종 악솀세틴의 권고에 따라 행동했으며, 콘스탄티노플을 비롯한 세계 정복 사업에도 악솀세틴의 조언과 격려가 큰 힘이 돼주었다고 생각했다. 심지어 죽음에 직면했을 때는 이런 말까지 한 것으로 알려졌다.

"만약 사부께서 생전에 원하셨더라면 지키르(Zikir: 무슬림 구도자)가 되기 위하여 술탄 자리를 떠났을 것이오."

진위를 알 수 없는 발언이지만, 어쨌든 악셈세틴과 관련해서는 실체가 모호한 일화들이 적지 않게 전해진다. 예컨대 하즈 바이람 벨리(Hacı Bayram Veli)가 술탄 무라드 2세에게 했다는 예언도 그중 하나이다.

"폐하, 외람된 말씀이오나 폐하께서는 콘스탄티노플을 차지하실 수 없사옵니다. 그 도시의 주인은 저기 요람에 누워 있는 왕자와 악셈세틴이 될 것이옵니다."

물론 '요람에 누워 있는 왕자'는 메흐메드 2세를 지칭한다. 그 예언의 실재 여부를 떠나 메흐메드가 평생 악셈세틴을 정복의 동반자로 삼았음은 분명한 사실인 것 같다. 앞서 언급(205쪽 각주 69 참고)한 에윱의 묘지도 그와 함께 발견했는데, 이런 일화가 전한다.

에윱의 무덤은 정복 이후 술탄의 명에 따라 1457년, 악셈세틴이 찾아냈다. 그는 풀밭에서 풀을 뜯는 양들이 유독 한곳에만은 근처에도 가지 않아 거기가 에윱의 묘지임을 알게 되었다. 악셈세틴은 그 자리 옆에 표지 삼아 츠나르(Çınar: 플라타너스의 한 종류)를 심어두었다. 하지만 메흐메드는 스승 몰래 츠나르를 다른 곳으로 옮겨 심은 다음 원래 무덤 자리에는 자기 손가락에서 빼낸 반지를 묻었다. 일주일쯤 뒤 스승과 함께 현장을 다시 찾은 파티는 츠나르를 옮겨 심은 곳을 가리키며 흙을 파라 이르지만, 악셈세틴은 강하게 부인하며 원래의 묏자리를 고집했다. 그러고는 지팡이로 흙을 파헤치자 파티가 묻어둔 반지와 함께 에윱의 이름이 새겨진 대리석 관이 나타났다. 그 안엔 800년이 지났는데도 묻을 때와 똑같이 전혀 썩지 않은 에윱의 시신이 안치돼 있었다. 파티는 탄복하며 그 일대를 성역으로 선포했다.

메흐메드는 자신이 인정하고 존경하는 스승들 앞에서는 깍듯이 예를 갖추었다. 대신들을 포함한 어느 누구도 술탄 앞에서 앉아 있을 수 없었지만 식견이 높은 학자들과 스승들만은 예외였다. 관복 대신 지식인 복장도 즐겨 입었다.

번역과 출판에도 힘을 썼다. 트라브존(트레비존드) 출신 그리스 철학자이며 수학자인 아미루키스(Amirukis, Amirutzes)에게 프톨레마이오스(Ptolemaeos, Batlamyus)의 지리학 책과 지도를 아랍어로 번역시키는가 하면, 호자자데를 후원해 철학 책(『Tehafütü'l Felasife』)을 쓰도록 했다.

술탄 메흐메드 2세는 예술적 감수성이 남달랐다. 향유자로 그치지 않고 때론 창작자였다. 어려운 운율들을 격에 맞게 사용해 직접 시를 짓기도 했다. 터키어로 쓴 자작 시 80여 편을 모은 매우 서정적인 시 선집 「Divan」도 남겼다. 몇 행만 소개하자면······.

정원이 장미 덤불로 옷을 입을 때
꽃봉오리 단추로 치장을 하네.
장미 꽃잎이 혀를 내밀어 말을 건네면
그 밀어(蜜語), 달콤한 입술과는 비교가 되지 않네. ······

천문학과 점성학도 메흐메드의 관심 분야였다. 그는 전쟁이나 중요한 결정을 앞두고 별들의 위치와 12궁의 모습으로 운세를 관측하는 점성술사에게 조언을 구하기도 했다. 별자리 점은 종종 빗나가기 일쑤였다. 혹시라도 술탄의 심기를 거스를까 염려한 점성술사들이 별들의 위치보다는 술탄의 정치적인 계산이나 의중에 더 큰 비중을 두고 점괘 풀이를 해줌으로써 당장의 위기를 모면하려고 했기 때문이다.

메흐메드는 지적인 담론과 심도 있는 논쟁을 즐겼다. 호자자데와 메블라나 제이렉(Mevlana Zeyrek)의 경우 7일 밤낮을 쉬지 않고 치열한 논리 다툼을 벌인 적도 있었다. 더러는 중간에서 심판자 역할을 맡기도 했다. 술탄은 동서양 문화 모두에 관심이 깊었으며, 원정 중에도 지식인들과 예술인들을 늘 곁에 두었다. 그는 지식과 문화예술을 사랑한 르네상스적 교양인이었다.

정적(政敵) 할릴 피샤를 위한 변명

오스만의 총리대신이며 술탄 메흐메드 2세의 정적(?)이기도 한 할릴 찬다를르 파샤는 흥미로운 연구 대상이다. 존 프릴리(『The Grand Turk』)를 비롯한 대부분의 작가들은 할릴 파샤를 비잔티움과 내통하며 뇌물을 받은 쪽으로 무게를 두고 얘기한다. 그는 '이교도(기독교도)의 협력자'로서 반역과 부정 축재, 적과의 내통 및 내부 분열, 이권 개입과 뇌물 수수 등 온갖 죄명으로 처형당했고 그의 모든 재산은 국고로 환수되었다.

병사들 급료도 제대로 못 주는 비잔티움이 무슨 뇌물을 얼마나 줄 수 있었을까. 또한 4대째 재상을 배출한 명문가 출신으로서 할릴은 위험을 무릅쓰면서까지 그렇게 뇌물을 탐하였을까. 할릴과 메흐메드의 대립은 근본적으로 국가관과 세계관의 차이에서 비롯된 것이 아닐까 싶다. 물론 그 이면에는 주도권 다툼, 성격 차이 등도 존재할 것이다.

메흐메드는 자기와는 가치관이 다른 할릴을 전쟁이 끝나자마자 제거해버린다. 할릴의 핵심 주장은 오스만 튀르크 중심의 세계 평화 사상이 아니었을까. 그는 기독교의 상징인 콘스탄티노플을 무력으로 정복하면 서방 기독교 국가들과의 관계 악화는 물론 평화는 사라지고 동맹국들에 의한 또 다른 전쟁이 계속될 거라고 보았다. 위험부담이 큰 새로운 모험을 하기엔 적절한 시기가 아니라고 판단한 것 같다. 기독교 연합 세력의 종교 회의 결과가 나온 다음에 행동해도 늦지 않다면서 1437년, 메흐메드의 부친 무라드 2세의 콘스탄티노플 재공격 계획을 저지시킨 적도 있었다. 기본적으로 그는 콘스탄티노플을 조공을 바치는 봉신국의 지위를 유지시킨 채 주변국들과의 관계를 정립해나가는 편이 낫다고 생각했다. 전쟁은 또 다른 전쟁을 부르기 때문이다. 세계관·종교관이 다른 기독교 국가들과 150년간을 싸워왔고, 앞으로도 싸움은 계속될 것이다. 완전히 제거할 수 없다면 오스만이 우월권을 가진 채 평화의 기치 아래 함께 가야 한다는 것이 그의 생각이 아니었을까.

또 전통 유목 민족답게 각 부족과 지방 영주에게는 일정 권한을 위임해야 한다는 사고가 강했다. 이러한 그의 주장에 정통 관료, 전통 부족 등이 뜻을 같이했다. 전쟁이 장기화되고 전투가 지지부진할수록 할릴의 동조자는 늘어났고, 그 때문에 술탄도 그를 쉽게 처단하지 못했던 것 같다. 정복 전쟁을 하면 할수록 더 많은 비튀르크계 군인과 전문가 집단이 필요하고, 그에 따라 오스만의 전통과 가치가 위협받음으로써 오스만의 전통 가문과 중심 세력들의 지위 또한 흔들릴 것으로 보았다. 혈통이 다른 귀화 외국인, 종교 전향자들이 수적으로든 질적으로든 전통 튀르크 부족을 압도해서는 곤란하다는 것이 할릴 파샤의 기본 사상이었다.

그래서 술탄의 콘스탄티노플 원정 계획도 그는 처음부터 탐탁지 않게 생각했다. 포위전에는 막대한 비용이 들어갈 뿐만 아니라, 자칫 실패할 경우 오스만 제국의 권위나 명예는 물론 국가 존립마저 크게 위협받을 것이기 때문이었다. 콘스탄티노플은 당시 정치적으로는 무기력했지만 상업적으로는 매우 유용한 도시였으므로 그대로 두는 것이 이득이란 계산도 있었다. 무라드 2세를 보필했던 옛 각료들 대다수도 내심 할릴의 생각을 지지했다.

황제의 사절이 와서 비잔티움이 보호하고 있는 오르한의 생계비를 인상시켜줄 것을 요구했을 때 할릴이 "당신들 실성한 게 아니냐. 지금 술탄은 선대 술탄과는 확연히 다르다. 공연히 긁어 부스럼을 만들지 마라. 만약 이 상황을 오판해 섣부른 짓을 하다가는 모든 것을 잃게 될 것"이라며 크게 화를 낸 것도 자신이 지금껏 주창해온 평화 정책이 명분을 잃고 자기 위치마저 흔들릴 것 같은 위기감 때문이었다. 그런 부적절한 제안을 오히려 술탄이 명분으로 삼아 비잔티움과의 전쟁으로 비화시킬 수 있다는 그의 우려는 그대로 적중한다.

그러므로 할릴은 메흐메드에게 '눈엣가시'일 수밖에 없었다. 메흐메드는 콘스탄티노플을 장악해 '한 국가 한 체제, 다민족(One State One System & Multi Nations)'의 세계 제국을 만들어나가려는 자신의 계획에 할릴은 본질적으로 반대하는 자라고 여겼다. 그 배경에는 제국이 정복 전쟁과 세력 확장으로 중앙 집권적 단일 체제가 되면 할릴처럼 기득권에 안주해온 전통 토호 세력들은 기반을 잃게 되지나 않을까 하는 우려가 숨어 있다고 생각했다. 말하자면 메흐메드의 눈에 할릴은 지방 분권적 기득권 세력을 대변해 술탄의 절대 권력에 도전하고 자신의 원대한 꿈에 제동을 걸려는 자로 비쳤다.

술탄과 할릴은 같은 하늘 아래서 함께 지낼 수 없는 사이였다. 그러나 술탄이 정복 전쟁이 끝날 때까지 할릴을 중용한 것은 예니체리에 대해 그가 갖고 있는 권위와 그에 대한 예니체리의 존경심, 그리고 이웃한 기독교 국가들과의 외교 능력을 무시할 수 없어서였다. 큰일을 앞두고 전통 호족 세력의 지원이 필요한 만큼 적전 분열을 일으켜서는 안 된다는 깊은 고려가 있었다. 술탄은 앞으로 달성해야 할 위대한 목적을 위해서 할릴을 필요로 했다. 그러나 술탄의 1차 목표가 달성된 만큼 그다음 목표를 위해 할릴은 제거될 수밖에 없는 운명이었다. 어쩌면 경륜 있는 할릴은 콘스탄티노플 함락(정복 전쟁)과 함께 자기 운명도 끝난다는 것을 알고 있었는지도 모른다.

할릴과 술탄, 둘 사이에는 시종일관 팽팽한 긴장감이 흐른다. 한쪽은 전통적 가치를 지키려 했고, 또 한쪽은 낡은 가치를 타파하고 그 위에 새로운 가치를 세우려 했다. 그러나 생각은 달라도 나라를 위하고 오스만의 미래를 걱정하는 마음만큼은 둘 다 확고하다. 방법론의 차이랄까. 술탄도 할릴의 우국충정을 모르지 않았을 것이다. 두 인물 모두 자기 나름의 국가관·세계관과 인생관에 따라 처신하고 행동한 사람들인 것이다. 오스만 세력의 팽창과 확장, 그 결정적 계기가 된 콘스탄티노플 정복. 이 과정을 이룩한 메흐메드 2세는 다음 단계로 나아가기 위해 내부 결속과 리더십 확립이 절실했다. 정복자 술탄을 위한 가장 훌륭한 희생양, 그가 바로 할릴 파샤(Çandarlı Halil Paşa)였다.

434

함락 이후의 정복 약사&술탄의 죽음

메흐메드는 콘스탄티노플 정복 이후 잠시 숨 고르기를 한 후에 한 해
도 쉬지 않고 전쟁을 벌여 유럽과 아시아의 남은 영토를 무서운 속도로
잠식해나갔다. 굵직굵직한 사건 위주로 나열하자면 다음과 같다.

1455년, 발칸 반도의 세르비아 공격. 1456년, 아테네 등 여러 도시 점
령. 1459년, 세르비아 정복. 1460년, 콘스탄티누스 11세의 두 동생 데메
트리오스와 토마스가 분할 통치하던 미스트라 시와 펠로폰네소스 정
복. 1461년, 비잔티움계 최후의 영토인 독립 국가 트레비존드 합병, 흑해
남안 복속. 1463년, 에게 해 레스보스 섬 및 발칸 중부 보스니아 정복.
1470년, 에게 해 베네치아령 네그로폰테 함락. 1472~1473년, 아나톨리
아 중부의 튀르크계 카라만, 악코윤루(백양족) 왕조 지배자인 우준 하산
(Uzun Hasan)과 전쟁. 1474년, 카라만 정복. 1475년, 흑해 중동부 항구
도시 카파(Caffa) 공략. 1479년, 알바니아 점령으로 발칸 반도 완전 정복.
1480년, 남이탈리아 오트란토(Otranto) 함락, 이탈리아 본토 공격 개시.
1481년, 시리아 및 아라비아 원정······.QR코드 39

마지막 죽는 순간까지도 메흐메드 2세는 전장의 한복판에 있었다. 40

대 중반을 넘기면서부터 비만에 따른 온갖 합병증으로 건강이 급속도로 나빠지기 시작했지만, 그는 정복 사업을 멈추려고 하지 않았다.^{QR코드40}

결국 그는 1481년 5월 3일 밤 10시 무렵, 아시아로 원정을 떠났다가 게브제(Gebze: 터키 코자엘리 주 서쪽에 있는 도시) 부근에서 갑자기 쓰러져 숨을 거두었다. 그가 존경했던 한니발이 음독자살했던 곳이다. 술탄의 급사 원인을 두고는 여러 가지 이야기들이 난무한다. 지병인 통풍¹²² 합병증으로 인한 사망을 비롯해 전사, 사고사, 독살, 심지어는 자살이란 억측(?)까지도 제기되어 있다. 이 가운데 독살설은 메흐메드 2세와 종교 및 후계 문제를 두고 갈등 관계에 있던 아들 바예지드 2세가 유대인 시의(侍醫) 야쿱 파샤를 회유해 약물로 살해했다는 주장이다. 학자들은 대체로 통풍으로 인한 병사에 무게를 두고 있다. 의사의 처방전에 병을 치료하기보다 오히려 악화시키는 위험 성분이 든 약품이 있어 명을 재촉했다고 보는 일각의 견해도 있다. 아무튼 술탄의 나이 마흔아홉 살이던 1481년 5월 3일이 그의 사망일이라는 데는 의견이 일치한다.

그리고 보면 비잔티움 제국의 탄생(330년 5월 11일, 수도 이전)과 멸망(1453년 5월 29일), 황제의 죽음(1453년 5월 29일)과 술탄의 죽음(1581년 5월 3일)이 모두 5월에 발생했다. 5월은 생성의 달이면서 또한 소멸의 달인 것인가. 역사는 5월에 이루어지는 모양이다.

메흐메드 2세 이후에도 오스만의 정복 전쟁은 계속된다. 그의 증손자인 쉴레이만 1세[10대 술탄, 재위 1520~1566년, '대제(the Magnificent)']는 아

---

122 痛風. 팔다리 관절에 심한 염증이 반복되어 생기는 유전성 대사 이상 질환. 정복 이후 메흐메드 2세는 건강 상태가 양호할 때 수많은 노예를 거느리고 이스탄불 거리를 활보하곤 했다. 가끔은 기병 2명의 호위를 받으며 수도 전역을 말을 타고 돌아다녔다. 그러나 이런 산책과 승마는 비만과 통풍, 그로 인한 합병증들의 빈발로 점차 그만두게 되고, 그는 자신의 궁전 높은 벽 뒤에 머물면서 좀처럼 대중 앞에 모습을 보이지 않았다.

시아·유럽·아프리카 및 중동 일대에 약 560만㎢의 최대 강국을 건설한다. 정복 국가로서 광활한 지역의 다양한 민족과 세력, 종교와 문화를 아우르며 623년이란 장구한 세월에 걸쳐 존속한 오스만 제국은 세계에서 특별한 역할과 위치를 구축해왔다. 그 기틀을 놓은 이들 중 가장 중요한 사람이 메흐메드 2세이다.

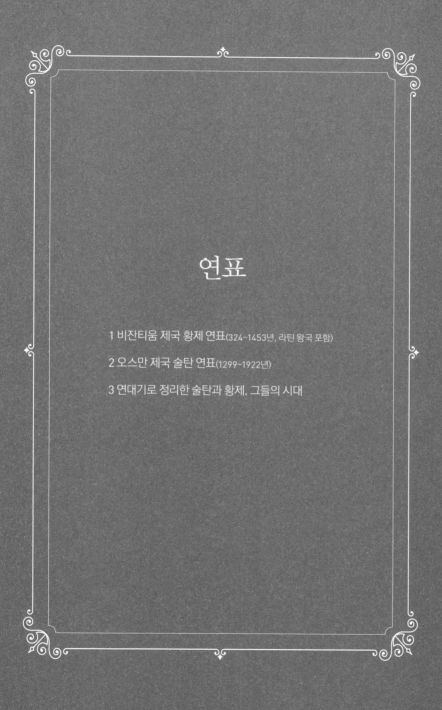

연표

비잔티움 제국 황제 연표(324~1453년, 라틴 왕국 포함)

* 위키피디아 라틴어본을 기준으로 하여 영문본과 그리스본을 참고하였다.
• 표는 비(非)왕조, 공동황제, 임시 집권 등을 표시한 것이다.

콘스탄티누스 왕조	300~363
콘스탄티누스 1세(Gaius Flavius Valerius Aurelius Constantinus I Magnus)	324. 9. 19~337. 5. 22 "대제"
콘스탄티우스 2세(Flavius Iulius Constantius II)	337. 5. 22~361. 10. 5
콘스탄스 1세(Flavius Iulius Constans I)	337. 5. 22~350. 1
율리아누스(Flavius Claudius Iulianus)	361. 10. 5~363. 6. 28 "배교자"
• 요비아누스(Flavius Iovianus)	363. 6. 28~364. 2. 17
발렌티니아누스 왕조	**364~379**
발렌티니아누스 1세(Flavius Valentinianus I)	364. 2. 26~375. 11. 17
발렌스(Flavius Iulius Valens)	364. 3. 28~378. 8. 9
그라티아누스(Flavius Gratianus)	378. 8. 9~379. 1. 19
테오도시우스 왕조	**379~457**
테오도시우스 1세(Flavius Theodosius I)	379. 1. 19~395. 1. 17 "대제"
아르카디우스(Flavius Arcadius)	395. 1. 17~408. 5. 1
테오도시우스 2세(Flavius Theodosius II)	408. 5. 1~450. 7. 28
• 풀케리아(Aelia Pulcheria)	450. 7. 28~453. 7 (마르키아누스의 황후)
마르키아누스(Flavius Marcianus Augustus)	450~457. 1
레오니드 왕조	**457~518**
레오 1세(Flavius Valerius Leo I)	457. 2. 7~474. 1. 18 "트라키아인"
레오 2세(Flavius Leo II)	474. 1. 18~11. 17 "꼬마"
제노(Flavius Zeno)	474. 11. 17~491. 4. 9
• 바실리스쿠스(Flavius Basiliscus: 반대편 황제)	475. 1. 9~476. 8
아나스타시우스 1세(Flavius Anastasius I Dicorus)	491. 4. 11~518. 7. 9

440

유스티니아누스 왕조	518~602
유스티누스 1세(Flavius Iustinus I)	518. 7~527. 8. 1
유스티니아누스 1세(Flavius Petrus Sabbatius Iustinianus I)	527. 8. 1~565. 11. 13/14 "대제"
유스티누스 2세(Flavius Iustinus II)	565. 11. 14~578. 10. 5
티베리우스 2세 콘스탄티누스(Flavius Tiberius II Constantinus)	578. 10. 5~582. 8. 14
마우리키우스 티베리우스(Flavius Mauricius Tiberius)	582. 8. 14~602. 11. 22
• 포카스 1세(Flavius Phocas I)	602. 11. 23~610. 10. 4
헤라클리우스 왕조	610~695
헤라클리우스(Flavius Heraclius)	610. 10. 5~641. 2. 11
• 콘스탄티누스 3세(Heraclius Novus Constantinus III)	641. 2. 11~5. 24/26
• 헤라클리우스 2세 헤라클로나스(Heraclius II Heraclonas, Constantinus Heraclius)	641. 2. 11~9
콘스탄투스 2세(Constantus II)	641. 9~668. 9. 15 "턱수염"
콘스탄티누스 4세(Constantinus IV)	668. 9. 15~685. 9 "턱수염"
유스티니아누스 2세(Iustinianus II)	685. 9~695, 705. 8~711. 12 "잘린 코"
무정부 시대 20년	695~717
• 레온티우스(Leontius)	695~698
• 티베리우스 3세(Tiberius III Apsimar)	698~705
• 필리피쿠스(Philippicus Bardanes)	711. 12~713. 6. 3
• 아나스타시우스 2세 아르테미우스(Anastasius II Artemius)	713. 6~715. 11
• 테오도시우스 3세(Theodosius III)	715. 5~717. 3. 25
이사우리아 왕조	717~802
레오 3세(Leo III Isauricus)	717. 3. 25~741. 6. 18 "이사우리아인"
콘스탄티누스 5세(Constantinus V)	741. 6. 18~775. 9. 14 "똥이름"
레오 4세(Leo IV)	775. 9. 14~780. 9. 8 "카잘인"
콘스탄티누스 6세(Constantinus VI)	780. 9. 8~797. 8
이레네(Irene)	797. 8~802. 10. 31 "아테네의 이레네"
니케포루스 왕조	802~813
니케포루스 1세(Nicephorus I)	802. 10. 31~811. 7. 26 "재무대신"

스타우라키우스(Stauracius)	811. 7. 26〜10. 2
미카엘 1세 랑가부스(Michael I Rhangabus)	811. 10. 2〜813. 6. 22
•레오 5세(Leo V Armenius)	813. 7. 11〜820. 12. 25 "아르메니아인"
아모리아 왕조	**820〜867**
미카엘 2세(Michael II)	820. 12. 25〜829. 10. 2 "아모리아인"
•토마스 슬라부스(Thomas Slavus: 반대편 황제)	820〜822
테오필루스(Theophilus)	829. 10. 2〜842. 1. 20
미카엘 3세(Michael III)	842. 1. 20〜867. 9. 23 "술주정뱅이"
•바르다스(Bardas: 섭정, 부황제)	862〜866
마케도니아 왕조	**867〜1056**
바실리우스 1세(Basilius I Macedonius)	867〜886. 8. 2 "마케도니아인"
레오 6세(Leo VI Sapiens)	886〜912. 5. 11 "현자"
알렉산더(Alexander: 콘스탄티노플 황제)	912. 5. 11〜913. 6. 6
콘스탄티누스 7세 포르피로게니투스(Constantinus VII Porphyrogenitus)	913. 6. 6.〜959. 11. 9 "황제의 방에서 탄생"
•로마누스 1세 레카페누스(Romanus I Lecapenus)	920. 12. 17〜944. 12. 16
로마누스 2세(Romanus II)	959. 11. 9〜963. 3. 15 "황제의 방에서 탄생"
니케포루스 2세 포카스(Nicephorus II Phocas)	963. 8. 16〜969. 12. 11
요안네스 1세 치미스케스(Ioannes I Tzimisces)	969. 12. 11〜976. 1. 10
바실리우스 2세 불가록토누스(Basilius II Bulgaroctonus)	976. 1. 10〜1025. 12. 15 "불가리아인의 학살자"
콘스탄티누스 8세(Constantinus VIII)	1025. 12. 15〜1028. 11. 15 "황제의 방에서 탄생"
•조에(Zoë)	1028. 11. 15〜1050. 6 "황제의 방에서 탄생"
로마누스 3세 아르기루스(Romanus III Argyrus)	1028. 11. 15〜1034. 4. 11
미카엘 4세 파플라곤(Michael IV Paphlagon)	1034. 4. 11〜1041. 12. 10 "파플라고니아인"
미카엘 5세 칼라파테스(Michael V Calaphates)	1041. 12. 10〜1042. 4. 20 "틈을 메운 자"
•테오도라(Theodora)	1042. 4. 19〜1056. 8. 31
콘스탄티누스 9세 모노마쿠스(Constantinus IX Monomachus)	1042. 6. 11〜1055. 1. 7/8 또는 11
•미카엘 6세 스트라티오티쿠스(Michael VI Bringas, Stratioticus)	1056. 9〜1057. 8. 31 "늙은이"
콤네누스 왕조	**1057〜1059**
이사키우스 1세 콤네누스(Isaacius I Comnenus)	1057. 6. 5〜1059. 11. 22

두카스 왕조	1059~1081
콘스탄티누스 10세 두카스(Constantinus X Ducas)	1059. 11. 24~1067. 5. 22
미카엘 7세 파라피나케스(Michael Ⅶ Parapinaces)	1067. 5. 22~1078. 3. 24 "사분의 일"
로마누스 4세 디오게네스(Romanus Ⅳ Diogenes)	1068. 1. 1~1071. 10. 24
니케포루스 3세 보타니아테스(Nichphorus Ⅲ Botaniates)	1078. 3. 31~1081. 4. 4
콤네누스 왕조	1081~1185
알렉시우스 1세 콤네누스(Alexius Ⅰ Comnenus)	1081. 4. 4~1118. 8. 15
요안네스 2세 콤네누스(Ioannes Ⅱ Comnenus)	1118. 8. 15~1143. 4. 8
마누엘 1세 콤네누스(Manuel Ⅰ Comnenus)	1143~1180. 9. 24
알렉시우스 2세 콤네누스(Alexius Ⅱ Comnenus)	1180. 9. 24~1183. 10
안드로니쿠스 1세 콤네누스(Andronicus Ⅰ Comnenus)	1183~1185. 9. 11
앙겔루스 왕조	1185~1204
이사키우스 2세 앙겔루스(Isaacius Ⅱ Angelus)	1185~1195. 3 1203. 7. 18~1204. 1. 27/28
알렉시우스 3세 앙겔루스(Alexius Ⅲ Angelus)	1195. 3~1203. 7. 17/18
알렉시우스 4세 앙겔루스(Alexius Ⅳ Angelus)	1203. 8. 1~1204. 1. 27/28
• 니콜라우스 카나부스(Nicolaus Kanabus)	1204
알렉시우스 5세 두카스 (Alexius Ⅴ Ducas)	1204. 2. 5~4. 13 "눈썹 짙은"
라스카레스 왕조 : 니케아 망명 정부	1204~1261
테오도루스 1세 라스카레스(Theodorus Ⅰ Lascares)	1205~1221/1222. 12
요안네스 3세 두카스 바타체스(Ioannes Ⅲ Ducas Batatzes)	1221/1222. 12. 15~1254. 11. 3
테오도루스 2세 두카스 라스카레스(Theodorus Ⅱ Ducas Lascares)	1254. 11. 3~1258. 8. 18
요안네스 4세 두카스 라스카레스(Ioannes Ⅳ Ducas Lascares)	1258. 8. 18~1261. 12. 25
팔라이올로구스 왕조(콘스탄티노플 복원)	1261~1453
미카엘 8세 팔라이올로구스(Michael Ⅷ Palaeologus)	1261. 1. 1~1282. 12. 11
안드로니쿠스 2세 팔라이올로구스(Andronicus Ⅱ Palaeologus)	1282. 12. 11~1328. 5. 24
안드로니쿠스 3세 팔라이올로구스(Andronicus Ⅲ Palaeologus)	1328. 5. 24~1341. 6. 15
요안네스 5세 팔라이올로구스(Ioannes Ⅴ Palaeologus)	1341. 6. 15~1376. 8. 12, 1379. 7. 1 ~1390. 4. 14, 1390. 9. 17~1391. 2. 16

요안네스 6세 칸타쿠제누스(Ioannes VI Cantacuzenus)	1347. 2. 8〜1354. 12. 4
안드로니쿠스 4세 팔라이올로구스(Andronicus IV Palaeologus)	1376. 8. 12〜1379. 7. 1
요안네스 7세 팔라이올로구스(John VII Palaeologus)	1390. 4. 14〜9 17
마누엘 2세 팔라이올로구스(Manuel II Palaeologus: 마지막 황제의 부친)	1391. 2. 16〜1425. 7. 21
요안네스 8세 팔라이올로구스(Ioannes VIII Palaeologus: 마지막 황제의 맏형)	1425. 7. 21〜1448. 10. 31
콘스탄티누스 11세 팔라이올로구스(Constantinus XI Palaeologus: 마지막 황제)	1449. 1. 6〜1453. 5. 29

라틴 왕국(Imperium Romaniae) 황제 연표	1204〜1261년
보두엥 1세 드 앵노(Baudouin I de Hainaut)	1204〜1205
앙리 드 앵노(Henri de Hainaut)	1206〜1216
피에르 2세 드 쿠르트네(Pierre II de Courtenay)	1216〜1217
•욜랑드 드 앵노(Yolande de Hainaut: 섭정)	1217〜1219
로베르 1세 드 쿠르트네(Robert I de Courtenay)	1221〜1228
•쟝 드 브리엥(Jean de Brienne: 섭정)	1229〜1237
보두엥 2세 드 쿠르드네(Baudouin II de Courtenay)	1228〜1240〜1261

오스만 제국 술탄 연표(1299~1922년)
Devlet-i Âliye-yi Osmâniyye: 위대한 오스만의 나라

* 별도 설명이 없는 경우는 사망 시까지 재임했음을 뜻함.

1	오스만 1세(Osman I) GHAZI BEY KARA [검고 광대한 땅의 전사(戰士)님]	1299. 7. 27~1326. 7. 29
	• 에르투룰(Ertuğrul) 가지의 아들, 룸 셀죽 술탄으로부터 1299년 독립 선언	
2	오르한 가지(Orhan) GHAZI BEY(용감한 전사님)	1326. 7. 29~1362
3	무라드 1세(Murad I) SULTAN-İ AZAM(고귀한 술탄) HALİFE(칼리프) *1383년부터 술탄 호칭, 칼리프 사용. HÜDAVENDİGÂR-Khodāvandgār ŞEHÎD (이슬람에 헌신적인 순교자)	1362~1389. 6. 15
	• 코소보(Kosovo) 전투에서 사망	
4	바예지드 1세(Bayezid I) SULTAN-İ RÛM(유럽의 술탄) YILDIRIM(천둥 벼락), HALİFE	1389. 6. 15~1402. 7. 20
	• 티무르와 앙카라 전투에서 패배, 포로상태에서 사망(1403. 3)	
	쉴레이만(Süleyman Çelebi)(1402~1411)	
	무사(Mûsâ Çelebi)(1411~1413)	술탄 왕위 부재기간(1402. 7. 20~1413. 7. 5)
	무스타파(Mustafa, Düzme)(1421~1422)	
5	메흐메드 1세(Mehmed I) ÇELEBİ KİRİŞÇİ HALİFE (활줄을 잘 다루었던 현자)	1413.7.5~1421.5.26
6	무라드 2세(Murad II) KOCA(위대한) HALİFE	1421. 6. 25~1444 1446~1451. 2. 3
	• 아들에게 양위(2년 간) 후 복위	

7	메흐메드 2세(Mehmed II) FATİH(정복자) HALİFE QAYSER-İ RÛM(로마 제국의 황제)	1444~1446 1451.2,3~1481. 5.3
	• 콘스탄티노플 정복, 두 차례 술탄을 역임	
8	바예지드 2세(Bayezid II) VELÎ(성인) HALİFE	1481. 5. 19~1512. 4. 25
	• 사망 1개월 전 양위	
9	셀림 1세(Selim I) YAVUZ(강력한) HALİFE Hadim'ul Haramain'ish-Sharifain (메카와 메디나의 봉사자)	1512. 4. 25~1520. 9. 21
10	쉴레이만 1세(Süleyman I) MUHTEŞEM(고결한), KANÛNÎ(입법가) HALİFE	1520. 9. 30~1566. 9. 7
	• 쉴레이만 대제(Magnificent), 오스만 최대 영토 확장	
11	셀림 2세(Selim II) SARI(금빛 나는) HALİFE	1566. 9. 29~ 1574. 12. 21
12	무라드 3세(Murad III) HALİFE	1574. 12. 22~1595. 1. 16
13	메흐메드 3세(Mehmed III) ADLÎ(공정한) HALİFE	1595. 1. 27~1603. 12. 21
14	아흐메드 1세(Ahmed I) BAKHTÎ(행운의) HALİFE	1603. 12. 21~1617. 11. 22
15	무스타파1세 (Mustafa I) DELİ(비정상인) HALİFE	1617. 11. 22~1618. 2. 26 1622. 5. 20~1623. 9. 10
	• 두 번 재위했으나 정신질환으로 두 번 다 퇴위당함	
16	오스만 2세(Osman II) GENÇ ŞEHÎD(어린 순교자) HALİFE	1618. 2. 26~1622. 5. 19
	• 예니체리에게 퇴위 다음날 피살됨	
17	무라드 4세(Murad IV) SAHİB-Î KIRAN(바그다드 정복자) GHAZI(전사) HALİFE	1623. 9. 10~1640. 2. 9
18	이브라힘(Ibrahim) DELİ ŞEHÎD(이슬람 순교자) HALİFE	1640. 2. 9~1648. 8. 8
	• 크레테의 정복자, 총리 주도 쿠데타로 퇴위 후 교살됨	
19	메흐메드 4세(Mehmed IV) AVCI(사냥꾼) HALİFE	1648. 8. 8~1687. 11. 8
	• 신성 로마 제국과 제2차 모하즈(하르사니 산)전 패전 책임으로 퇴위	
20	쉴레이만 2세(Süleyman II) GHAZI(전사) HALİFE	1687. 11. 8~1691. 6. 22
21	아흐메드 2세(Ahmed II) KHAN GHAZI(전사의 왕) HALİFE	1691. 6. 22~1695. 2. 6

22	무스타파 2세(Mustafa II) GHAZI(전사) HALİFE	1695. 2. 6~1703. 8. 22
	•예니체리 폭동으로 퇴위	
23	아흐메드 3세(Ahmed III) GHAZI(전사) HALİFE	1703. 8. 22~1730. 10. 2
	•'튤립시대' 술탄, 예니체리의 반란으로 퇴위	
24	마흐무드 1세(Mahmud I) GHAZI, KAMBUR(전사, 곱추) HALİFE	1730. 10. 2~1754. 12. 13
25	오스만 3세(Osman III) SOFU(경건한) HALİFE	1754. 12. 13~1757. 10. 30
26	무스타파 3세(Mustafa III) YENİLİKÇİ(혁신적인) HALİFE	1757. 10. 30~1774. 1. 21
27	압둘하미드 1세(Abdülhamid I) ISLAHATÇI GHAZI(신의 종, 개선자, 전사) HALİFE	1774. 1. 21~1789. 4. 7
28	셀림 3세(Selim III) BESTEKÂR(지휘자) NİZÂM-Î ŞEHÎD(질서수립, 순교자) HALİFE	1789. 4. 7~1807. 5. 29
	•예니체리 반란으로 퇴위, 암살	
29	무스타파 4세(Mustafa IV) HALİFE	1807. 5. 29~1808. 7. 28
	•반란으로 퇴위, 처형	
30	마흐무드 2세(Mahmud II) İNKILÂPÇI, GHAZI(개혁가, 전사) HALİFE	1808. 7. 28~1839. 7. 1
	•예니체리를 해산시킴	
31	압둘메지드 1세(Abdülmecid I) TANZİMÂTÇI(강력한 개혁 선봉자) GHAZI(이슬람 전사) HALİFE	1839. 7. 1~1861. 6. 25
	•개혁 총리 무스타파 라시드 기용, 탄지마트(질서 재정립) 시대 개척	
32	압둘아지즈 1세(Abdülaziz I) BAHTSIZ ŞEHÎD(불운한 순교자) HALİFE	1861. 6. 25~1876. 5. 30
	•각료들에게 의해 퇴위, 사망	
33	메흐메드 무라드 5세(Mehmed Murad V) HALİFE	1876. 5. 30~1876. 8. 31
	•제국의 민주개혁 위해 물러남, 1904 사망	
34	압둘하미드 2세(Abdülhamid II) Ulû Sultân Abd ül-Hāmīd Khan, HALİFE (장엄한 술탄, 칸)	1876. 8. 31~1909. 4. 27
	•1·2차 헌법시대를 수용, 퇴위	

35	메흐메드 5세(Mehmed Ⅴ) REŞÂD(진정한 길을 따르는 자) HALİFE	1909. 4. 27~1918. 7. 3
36	메흐메드 6세(Mehmed Ⅵ) VAHDETTİN(이슬람교 통일주의자) HALİFE	1918. 7. 4~1922. 11. 1
	• 술탄직 폐위로 이스탄불 출국, 이탈리아 산레모에서 사망(1926. 5)	
37	압둘메지드 2세 (Abdülmecid Ⅱ) HALİFE	1922. 11. 18~1924. 3. 3
	• 칼리프 폐지로 추방, 파리에서 죽음(1944. 8)	

448

[연표 3]
연대기로 정리한 술탄과 황제, 그들의 시대

황제로의 길(1405~1432년)				
오스만 제국			비잔티움 제국	
무라드 2세(메흐메드 2세의 아버지) 태어남	1404			
	1405		콘스탄티누스 팔라이올로구스(마지막 황제) 탄생(2.8) 마누엘 2세(재위 1391~1425년)와 헬레나 드라가스 사이의 여섯 형제 중 넷째로 태어남	
메흐메드 1세와 쉴레이만 등 형제간의 전쟁 본격화(바예지드 1세의 아들들)	1406	1세	형 미카엘 사망. 동생 데메트리오스 (1406~1470년) 태어남	
	1409	4세	막내 동생 토마스(1409~1465년) 탄생	
쉴레이만·무사간 유럽지역에서 대결	1410. 7~ 1411. 2			
무사, 콘스탄티노플 포위(여름)	1411			
	1412	7세	재능이 많고 지도자의 기질이 있어 '황제가 될 사람(Porphyrogenitus)'으로 불림	
메흐메드 1세, 무사를 소피아 근처에서 물리침(7. 5) 오스만 영토 통일	1413			
무라드 2세의 맏아들 아흐메드 탄생	1420			
메흐메드 1세 사망, 무라드 2세 즉위 (부르사, 5월)	1421			
오스만 튀르크 제위 계승 전쟁	1421~1422			
무라드 2세, 콘스탄티노플 포위 공격 (6. 2 ~ 9. 6) 동생 무스타파, 아나톨리아에서 반란	1422	17세	큰 형 요안네스 8세, 부친 마누엘 2세와 공동 황제로 즉위	

		1423	18세	요안네스 8세의 서구 원조 여행, 콘스탄티누스는 섭정(1차)이 됨
베네치아령 테살로니카 포위		1423~1424		
오스만–베네치아 전쟁		1423~1430		
		1424	19세	튀르크와의 굴욕적 평화조약 체결(2. 22)
아이든 및 멘테세 정복		1424~1425		
		1425	20세	부친 마누엘 2세 사망, 요안네스 8세 황제 즉위(재위 1425~1448년) 콘스탄티누스, 콘스탄티노플 근교 흑해 연안 비잔티움 영토의 군주가 됨(7월)
테살로니카, 왈라키아, 세르비아와 전쟁		1425~1427		
		1427	22세	콘스탄티누스 협상 사절로 (스)프란체스와 함께 미스트라 도착 (12. 26)
오스만과 헝가리 평화조약		1428	23세	셋째형 안도로니코스 사망(3월) 막달레나 토코와 결혼(테오도라로 개명) (7. 1) 요안네스 8세, 콘스탄티누스와 토마스는 파트라스 공격, 실패로 돌아감(7월~)
		1429	24세	파트라스 재진입 시도, 전투 실패(3월) 콘스탄티누스, 파트라스 정복(6월) 콘스탄티누스의 왕비 사망, 클라렌자에 묻힘(11월)
무라드 2세, 테살로니카 점령		1429~1430		
이오니아 및 아르타 복속		1430	25세	농성자들까지 항복함으로써 파트라스, 225년 만에 비잔틴령이 됨(7월) 콘스탄티누스, 요안네스 8세의 후원 아래 그리스 남부 탈환 작전 시작
알바니아 정복과 반란		1430~1433		
두 사람의 공존(1432~1453년)				
메흐메드, 에디르네에서 술탄 무라드 2세의 셋째 아들로 탄생(3. 30)		1432		
세르비아 및 카라만 정복		1433~1437		
		1435	30세	요안네스 황제, 수도로 콘스탄티누스를 부름
맏형 아흐메드 사망, 메흐메드는 아마시아 총독직 계승	5세	1437		
		1437~1440	32~ 35세	콘스탄티누스, 2차 섭정
헝가리와의 전쟁 및 세르비아 정복		1438~1441		

450

메흐메드, 마니사 총독으로 부임 세르비아, 독립운동 종결 보스니아, 오스만의 속국이 됨	7세	1439	34세	피렌체 공의회 개최
		1439~1442		반(反) 오스만 연합 전선 결성
벨그라드 포위전 실패	8세	1440		
		1441	36세	콘스탄티누스, 카테리나 가틸루시오와 두 번째 결혼(8월)
트란실바니아에서 헝가리 후냐디에게 패배		1441~1442		
오스만 제국의 카라만 공격	10세	1442	37세	콘스탄티누스, 렘노스 섬에서 터키 함대에게 붙잡힘(4월) 두 번째 왕비 사망(8월)
둘째 형 알라앗딘 사망, 메흐메드는 황태자가 됨 후냐디 발칸 십자군 출병, 즐라티샤 전투 (12. 25) 이스켄데르, 북부 알바니아에서 반란	11세	1443	38세	콘스탄티누스, 미스트라 군주로 부임(10월)
헝가리와 오스만 제국 강화조약 맺음(에디르네. 6. 12) 무라드 2세의 양위로 메흐메드는 술탄이 됨(8월) 십자군, 다뉴브 강 도하(9월) 무라드 2세, 전쟁 총사령관으로 복귀 (10. 20) 바르나 전투, 헝가리 왕 블라디슬라브 3세 전사(11. 10)	12세	1444	39세	헥사밀리온 건설
여름 다뉴브 강 전투		1445		
무라드 2세, 술탄으로 복귀, 메흐메드는 다시 왕자가 됨 (8월) 귈베하르 하툰과의 결혼 오스만군, 헥사밀리온 도착 (11. 27)	14세	1446	41세	오스만군의 헥사밀리온 공격, 콘스탄티누스 간신히 탈출(12.10)
		1447	42세	프란체스, 트레비존드·조지아 왕족과 혼담 관련 접촉
아들 바예지드 2세 탄생 (1월) 제2차 코소보 전투, 메흐메드는 무라드 2세의 우익에서 전투 참여 (10. 17~19) 무라드 2세, 콘스탄티누스의 황제 즉위 승인	16세	1448	43세	둘째 형 테오도로스, 전염병으로 사망(6월) 요안네스 8세 사망(10. 30) 모후 헬레나, 자신의 섭정권으로 콘스탄티누스를 황제로 지명(11. 13)
왈라치아 원정, 그루지아 재정복(1. 6)	17세	1449	44세	미스트라에서 콘스탄티누스 11세 추대 의식 콘스탄티누스, 콘스탄티노플 도착(3. 12) 튀르크와의 휴전 협정 체결 추진
메흐메드, 시트 하툰과 결혼 아들 무스타파 탄생	18세	1450	45세	모후 헬레나 서거 (3. 23)

부친 무라드 2세 서거(48세, 2. 13) 메흐메드, 다시 술탄으로 즉위(2. 18) 자신의 이복동생 아흐메드 살해 베네치아와 평화조약 (9. 10) 헝가리와의 3년 휴전 조약 체결 (11. 20)		19세	1451	46세	황제, 술탄 메흐메드에게 우호 및 휴전 제의(2월)
술탄, 인부 5000명 모집(2월) 루멜리 히사르 공사 시작, 8월 완공 (사실상 비잔틴 제국에 선전포고)		20세	1452		
			1453 4. 2~5. 29		콘스탄티노플 정복 전쟁QR코드 41
콘스탄티노플 정복 페라(Pera) 함락		21세	1453. 5. 29	48세	황제 전사

정복왕 파티(Fatih, 1453~1481년)의 시대		
1454. 4. 18.	22세	베네치아, 제노바와의 협정 체결 술탄의 세르비아에 대한 영유권 주장과 헝가리 왕 라디슬라스 5세의 반발 여름, 술탄의 헝가리 원정
1455	23세	봄, 술탄의 세르비아 원정 10월 5일 몰다비아(Moldavia), 오스만에 복속
1456	24세	6월 13일, 술탄 베오그라드 포위 7월 22일 베오그라드 포위 실패, 하지만 대부분의 세르비아 영토 정복 트레비존드(Trebizond) 제국, 오스만에 복속
1457	25세	에디르네의 대화재 이후, 이스탄불이 제국의 수도가 됨 교황, 에게 해에 십자군 파견 알부레나 전투에서 스칸데르베그에게 패배
1458	26세	술탄의 코린트 공격
1459	27세	술탄의 모레아 정복
1460. 4. 13.	28세	두 번째 모레아 원정, 재정복
1461. 6. 22.	29세	술탄 흑해 원정, 스칸데르베그와의 휴전 7월 흑해 연안 공국들 정복 8월 15일 트레비존드 정복
1462	30세	왈라키아 침략, 블라드 3세와의 대결 렘노스 섬 정복
1463. 2~3월	31세	파티 모스크 건설 시작 4월 3일 마흐무드 파샤를 중심으로 한 베네치아 원정군 결성 4월 27일 알바니아의 스칸데르베그와의 평화 협정 6월 28일 베네치아, 오스만 제국에 대한 전쟁 선포 10월 20일 베네치아군과 오스만군의 첫 회전
1464~1465	32~ 33세	카라만 및 베네치아—아카윈드 연합군 전투
1466~1467	34~ 35세	알바니아의 스칸데르베그와의 전투 재개
1468. 1. 17.	36세	스칸데르베그 사망 메흐메드2세 카라만 정복(여름)

1470	38세	에그리보스(Egriboz) 함락 7월 11일 유보이아(Euboea) 정복
1471	39세	1월 파티 모스크 준공
1472~1473	40~ 41세	우준 하산과의 전쟁
1473. 4. 11.	41세	술탄, 우준 하산과의 원정 전투를 떠남 8월 11일 오스만군, 우준 하산 패퇴시킴(테르잔 전투)
1474	42세	카라만 정복, 우준 하산과의 화평을 주장한 마흐무드 파샤 처형
1475	43세	1월 17일 몰다비아 스테판 왕, 쉴레이만 파샤가 이끄는 오스만군을 궤멸시킴 6월 6일 아흐메드 파샤의 제노바령 카파(Caffa, Kefe) 정복 여름 아흐메드 파샤의 흑해 정복, 크리미아 반도의 종주권 가짐
1476~1477	44~ 45세	2월 15일 매티아스(Mattias)·코르비누스(Corvinus)·샤바츠(Shabats) 등지 획득
1478	46세	1월 6일 우준 하산 사망, 술탄은 우준 하산의 영토 병합 5월 술탄의 마지막 알바니아 원정
1479	47세	1월 25일 오스만 제국-베네치아 평화 조약 이오니아 제도 정복 10월 로도스 섬 공격 트란실바니아와 헝가리 급습[아나파(Anapa), 코파(Kopa), 타마르칸(Tamatarkhan) 정복]
1480	48세	로도스 섬 포위, 이탈리아 남단 오트란토 함락
1481	49세	5월 3일 메흐메드 2세 사망 5월 20일 바예지드2세 왕위 계승

약간의 서평을 곁들인 참고 문헌

한 권의 책을 쓰기 위해서는 100권이 넘는 책을 읽는 작업이 필요했다. 국내 서점과 도서관은 물론 아마존닷컴을 뒤져 관련 서적들을 손에 넣었고, 위키피디아는 급한 갈증을 해소시켜주는 데 유용했다. 보아지치 대학교를 비롯한 이스탄불 유수의 대학과 도서관, 연구소 등에 틀어박혀 관련 자료들을 스캔하고 복사했다. 덕분에 터키어, 그리스어, 라틴어 사전을 구입했고, 성경(『공동번역』과 『주석성경』)도 새로 보고 꾸란도 접하게 되었다. 초판이 나온 뒤로도 4년 동안 나는 꾸준히 관련 자료와 서적들을 검색하고 수집해왔다. 이번 개정판에 다시 20여 권의 책을 추가로 소개한다. 그 시대의 역사학자와 연대기 작가 중 특히 집중 연구해야 할 필자와 저작물에 대해서는 그때그때 간략하게 메모를 해두었다.

내가 특별히 관심을 갖고 주목한 당대의 저술가들은 다음 다섯 사람이다. 프란체스[Georgios (S)Phrantzes, 1401~1478년], 크리토불로스(Michael Kritovoulos, 1410~1470년), 두카스(Michael Doukas, 1400~1462년?), 찰코콘딜레스(Laonikos Chalkokondyles, 1423~1490년), 바르바로(Nicolo Barbaro,

1420~1494년).

　황제의 오랜 친구이며 조언자이기도 했던 프란체스는 오스만군의 총공격이 있기 전날 밤, 황제와 함께 성벽을 마지막으로 둘러본 핵심 측근이다. 프란체스는 그날 밤 오스만군의 거대한 막사와 불야성을 이룬 화톳불, 전투 장비들을 지켜보면서 이제 제국을 구원해줄 수 있는 것은 신의 개입 말고는 없다는 결론을 내렸다고 한다. 연대기 형식을 빌린 그의 회고록은 미니멈(진본=『Chronicon Minus』)과 맥시멈(확장본=『Chronicon Majus』)이 존재한다. 역사란 가필과 주해가 끼어들 소지가 다분하다는 것을 증명이라도 하듯이……(확장본은 100여 년 뒤 멜리세노스란 사람이 프란체스의 이름을 빌려 쓴 위작이란 주장이 설득력을 얻고 있다.) 정복 이후 기구한 가족사(89쪽 각주 30 참고)를 겪어야 했던 그는 실의에 빠져 수도원에 들어가 이름도 바꾸고 성도 고친다. 그리스의 부활도, 비잔티움 제국의 복원도 믿지 않은 그는 수려하면서도 담담한 문장으로, 그러나 인간이기에 몇 사람에 대한 감정은 결코 삭이지 못한 채 그가 몸담았던 제국의 비극을 써내려갔다.

　크리토불로스는 다르다넬스 해협 앞에 있는 임브로스 섬의 영주였다. 그는 자신의 영지가 피해를 보지 않도록 인근에 있는 섬까지 평화적으로 항복시켜 술탄에게 바침으로써 술탄의 신임을 얻고 임브로스의 영주로 재임명되었다. 단순한 관찰자를 넘어 그 전쟁의 참여자이기도 했던 그는 앞서 언급한 작가들 중 술탄에 대해 가장 우호적인 기록을 남겼다. 그는 서방의 지원을 받아 튀르크와 맞서는 대신 튀르크에 협력하는 것이 그리스 문화와 종교를 보전하는 방법이라고 믿었다. 메흐메드 2세의 행적(1451~1467년)을 알렉산더 대왕에 견주어 칭송하는 글을 썼지만, 술탄은 그리 달가워하지 않아 그리스어로 된 그의 글이 라틴어나 터키어로 번역되는 것을 금했다. 비잔티움 최후의 황제가 끝까지 용감하게 싸웠다는 식의 사실적 표현이 출판을 막았는지도 모른다.

두카스는 양비론(兩非論)적 입장에서 글을 썼다. 그의 조부는 콘스탄티노플에서 오스만 제국으로 망명했다. 반면 그 자신은 생애 대부분을 제노바 정부를 위해 일했다. 그런 가족사 때문인지 그는 팔라이올로구스 왕가의 정통성을 인정하지 않았고, 비잔티움 제국에 대해 비판적 시각을 유지했다. 그는 비잔티움 제국의 멸망을 신이 내린 십계를 어기고 신을 두려워하지 않은 원죄에 대한 응보라고 주장했다. 바르나 전투에서의 십자군 패배도 그런 논리로 설명했다. 꿈과 예언을 신봉했던 두카스는 팔라이올로구스 왕조가 무너진 후 오스만 제국 역시 무너지고 그리스가 부활할 것이라고 믿었다. 술탄에 대해서도 '불경한 독재자이며 조국을 멸망시킨 원수'로 생각했다. 함락 직전 도시를 떠났기에 전투 현장에 직접 있지 않았고, 함락 이후 여러 목격자들과의 인터뷰를 통해 간접 확인해서인지 부분적으로 오류가 있는 점이 다소 아쉽다.

찰코콘딜레스는 아테네 귀족 출신 인문주의자이며 그리스 문명 예찬론자였다. 비잔티움과 오스만 내부 사정을 모두 알 수 있는 몇 안 되는 사람 중 하나였다. 이슬람을 합법적 문화 및 종교 체계로 인정한 최초의 그리스 역사가로서 의미가 있다. 그는 콘스탄티노플 함락은 트로이 함락의 대가이며, 비잔티움 제국의 해체는 제국의 긴 역사에 비추어 하나의 단막극에 불과하다고 보았다. 그는 비잔티움을 그들이 주장하는 로마라기보다는 그리스로 간주하여 훗날 그리스인에 의해 그리스인 황제가 제국을 복원할 수 있을 것이라고 생각했다. 60세를 전후한 나이에 집필해서인지 연대가 간혹 뒤섞여 있으며, 구체적인 상황보다는 전반적인 흐름을 의고체(擬古體) 형식으로 썼다.

바르바로(61쪽 각주 17 참고)는 베네치아 출신 선의(船醫: 외과 의사)로서 전쟁 기간 내내 현장에 있었다. 공방전의 진행 상황을 날짜별로 집약하여 생생하게 정리한 그의 일지는 후대 학자들의 연구에 길잡이가 돼주었다. 라이벌 관계인 제노바인들을 싫어해 그들의 체면을 깎아내릴 만한 사건은 낱낱이 기록했다. 그리스인들에 대한 편견도 만만치 않다. 후세의 런치만, 피어스 등이 그를 높이 평가하고 있다. 그러나 해군 소속인 그는 해상 전투 중심으로 볼 수밖에 없어 서술의 한계가 다소 느껴진다. 필자는 비엔나판(1856년)을 중역한 영문판 일지에 의존했다.

이 다섯 사람이 쓴 대표 저작물들은 말미의 참고 문헌 목록에 적어놓았다.

오스만 쪽 저술가로는 투르순 베이(Tursun Bey)와 사아뎃딘(Sa'ad ed-Din)을 먼저 꼽고 싶다.

1426년생인 투르순 베이는 40년간의 공직 생활을 마감하고 1488년부터 부르사에 머물며 『Tārīḫ-i Abu'l-Fatḥ[정복자(메흐메드 2세)의 역사]』를 집필했다. 참전자로서 정복 이후의 상황까지 곁들여 이 포위전에 대해 매우 광범위하고 상세한 기록을 남겼다. 필자는 아야 소피아 도서관 판본(1912년)의 영문 번역본을 참고했다. 이슬람 중심의 세계관에 입각해 쓴 책이다.

사아뎃딘(1536~1599년)은 공방전과 함락사를 5권짜리 그의 방대한 터키 역사서(권3) 속에 체계적으로 담았다. 16세기 말에 나온 그의 저술은 그 이전 역사가들의 글을 재구성하거나 그대로 옮겨 쓴 부분이 많지만 서구 학자들의 필독서 중 하나이다. 공방전과 관련해서도 그리스 역사가들의 시각과 별반 다르지 않다.

그밖에 페리둔 에메젠 교수가 추천한 케말파샤자데의 책, 키오스의 레오나르드 대주교, 이시도로스 추기경, 피렌체 출신 참전병 테탈디 등의 기록물도 가치 있는 자료로서 참고 문헌에 별도로 소개한다.

러시아에서 15세기 말~16세기 초에 집필된 것으로 보이는 네스토르 이스칸데르의 책은 정복 전쟁 당시 12세 소년이었던 그의 목격담이라 할 수 있다. 아마도 오스만군의 징집병으로 참전했던 것 같은데, 날짜와 순서가 맞지 않고 다소 몽환적이지만 디테일이 살아 있어 탐구해볼만한 자료이다. 또한 1892년 세르비아 외교관 미자토비치는 터키권 최초의 영어로 된 책을 펴내며 정복 전쟁 당시의 모든 저술과 편지, 자료는 물론 19세기까지의 연구 서적을 모두 망라했다고 스스로 평가하고 있다. 그러나 다른 연구 책자들과는 일시, 장소 등이 다소 차이가 나 아쉽다.

특별히 나를 사로잡았던 책은 1900년을 전후해 나온 2권의 책이었다. 테오도시우스 성벽을 세밀하게 탐사한 반 밀린젠(1899년), 전쟁사를 리얼하게 엮은 E. 피어스(1903년)의 방대한 저술은 내가 항상 손닿는 곳에 두고 있었다.

20세기에 와서는 바빙거(1953년)와 런치만(1960년)의 책들이 시대를 대표하는 저술이라 할 수 있다.

전쟁의 무대였던 터키는 방대한 자료의 숲이다. 정복 510주년(1963년), 511주년(1964년), 550주년(2003년) 기념 출판물들은 분야별로 체계적으로 연구된 자료들이다. 2016년에 사망한 이날즉 교수가 쓴 바빙거의 주장에 대한 반론을 비롯한 그의 오스만 저작물은 이 방면 연구자의 필독서이다. 아울러 이밖에 여러 세미나에서 발표된 학자들의 논문까지 최대한 많은 자료들을 입수해 섭렵하려고 했다.

그 모든 것들이 이 책의 자양분이 돼주었다.

참고 문헌 목록

* 저작자의 알파벳 혹은 한글 이름 순서이다.

(1) 터키 서적본(터키에서 발행되었거나 터키인이 쓴 책. 오스만어로 된 것도 포함)

Birinci, Necat(ed). *Fatih ve Dönemi(정복자와 그의 시대): Mehmed II and His Period.*
   (정복 510주년: 1963년 기념논문집) Türk Kültürüne Hizmet Vakfı. 2004.
   "The Ottoman-Byzantium Relations before Fatih(정복자) Era",
   "Fatih Era Governments",
   "Fatih Sultan Mehmed, His Life and Political Events of the Period",
   "The Conquest of İstanbul Results of The Conquest of İstanbul in the Slavic
   World",
   "Turkish İstanbul as a Capital City",
   "Central and Country Organization",
   "Military Organization",
   "Palace Organization and Protocol",
   "Religious Life", "Wakfs",
   "Food", "Chronology of Fatih Sultan Mehmed Period".
* 같은 내용의 터키어 버전과 영어 버전 모두를 담고 있는 책이다. 메흐메드 2세 재위
   기간 동안의 역사를 철저히 사실에 입각해 서술했다. 정복 전쟁에 투입된 병력 등
   을 수치로 제시해 정확도를 높였다. 또한 오스만 제국의 구조를 직위별(Grand Vizier,
   Kadiasker, Defterdar 등)로 상세하게 기술하는 등 정복 510주년을 기념하여 각 분야별

논문을 집대성하였다.

Lectures Delivered on the 511th Anniversary of the Conquest of İstanbul.(정복 511주년: 1964년 기념 논문집) Fen Fakültesi Döner Sermaye Basımevi. 1967.

　　Gökbilgin, Tayyib. "The Great Turkish Ruler Sultan Mehmed the Conqueror as a Builder and an Organizer". pp.25~31.

　　Dirimtekin, Feridun. "İstanbul before the Conquest". pp.32~37.

　　Tekindag, Sehabeddin. "İstanbul after the Conquest". pp.38~42.

　　Dirimtekin, Feridun. "The Conquest of İstanbul". pp.45~52.

　　Tekindag, Sehabeddin. "The Conqueror and the Hagia Sophia". pp.53~58.

　　Giirkan, Kazim Ismail. "The Conquest of İstanbul". pp.77~82.

550. Yılında Fetih ve İstanbul.(정복 550주년: 2003년 기념 논문집) Atatürk Kültür, Dil ve Tarih Yüksek Kurumu, Türk Tarih Kurumu Yayınları. 2007.

　　Sakel, Dean. "Some New Accounts of Sultan Mehmed and Patriarch Gennadius". pp.32~41.

　　Ocak, Ahmen Yasar. "İstanbul Fethinin Ideolojik Arkaplani(Bir Analiz Denemesi)". pp.43~46.

　　Zachariadou, Elizabeth A. "From Holy War to Just War"

　　Radusev, Evgeni. "Balkanlar ve Fetih". pp.147~155.

　　Chmilowska, Danuta. "The Conquest of Constantinople and Its Influence in Central and Eastern Europe". pp.157~165.

* 터키 사학계의 파티(메흐메드 2세)에 대한 연구는 해를 더할수록 집중적이고 체계적으로 이루어지고 있다. 다양한 분야에서 다양한 관점으로 방대한 주변 자료를 정리해 이론적 논거가 충분해지고 있다. 예컨대 Zachariadou는 정복 전쟁을 종교적 관점에서 보는 성전(Holy War)이 아니라 정전(Just War)으로 보고 있다. 비잔티움의 도발과 기만에 대한 정당한 응징으로 이 전쟁을 해석한 것이다.

İslâm Ansiklopedisi Cilt 33 (Nesih-Osmanlilar). Türkiye Diyanet Vakfı, İstanbul. 2007.

* 이슬람 문화·역사 및 터키와 관련된 광범위한 지식이 수록된 백과사전.

Dünden Bugüne İstanbul Ansiklopedisi No.6 (Mut/Sin).

* 내가 관심을 둔 페게 문 옆의 석관 교회에 관한 설명^{QR코드 37}을 이 백과사전을 통해 정리

했다.

Afyoncu, Erhan. *Truva'nın İntikamı*. Yeditepe. 2009.

Akşit, İlhan. *Ancient Civilizations and Treasures of Turkey*. Aksil. 2005.

Ayverdi, Sâmiha. *Fâtih*. Cetin Ofset. 1990.

Bayhan, Nevzat. *Fatih Mosque and Fatih Complex*. Kültür A.S.

———. *Sultan II.Abdülhamid'in Arşivinden Dünya: The World from the Archive of Sultan Abdülhamid II*. Kültür A.S. 2008.

Bayram, Ali. *Tarihte ve Günümüzde Medeniyet şehri İstanbul*. Akademik Arastirmalar Dergisi Yayinlari. 2010.

Cimok, Fatih. *Saint-Sauveur-in Chora*. A Turizm Yayinlari. 2010.

Danişmed, İsmail Hami. *The Importance of the Conquest of Istanbul for Mankind and Civilization*. İstanbul Matbaasi. 1953.

Deleon, Jak. *Balart ve Çevresi Bir Semt Monografisi*. Can Yayınları, 1991.

Emecen, Feridun M. *Fetih ve Kıyamet 1453*. Timaş Yayinlari, İstanbul. 2012.

———. *İstanbul'un Fethi Olayı ve Meseleleri*. Kitabevi. 2003.

＊ 이 방면의 터키 권위 연구자의 최근작이다. 위 책 『정복과 종말 1453』(2012년)은 터키에서도 베스트셀러이며 380쪽에 이르는 대작이다. 오스만, 아랍, 유럽 등의 근거 있는 자료로 정복 전쟁을 체계적으로 정리했다. 고어가 많아 다소 난해한 부분이 있다. 저자와는 수년간 세 차례 이상 장시간의 인터뷰를 하였고 이메일도 주고받았다.

Erkmen, Ali. *1453 Konstantinopol Istanbul*. Kültür A.S. 2010.

Francis, Yeorgios. *Şehir Düştü! Bizanslı Tarihçi Francis'den İstanbul'un Fethi*. Iletisim Yayinlari. 1993.

Freely, John. *İstanbul: The Imperial City*. Penguin Books. 1998.

———. *The Grand Turk: Sultan Mehmet II-Conqueror of Constantinople, Master of an Empire and Lord of Two Seas*. I.B.Tauris. 2009.

Freely, John and Çakmak, Ahmet S. *Byzantine Monuments of İstanbul*. Cambridge University Press. 2004.

＊ 에필로그에서 잠깐 소개한(356쪽 각주 109 참고) 프릴리 교수는 90세(1926년생)의 원로학자로서 자연과학도(물리학, 천문학 전공)였으나, 터기 사학계에서 중요한 역할을 하였다. 필자가 잠시 있었던 보스포러스 대학의 교수이며, 여기 소개된 3권의 책(1권은 공저)은

터키 연구의 필독서로 추천하고 싶다. 다만 바빙거의 메흐메드 2세 연구에 대한 반론 격으로 나온 앞의 책 『위대한 터키』는 분량이나 내용 면에서 좀 더 대중적이다. 『이스탄 불』 중 비잔티움 시대의 많은 부분은 필자가 주로 참고한 『비잔티움 모뉴멘트』의 요약 편이라 할 수 있다. 프릴리 교수와도 이메일로 서신을 주고받았다.

Genç, Uğur. *Haliç Zinciri*. Askeri Müze ve Kültür sitesi Komutanlığı. 2010.

Gyllius, Petrus. *İstanbul'un Tarihi Eserleri*. Eren Yayincilik. 1997.

The Historical Research Foundation. *Ottoman Empire in Miniatures*. Istanbul Research Center. 1988.

* 오스만 제국 관련 미니어처(세밀화)들을 부가 설명과 함께 담고 있어 볼거리가 풍부하 며 독자의 이해를 돕고 있다. 터키 문화관광부 발간.

Imber, Colin. *The Ottoman Empire 1300~1481*. The Isis Press İstanbul. 1990.

* 아랍 측의 콘스탄티노플 공격 역사와 오스만의 성장 등 연대기를 작성하기에 좋은 자료 이다.

Inalcık, Halil. *An Economic and Social History of the Ottoman Empire. 1300~1600*. (with Donald Quataert). Vol. 1 Cambridge University Press. 1994.

* 이 책은 오스만 제국의 경제 사상, 국가 재정, 토지 및 소작농, 무역 등 크게 네 부분을 다루고 있다. 제국의 기원에서 성장, 중앙 집권 및 지방 행정 체계, 경제 사회 및 종교 문화 등을 정확한 자료를 근거로 설득력 있게 제시하고 있다. 아울러 오스만 제국의 지 도, 왕조, 연대기, 연표, 인구, 경제 수치 등을 폭넓고 깊이 있는 자료와 통계로 제시해 신뢰성을 높인 20세기판 고전이다.

──. *Encyclopaedia of Islam (new edition)*. I. Article "Bayazed I".

──. *Fatih Devri uzerinde tetikler ve vesikalar*. I. Ankara. 1954.

──. *The Ottoman Empire: Conquest, Organization and Economy*. Variorum Reprints. 1978.

──. *The Ottoman Empire: The Classical Age 1300~1600*. Phoenix. 1973.

──. "Ottoman Methods of Conquest". *Studia Islamica*. No.2. Maisonneuve& Larose. 1954. pp.103~129.

──. "Mehmed the Conqueror(1432~1481) and His Time". *Speculum*. Vol.35. No. 3. Medieval Academy of America. 1960. pp.408~427.

* 이날즉 교수는 2016년 7월, 100세를 일기로 작고한 당대 최고의 터키 사학자이다. 터키

어는 물론 영어로 된 저술도 많다. 이 논문은 바빙거의 몇 가지 논리를 조목조목 반박한다.

Inalcik, Halil. *The Survey of Istanbul 1455.* Turkiye Bankasi. 2010.

* 메흐메드의 이스탄불 정복 이후 역사적 사실들을 담은 보고서 형식의 책이다. 이날즉은 베키르 바얄의 필사본을 옮기고 이것을 다시 영어로 번역했다. 정복자 치세기의 이스탄불 발전사를 이해하는 데 도움이 될 만한 내용을 700쪽 분량에 담고 있다.

Kritovoulos. *De Rebus Gestis Mechemetis* II. Fragmenta Historicorum Graecorum V. Paris. 1870.

———. *History of Mehmed the Conqueror.* (translated by Charles T. Riggs). Princeton University Press. 1954.

* 메흐메드 2세의 30년 정권 전체에 걸쳐 쓰려 했으나 전반 17년에 그쳤다. 아마도 저자의 죽음 때문인 것으로 여겨진다. 원본은 이스탄불의 세나 글리오 박물관에 있으며 1865년에 발견되었다. 5년 후 필사되어 파리에서 프린트 복사본인 *Fragmenta Historicorum Graecorum V*가 1890년에 최초로 출간되었다. 헝가리, 터키판 이후 영어판은 이 책이 최초이다.

Kubilay, Ayşe Yetişkin. *Maps of İstanbul Haritalari 1422~1922.* Denizler Kitabevi. 2010.

Mansel, Philip. *Konstantinopolis.* Sabah Kitapları. 1996.

Maxwell, Virginia. *İstanbul City Guide,* 6th edition. FSC. 2010.

Müller-Wiener, Wolfgang. *İstanbul'un Tarihsel Topografyası.* Yapı Kredi Yayınları. 2007.

Odekan, Ayla. Engin, Akyurek. and Necipoglu, Nevra. *First International Sevgi Gonul Byzantine Studies Symposium: Change in the Byzantine World in the Twelfth and Thirteenth Centuries.* Vehbi Koc Vakfi, İstanbul. 2010.

Özcan, Ali Riza. *Fatih Külliyesi* vols. 1–3. Kültür A.S. 2007.

Roux, Jean-Paul. *Türklerin Tarihi: Pasifik'ten Akdeniz'e 2000 Yıl.* Kabalcı Yayınevi, 2007.

Sa'ad ed-Din. *The Capture of Constantinople from the Tacut-tevarih(역사의 면류관).* (translated by E. J. W. Gibb). Glasgow. 1879.

———. *Tacut-tevarih(역사의 면류관). sad.* Ismet Parmaksizoglu, Vols. 1–5. Kultur

Bakanligi, Ankara. reprint 1999.(458쪽에서 설명)

Tursun Bey. *Târîh-i Ebü'l-Feth*(정복자의 역사). (edited by A. Mertol Tulum). Baha Matbassi, İstanbul. 1977.

——. *The History of Mehmed the Conqueror: Thārīḥ-i Ebü'l-Fath.* (translated by Halil Inalcık and Rhoads Murphey). Bibliotheca Islamica, Minneapolis. 1978.(458쪽 에서 설명)

Tursun Beg(Bey). Fasimile Text (Aya Sofaya Ms.) with Summary Translation info English by Halil Inalcik and Rhodes Murphey. *The History of Mehmed the Conqueror.* Amercian Research Institute in Turkey. 1978.

* 이 책의 편집자인 이날즉과 머피가 영어로 요약, 설명해주는 부분과 오스만어로 쓰인 원서, 두 파트로 구성돼 있다. 투르순 베이의 원서 내용에 충실하려는 접근법이다. 1451~1488년까지 메흐메드 2세의 업적과 정복에 관해 연대기적 서술을 하고 있다.

Ülgen, Ali Saim. *Constantinople During the Era of Mohammed the Conqueror.* General Direction of Pious Foundations. 1939.

Yazici, Nurhayat(ed.). *Churches of İstanbul.* Uranus Photography Agency Publishing Co. 2008.

Mahmut AK-Fahameddin BAŞAR, *İstanbul'un Fetih Günlüğü.* Çamlica Basim Yayın. 2010.

* (아마도) 유일하게 이스탄불 정복 과정을 오스만의 시점에서 일지(日誌)식으로 기술한 책. 메흐메드 2세의 탄생(1432년 3월 30일)부터 정복 이후(1453년 7월 10일)까지를 콘스탄티노플 함락 전쟁에 비중을 두어 다루었다. 그러나 세세한 정황 설명보다는 간단한 메모 수준이다. 게다가 날짜를 비롯해 병력, 전사자 수 등에서 부정확한 기록이 많아 검증과 추정에 시간과 품을 들여야 했다. 199개의 각주와 7편의 부록이 장점이다. 그중에는 두 군주의 연설문도 포함돼 있어 이 책(부록 I-4, I-5, QR코드 35)에 요긴하게 참고했다.

(2) 서구 서적본

Alderson, A.D. *The Structure of the Ottoman Dynasty.* Oxford Clarendon Press. 1956.

Ansary, Tamin. *Destiny Disrupted: A History of the World through Islamic Eyes.* Publicaffairs, NewYork. 2009.

* 이슬람의 관점으로 세계사를 다루려 한 책이다. 아프가니스탄 출신으로 유럽과 미국에서 교육을 받은 저자는 무슬림의 시각으로 무함마드부터 오스만 제국의 멸망 그리고 그 이후까지를 기술하고 있는 세계사 개괄서. 딱딱한 학술서 형식에서 벗어난 이야기 방식으로 읽기에 부담이 없다. 한글 번역서(『이슬람의 눈으로 본 세계사』)도 나와 있다.

Atiya, Aziz Suryal. *The Crusade of Nicopolis.* Methuen & Co., Ltd. 1934.

Babinger, Franz. *Fetihnâme-i Sultan Mehmed.* Maarif Basanevi, İstanbul. 1955.

———. *Mehmed der Eroberer und seine Zeit.* F. Bruckmann München. 1953.

———. *Mehmed the Conqueror and His Time.* (edited by William C. Hickman, translated from the German by Ralph Manheim). Princeton University Press. 1978.

* 독일어 및 터키어·영어 번역본이다. 정복 500주년에 맞춰 출간된 바빙거의 책은 터키에서 다양한 비판과 극복의 대상이 되고 있다. 이날즉 교수처럼 바빙거의 부분적 오류를 날카롭게 지적하는 연구자들도 많이 나오고 있다.

Barbaro, Nicole. *Giornale dell' Assedio di Constantinopoli.* (edited by E. Cornet). Vienna. 1856.

———. *Diary of the Siege of Constantinople 1453.* (translated by J.R. Jones). Exposition Press N.Y. 1969.(458쪽에서 설명)

Bayhan, Nevzat. *Panorama 1453.* İstanbul Metropolitan Culture Co. Publication. 2009.

Chalkokondyles, Laonikos. *The Histories, Vol. 1–2.* trans. Anthony Kaldellis, Harvard University Press, 2014.

* 저자에 대해서는 457쪽에서 설명했다. 이 책은 1300년대 초부터 1464년까지의 오스만 제국 확장사를 담고 있다. 책의 후반부에선 메흐메드 2세의 잔인함을 비판하고 있지만, 대체로 중립적인 견지에서 썼다. 또한 그리스 통치자들의 무능과 폭압상을 비판하며, 콘스탄티노플 함락도 터키인의 시각으로 보고 있다. 왼쪽은 그리스어 원본, 오른쪽은 영어 번역본으로 편집했다.

———. *A New Herodotos.* Dumbarton Oaks Research Library and Collection. 2014.

* 역사가로서 찰코콘딜레스가 자신의 모델들을 합성해 어떻게 자신만의 특별한 목소리를 만들어냈는지를 연구·조사해 담은 책이다. 그는 그리스인이 아니라 다원주의자의

연민과 공감을 갖고 글을 쓴 첫 역사가들 중 하나였다. 책 제목('새로운 헤로도토스') 자체가 이 책의 연구 대상인 저자를 지칭한다. 대체로 사가들은 그를 '헤로도토스와 투키디데스의 혼합'이라 평하는데, 책의 2부에서 이 점을 설명하고 있다.

——. *Historiae Demonstrations, 2001s.* (edited by E. Darko). Budapest. 1922~1927. the Corpus Scriptorum Historiae By zantinae. Bonn. 1843.

——. *De Origine ac Rebus Gestis Turcorum.* (edited by E. Bekker). the Corpus Scriptorum Historiae Byzantinae. Bonn. 1843.

——. *Chronica Minora.* (edited by S. Lambros). Athens. 1932.

Chryssavgis, John. *The Ecumenical Patriarchate.* St. Andrew the Apostle, Inc. 2004.

Clari, Robert de. *The Conquest of Constantinople.* (translated by Edgar Holmes McNeal). Columbia University Press. 2005.

Crowley, Roger. *Constantinople : The Last Great Siege 1453.* Faber and Faber. 2005.
* 사실에 입각해서 콘스탄티노플 공방전을 다룸. 다양한 이야기들을 쉽고 재미있게 전하고 있다.

Dalloway, J. *Constantinople Ancient and Modern.* London. 1797.

Dennis, George T. *Maurice's Strategikon.* Univ. of Pennsylvania Press. 2001.

Doukas, Michael. *Historia Turco-Byzantina.* (edited by V. Grecu, translated by Harry J. Magoulias). Bucarest. 1834.(457쪽에서 설명)

——. *Decline and Fall of Byzantium to the Ottoman Turks.* Wayne State University Press. 1975.

——. *Ecthesis Chronica.* (edited by S. Lambros). London. 1902.

Esin, Emel.(ed). *Turkish Miniature Painting.* Charles Tuttle co. Rutland. 1960.
* 터키의 세밀화들을 담은 도록으로 오른쪽은 그림, 왼쪽은 설명으로 편집돼 있다. 책에는 아담과 이브 등 모두 12개의 미니어처가 실려 있으며 작품의 출처, 그려진 시기, 크기 등의 정보도 제공된다.

Feldman, Ruth Tenzer. *The Fall of Constantinople.* Twenty-first century books, Minneapolis. 2008.
* 전체 150쪽에 비잔티움 제국의 역사와 영웅들, 이슬람의 기원, 셀주크 튀르크, 오스만 튀르크와 정복 이후 등을 간략히 다루었다. 사진, 그림 등을 페이지마다 배치한 이 방

면의 입문 교양서.

Finkel, Caroline. *Osman's Dream: The History of the Ottoman Empire.* Basic Books. 2005.

* 오스만 제국의 시작부터 끝까지 통사(通史)를 다룬 책이다. 중요한 역사적 사건들을 소제목을 달아 분류했다. 총 660쪽 중 메흐메드 2세와 관련해서는 40~150쪽에 틈틈이 기술하고 있다.

Goodwin, Godfrey. *The Janissaries.* Saqi Books. 1994.

Goodwin, Jason. *Lords of the Horizons: A History of the Ottoman Empire.* Picador. 1998.

* 오스만 제국이 여러 문제점을 딛고 어떻게 부흥하며 제국을 유지시켜나갔는지를 서술한다. 삽화를 많이 넣은 이야기 중심 책이다.

Iskander, Nestor. *The Tale of Constantinople: Of Its Origin and Capture by the Turks in the Year 1453.* (translated and annotated by Walter K. Hanak and Marios Philippides). Aristide D. Caratzas, Publisher. 1998.

* 함락 전쟁 당시 12세 소년으로서 투옥, 수도원 생활, 선원 등 다채로운 경험을 한 뒤 러시아어로 책을 출간(15세기 말~16세기 초)했다. 그는 함락 당시 자신의 목격기, 살아남은 기독교인들에 대한 인터뷰, 정치·종교적 관점 등을 기술·설명하고 있다. 정확한 역사적 사실을 전달하기보다는 에피소드 중심이며, 다른 책에는 없는 이야기가 많다. 혹자는 '슬라브 연대기(Slavic Chronicle)'도 그의 저술이라고 본다.

Jones, Melville J. R.(translated by). *The Siege of Constantinople 1453: Seven Contemporary Accounts.* Amsterdam. 1972.

* 정복 전쟁 당시 현장에 있었던 7명의 책·서간 등을 전재 또는 발췌한 책. 테탈디, 레오나르드 대주교, 찰코콘딜레스, 두카스, 리케리오, 돌핀, 로멜리노가 그 대상이다. 정복 전쟁 연구를 위한 중요한 자료집이다.

Karasulas, Antony. *Mounted Archers of the Steppe 600 BC-AD 1300.* Osprey Publishing. 2004.

Kielty, Bernardine. *The Fall of Constantinople.* Random House. 1957.

* 상당히 오래전에 나온 소설류. 쉽고 재미있지만 소설 이상도 이하도 아니다.

Kinross, Lord. *The Ottoman Centuries: The Rise and Fall of the Turkish Empire.* Perennial. 2002.

* 오스만 제국의 전체 역사를 담고 있는 방대한 분량(638쪽)의 책이다. 역사가이자 작가인 로드 킨로스는 정치·경제·사회적 담론을 놓치지 않으면서 이야기를 펼친다. 인물들의 캐릭터를 허영심, 뻔뻔함, 무자비함까지 매우 상세하고 거침없이 묘사하고 있다.

Laiou, E. Angeliki. and Maguire, Henry.(ed.s). *Byzantium: A World Civilization*. Dumbarton Oaks. 1992.

* 비잔티움 문명과 세계 문명, 제국과 슬라브 세계, 제국과 이슬람 세계, 제국과 서양, 20세기 후반의 비잔티움 예술사 등 7편의 글을 엮은 책이다. 각기 다른 저자들이 비잔티움의 역사와 예술을 논한다는 점이 특징이다. 컬러 제작한 도록도 참고가 된다.

Lewis, Bernard. *Istanbul and the Civilization of the Ottoman Empire*. University of Oklahoma Press. 1963.

Mijatovich, Chedomil. *Constantine Palaeologus 1448~1453: The Conquest of Constantinople by The Turks*. Argonaut, Inc., Publishers. 1968(1892 replica).(459쪽에서 설명)

Neale, John Mason. *The Fall of Constantinople*. E.P.Dutton & Co. 1857.

* 오스만 지배가 400년을 넘지 않으리라 예상하고 희망을 담아 쓴 책이다. 1846년에 집필되고 1857년에 처음 출간되었으며, 대화체에 소설식 전개를 택하고 있다. 필자는 보스포러스 대학에서 원본을 스캔하여 구독했다.

Nicol, Donal M. *Byzantium and Venice: A Study in Diplomatic and Cultural Relations*. Cambridge University Press. 1988.

———. *The Immortal Emperor*. Cambridge University Press. 1992.

———. *The Last Centuries of Byzantium, 1261~1453*. 2th ed. Cambridge University Press. 1993.

* 최후의 황제와 비잔티움 말기 역사를 객관적으로 다루고 있다. 저자는 그리스계 학자이며 아테네 겐나디우스 도서관장이다. 『영원한 황제(*Immortal Emperor*)』는 149쪽짜리 책이지만 자료와 내용이 알차다.

Nicolle, David. *Armies of the Ottoman Turks 1300~1774*. Osprey Publishing. 1983.

———. *Ottoman Fortifications 1300~1710*. Osprey Publishing U.K. 2010.

———. *The Fourth Crusade 1202~04 : The Betrayal of Byzantium*. Osprey Publishing U.K. 2011.

———. *The Janissaries*. Osperey Publishing U.K. 1995.

Nicolle, David, and Hook, Christa. *Constantinople 1453: the End of Byzantium*. (edited by David G. Chandler). Osprey Publishing U.K. 2000.

* 전쟁 상황을 간결하게 정리한 책이다. 사진·그림·지도 등 이미지가 많아 이해하기가 쉽다. 특히 전쟁 상황, 작전, 전략을 지도로 표시해두었다.

Nicol, M. Donald. *The Last Centuries of Byzantium 1261~1453*. Cambridge University. Press. 1993.

* 비잔티움 제국의 후반기부터 멸망까지를 다룬 역사서. 콘스탄티노플 함락은 18장에 나오는데, 담담하게 시간 순서로 기술하고 있다. 도시를 습격한 오스만군의 야만적 행태를 상세하게 묘사한 점이 인상적이다.

Norwich, John Julius. *A Short History of Byzantium*. Random House. 1998.

* 저자가 쓴 아래의 책(*Byzantium: The Decline and Fall*) 내용을 포함하되 더 간략하게 비잔티움의 전체 역사를 훑고 있다. 비잔티움 제국의 초창기, 절정기, 쇠락과 패망기의 3개 파트로 구성돼 있다. 책 말미에 지도, 가계도, 역대 황제와 술탄, 교황들의 리스트 등을 제공하고 있다.

——. *Byzantium: The Decline and Fall*. Knopf. 1995.

* 비잔티움 제국의 1081년부터 멸망(1453년)까지를 연대기별로 꼼꼼하게 기록한 역사서. 기존에 저평가돼 있던 제국의 명예를 회복시켰으며, 술탄 메흐메드 2세의 군대에 맞선 마지막 황제의 영웅적 대항을 상세히 설명하고 있다. 32쪽에 이르는 그림, 16개의 원색 화보, 지도, 왕가 일람표 등이 상세하게 수록돼 있다.

——. *The Middle Sea: A History of the Mediterranean*. Vintage Books. 2007.

* 비잔티움 연구자들이라면 한 번은 봐야 할 책이다.

Orbay, Iffet. *İstanbul Viewed: The Representation of the City in Ottoman Maps of the 16th and 17th Centuries*. Massachusetts Institue of Technology Libraries. 2001.(지도)

Ostrogorsky, G. *History of the Byzantine State*. (translated by Joan Hussey). C. H. Beck'sche Verlagsbuchhandlung München. 1952.

Papadopoullos, T. H. *Studies and Documents Relating to the History of Greek Church and People under Turkish Domination*. De Meester. 1952.

Pears, Edwin. *Forty Years in Constantinople: The Recollections of Sir Edwin Pears(1873~1915) with 16 illustrations*. Herbert Jenkins Ltd. Arundel Place

Haymarket, London S.W. 1916.

* 1873년 이후 이스탄불에서 40년 정도를 산 저자의 경륜이 느껴지는 책. 터키에서 영사 업무와 유럽인들 상대의 변호사로 활동한 그는 터키 여러 곳을 여행했고, 터키인 관점 에서의 터키 역사뿐만 아니라 서구적 시각에서의 터키 역사에도 관심이 깊었다.

——. *The Fall of Constantinople: Being the Story of the Fourth Crusade.* Longmans, Green, and Co. London. 1885.

* 50세이던 1885년에 저술한 역작. 1909년 에드윈은 기사 작위를 받았고, 1919년 말타에 서 사고로 목숨을 잃었다.

——. *The Destruction of the Greek Empire and the Story of the Capture of Constantinople by the Turks.* Oxford University Press. 2003(replica of 1903 Longmans, Green, and Co.).

* 앞서 언급했지만 1세기 전에 깨알 같은 글씨체의 타자기로 쓴 총 476페이지에 이르는 방대한 분량의 책이다. 당시 존재했던 거의 모든 자료가 망라되어 있다.

Phrantzes(Sphrantzes), Georgios. *Chronicon (minus).* (edited by E. Bekker). the Corpus Scriptorum Historiae Byzantinae. Bonne. 1838.

——. *The Fall of the Byzantine Empire.* (translated by Marios Philippides). The University of Massachusetts Press. 1980.

* (스)프란체스의 기록은 앞(456쪽)서 말한 대로 minus(진본)와 majus(확장본)가 있다. 1934년이 돼서야 로에느츠(Loenertz) 등 몇 사람의 노력으로 확장본은 프란체스 사후 100년이 지나서 진본(minus)을 확장보완한 것임이 밝혀졌다. 확장본은 16세기 멜리세 노스(Makaoios Melissenos)의 작품일 것으로 추측된다. 유럽에선 그나마 독일이 1954 년 최초로 번역했지만 영문판은 1980년에야 비로소 번역 출간되었다. 이 영문 번역본 은 진본을 텍스트로 삼아 확장본을 일부 추가한 것이다.

Roxburgh, David J(ed.). *Turks: A Journey of a Thousand Years, 600~1600.* Royal Academy of Arts. 2005.

Runciman, Steven. *The Fall of Constantinople 1453.* Cambridge University Press. 1965.

* 저자는 십자군 연구의 권위자. 20세기에 출간된 이 분야의 저작물 중 가장 뛰어난 책 중의 하나. 충실한 자료, 연구를 바탕으로 객관적인 서술을 하고 있다. 개인적으로는 이 책에 매료되어 책장이 닳을 정도로 읽었으나 큰 호응을 받지 못한 것은 영어본의 장

정과 편집의 문제가 아닌가 하는 생각도 든다. 한글 번역본(이순호 역)도 있다.

Schneider, Alfons M. "The City-Walls of Istanbul". pp.461~489. (Crawford, O.G.S and Austin, Roland(ed) *Antiquity: A Quarterly Review of Archaeology*, Vol.11. 1937.)

* 사진과 설명이 곁들여져 성벽 연구에 좋은 논문.

Stacton, David, *The World on the Last Day: The Sack of Constantinople by the Turks May 29, 1453, its Causes and Consequences.* Faber and Faber. 1965.

* 스스로 소설이라 칭했듯이, 사실에 기반을 두고는 있지만 역사서라 하기엔 다소 근거가 약하다. 그러나 이 분야 관심자라면 한 번쯤 봐야 할 책. 참고 문헌 정리가 비교적 잘 되어 있다.

Stasiulevich, M.M. *Memories of the Imperial Academy of Science, 2nd division.* "The Siege and Capture of Byzantium by the Turks". St. Petersburg. 1854.

Treadgold, Warren. *A Concise History of Byzantium.* Palgrave. 2001.

* 비잔티움 천년의 역사를 사건과 인물 위주로 기술하고 있다. 역사적 사실에 대해 서사적 설명을 먼저 한 뒤 그 시기의 사회·문화를 언급한다. 비잔티움 역사에 친숙하지 않은 독자는 내용을 따라가기가 약간 어려울 수 있다.

Turnbull, Stephen. *Essential Histories: The Ottoman Empire 1326~1699.* Osprey Publishing. 2003.

——. *The Walls of Constantinople AD 324~1453(Fortress).* Osprey Publishing. 2004.

* 성벽에 관한 그림 등 시각 자료가 곁들여져 일반 독자가 이해하기 쉽다.

Van Millingen, A. *Byzantine Churches in Constantinople.* London. 1910.

* 건축미술가 R. 트로우에, 지도 전문가 F. 호스럭 등의 협조를 받아 콘스탄티노플에 남아 있는 중요한 비잔티움 교회 24개와 수도원을 집중 연구한 저술. 건축학적·역사적·종교적 가치와 구조를 설명하고 있다. 특히 코라 교회(카리예 박물관)는 그림을 곁들여 50여 페이지에 상세히 소개했다. 다만 복사본이고 글씨가 작아 판독이 난해한 부분이 있다.

——. *Byzantine Constantinople: The Walls of the City and Adjoining Historical Sites.* Elibron Classics, Adamant Media Corporation. 2005(1899 replica).

——. *Konstantinopolis.* Alkım. 2003.

* 한 개인의 저작물이라 하기엔 놀라울 정도로 꼼꼼하고 자세하게 성벽을 중심으로 한 사실(事實)과 사실(史實)들을 정확히 기술하고 있다. 1세기 전 연구자들의 열성에 존경심을 갖게 하는 책이다. 당시까지 불분명했던 일부 성문에 대해 역사적 증거와 실측을

통해 이름을 밝히고 있다. 저자의 해박한 그리스어, 라틴어 실력으로 성문과 성벽의 명
문, 모노그램 등이 판독되었고 성벽 주변의 황궁과 항구에 대한 상세 설명은 물론, 메
흐메드 2세가 배를 끌고 간 경로에 대해서는 E. 피어스와 다른 주장을 제기한다. 이 책
역시 타자기로 친 작은 글씨체여서 확대 복사해서 보아야 했다.

Vasiliev, A.A. *A History of the Byzantine Empire*, 324~1453. Madison. 1952.

Weiis, Colin. *Sailing from Byzantium: How a Lost Empire Shaped the World*. Delta
Trade Paperbacks. 2006.

* 비잔티움 제국의 유산이 서양 문명화에 끼친 영향, 아랍 이슬람 제국의 부흥, 비잔티움
유산의 종교적 측면 등을 탐색하고 있다. 연대기적 서술이 아닌 픽션 형식의 글이다.

Wittek, Paul. Colin Heywood(번역·편집). *The Rise of the Ottoman Empire: Studies
in the History of Turkey, thirteen-fifteenth Centuries*. Routledge. 2012.

* 런던대에서 동양학 특강을 맡았던 폴 위텍 교수가 13~15세기 '오스만 제국 초기 발흥사'
를 주제로 한 8편의 논문, 강연 등을 엮은 책이다. 주로 1933~1938년 발표작들이다.

(3) 심층적 연구자를 위한 책들

Attaleiates, Michael. translated by Anthony Kaldellis and Dimitris Krallis. *The
History*. Harvard University Press. 2102.

* 11세기 비잔티움 제국의 군인·법률가였던 저자의 경험과 지식이 녹아 있는 역사서. 당
시 제국의 상황과 만지케르트 전투(1071년) 참전기, 로마 제국의 영웅기 등이 기술돼 있
는 최초의 영어 번역본. 책의 왼쪽은 저자가 쓴 그리스어, 오른쪽은 영어로 돼 있어 사
료적 가치가 있다. 연대기와 지도, 주요 키워드의 색인 등을 포함하고 있다.

Ashikpashzade(Derwisch Ahmed, genannt Asik-Pasa-Sohn). *Von Hirtenzelt zur
Hohen Pforte, extracted from Tarih Ali Osman*. (edited and translated by R.F.
Kreutel). Graz. 1959.

* 15~16세기에 나온 책으로서 정복 전쟁 전체 상황보다는 역대 술탄들에 대한 칭송과 할
릴 파샤에 대한 적대감 등으로 페이지를 채우고 있다.

Berger, Albrecht.(tr.) *Accounts of Medieval Constantinople*. Harvard University
Press. 2013

* 익명의 작가가 10세기 후반에 수집한 콘스탄티노플의 건물과 유적지들에 대한 역사적

노트, 이야기, 전설들을 4권의 책으로 묶었다. 비잔티움 시대의 도시 파노라마를 묘사한 유일한 중세 그리스 문헌이기도 하다. 역사적 신빙성이 떨어지는 맹점에도 불구하고 중세 콘스탄티노플의 도시 역사에 대한 지침서로 참고할 만하다. 왼쪽은 원어인 그리스어, 오른쪽은 영어로 번역돼 있다.

Bessarion, Cardinal. *Notes et Extraits, II. Letter to the Doge of Venice*. Jorga. 1899.

* 저자인 베사리온은 황제의 모레아 군주 시절부터 학문적 스승이며 성직자, 철학자. 교회 통합을 지지하는 입장에서 베네치아 최고 행정관(Doge)에게 보낸 글이다.

Chelebi, Zvli. *Tarich Muntechebati*.

* 15세기 후반의 터키 역사학자. 할아버지의 제자들이 다수 참전했다고 자랑하고 있다. 모르트만(Mordtmann) 박사의 저서 부록으로 첼레비 글을 번역했다.

Dolphin, Zorzi. *Assedio e presa di Constantinopoli nell anno 1453*. 1478.

* 돌핀은 레오나르드 추기경 등 참전자가 남긴 자료와 직접 들은 얘기 모두를 망라했다고 주장한다. 그의 책은 George M. Thomas에 의해 1868년 독일에서 번역 출판되었다.

Eugenikos, Ioannes. *Varia*. Lambros. 1912.

* 황제의 교회 통합에 적극 반대한 수도사의 기록이다.(153쪽 참고)

Gennadios, Georgios Scholarios. *Oeuvres complètes de Gennade Scholarios*. (edited by L. Pettit, X. A. Siderides, M. Jugies, Vol. 8). Paris. 1928~1936.

* 교회 통합에 끝까지 반대하고 전쟁에도 참여하지 않았다. 후에 정복자 메흐메드 2세에 의해 정교회 총 대주교가 되었다.(85쪽 각주 28 참고)

Gibbon, Edward. *History of the Decline and Fall of the Roman Empire*. 2012. (E-book)

* 250년 전 출간되어 한때 세상을 떠들썩하게 했던 책이나 지금 연구자들은 중요시하지 않는 듯하다. 비잔티움 제국에 대한 글쓴이의 편견과 멸시가 있으며, 정복 전쟁과 관련해 주로 비잔티움(그리스) 쪽 작가들에게 의존했다. 주요 저자를 빼먹은 약점도 있으나, 광범위한 지식을 수려한 문장으로 제시했기에 일독할 만한 이 분야 고전이다.

Isidoros of Russia, Cardinal. *Letter to Pope Nicholas V: Letter to All the Faithful*. Sansovino, Historia Universale, III.

* 러시아(키예프) 대주교였으나 교황의 대리인 겸 추기경으로 콘스탄티노플에 온 저자는 성벽 방어를 책임지는 위치였지만 함락 당일 탈출에 성공, 교황 등에게 보내는 5통의 편지를 작성했다. 훗날 십자군 결성 노력 등 오스만에 대항하려 노력했으나 성공하지

못했다.(83쪽 각주 27 참고)

Konstantinovich, Michael. *Memories of the Janissary.*

* 미카엘 콘스탄티노비치는 정복 전쟁에 참전한 세르비아의 기사로서 에디르네 성문 앞
에 주둔한 기병대 책임자였다. 1455년 튀르크군의 포로가 된 그는 그후 예니체리가 되
었다. 1490년 폴란드로 돌아와 쓴 이 책에는 정복 전쟁에 관한 흥미 있는 묘사가 많다.
"우리 도움이 없었다면 오스만군이 결코 도시를 함락시키지 못했을 것"이라고 말할 정
도로 자부심이 강했다. 세르비아어와 폴란드어가 뒤섞여 쓰인 책은 1565년 보헤미아어
로 첫 출간되고, 폴란드어로는 1829년 바르샤바에서 출판되었다.(체도밀 미자토비치의
참고 문헌에서 재인용.)

Leonard of Chios. Archbishop of Mitylene. *Epistola ad Papam Nicolaum V.* (M.P.G.,
CLIX, 1866.) Italian version in Sansovino, Historia Universale, III.

——. *De Lesbo a Turcis apta.* (edited by C. Hopf). Regensberg. 1866.

* 열혈 성직자인 저자(레오나르드)는 전투에 직접 참여했다. 그리스인에 대한 증오를 가지
고 있었으며 황제를 못마땅해했다. 직속상관인 이시도로스 추기경을 나약하다고 보았
고, 동포인 제노바인에게도 비판적이었으며 수비군 총사령관 주스티니아니의 행동 역
시 비겁하다고 비난했다. 여러 판본이 있다.

Lewis, Bernard. *Islam: from the Prophet Muhammad to the Capture of Constanti-
nople Vol. 1-2.* Oxford University Press. 1987.

* 중세 이슬람 역사를 기술한 책을 영어로 옮긴 2권의 책. 1권은 정치와 전쟁, 2권은 종교
와 사회를 다루고 있다. 이 Volume 2는 특히 중세 무슬림 세계의 종교·문화·사회적 삶
에 초점을 맞추고 있다. 연도별로 내용을 나열해 정확성과 가독성을 높였다.

Montaldo, A. De. *Della Conquista di Constantinopoli per Maometto II.* (edited by C.
Desimoni). Atti della Societa Ligure de Storia Patria, X. Genoa. 1874.

* 저자는 당시 현장에 있었던 제노바인이다.

Mordtmann, A. D.. *Belagerung und Eroberung Constantinopels durch die Türken
in Johre 1453.* nach Original quellen bearbeitet. Stuttgart, 1858.

* 주로 니콜로 바르바로 일지에 의거했지만 매우 흥미 있는 기술을 하고 있다.

Notaras, Lucas. *Epistolae* (M.P.G., CLX.)

* 기록자는 콘스탄티노플 거주 최고의 명문 귀족으로서 거부이며 해군 제독이다. 정복
후 메흐메드 2세에 의해 전 가족이 처형되었다.(87~89쪽 참고.)

Podesta of Pera. *Epistola de excidio Contantinopolitano.* (edited by S. de Sacy). *Notices et Extraits de la Bibliothèque du Roi,* XI. 1827.

* 제노바 속령인 갈라타 행정 책임자 포데스타가 본국 정부에 보낸 경위 설명서이다. 콘 스탄티노플의 운명과 관련, 페라(갈라타) 주민이 다수 전쟁에 동참했다는 점을 부각하 고 있다.

Pusculus, Ubertino. *Constantinopoleos libri IV.* Analekten der Mittel und New-Griechischen Literature, Ellissen, Leipzig. 1857.

* 저자는 포위 전부터 콘스탄티노플에 살았으나 공방전에 참가하지 않았고 탈출에는 성 공, 몇 편의 시를 남겼다. 전투 상황이 부정확하다는 결점이 있다.

Skanzaniya o Vzyatii Tzar-grada bezbojnim turetzkim Saltanom. (The Reports of the Capture of Constantinople by Godless Turkish Sultan: 신을 믿지 않는 터키인 술탄 에 의한 콘스탄티노플 함락의 기록들). Ed J.J. Sreznyevsky. Academy of Science of St Petersburg. St Petersburg, 1954.

* 슬라브 방언으로 돼 있어 읽기 쉽지 않을 듯하다. Sreznyevsky의 요약본에 의지하고 있다. 앞서 언급한 N. Iskander의 저작이라는 설도 있지만, 불가리아인 또는 세르비아 인에 의해 쓰여진 것으로 보인다. 저자가 전장에 있었던 것은 분명하지만 날짜, 사건 등 부정확한 기록이 많다.

Spandugino, Cantacuzino T. *Discorso dell' origine de Principi Turchi.* Sansovino. Historia Universale, II.

* 저자는 그리스에서 이탈리아로 망명했다. 칸타쿠제노스 가문 사람들의 피살에 관해 정 확히 기록하고 있다. 루카스 노타라스 대공과는 개인적 친분이 있었으며 그 가족의 비 극에 대해서도 기술하고 있다. 1551년 이탈리아에서 초판되고 1888년 파리에서 번역·출 판되었다.

Tetaldi, Jacobo. *Informations envoyées par Francesco de Tresves à J.R. père en Dieu, Monseigneur le Cardinal d'Avignon, &., par Jehan Blanchin et Jacques Tetaldy, Florentin, de l'entreprise de Constantinople, à laquelle le dict Jacques estait présent.*

* 저자는 피렌체 출신의 참전자이다. 성벽 위에서 직접 싸웠던 용사이며 터키군에게 붙 잡히지 않으려고 바다로 뛰어내렸다가 베네치아 선박에 의해 구조되었다. 베네치아와 제노바 양쪽을 공정히 다루고 그리스인도 격려하고 있다. 다른 데서 볼 수 없는 몇 가

지 사료도 제시한다. 1858년 파리에서 첫 출판되었다.

(4) 비잔티움 관련 서적(비잔티움 역사, 문화를 중심으로 다룬 책)

Beckwith, John. *The Art of Constantinople: An Introduction to Byzantine Art 330~1453.* Phaidon Publishers Inc. 1961.

Cambridge Medieval History, IV. The Eastern Roman Empire, 717~1453. Cambridge. 1923.

Dawson, Timothy. *Byzantine Cavalryman c.900~1204.* Osprey Publishing. 2009.

──. *Byzantine Infantryman: Eastern Roman Empire c.900~1204.* Osprey Publishing. 2007.

Geanakoplos, Deno John. *Byzantium: Church, Society, and Civilization Seen through Contemporary Eyes.* University Of Chicago Press. 1986.

* 이 책은 제목 그대로 교회·사회·문화·군사·예술과 학문 등 비잔티움 제국과 관련된 거의 모든 정보를 다루고 있다. 주제별로 저자의 간단한 소개를 한 후 당대인의 기록을 직접 전달하는 서술 방식을 채택하고 있다.

Heath, Ian. *Byzantine Armies(AD 1118~1461).* Osprey Publishing. 1995.

Kazhdan, A.P. and Epstein, Ann Wharton. *Change in Byzantine Culture in the Eleventh and Twelfth Centuries.* University of California Press. 1990.

Kostenec, Jan. *Walking thru Byzantium: Great Palace Region,* 2nd edition. Grafbas A.S. and 3D Market Ltd. 2007.

Liddell, Robert. *Byzantium and İstanbul.* Jonathan Cape. 1956.

Mainstone, Rowland J. *Structure in Architecture.* Ashgate Variorum. 1999.

Mango, Cyril(ed.). *The Oxford History of Byzantium.* Oxford University Press. 2002.

Traquair, Ramsay. and Henderson, Arthur E. *Byzantine Churches in Constantinople Their History and Architecture.* Macmillan and Co., London. 1912.

Paspates, A. G. *The Great Palace of Constantinople.* A Gardner. 1893.

Procopius. *The Works of Procopius: The Secret History and the Wars of Justinian.* Halcyon Press Ltd. 2009.

* 유스티니아누스 시대(6세기) 궁정학자로서 당시 건축물·교회·주택·문화 전반에 걸쳐

논거하고 있다. 하기아 소피아를 극찬하고 있으나 군데군데 유스티니아누스에 대한 비판의 날을 비치고 있다.

(5) 하기아 소피아에 관한 서적

Aufgenommen und historisch Erlautert von W. Salzenberg. *Alt=Christliche Baudenkmale von Constantinopel vom V, bis xii, jahrhundert. Auf Befehl Seiner Majestat des konics, Herausgegeben von dem koniglichen ministerum.* berlin. 1855.

* 세로 67센티미터, 가로 55센티미터 판형의 큰 책으로, 1855년도 베를린판을 2001년 100부 한정판으로 복사한 희귀본이다. 하기아 소피아의 외형과 내부 구조, 모자이크, 대리석 등에 대해 정밀 분석한 컬러 도판 책자이다.

Aydoğmuş, Tahsin. *Hagia Sophia.* Shell Publications. 2008.

Cimok, Fatih. *Hagia Sophia.* A Turizm Yayinlari. 1995.

——. *Saint Sophia.* A Turizm Yayinlari. 1996.

İstanbul Series: Hagia Sophia(Ayasofya Museum). Serif Yenen. 2011.

İstanbul Series: Chora Monastery(Kariye Museum). Serif Yenen. 2011.

Kahler, Heinz. *Hagia Sophia with a Chapter on the Mosaics by Cyril Mango.* (translated by Ellyn Childs). Frederick A. Praeger, Publishers. 1967.

* 하기아 소피아에 관한 가장 정밀하고 분석적인 책자이다. 프로코피우스 등 건립 당시의 인물들에 대한 평가가 자세히 언급된, 학술적 가치를 지닌 책이다.

Kilickaya, Ali. *Hagia Sophia and Chora.* Silk Road Publications. 2010.

Mainstone, Rowland J. *Hagia Sophia: Architecture, Structure and Liturgy of Justinian's Great Church.* Thames&Hudson. 1997.

——. *Structure in Architecture : History, Design and Innovation.* Ashgate. 1999 .

"The Structure of the Church of St Sophia, İstanbul". pp.153~186.

"The Reconstruction of the Tympana of St Sophia at İstanbul". pp.187~207.

"Hagia Sophia: Justinian's Church of Divine Wisdom, later the Mosque of Ayasofya, in İstanbul". pp.209~228.

"Hagia Sophia's First Dome". pp.229~232.

"The Structural Conservation of Hagia Sophia: Past History and Present Needs".
pp.233~242.

Türkoğlu, Sabahattin. *Hagia Sophia*. Net Turistik Yayinlar San. ve Tic. A.S. 2008.

Yayinlayan. *Arifasci İstanbul Panorama*. Baski Adedi. 2009.

(6) 국내 출판 서적

공동번역 성서, 대한성서공회, 1977.

성경전서(개역개정판) 대한성서공회, 2001.

주석 성경, 한국천주교중앙협의회, 2010.

성 꾸란(의미의 한국어 번역), 파하드 국왕 성 꾸란 출판청, 이슬람역.

김용선 역주, 『코란』, 명문당, 2010.

나스레딘 호자 지음, 이양준 옮김, 『행복한 바보: 나스레딘 호자 이야기』, 큰나무, 2003.

로드릭 H. 데이비슨 지음, 이희철 옮김, 『터키사 강의』, 도서출판 펴내기, 1998.

메리 커닝엄 지음, 이종인 옮김, 『비잔티움 제국의 신앙』, 예경, 2006.

박정세 지음, 『기독교 미술의 원형과 토착화』, 연세대학교 출판부, 2008.

스티븐 런치만 지음, 이순호 옮김, 『콘스탄티노플 최후의 날』, 갈라파고스, 2004.

시오노 나나미 지음, 최은석 옮김, 『콘스탄티노플 함락』, 한길사, 1998.

아이라 M. 라피두스 지음, 신연성 옮김, 『이슬람의 세계사』(vol.1~2), 이산, 2008.

암브로시오스 대주교 펴냄, 『정교회를 아십니까?』, 정교회출판사, 2012.

오르한 파묵 지음, 이난아 옮김, 『이스탄불: 도시 그리고 추억』, 민음사, 2003.

유재원 지음, 『터키, 1만 년의 시간 여행 (1)』, 책문, 2010.

에밀리 콜 지음, 유우상·장지을 옮김, 『도판으로 이해하는 세계 건축사』, 시공문화사,
    2008.

이희수 지음, 『터키사』, 대한교과서주식회사, 2005.

이희철 지음, 『터키: 신화와 성서의 무대 이슬람이 숨쉬는 땅』(개정증보 3판), 리수, 2007.

조르주 뒤비 지음, 채인택 옮김, 『지도로 보는 세계사』, 생각의 나무, 2006.

존 줄리어스 노리치 지음, 남경태 옮김, 『비잔티움 연대기』(vol. 6), 바다출판사, 2007.

존 프릴리 지음, 민승남 옮김, 『이스탄불: 유럽과 아시아를 품은 제국의 도시』, 민음사,
    2007.

주디스 헤린 지음, 이순호 옮김, 『비잔티움』, 글항아리, 2010.

『터키문명전 도록: 이스탄불의 황제들』, 국립중앙박물관, 2012.

(7) 기타

1) 영상물

　　영화 〈Fatih 1453(정복 1453)〉

　　1453 파노라마 극장 CD

2) 연구소

　　Istanbul Institution(이스탄불 연구소)

　　ISAM(Islām Araştirmalari Merkezi; 이슬람연구소)

　　IRCICA(Istanbul, Research Centre for Islamic History, Culture and Art; 이슬람역사

　　문화연구소)

3) 대학 도서관

　　보아지치 대학교(보스포러스 대학교)

　　이스탄불 대학교

　　파티 대학교

4) 박물관

　　군사 박물관(Istanbul Military Museum)

　　고고학 박물관(Istanbul Archaeology Museum)

　　아야 소피아 박물관(Ayasofya Müzesi)

　　톱 카프 궁전 박물관(Topkapı Sarayı Müzesi)

　　카리예 박물관(Kariye Müzesi)

　　페티예 박물관(Fethiye Müzesi)

　　기타 여러 비잔티움 교회 및 모스크(자미)

각주 리스트

* 색인(한 줄 설명을 곁들인 찾아보기)은 QR코드에 담았습니다.^{QR코드 42}

QR코드 목록

13

루멜리 히사르
_99, 195, 411

14

블라디슬라브의 죽음
_102, 172, 263

15

우르반의 대포&
크리토불로스의 설명&사진
_113, 123, 129

16

당시 콘스탄티노플 지도들
_119, 201

17

테오도시우스의 성벽
_121, 366

18

큐축 아야 소피아 자미
(성 세르기우스와 바쿠스 교회)
_184

19

고트의 기둥
_185

20

처녀의 탑(크즈 쿨레시)
_185

21

바다 속으로 뛰어든 술탄
_189

22

보스포러스 해협의 풍광&
돌고래
_189

23

술탄 함대의 금각만 진입 장면
_197, 199, 422

24

알렉산더 대왕 석관&
슬피 우는 여인들
_200

37

반지하 비잔티움 교회

_373, 461

38

겔리볼루 요새와 차낙칼레
요새 & 에디르네 유적

_406

39

메흐메드 2세의
정복 사업 연표

_435

40

메흐메드 말년의 터번 쓴
초상화

_436

41

콘스탄티노플 공방전 일지

_452

42

색인(한 줄 설명을 곁들인
찾아보기)

_487

KI신서 6737
다시 쓰는 술탄과 황제

1판 1쇄 발행 2012년 11월 21일
전면 개정판 1쇄 발행 2016년 10월 24일
전면 개정판 9쇄 발행 2016년 11월 30일

지은이 김형오
펴낸이 김영곤
펴낸곳 (주)북이십일 21세기북스

인문기획팀장 정지은 **책임편집** 장보라
디자인 본문 제이알컴 **표지** 씨디자인
출판사업본부장 신승철 **영업본부장** 신우섭
출판마케팅팀장 김홍선 **출판마케팅팀** 조윤정
출판영업팀장 이경희 **출판영업팀** 이은혜 권오권
프로모션팀장 김한성 **프로모션팀** 최성환 김선영 정지은
홍보기획팀장 이혜연 **제작팀장** 이영민
사진 출처 위키미디어(410쪽)

출판등록 2000년 5월 6일 제406-2003-061호
주소 (10881) 경기도 파주시 회동길 201(문발동)
대표전화 031-955-2100 **팩스** 031-955-2151 **이메일** book21@book21.co.kr

페이스북 facebook.com/21cbooks **블로그** b.book21.com
인스타그램 instagram.com/21cbooks **홈페이지** www.book21.com

ⓒ 김형오, 2016

ISBN 978-89-509-6737-6 03900
책값은 뒤표지에 있습니다.